# 山区高速公路建设关键技术

Key Technologies of Highway Construction in Mountain Area

——江西武吉高速公路建设实践

凌宏亿　俞文生　王运金　王建秀　彭爱红　编著

## 内 容 提 要

本书共分9章，集成了武吉高速公路建设关键技术的代表性成果。主要内容包括：武吉高速公路概况、高填路堤加筋与强夯加固技术、连拱隧道结构选型及荷载计算技术、隧道塌方调查及监测预警技术、九岭山特长隧道通风防灾技术、特长纵坡沥青路面施工控制技术、高墩大跨度桥梁路面施工控制技术、隧道路面阻燃温拌技术及大跨径桥梁移动模架施工控制技术。

本书可作为高速公路勘察、设计和施工人员的参考用书，也可供大专院校相关专业师生参考使用。

**图书在版编目(CIP)数据**

山区高速公路建设关键技术：江西武吉高速公路建设实践/凌宏亿等编著. —北京：人民交通出版社，2011.6

ISBN 978-7-114-09102-5

Ⅰ.①山… Ⅱ.①凌… Ⅲ.①山区道路：高速公路－隧道施工－施工技术 Ⅳ.①U459.2

中国版本图书馆CIP数据核字(2011)第088523号

书　　名：山区高速公路建设关键技术——江西武吉高速公路建设实践
著 作 者：凌宏亿　等
责任编辑：韩亚楠　郝瑞萍
出版发行：人民交通出版社
地　　址：(100011) 北京市朝阳区安定门外外馆斜街3号
网　　址：http://www.ccpress.com.cn
销售电话：(010) 59757969，59757973
总 经 销：人民交通出版社发行部
经　　销：各地新华书店
印　　刷：北京鑫正大印刷有限公司
开　　本：720×960　1/16
印　　张：17.5
字　　数：323千
版　　次：2011年9月　第1版
印　　次：2011年9月　第1次印刷
书　　号：ISBN 978-7-114-09102-5
定　　价：46.00元
（如有印刷、装订质量问题的图书由本社负责调换）

# 前　言 PREFACE

江西省武宁—吉安高速公路（以下简称武吉高速公路）是国家高速公路“7918”网规划中“纵五线”大庆至广州国家高速公路江西境内的北段，是江西省高速公路规划的“三纵四横”公路主骨架的主要组成部分，也是江西省一次性投资额最大、建设里程最长、施工难度最大的重点建设项目。路线北起赣鄂省界武宁县，南至吉安市，与赣粤高速公路相接，途经九江市的武宁县、修水县，宜春市的铜鼓县、宜丰县、上高县，新余市的分宜县、渝水区、仙女湖区，吉安市的吉安县、安福县、吉州区等 4 个设区市、11 个县（区）、38 个乡镇（场）、150 个行政村。全长285.809km，总投资 131 亿元。2008 年 8 月，随着武吉高速公路宜丰天宝互通以北路段的通车，武吉高速公路全线正式宣告通车运营，自此结束了赣西北无高速公路的历史。

本书集成了江西省交通运输厅“高填路堤稳定性及非均匀沉降控制技术研究”、“连拱隧道衬砌结构受力体系转换研究”、“隧道塌方预警预测体系及治理措施研究”、“特长隧道的通风防灾关键技术研究”、“山区高速公路沥青路面结构及材料组成设计研究”等科研成果和相关的勘察、设计、施工资料，重点介绍山区高速公路建设关键技术中的代表性成果。全书共分 9 章，第 1 章介绍武吉高速公路概况；第 2 章介绍高填路堤加筋与强夯加固技术；第 3 章介绍连拱隧道结构选型及荷载计算技术；第 4 章介绍隧道塌方调查及监测预警技术；第 5 章介绍九岭山特长隧道通风防灾技术；第 6 章介绍特长纵坡沥青路面施工控制技术；第 7 章介绍高墩大跨度桥梁路面施工控制技术；第 8 章介绍隧道路面阻燃温拌技术；第 9 章介绍大跨径桥梁移动模架施工控制技术。全书紧密结合武吉高速公路展开，采用现场监测、试验以及理论分析等方法解决建设中的关键技术问题，可供相关设计、施工人员及科技工作者参考。

本书由凌宏亿、俞文生、王运金、王建秀、彭爱红编著，感谢科研项目完成单位同济大学、东南大学、重庆交通科研设计院、长沙理工大学的支持。在资料收集过程中，得到了相关科研、设计、施工单位的大力配合，编写过程中参考了国内外相关学者的部分研究成果，研究生谷雪影、胡蒙蒙、张兴胜、付慧仙、郭太平、吴远斌等参加了现场调研、资料收集和整理工作，在此一并致谢。

本书内容涉及多个专业技术领域，在成书过程中难免有错误、疏漏和不妥之处，恳请专家与同仁批评指正，并提出宝贵意见。

编　者

**2011 年 3 月**

# 目　录 CONTENTS

# 1　武吉高速公路概况

## 1.1　山区高速公路特点

山区地形、地质和水文情况复杂，山区高速公路和平原区地区高速公路建设相比有以下特点。

(1)技术标准

在拟定平原区高速公路技术标准时，主要考虑公路网规划、项目在路网中的地位和作用，按照公路的使用任务、功能和远景交通量综合确定相关指标。在拟定山区高速公路技术标准时，除考虑平原区的相因素外，还必须着重考虑项目所在区域的自然条件，正确处理项目与自然条件的关系，在最大限度地保护区域自然环境的前提下，拟定技术标准。

(2)路线方案

平原区高速公路路线方案布置，注重考虑高速公路与区域路网的关系，路线控制点主要为城镇或交通枢纽，强调方案的交通功能。路线方案比选，着重考虑路线的便捷程度，与交通源的联系以及拆迁、占地等方面的。山区高速公路路线方案布置，主要考虑地形、地质、水文、生态等自然条件方面的因素。路线控制点较为分散，路线方案比选除考虑平原区的相关因素外，要着重考虑自然环境保护的内容，如路线对自然环境的破坏程度及恢复的可行性，取、弃土方案，生态植被恢复方案等。

(3)技术指标

平原区高速公路一般采用较高的技术指标，以最大限度地满足行车舒适性要求。山区高速公路技术指标运用，强调与自然条件相结合，在满足道路使用基本功能的前提下选用适合的技术指标，并强调技术指标的均衡性。

(4)地质勘察

平原区不良地质现象主要有软土、液化土、盐渍上、采空区、岩溶等，勘察范围小，易被勘察人员发现。山区高速公路不良地质除了以上类型外，还有滑坡、泥石流、崩塌等灾害，且分布面较广，处理难度大。有些地质问题在一定程度上对路线方案起着极强的控制作用，山区高速公路原则上提倡地质选线。

(5)施工方案

平原区高速公路施工方案的拟订,一般是在符合路线总体走向的前提下进行,不因局部施工方案的变化而影响路线总体方案的布局。山区高速公路施工方案的拟订与路线方案有着极强的内在联系,主要施工方案的拟订如高路堤或高架桥、深路堑或隧道等,将会对路线方案有较大的制约与影响,有时会改变路线的总体布局。

(6)其他

平原区高速公路的环境保护主要体现在解决噪声、景观等问题方面。山区高速公路环境保护则强调主动保护区域自然环境,最小限度地破坏大自然。从工程造价方面讲,由于山区复杂的地形、地质、水文、生态等自然条件,造价一般高于平原区高速公路。另外,平原区的道路景观一般以人为的景观设计为主,而山区高速公路的道路景观更强调与自然景观的融合,设计难度较大。

## 1.2 武吉高速公路概况

### 1.2.1 工程概况

大庆至广州高速公路(以下简称大广高速)是交通运输部新规划的国家高速公路网“7918”中的“纵5线”,是纵贯我国东北、华北、华中和华南广大区域的交通运输大动脉。大广高速的建设对于完善全国干线公路网布局、促进沿线各省市的国民经济和社会发展将起重要作用。武宁—吉安高速公路(以下简称武吉高速)是大广高速在江西境内的北段,也是江西省“三纵四横”高速公路主骨架网“西纵”的一部分,位于江西省西北部、长江中下游接合处,地处东经114°40′~115°56′、北纬25°58′~30°04′,贯穿赣西北与赣中西地区。路线起点位于江西省武宁县鄂赣两省交界处,与大广高速公路湖北段相接,途经武宁县、修水县、铜鼓县、宜丰县、上高县、分直县、新余市渝水区和仙女湖区、吉安县、安福县、吉安市吉州区等11个县(市、区),终点位于吉安市吉安县大溪村(赣粤高速吉安南互通以南2.0km),与赣粤高速相接。路线总长285.809km。图1-1为武吉高速公路路线地理位置图。

武吉高速公路为山区高速公路,其技术标准为:

(1)全线按双向四车道高速公路设计;

(2)全线采用的设计速度为100km/h;

(3)全线路基设计宽度为26m,路面结构为沥青混凝土;

(4)设计荷载:公路—I级;

(5)设计洪水频率:特大桥为1/300,大、中、小桥涵和路基为1/100;

(6)全线设置安全、监控、通信、收费、供电照明及服务等设施。

全线主要工程数量见表1-1。

武吉高速公路全线建成通车,结束了赣西北无高速公路的历史,它的实施将极大地促进沿线各市县与外界的经济文化交流,推动全面建设小康社会的进程,对于实现江西在中部地区崛起也将产生深远影响。

图1-1 路线地理位置图

武吉高速公路主要工程数量表　　表1-1

| 序号 | 主要单项工程 | 分项工程 | 单位 | 数量 |
|---|---|---|---|---|
| 1 | 路基土石方 | 土方 | 万$m^3$ | 2 228.9 |
| 2 | | 石方 | 万$m^3$ | 2 912.5 |
| 3 | 路面工程 | 级配碎石底基层 | 千$m^2$ | 5 739.1 |
| 4 | | 水泥稳定基层 | 千$m^2$ | 5 141.4 |
| 5 | | 沥青稳定基层 | 千$m^2$ | 4 909.8 |
| 6 | | 沥青混凝土路面 | 千$m^2$ | 4 708.5 |
| 7 | 排水工程 | 边沟 | 万$m^3$ | 43.3 |
| 8 | | 截水沟 | 万$m^3$ | 5.2 |
| 9 | 防护 | 挡土墙(混凝土) | 万$m^3$ | 5.8 |
| 10 | | 骨架式满铺防护片石圬工 | 万$m^3$ | 43.2 |
| 11 | | 客土植草 | 千$m^2$ | 3 133.2 |
| 12 | 桥涵工程 | 特大桥(含高架桥) | m/座 | 2 774/2 |
| 13 | | 大桥(含高架桥) | m/座 | 26 912/82 |
| 14 | | 中桥 | m/座 | 2 141.9/30 |
| 15 | | 小桥 | m/座 | 56.1/2 |
| 16 | | 涵洞 | 道 | 485 |
| 17 | 隧道工程 | 特长隧道 | m/处 | 13 656/3 |
| 18 | | 长隧道 | m/处 | 6 324/5 |
| 19 | | 中隧道 | m/处 | 5 824.5/9 |
| 20 | | 短隧道 | m/处 | 3 455.3/10 |
| 21 | 交叉工程 | 互通式立交 | 处 | 13 |
| 22 | | 分离式立交 | 处 | 69 |
| 23 | | 通道 | 道 | 390 |
| 24 | 交通工程及沿线设施 | | 公路公里 | 285.809 |

### 1.2.2 地形、地貌

武吉高速公路路线跨越中低山、丘陵、平原三个地貌区。总体上,北部为幕阜山、九岭山余脉的中低山区,其间分布众多小块盆地和河间阶地、南部为九龙山丘陵与吉泰盆地。地势总趋势为北高南低。工作区内最高海拔1 794m,为武宁、修水、靖安三个县交界处。路线自北向南穿过不同的地貌单元。

K0~K10(五里凸—外坪)为中低山地貌,路线起点处海拔860m,相对高差大于500m;

K10 ~ K35(外坪—南坑)为盆地地貌;

K35 ~ K120(南坑—牛头岭)为中低山地貌,路线上最高海拔1 000m,相对高差大于500m;其中张家铺—何家垅、炉坊—领头为山间盆地地貌,高程200 ~ 300m,坡度不大。

K120(牛头岭)以南为大面积的丘陵地貌,其中K130 ~ K160(敖桥—湖镜)海拔较低,高程基本在200m以下,地势平缓;湖镜—云前地势略有起伏,有一些NE走向的中低山地貌排列其中。

中低山地貌区海拔高度都在500m以上,相对高差500m左右。山体整体走向NE向,多呈垄状、踞状,山脊延伸远、切割深,阴影明显,多被植被覆盖。丘陵地貌区海拔100 ~ 500m,地势略有起伏,可见零星NE走向山冈。盆地地貌区海拔高度一般低于200m,地势较为平缓,相对高差小于100m。赣江一级支流锦江与袁河东西横贯,发育二级阶地和平缓的河谷平原。

### 1.2.3 水系、水文及气象情况

1)地表水

武吉高速公路路线带内水系较为发育,属赣江流域,自北向南有修水、北潦河、潦河、锦河、袁河等河流穿过,皆为近EW流向。其中,修水在K21处、锦河在K145处、袁河在K207处分别与路线相交。K20东面为江西省最大的柘林水库,库容达$7.92 \times 10^9 m^3$;K206西侧为江口水库,库容达$8.9 \times 10^8 m^3$。路线南端丘陵地带还分布有光华水库、彰湖水库、西坑水库、北门水库、白马桥水库、双峰水库、沙江水库等较多小水库。

2)地下水

武吉高速公路路线带内温湿多雨,为地下水提供了充足的补给水源,依照地貌、岩性、地下水类型和富水性等因素,将其划分为六个水文地质区,见表1-2。

水文地质分区表　　表1-2

| 水文地质分区 | 代号 | 富水等级 |
|---|---|---|
| 河谷平原松散岩类孔隙水区 | Ⅰ | 强富水 |
| 低山丘陵碳酸盐岩类裂隙溶洞水区 | Ⅱ | 强富水 |
| 低山丘陵碳酸盐岩类夹碎屑岩类裂隙溶洞水区 | Ⅲ | 强—弱富水 |
| 低山沉积碎屑岩类裂隙水区 | Ⅳ | 中—弱富水 |
| 丘陵红层裂隙孔隙水区 | Ⅴ | 中—弱富水 |
| 中低山岩浆岩类,变质岩类裂隙水区 | Ⅵ | 弱—贫富水 |

### 1.2.4 区域地质构造、地层岩性

1)地质构造

从大地构造位置来看,武吉高速公路路线带大致以萍乡—广丰深断裂(新余分

宜)为界,以北属扬子准地台,由四个构造单元组成,从北向南依次为:九宫穹断束、修水—武宁凹裙断束、九岭穹断束、萍乡—高安凹福断束。以南属华南裙皱系,由两个构造单元,武功山—华山隆断束、吉安凹陷组成。

路线带的区域地质特征是:地层为NE—NEE向展布,构造总体也呈NE—NEE走向。路线带北部九宫穹断束主要由中元古界地层组成;修水—武宁凹裙断束主要由下古生界和早三叠统地层组成;中部九岭台隆核心为规模巨大的九岭花岗岩体,两侧为古老的中元古界地层;萍乡—高安凹褶断束主要由上古生界和中生代地层组成,灰岩、煤系发育,南部武功山—玉华山隆断束震旦系广泛发育,上古生界和早三叠统地层分布于安福盆地一带,吉安凹陷主要地层为白垩系与部分侏罗系及第三系。

路线带内有多条NE—NEE走向的深大断裂和一般断裂通过,在地壳运动影响下,区域内形成一系列的褶皱和断裂层。

在整个图幅范围内,褶皱严格受区域大地构造影响,从北向南依次出现:修水—武宁复式向斜(受修水—武宁凹褶断束控制)、九岭复式背斜(受九岭穹断束控制)、万载—高安复式向斜(受萍乡—高安凹褶断束控制)和新余—吉安复式背斜(武功山—玉华山隆断束控制)。

2)地层岩性

武吉高速公路路线带内地层自老到新依次为元古界、古生界、中生界、新生界。各时代地层分述如下。

(1)中元古界

路线多次长距离穿越下亚群地层,其岩性呈深灰、暗灰色、灰绿色,为中—巨厚层状变沉凝灰岩,变余砂岩、千枚岩、砂质板岩,部分地段出现变辉绿岩、变细碧—石英角斑岩。路线中部、北部长距离穿越上亚群地层,其岩性为灰色、灰绿色中厚—巨厚层状变余凝灰质细砂岩、粉砂岩、千枚岩、板岩、变余杂砾岩。局部地区见少量的变灰绿玢岩、细碧岩以及变石英角斑岩夹层。

(2)上元古界

震旦系为冰川,河流—滨海碎屑岩,硅泥岩—碳酸盐建造。路线在北部及其他一些地段穿越震旦系,其岩性为灰色、灰白色、中厚层状细砂岩、粉砂岩、灰黑色夹炭质页岩、深灰色厚层状长石石英砂岩、灰白色石英砾岩。

(3)古生界

①寒武系:为潮坪—深湖相有机质、泥质沉积和浅海—滨海相泥质—碳酸盐岩沉积建造。在路线带北部穿越,其岩性以黑色中薄层状炭质页岩,灰黑色厚层状含炭硅质页岩,夹深灰色薄层状硅质岩,灰黑色中厚层状泥质灰岩夹纯灰岩透镜体和钙质页岩,灰色、灰黑色中厚层状灰岩,粉砂质页岩为主。

②奥陶系:属于浅海潮坪相碳酸盐岩以及泥质组成的细碎屑岩复理石建造。路线在北部穿越该组地层,其岩性以灰绿、青绿色页岩,砂质页岩,灰黑色、黑色页岩,泥质粉砂岩为主。

③志留系:为浅海潮坪环境下沉积的泥砂质类复理石和滨海半咸水环境下沉积的碎屑岩复理石建造。路线在北部穿越该组地层,其岩性为灰绿色、深灰色、紫红色、黄绿色长石石英砂岩夹页岩、砂质页岩、泥质粉砂岩。

④泥盆系:泥盆系在图幅范围内发育不全,近残余泥盆系上统五通组,而出露范围很小。本线路在南端穿越该组地层。其岩性为紫红色、灰白色厚层状石英砂砾岩、石英砂岩、长石石英砂岩夹紫红色粉砂岩。

⑤石炭系:为滨海平原环境下沉积的碎屑岩石和浅海环境下沉积的碳酸盐岩建造。路线主要在南部,中部、北部的少数路段穿越该组地层。其岩性为紫红色、灰黄色、灰白色厚层状石英砂砾岩,石英砂岩、长石石英砂岩夹灰黑色、紫红色灰色砂质页岩,粉砂岩、灰白色、浅灰色中厚—厚层状白云岩,灰白色、灰黑色厚层状—块状微粒灰岩、生物灰岩、细粒白云质灰岩。

⑥二叠系:为浅海环境下形成的碳酸盐岩和滨海沼泽环境下的含煤碎屑岩建造。路线主要在南部,中部、北部的一些路段穿越该组地层。其岩性为灰色瘤状灰岩与钙质页岩互层、深灰色中—厚层状含燧石条带状灰岩、灰黑色含炭钙质页岩、瘤状灰岩、扁豆状灰岩、长石石英砂岩、浅灰色中厚层状石英细砂岩、硅质灰岩。

(4)中生界

①三叠系:为浅海相碳酸盐岩及泥质碎屑岩和海陆交互相碎屑岩建造。路线主要在南部,中部的少数路段穿越该组地层。其岩性为黄褐色、灰绿色页岩、粉砂岩,夹薄层竹叶状灰岩、泥质灰岩,灰色、灰黑色中薄层灰岩、泥质灰岩,白云质灰岩夹紫红色页岩、粉砂岩,黄绿色、紫红色粉砂岩,灰黑色、棕褐色石英燧石砾岩,深灰色中厚层状石英质细砂岩、粗砂岩。

②白垩系:为巨厚层状陆相红色碎屑岩建造。路线在南部长距离穿越该组地层。其岩性为紫红色厚层状、块状砂砾岩,夹紫红色含砾砂岩,紫红色厚层状、块状泥岩,粉砂岩夹紫红色、灰白色砂砾岩、钙质砂岩。

(5)新生界

①第三系:为红色陆相粗碎页岩建造。路线在北部穿越该组地层。其岩性为紫红色厚层状砾岩,含钙质砂砾岩、钙质粉砂岩、粉砂质页岩、紫红色钙质砂岩、钙质粉砂岩及含钙质砂砾岩、紫红色厚层状含钙质砾岩及钙质砂岩。

②第四系:为冲积型、残积型、沼泽型以及冰川沉积型。主要分布在本路线带北部的修水流域,南部的锦江流域,以及零星分布在中部山区的河谷中。其岩性为松散的砂、砾土堆积物和沉积物。

3)地震

据关于路线区域内史料记载,1575～1986年,共发生地震13次,除1575年、1865年修水县两次大地震规模较大,推算为6～7级外,其余均系4级以下小震,未造成灾害。根据《江西省地震动参数区划图》,公路选线区域地震动峰值加速度0.05g,即地震基本烈度6度。

### 1.2.5 不良地质

路线区域内不良工程地质现象主要有:幕阜山地带滑坡和崩塌,九岭花岗岩地区的滑坡和泥石流,上高—分宜一带的岩溶崩塌和煤层的采空,修水流域和锦江流域的沉降、局部的软土地基,安福地质区的溶洞和地下河发育、岩溶地面塌陷等。

(1)修水流域受三都—罗坪大断裂($F_4$)和修水—德安深大断裂($F_2$)控制,两断裂均近EW向展布。其中$F_4$为活动断裂,该断裂控制了渣津、三都、武宁断陷盆地的分布。本地区地壳稳定性较差,常有小震发生,并有温泉分布,寒武系地层灰岩较发育。

(2)九岭地区花岗岩和Pt双桥山群板岩、千枚岩均易强烈风化,本区构造也十分发育,极易产生滑坡崩塌。

(3)上高—宜丰地区是以晚古生代和早中生代的碳酸盐岩和含煤地层为主,萍乡—新建断裂带(其主干断裂为$F_{11}$)又强烈作用于其中。本区第四系孔隙水和岩溶水十分丰富,溶洞和地下河发育,加上煤矿采空,可能产生地面塌陷灾害。

(4)江口—油田地区(第Ⅷ工程地质分区)的上元古界神山群和震旦系千枚岩、千枚岩状砂岩、板岩强烈风化,极易产生崩塌滑坡。

(5)安福工程地质区(第Ⅸ工程地质分区)是以晚古生代和早中生代的碳酸盐和含煤地层为主,本区第四系孔隙水和岩溶水十分丰富,溶洞和地下河发育,岩溶地面塌陷是可能发生的主要地质灾害。此外,本区的含煤地层、页岩、粉砂岩等强烈风化,崩塌、滑坡较易发生。

## 1.3 武吉高速公路建设关键技术分析

武吉高速公路是江西省一次性投资额最大的基建项目,项目概算总投资达131.577亿元;是江西省一次性开工建设里程最长的高速公路建设项目,路线全长达285.809km;是江西省高速公路施工难度最大的项目,项目桥隧比例高达21%,桥隧总长近60km,有60%地处山岭重丘区,有60km地处岩溶发育区;是江西省公路隧道群最多、最长的公路项目,项目共有隧道24座,单洞总长近60km,其中九岭山被誉为“江西第一长隧道”。其建设关键技术主要有以下八项。

### 1.3.1 高填路堤加筋与强夯加固技术

土体抗拉强度较低,在土中加入适当的加筋材料,使筋材抗拉强度和土体抗压强度相结合,改善土体的强度和变形特征,从而可达到控制沉降及不均匀沉降的目的。以往很多研究把土工格栅当成线弹性或非线性弹性材料处理,没有充分考虑土工格栅作为高分子聚合物具有的长期荷载下的流变特性以及长期蠕变对加筋土结构长期工作性能的影响。

通过土工格栅室内蠕变试验,探讨其在环境温度和不同荷载条件下的蠕变特性,建立较可靠地反映土工格栅蠕变特性的黏弹塑性损伤模型,然后建立基于土工格栅黏弹性的加筋土本构模型,并且进一步研究预应变加筋机理,并用工程实例证实其有效性,这些对加筋土结构的分析及安全设计具有重要意义。高填路堤加筋与强夯加固技术是武吉高速公路建设的关键技术之一。

### 1.3.2 连拱隧道结构选型及荷载计算技术

连拱隧道结构形式的差别主要是中墙的形式。连拱隧道按中墙形状的不同可分为直中墙连拱隧道和曲中墙连拱隧道,按中墙结构可分为整体中墙连拱隧道和三层中墙连拱隧道。如何因地制宜地进行连拱隧道的选型,最大限度地发挥连拱隧道的优势,是亟待解决的问题。单洞隧道围岩压力的计算是在长期观察地下洞室开挖后的破坏特性的基础上建立的,而对于连拱隧道而言,如何科学合理地计算其围岩压力,是保证连拱隧道安全的关键。

目前针对连拱隧道的实践和理论研究工作相当有限,对其中很多问题的认识尚在探索阶段,连拱隧道设计理论不成熟,在一定程度上影响了连拱隧道的应用与推广。为达到安全、经济、合理、快速地设计与施工的目的,应推进连拱隧道在公路建设中的应用与推广。连拱隧道选型及围岩压力计算技术是武吉高速公路建设的关键技术之一。

### 1.3.3 隧道塌方及监测预警技术

武吉高速公路隧道工程沿线水文、地质条件复杂多变,断面大且形式多样,施工工艺复杂,在施工中出现了多处塌方(如九岭山隧道塌方、梅沙隧道塌方等),塌方事故易造成施工困难、机械损毁以至人员受伤等情况,是隧道工程建设的主要风险源之一。

现场监控量测可以跟踪围岩动态变化,了解围岩应力分布,判断围岩稳定性;掌握支护结构受力状态,确定衬砌支护形式、支护参数和合理的支护时间,在评价支护结构的合理性及安全性等方面起着传统方法无法替代的作用。隧道塌方及监测预警是武吉高速公路建设的关键技术之一。

### 1.3.4 特长隧道通风防灾技术

武吉高速公路九岭山隧道属于特长隧道，在运营过程中将遇到通风、防灾等问题，隧道斜井风机房、隧道通风系统设置、隧道通风系统节能分析、防灾救援排烟、隧道火灾临界风速等问题则亟待解决。

九岭山隧道运营环境的优劣取决于运营通风效率及其通风控制，同时，在隧道火灾控制方面也需要通风设施来发挥作用。特长隧道通风防灾技术是武吉高速公路建设的关键技术之一。

### 1.3.5 特长纵坡沥青路面施工控制技术

沥青路面具有良好的力学强度、平整耐磨的表面、平稳舒适的行车性能、扬尘少、振动小、噪声低、施工期短以及养护维修简便等特点，是我国高速公路路面结构主要形式。武吉高速公路处于山岭重丘区，存在大量的特长纵坡，车辆行驶速度缓慢，对路面加载时间较长。如果进行路面结构设计时考虑不周或沥青混合料选材不当，极易导致路面由于强度不足而发生剪切破坏，在路表形成车辙。车辙的出现严重影响路面的平整度，车辆在超车或变更车道时容易方向失控，影响车辆操纵的稳定性；同时由于轮迹处沥青层厚度减薄，削弱了路面结构的整体强度，从而容易诱发其他病害。

特长纵坡沥青路面结构及材料组成设计可用于防止高温重载作用下沥青路面车辙的出现，分析特长纵坡条件下车辙的形成规律及影响因素，研究特长纵坡沥青路面施工控制技术是武吉高速公路建设的关键技术之一。

### 1.3.6 高墩大跨度桥梁沥青路面施工控制技术

武吉高速公路地形复杂，桥隧等构造物特别多，部分地段桥隧比例高达80%，还存在一些高墩大跨度桥梁，如水口高架特大桥，孔桩基础分布在河道或山腰处，桩孔最深达36m，最高墩达41.8m，施工技术难度大。对于桥面沥青混凝土结构来讲其受力比普通道路沥青路面复杂得多。不仅对车辆轮重起重分布作用，还要防止车轮轮胎直接磨耗桥面板，保护主梁免受雨水侵蚀。对于连续梁桥、拱桥及悬臂梁桥等结构的沥青路面层需承受由荷载的作用而产生的负弯矩或拉力。桥面板的变形、大跨度桥梁本身的变形、位移和振动都将直接影响铺装层的工作状态。铺装层还应与桥面板黏结良好，避免水平推移或因温度变化桥面板或梁结构产生过大挠曲而产生裂缝。同时施工过程中考虑到桥梁主体的安全，一般要求避免使用振动碾压，以保证桥梁沥青路面的密实性。

因此,在相同环境与荷载的作用下,我国多数高速公路桥梁沥青面层的破坏比例远高于一般道路路面。有的桥梁在通车后不久,桥面即出现了唧浆、壅包、车辙、碎裂等破坏现象,不仅妨碍了交通安全,而且影响了桥面的美观性,也带来了经济损失。因此,高墩大跨度桥梁沥青路面施工控制技术是武吉高速公路建设的关键技术之一。

### 1.3.7 隧道沥青路面阻燃温拌技术

由于沥青具有可燃性,在隧道工程(特别是大型公路隧道、跨江海隧道)中使用存在一定火灾安全隐患。而沥青路面的耐火性是隧道防火安全的重要控制因素,是亟待解决的问题之一。

武吉高速公路九岭山隧道为特长隧道,考虑隧道的安全性,阻燃技术显得尤为重要,同时隧道内通风条件较差,采用温拌技术可以避免施工中挥发的气体难以消散的问题,因而在长大隧道中有广阔的应用前景。因此,隧道沥青路面阻燃温拌技术是武吉高速公路建设的关键技术之一。

### 1.3.8 大跨径桥梁移动模架现浇箱梁施工控制技术

移动模架系统又称造桥机,简称 MSS 工法,是一种自带模板、可在桥跨间自行移位、逐跨完成混凝土箱梁施工的大型制梁设备。移动模架系统具有周转次数多、施工周期短、施工安全可靠、现场整洁,施工不需要中断桥下交通等特点,与传统的满堂支架相比,使用辅助设备少,减少了人力资源的浪费,既保证了工程质量,又能加快施工进度,具有良好的经济效益。按照造桥机主梁的支承位置不同,移动模架系统分为三类,即:上承式移动模架系统,中承式移动模架系统,下承式移动模架系统。武吉高速公路众多桥梁建设中,如何选用适合的移动模架系统、如何采用大跨径桥梁移动模架进行现浇箱梁施工是亟待解决的问题之一。因此大跨径桥梁移动模架现浇箱梁施工控制技术是武吉高速公路建设的关键技术之一。

# 2 高填路堤加筋与强夯加固技术

高填路堤的不均匀沉降变形和稳定性与土石填料的特性、修筑方法、支挡设施以及基底的处理密切相关，本章结合武吉高速公路的科研和工程实践，重点阐述高填路堤的加筋与强夯加固技术。

## 2.1 高填路堤加筋技术

### 2.1.1 土工格栅蠕变特性试验

结合武吉高速公路的工程实践，以国产高密度聚乙烯双向土工格栅为研究对象，进行室内蠕变试验。试验所用土工格栅的基本物理特性见表 2-1。

**试验所用土工格栅基本物理特性** 表 2-1

| 网格尺寸(mm×mm) | 横向与纵向每延米肋条数 | 肋条长度(mm) | 肋条宽度(mm) | 肋条厚度(mm) | 节点长度(mm) | 节点厚度(mm) | 单位面积质量($g/m^2$) |
|---|---|---|---|---|---|---|---|
| 44×44 | 22.7 | 36 | 4 | 1 | 8 | 2.8 | 282.0 |

首先进行土工格栅的拉伸强度试验，沿横向和纵向各制作 10 个土工格栅试样，试验装置为微机土工合成材料试验系统。土工格栅夹持长度为 100mm，拉伸速率为 20mm/min，试验结果见表 2-2。

**土工格栅拉伸强度试验结果** 表 2-2

| 方向 | 拉伸强度(kN/m) | 屈服延伸率(%) | 应变 2% 时拉伸力(kN/m) | 应变 5% 时拉伸力(kN/m) |
|---|---|---|---|---|
| 横向 | 11.76 | 8.58 | 5.01 | 9.14 |
| 纵向 | 11.94 | 8.52 | 5.15 | 9.35 |

在拉伸强度试验之后，为了解土工格栅的蠕变特性，进行土工格栅的蠕变试验。蠕变试验条件为常温（约 22℃），湿度为 55% ~60%，总时间设为 1 000h。土工格栅有效夹持长度为 50cm，测量精度为 0.1cm。设定抗拉强度为 20%、30%、40%、50% 和 60% 五个应力比进行平行静载蠕变试验，对样条实现一次性加载。

土工格栅在不同应力比下的加载蠕变试验结果见图 2-1。在较低应力比（如 20% 和 30%）条件下，开始阶段蠕变量迅速增加，然后逐渐减少，最后趋于稳定。

在较高应力比(如40%以上)条件下,刚开始蠕变量也迅速增加,短时间就超过允许使用值的10%,然后蠕变速率逐渐减小,在临近断裂时,蠕变速率又有所增加。

### 2.1.2 土工格栅蠕变本构模型

(1)土工格栅的典型蠕变特征

由前述土工格栅蠕变试验可知,当试验荷载较小时,土工格栅蠕变减速进行,包括初级蠕变和二级衰减蠕变,称为衰减蠕变模式;当试验荷载较大时,土工格栅蠕变包括初级减速蠕变、二级恒速蠕变和三级加速蠕变断裂,称非衰减蠕变模式,如图2-2所示。

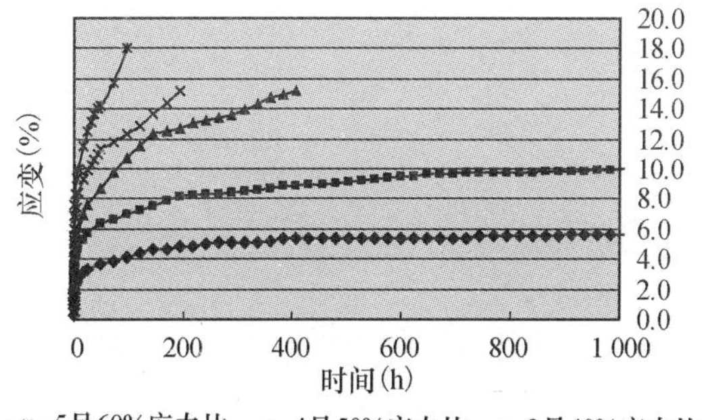


图2-1 不同应力比下土工格栅的加载蠕变试验结果

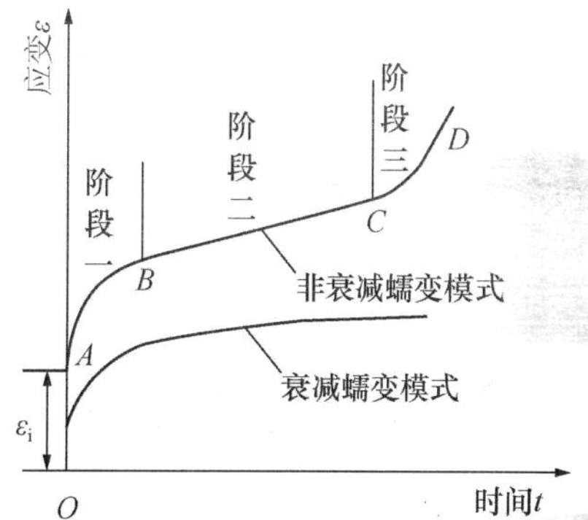


图2-2 土工格栅典型的蠕变特征

(2)土工格栅蠕变本构模型

典型的土工格栅蠕变模型见表2-3,具体包括幂函数或近幂函数型、对数函数型或近对数函数型、双曲线函数型、蠕变速率型和其他经验型。

在表2-3中,由于序号4的蠕变速率型和序号5的其他经验型经过相关积分变换,也还是$\varepsilon$关于$t$的近幂函数形式。因此,这些蠕变模型实质上可以归为三类,即幂函数型或近幂函数型、对数函数型或近对数函数型、双曲线函数型。

根据前述土工格栅蠕变试验数据,对三类典型蠕变模型参数进行求解。通过相关系数$R$平均值对比可知,在三类典型模型中,用幂函数型或近幂函数型描述土工格栅蠕变的精度最高,拟合精度随着应力比的增大而降低。以幂函数型为例,土工格栅承受低应力比荷载时,幂函数模型曲线与实测值曲线几乎重叠;当承受高应力比荷载时,幂函数模型曲线与实测值曲线的差别在100h后逐步扩大,说明精度最高的幂函数蠕变模型也只适合描述土工格栅处于低应力比下的蠕变。三参数黏弹性模型只适用于描述土工格栅的衰减蠕变模式。当处于高应力比时,土工格栅产生黏塑性应变,且截面积减小,即产生损伤。因此需考虑建立土工格栅损伤的黏弹塑性本构模型。

典型土工格栅蠕变模型　　表 2-3

| 序号 | 典型蠕变模型 | 表达形式 | 备注 |
|---|---|---|---|
| 1 | 幂函数或近幂函数型 | $\varepsilon(t)=a+bt^n$ | $a$、$b$ 和 $n$ 为与材料相关的参数 |
| 2 | 对数函数型或近对数函数型 | $\varepsilon(t)=\varepsilon(t_0)+m\lg t$ | $\varepsilon(t_0)$ 为 $t=1$h 时的蠕变，$m$ 为蠕变曲线斜率 |
| 3 | 双曲线函数型 | $\varepsilon(t)=\varepsilon_i+\frac{t}{a+bt}$ | $\varepsilon_i$ 为加载瞬时的变形，$a$ 和 $b$ 为参数 |
| 4 | 蠕变速率型 | $\varepsilon(t)=c_1\varepsilon^{c_2\bar{T}}\left(\frac{t_1}{t}\right)^m$ | $c_1$、$c_2$ 及 $m$ 是与材料相关的参数，$t_1$ 为时间因子，$\bar{T}$为应力水平 |
| 5 | 其他经验型 | $\varepsilon(t)=\varepsilon_0+\frac{A}{1-m}e^{aL}(t^{1-m}-1)$ $(m\neq1)$ | $\varepsilon_0$ 为 $t=1$ 时的应变，$L$ 为应力水平，$m$、$a$、$A$ 为试验常数 |

根据蠕变时土工格栅出现瞬时弹性变形 $\varepsilon_e$、黏弹性 $\varepsilon_{ev}$ 以及黏塑性 $\varepsilon_{vp}$ 响应，考虑损伤效应，提出如下黏弹塑性本构模型：

$$\varepsilon=\frac{\sigma}{E_1\left(1-\frac{t}{t_r}\right)^{1/(1+v)}}\exp\left(-\frac{E_2t}{\eta}\right)+\frac{\sigma}{\frac{E_1E_2}{E_1+E_2}\left(1-\frac{t}{t_r}\right)^{1/(1+v)}}\left[1-\exp\left(-\frac{E_2t}{\eta}\right)\right]+$$

$$\left[\frac{B}{A}(p+1)\right]^{\frac{1}{p+1}}\cdot\left[\left(1-\frac{t}{t_r}\right)^{-1/(1+v)}\right]^{\frac{n}{p+1}}\sigma^{\frac{n}{p+1}}t^{\frac{1}{p+1}}\qquad(2\text{-}1)$$

基于 Levenberg-Marqurdt 和全局优化的最优化求解理论，求解考虑土工格栅损伤的黏弹塑性模型，计算值与各应力比下的蠕变实测值的对比情况见图 2-3～图 2-5。

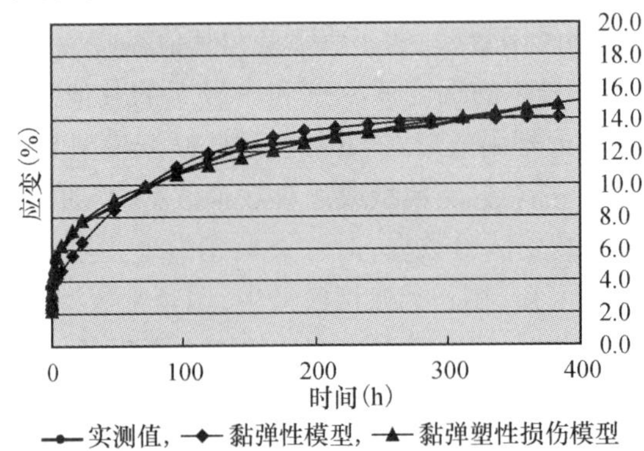


图 2-3　土工格栅处于 40% 应力比时本构模型的对比

可见，当土工格栅处于高应力比时，黏弹塑性损伤本构模型的计算值与实测值吻合情况较好，而三参数黏弹性模型不再适用于描述高应力比下土工格栅的蠕变。

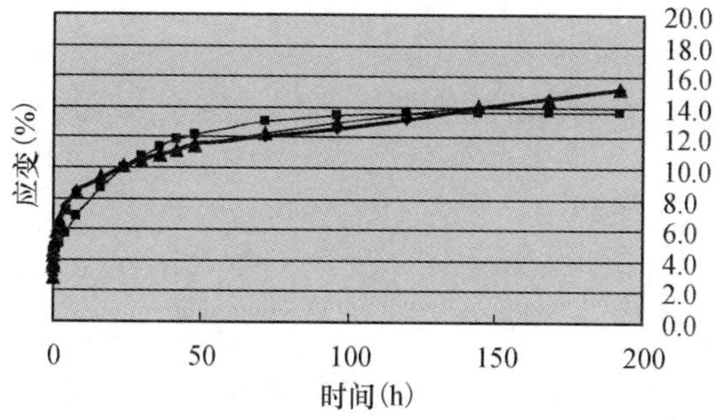


图 2-4 土工格栅处于 50% 应力比时本构模型的对比

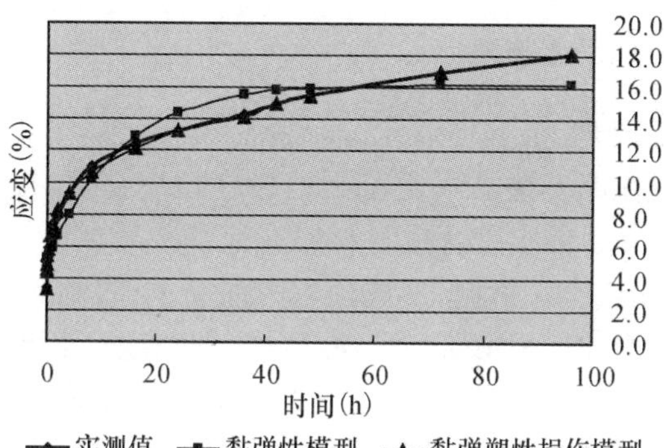


图 2-5 土工格栅处于 60% 应力比时本构模型的对比

### 2.1.3 加筋土蠕变本构模型

根据《公路土工合成材料应用技术规范》(JTJ/T 019—98)，土工格栅应在 30% 应力比下工作，上述第 2.1.2 条也说明了三参数黏弹性模型适用于低应力比下的衰减蠕变。将土工格栅看做黏弹性材料，认为土体是满足 Mohr-Coulomb 准则的弹塑性材料，通过基本假定，分析加筋土单元中土和格栅的微观应力，建立基于土工格栅黏弹性特性的加筋土本构模型。

加筋材料拉力计算如下：

$$R = \left(R_0 - \frac{p}{q}\right)\exp(-qt) + \frac{p}{q} \qquad (0 < t < T_{\mathrm{p}}) \tag{2-2}$$

式中：$q = \dfrac{eE_1E_2(1 - v_s^2) - (E_1 + E_2)E_s\Delta h}{\eta[eE_1(1 - v_s^2) - E_s\Delta h]}$；

$$p = \frac{eE_1E_2\Delta h(1 + v_s)[(1 - v_s)\sigma_x - v_s\sigma_z]}{10^3\eta[eE_1(1 - v_s^2) - E_s\Delta h]};$$

$T_p$——土到达塑性状态所需要的时间。

$$T_{p} = -\frac{1}{q}\ln\left\{\frac{1}{R_0 - \frac{p}{q}}\left[\frac{(\Phi - \sigma_x)\Delta h}{10^3} - \frac{p}{q}\right]\right\} \tag{2-3}$$

格栅应变计算如下：

$$\varepsilon_x = \left(\varepsilon_0 - \frac{10^3 R}{eE_2}\right)\exp\left(-\frac{E_2}{\eta}t\right) + \frac{10^3 R}{eE_{eq}} \tag{2-4}$$

式中：$\varepsilon_0$——加筋土在弹性阶段结束时的应变，即塑性阶段开始时的应变。

因此，考虑土工格栅黏弹性特性时，可采用式(2-2)计算加筋土在到达塑性状态前时格栅的微观应力。

### 2.1.4 预应变加筋土技术

(1)预应变加筋机理

理论分析表明，在路基边坡一定范围内存在拉应力区，拉应力会引起地面开裂，造成边坡失稳等。目前土工合成材料加筋地基一般在堤身底部铺放预张拉过的单层或多层土工网或土工格栅，形成预应力加筋土，限制路基土的侧位移，以提高堤坝抗滑稳定性，增加堤坝填筑高度，减少施工期填土，使堤坝下沉趋于均匀，防止地面开裂。预应变加筋法是近年来发展起来的一门新技术，即在加筋土体承受外荷载前，预先在加筋土体受拉区对界面施加预压力，这种压力通常称为预应力。加筋土体在使用阶段外荷载作用下产生拉应力，首先要抵消预压应力，从而推迟了上覆土体裂缝的出现，提高了加筋土体的抗裂度、刚度及稳定性。

室内静态加筋土路基试验结果表明，无加筋情况承载力最低，普通加筋($\varepsilon_0=0$)情况次之，预应变加筋($\varepsilon_0=5\%$)情况最高。在同一沉降量下，预应变加筋($\varepsilon_0=5\%$)情况比普通加筋($\varepsilon_0=0$)情况的承载力增加2kN，约占10%～15%。在同一荷载(2kN)作用下，预应变加筋($\varepsilon_0=5\%$)比普通加筋($\varepsilon_0=0$)情况的沉降量减少8mm，约占27.6%。

(2)预应变值的确定及其理论计算公式

目前在加筋工程中，多数对筋材的受力设计是按强度控制的，不计筋材应变，而筋材受力是强烈依赖其变形的，抗拉力的发挥与否及发挥大小取决于筋材变形。其变形要与土体变形协调一致，才能发挥材料的作用，筋材发挥的抗拉力与土体变形相关，设计以变形控制更为合理。

工程实践中，筋材产生的预应变属非破坏性应变，即处于长期强度条件下的应变。试验分析表明，土工网和土工格栅的长期强度应力水平 $\alpha$ 为30%～40%。其施工方法是在铺设筋材时就利用拉伸设备将筋材预先张拉，使其达到一定预应变值 $\varepsilon_1$，在填土开始时，筋材已有一定应变，可承受相应拉力。在填土过程中，筋材随填土深度进一步变形，且每一时刻筋材应变都比未张拉时大，从而所受拉力也更大。

为了保证筋材在张拉过程中不被拉断，预应变值应在筋材的弹性范围内选取。从全蠕变曲线可知，土工网预应变值 $\varepsilon_1=6.29\%\sim10.86\%$，土工格栅预应变值 $\varepsilon_1=2.43\%\sim5.75\%$。

据CE131和SDL25对应的抗拉强度，提出估算特种筋材预应变值的经验公式：

土工网 $\varepsilon_1=(1.1\sim1.9)\sigma_\eta$ （%） (2-5)

土工格栅 $\varepsilon_1=(0.1\sim0.2)\sigma_\eta$ （%） (2-6)

式中：$\sigma_\eta$——筋材的抗拉强度，kN/m。

分析结果表明，筋材的预应变值 $\varepsilon_1$ 越大，加筋土体改善的幅度也越大，承载力及土体稳定性提高也越多。但并不意味着 $\varepsilon_1$ 越大越好，显然有一个上限值，即弹性极限值。从上述可知，两种筋材的预应变极限值分别为10.86%和5.75%。

（3）预应变加筋法设计与施工

在试验路段或施工现场，经常会产生一种现象，即预应变加筋材料反包放张后，在路堤顶部中央附近的土体会不同程度往上隆起，并伴随着微裂纹产生。究其原因，在于土体内预应力筋的回弹变形导致了其上土体收缩的不一致。从理论上讲，靠近预应力筋的底部土体收缩明显比路堤顶部土体收缩大，从而导致同一层土产生隆起现象。将桥梁工程"反拱度"引入高填路堤预应变加筋技术中，施工时事先将分层填筑的每一层压成中间比两边稍低，预应力筋张拉后固定，然后填土压实，迫使预应力筋中部向下挠曲，即向下设置反拱度，用来抵消放张后因土体收缩不一致产生的隆起。

反拱度大小，与分层厚度、二分之一车辆荷载、加筋材料的特性、加筋土体的压实程度等有关，可按下列公式计算：

$$\delta=K_0\alpha(\delta_1+\delta_2) \tag{2-7}$$

式中：$\delta$——反拱度，mm；

$\delta_1$——分层土体作用下产生的挠度，mm；

$\delta_2$——二分之一车辆荷载作用下产生的挠度，mm；

$K_0$——加筋材料影响系数，建议土工网取 $K_0=0.9\sim1.0$，土工格栅取 $K_0=0.8\sim0.9$；

$\alpha$——分层压实度，%。

张拉过程中采取分级加载，首先加载10%的拉力，使筋材的每一个结点都同时受力，接着拉力逐渐加大并超张1.05倍，持荷5min后回到所需的最大拉力并锚固，即张拉程序为：$0P$、$0.1P$、$1.05P$、$P$。

对强度和弹性模量较大的预应力特种筋材预张拉，施工时采用土钉或木桩锚固，借助张拉机或手动葫芦法进行张拉，拉紧后再用土钉或木桩深固（图2-6）。对于先张法，待上层覆土压实后便可撤去土钉或木桩，形成预应变加筋土。

### 2.1.5 填挖结合路基加筋处置技术

（1）路基顶面沉降变形

填挖交界处铺网前后路基顶面垂直变形有限元计算结果（图2-7）表明：土工格网对降低路基沉降有明显作用。采用双曲线公式拟合现场沉降观测结果，各点最终沉降量 $S$ 如表2-4所示。

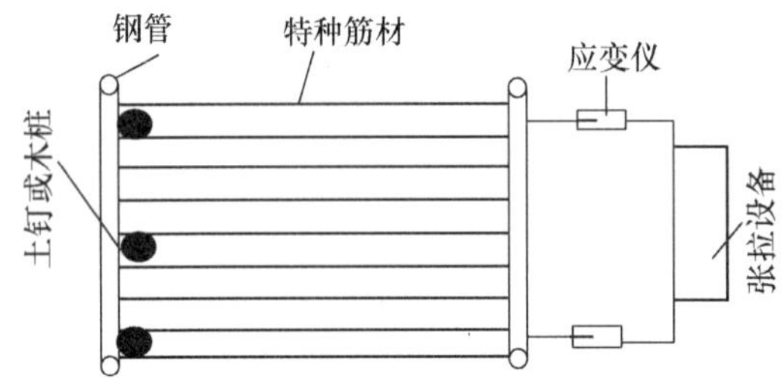


图2-6 预应变特种筋材张拉法作业

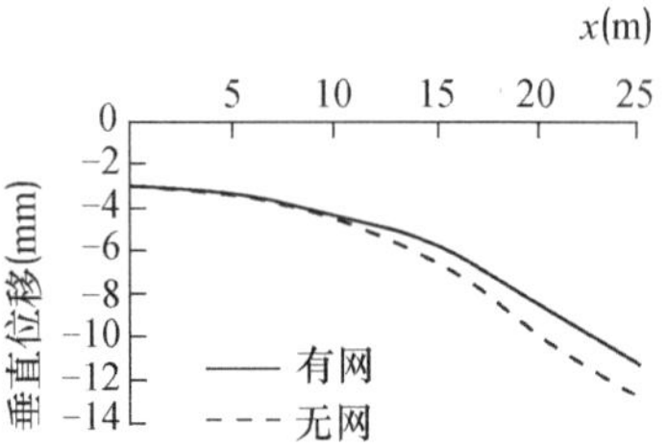

图2-7 垂直位移对比

填挖交界处沉降曲线拟合结果 表2-4

| 测点 | 1 | 2 | 4 | 5 | 5′ | 6 | 8 |
|---|---|---|---|---|---|---|---|
| $S$(mm) | 16.8 | 31.4 | 26.6 | 14.2 | 15.6 | 22.3 | 19.1 |

填挖交界处外侧测点的最终沉降量计算结果表明：在填挖交界处铺设土工格网后，其沉降沿路线纵向变化比较平缓，变化率为0.205‰，远小于根据弹性地基梁理论对高速公路上沥青路面和水泥混凝土路面结构对路基非均匀沉降敏感性分析得出的纵坡变化率3‰的最小值要求，说明土工格网用于处理填挖交界处路基非均匀沉降的效果是比较明显的，对横向也有类似结论。

（2）铺网前后路基回弹模量变化

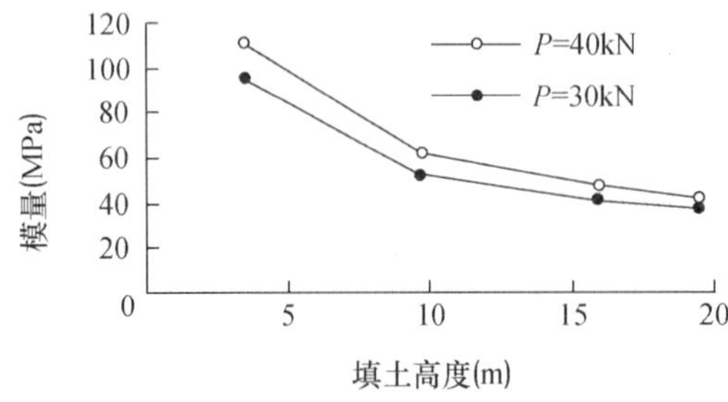


图2-8 填土高度对铺设土工格网路基模量的影响

利用FWD弯沉反算铺网与未铺网路基区的顶面回弹模量，发现铺设土工格网可改善支承刚度，增强扩散荷载能力，从而提高路基抗变形能力。填土高度在10m以内时，对铺设土工格网路基模量影响明显，与荷载大小有关，荷载较大时路基模量偏高，如图2-8所示。

(3)土工格网防止路面结构破坏的加筋效应

计算结果表明,加铺土工格网能明显降低土体和路面结构中的水平应力(图2-9),从而减小土体和路面结构产生拉裂破坏的可能性。

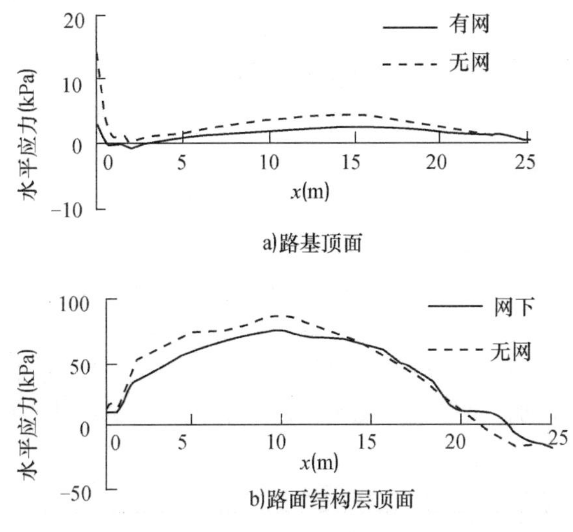


图2-9 水平应力纵向分布

铺设土工格网后,土工格网上下的土颗粒受到约束,土颗粒间及土颗粒与土工格网接触面间摩擦咬合增强,土中部分应力得到扩散,剪应力明显提高,而土体变形则减小。

(4)布设土工格网的合理层数

在土工格网处治填挖交界路基设计时,为确定合理层数,需考虑两个因素:一是填土中布设土工格网对土体抗变形能力的改善作用;二是布设土工格网对填挖交界路基滑动稳定性的改善。

有限元法计算结果表明:在填土高度较小时(如2m),布设土工格网对路基的抗变形能力改善作用不明显。这是由于此时原地面接近路基顶面,有利于增大路基填土的抗变形能力,呈现出一种边界效应。随着填土深度的不断增加,原地面的边界效应逐渐减弱,土工格网发挥的作用愈加明显,路基顶面弯沉减少近4%,路基顶面当量回弹模量增加约6%。当填土深度增加至8~9m,由于原地面有足够深度,不会影响路基顶面变形,其边界效应完全消失,接近于半空间体状态,此时布设土工格网对路基顶面抗变形能力的改善作用基本趋于稳定。

增加过多层数的土工格网,并不能再增加路基抵抗变形的能力。这是由于交通荷载的影响深度有限,超过其影响深度范围以下的土工格网将主要承受填土自重作用,不能发挥抵抗交通荷载下变形的作用。当填土深度为2~4m时,可布设两层土工格网；当填土深度为4～8m时，可布设三层土工格网；至于8m以上的填土深度，应结合土体内部深层滑动稳定性而布设多层土工格网，并严格控制高填方路基施工后的沉降量。

## 2.2 碎石土高填路堤强夯加固技术

### 2.2.1 室内模型试验

结合武吉高速公路路基的强夯处治，以红砂岩碎石土高填方路堤为研究对象，分析击实功、落距、夯击次数、锤重、锤底直径、模型尺寸对强夯效果的影响，定量分析加固深度和加固半径。

对于直径15cm、20cm、30cm的Ⅰ模型、Ⅱ模型、Ⅲ模型，可同时制作3个土样，总计9个试样进行试验，试验结果取其平均值后见图2-10、图2-11。

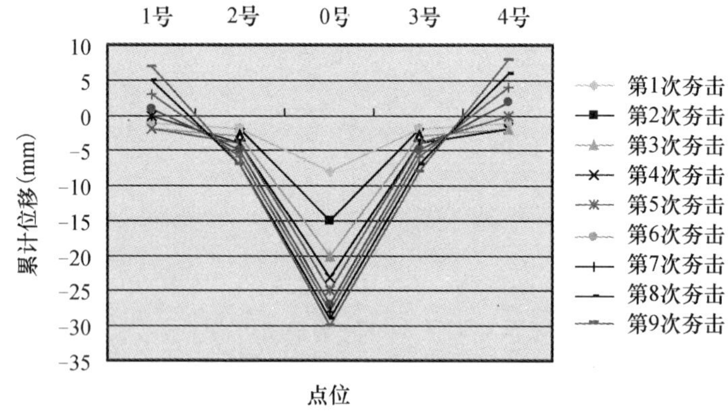


图2-10 Ⅰ模型第1～9次夯击表层点累计竖向位移(Ⅰ)

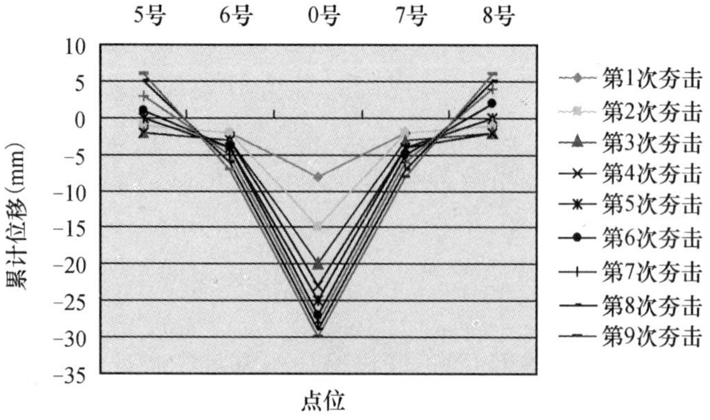

图2-11 Ⅰ模型第1～9次夯击表层点累计竖向位移(Ⅱ)

试验结果表明:锤底夯沉总量随着夯击次数增加而增大,但增加幅度呈下降趋势,9 次夯击后夯坑最大深度为 0.6 ~0.78m(按 1:20 换算),与现场试验较吻合。

Ⅰ模型影响深度为第 2 层,对应实际深度为 3.2m;Ⅱ、Ⅲ模型影响深度为第 4 层,对应实际深度为 3.7 ~3.9m,影响区半径为 1.0 ~1.6m。这为现场强夯施工提供了依据。图 2-12 为Ⅱ模型影响深度和影响区半径的分布情况。

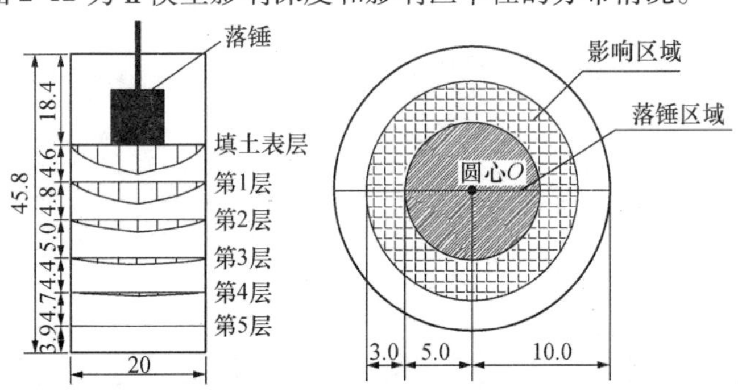


图 2-12 Ⅱ模型的影响深度和影响区半径分布情况(尺寸单位:m)

此外,试验发现Ⅰ模型表面 1 号、4 号、5 号、8 号边界点出现明显向上隆起,而Ⅱ、Ⅲ模型表面只出现轻微隆起。说明Ⅰ土样在强夯过程中受边界约束而"凸出",即Ⅰ模型尺寸偏小,小于强夯影响半径,最终导致隆起,这就是通常所说的"边界效应"。由于Ⅱ、Ⅲ模型尺寸适中,因此消除了边界效应。建议室内强夯试验模具内径宜大于夯锤直径的 2 倍以上,深度不小于 30cm。

### 2.2.2 现场强夯试验

武吉高速公路路基形式主要为高填路基、半填半挖路基和填挖路基。路基回填高度一般为 4 ~20m,最高 58m。公路主要处于红砂岩地区,少数路段为石灰岩,且地表覆盖层较浅,所以路基填料主要为红砂岩,碎石含量达 60% ~90%。虽然进行了大规模改石工作,但路基填筑后孔隙仍较大,压实质量难以控制,极易产生较大工后沉降和不均匀沉降。同时,新实施的《公路路基设计规范》(JTG D30—2004)对路堤压实度要求有所提高,下路堤和上路堤压实度分别从原来的 90% 和 93% 提高到 93% 和 94%,而该段路基填筑在新规范实施以前均按旧规范要求进行填筑。考虑该段的特殊性,采用强夯机械对路基进行强夯处理,以提高路基压实度,减少路基工后沉降和不均匀沉降。

(1)强夯作用下地表变形规律分析

各种夯击能量作用下地表变形如图 2-13、图 2-14 所示,可知随夯击次数增加,夯坑下沉量随之增加,夯坑周围 1.5m 范围内土体略隆起(与室内模型试验吻合),但隆起很少,所以土体的压密量接近或等于夯坑体积,夯坑体积基本直接代表了夯点影响范围内夯击对土体的压密效果，有效夯实系数 $\alpha$（即夯坑体积与隆起体积之差除以夯坑体积）达0.9以上。

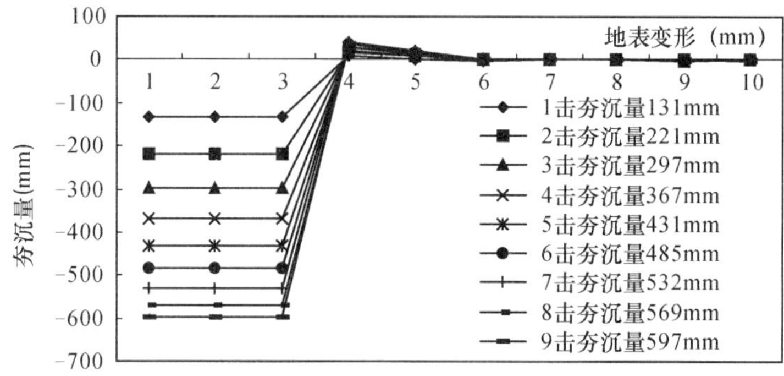


图2-13　夯击能为1 200kN・m时夯坑及其周边地表变形示意图

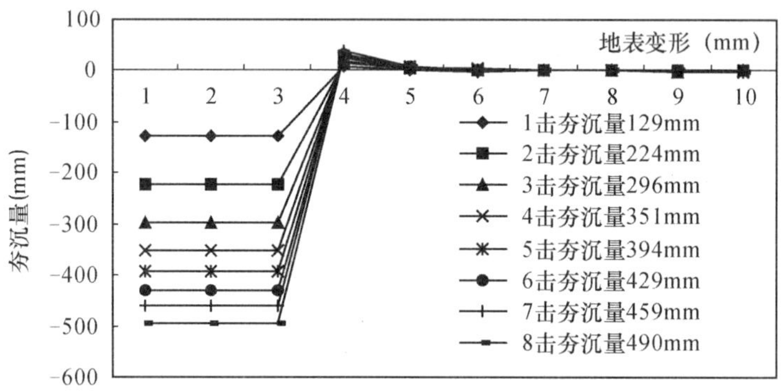


图2-14　夯击能为1 080kN・m时夯坑及其周边地表变形示意图

单点夯沉量如图2-15、图2-16所示。

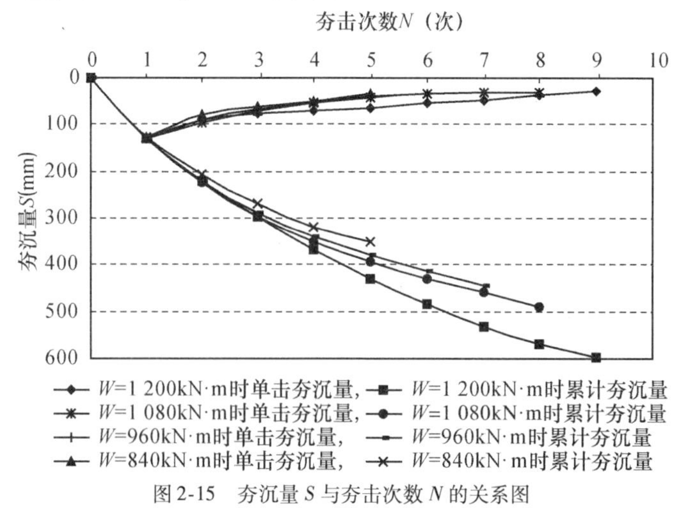


图2-15　夯沉量 $S$ 与夯击次数 $N$ 的关系图

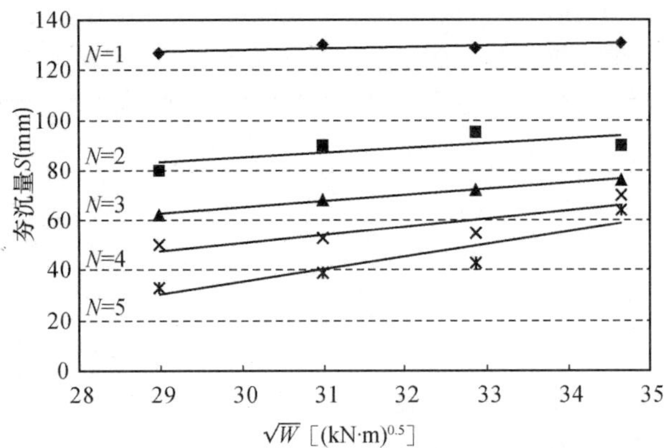


图 2-16　夯沉量 $S$ 与 $\sqrt{W}$ 的关系散点图及其拟合

由试验成果可得出如下结论:

①单击夯沉量随夯击次数的增加呈减少趋势,反映了强夯法处理地基的一般规律。前三击夯沉量较大,且每击夯沉量急剧减小,三击以后,虽然单击沉降仍然呈减小趋势,但变化很小,沉降趋向稳定,说明其总夯击能量趋向饱和。

②每击夯沉量的大小与单击夯击能有关,即单击夯击能越高,每击夯沉量也就越大,夯沉量 $S$ 与夯击能量 $W$ 的平方根成正比,可用方程 $S = a + b \cdot \sqrt{W}$ 表示。

③累计夯沉量随夯击次数增加而增加,同时可看出,夯坑累计夯沉量的增长幅度随夯击次数增加而逐渐减小,这表明,随着夯击次数的增加,土体结构逐渐密实。

(2)强夯作用下土体深层变形分析

锤底土层的分层沉降数据如图 2-17 所示。

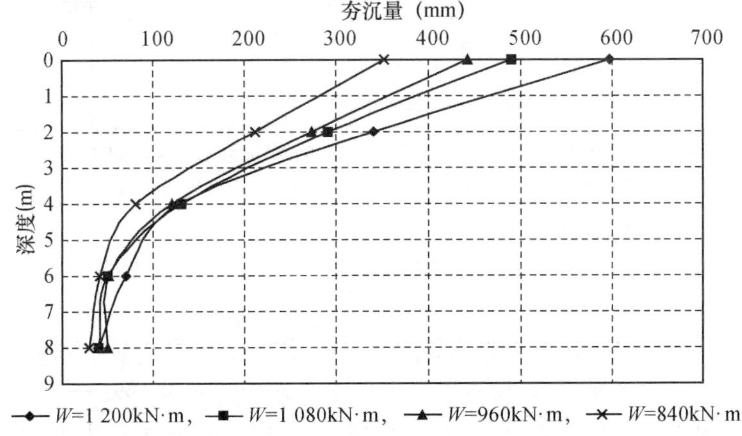


图 2-17　各种能量作用下土体分层沉降图

据土力学原理,正常固结土在自重作用下不产生沉降,地基沉降是由上部荷载产生附加应力引起。另外,土体应力应变不成线性关系,应力应变曲线是一条上凸曲线,应力减小,土体压缩模量增大,应变减小速度大于应力减小速度,即土体位移随深度递减速度大于应力随深度递减速度,但形式相似。所以,土体位移递减规律可用式(2-8)表示:

$$S_z = \left\{1 - \frac{1}{b\left[1 + \left(\frac{r}{z}\right)^2\right]^a}\right\} \cdot S_0 \tag{2-8}$$

式中:$a$ 、$b$ ——待定系数;

$S_0$ 、$S_z$ ——分别表示地表和深度为 $z$ 时的沉降;

$r$ ——夯锤半径。

采用实测数据进行拟合,求得红砂岩碎石土路基在强夯作用下 $a$ 、$b$ 系数的取值。根据拟合关系式,$a$ 值在4.0左右,$b$ 值略大于1.0,所以取 $a=4.0$,$b=1.0$。代入式(2-8)可得沉降随深度递减的规律为:

$$S_z = \left\{1 - \frac{1}{\left[1 + \left(\frac{r}{z}\right)^2\right]^4}\right\} \cdot S_0 \tag{2-9}$$

土体分层沉降量、压缩量、压实度计算见表2-5。

**土体分层沉降量、压缩量、压实度计算表** 表2-5

| 深度 $z$(m) | 0 | 1 | 2 | 3 | 4 | 4.5 | 5 | 5.5 |
|---|---|---|---|---|---|---|---|---|
| 沉降量 $S_z$(mm) | 315 | 295.3 | 186 | 108.3 | 67.83 | 55.24 | 45.74 | 38.43 |
| 土体压缩量 $h_0$(mm) | 19.7 | 109 | 77.6 | 40.5 | 27.8 | 9.5 | 7.3 | 5.7 |
| 土柱高度 $h$(m) | 1.0 | 1.0 | 1.0 | 1.0 | 0.5 | 0.5 | 0.5 | 0.5 |
| $\beta$ | 1.014 | 1.087 | 1.059 | 1.03 | 1.018 | 1.014 | 1.01 | 1.008 |
| 压实度 $K_1$(%) | 91 | 98 | 95 | 93 | 93 | 91 | 91 | 91 |

注:1. 碎石土的泊松比一般取0.15~0.25,参照《土工原理与计算》(第二版)中表9-13;

2. 该段路基是按照旧规范的要求进行招投标和施工的,路基压实度均达到90%。

从表2-5可得出如下结论:

①以压实度达到93%为控制标准,本次强夯有效影响深度为4.0m,强夯的强加密区为1.0~4.0m。

②土体压实效果经历一个先增后减的过程,土体表层压实效果不够理想,但在很浅范围内压实度迅速提高,这是强夯产生面波 $R$ 波对地表土体震松效果的结果。现场路基填料主要是红砂岩碎石,黏土含量很少,填料黏聚性较差,$R$ 波对土体的震松效果较明显。为使地表土体压实度达到要求,可在强夯后对地表推平,再用羊足碾和光轮碾碾压密实。

(3)强夯对工后沉降影响的分析

在武吉高速公路通车前,全线选择了四个典型断面进行工后沉降观测,各测点位置见图2-18~图2-21。

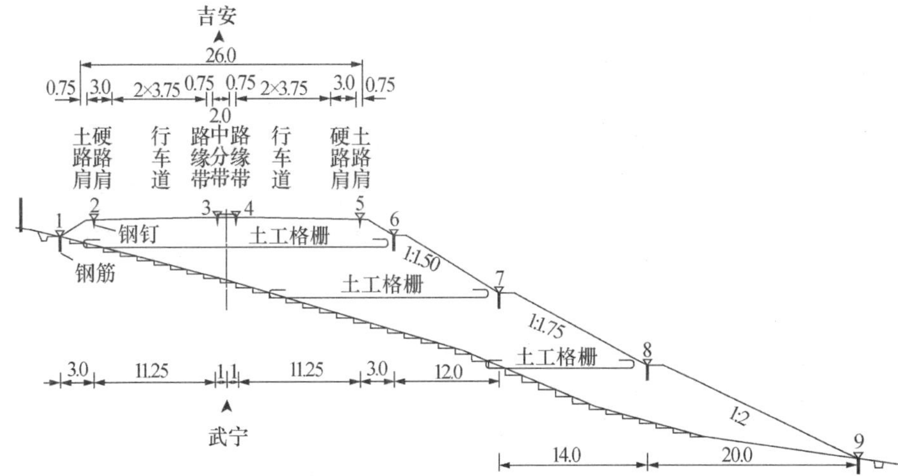


图2-18 K92+989.630砂性土路堤沉降观测布点图(B1标右侧填方)(尺寸单位:m)

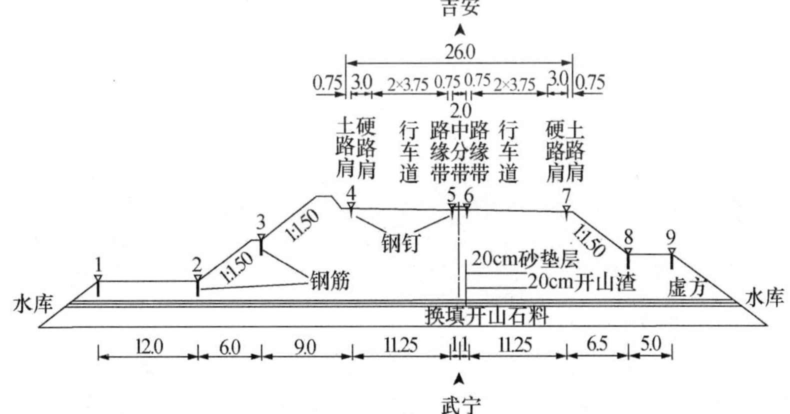


图2-19 K125+125碎石土路堤沉降观测布点图(B8标水库处)(尺寸单位:m)

结果表明,K92+989.630断面半年内最大沉降量为14mm,一年内最大沉降量为19mm,每月平均沉降量为1.58mm;K125+125(B8)断面半年内最大沉降量为15mm,一年内最大沉降量为25mm,每月平均沉降量为2.08mm;K84+800(A19)断面半年内最大沉降量为16mm,一年内最大沉降量为28mm,每月平均沉降量为2.33mm;K29+040(A7)断面半年内最大沉降量为7mm,一年内最大沉降量为11mm,每月平均沉降量为0.92mm。各个断面一年内的每月平均沉降量均未超过3mm,符合相关规范要求,说明强夯对减少高填方路基的不均匀沉降和提高路基的稳定性非常有效。

此外,K92+989.630断面位于坡脚的9号观测点,K29+040(A7)断面位于坡脚的1号观测点,一年后不仅没有下沉,反而开始上升。说明高路堤坡脚的土体四周往往受到较大的被动土压力而向上隆起,因此,在今后高路堤施工中应加强坡脚反压来护坡。

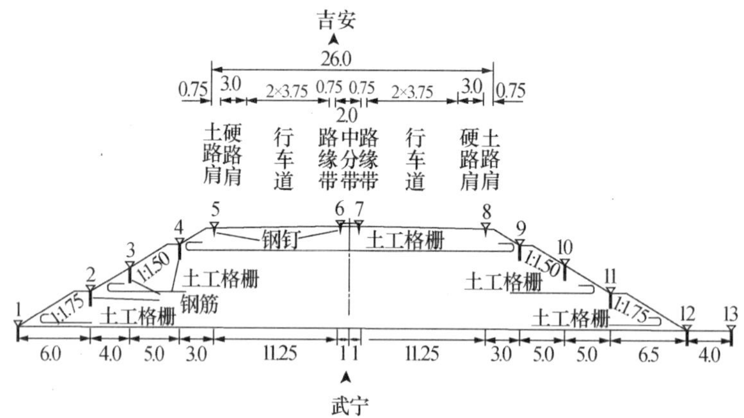


图2-20 K84+800砂性土沉降观测布点图(A19标软土地基)(尺寸单位:m)

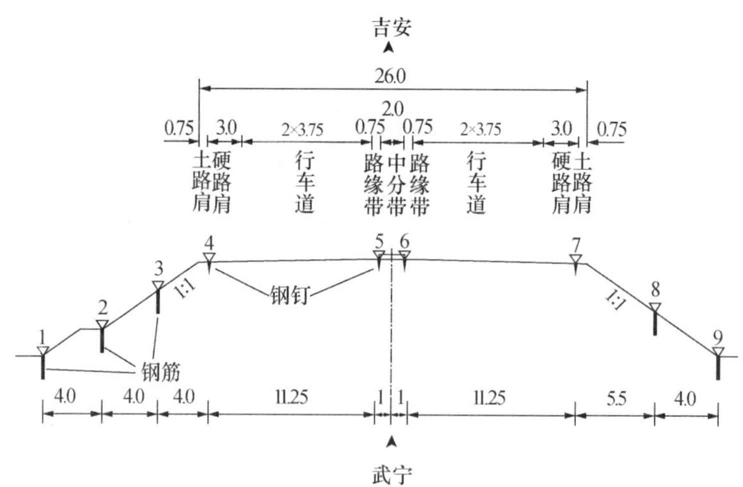


图2-21 K29+040红砂岩路堤沉降观测布点图(A7标修水服务区旁)(尺寸单位:m)

(4)室内模型试验修正系数的确定

现场强夯试验成果表明:夯击能为960kN·m对应的有效强夯深度为4~5m,影响半径为2.0~3.0m,而同一夯击能下室内强夯模型试验得到的有效强夯深度为3.2~3.9m,影响半径为1.0~1.6m。经过分析,发现按比例换算的室内夯击能比实际的偏小,导致室内试验数据比现场实际的数据低30%~40%,因此,室内模型试验修正系数确定为1.3~1.4。

# 3 连拱隧道结构选型及荷载计算技术

## 3.1 连拱隧道结构选型

连拱隧道是隧道衬砌结构相连的一种特殊的双洞结构形式,近年来得到了快速发展,其主要有以下特点。

(1)中墙材料

我国早期设计的连拱隧道中墙多为素混凝土结构,由于素混凝土结构在结构的整体性及内力调整方面存在不足,目前中墙多设计为钢筋混凝土结构。

(2)中墙尺寸

连拱隧道中墙的厚度差别较大,整体式中墙厚度为1.4~2.5m。双向四车道连拱隧道跨度一般在24m左右,整体式中墙厚度大多在1.5m;双向六车道连拱隧道跨度一般在30m以上,整体式中墙厚度在2m以上;连拱隧道三层式中墙厚度一般在1.8m以上,这主要是考虑中间层在施工期间的稳定性,使得中间层的厚度不能太薄,加上两侧主洞二次衬砌的厚度,整个曲中墙的厚度就会大于整体式中墙。随着施工技术的进步和施工经验的积累,三层式连拱隧道中墙厚度与整体式中墙厚度已相差不大。

(3)支护参数

Ⅴ级围岩条件下,国内外的连拱隧道一般都设有辅助施工措施,多采用管棚或小导管注浆进行超前支护;在Ⅳ、Ⅴ级围岩条件下,尤其是浅埋、偏压情况下,一般都采用工字钢或格栅钢架作初期支护;二次衬砌在Ⅳ、Ⅴ级围岩条件下多采用钢筋混凝土,Ⅰ、Ⅱ级围岩多采用素混凝土。由于素混凝土结构为脆性结构,不能形成塑性铰,对内力调整不利,结构受力最不利位置可能发生掉块、脱落等。钢筋混凝土结构通过内力调整,一般不会产生掉块等直接危及行车安全的情况,因此,二次衬砌一般多采用钢筋混凝土结构。当计算不需要配筋时可进行构造配筋。

(4)施工方法

围岩较差条件下多采用三导洞法施工。三导洞法施工的优点是施工安全,缺点是对围岩反复扰动、工序多、工期长。在围岩条件稍好时(如Ⅳ级围岩),为加快施工进度,多采用中导洞台阶法;当围岩条件更好时(如Ⅲ级及以下围岩),可采用中导洞和左右幅全断面开挖的方法，这种施工方法进度快，但由于全断面开挖爆破振动对先行洞影响较大，控制不好会引起中墙与先行洞支护的破坏。在莲花山隧道（Ⅱ级围岩）施工中，武吉高速公路开创了左右洞全断面平行掘进、跳槽式开挖施工中墙的新施工方法。该方法具有施工工序简单、各施工阶段应力传递明确、施工工期短等优点。

连拱隧道结构形式的差别主要是中墙的形式，按中墙形状的不同可分为直中墙连拱隧道和曲中墙连拱隧道，按中墙结构的不同可分为整体中墙和三层中墙连拱隧道。

### 3.1.1 整体中墙连拱隧道结构形式

整体中墙连拱隧道结构形式主要有整体直中墙、整体曲中墙、中空直中墙、中空曲中墙连拱隧道，断面形式见图3-1～图3-4。

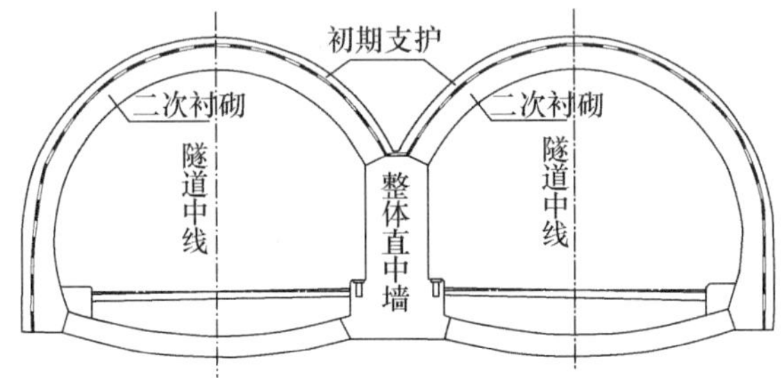


图3-1　整体直中墙连拱隧道断面

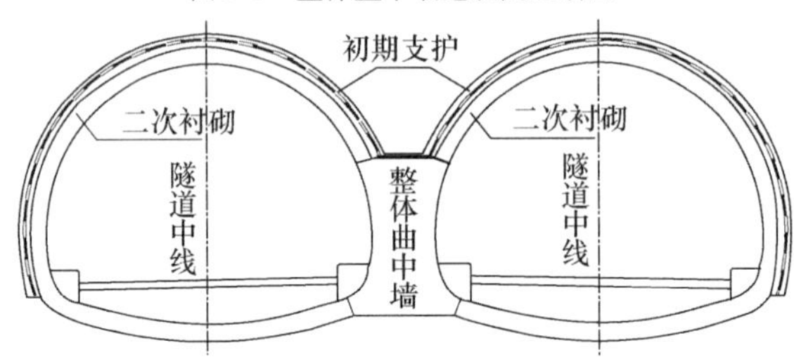


图3-2　整体曲中墙连拱隧道断面

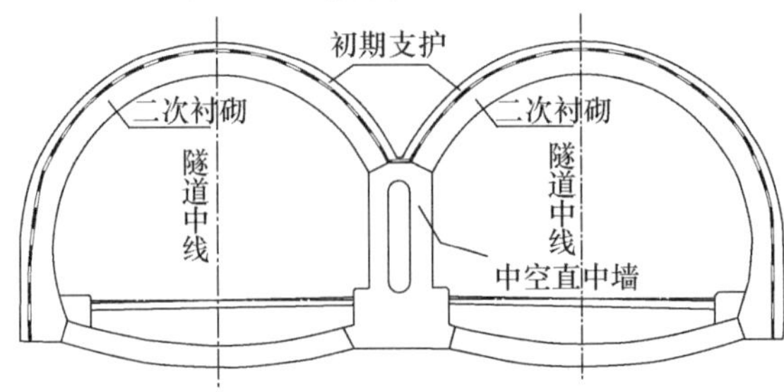


图3-3　中空直中墙连拱隧道断面

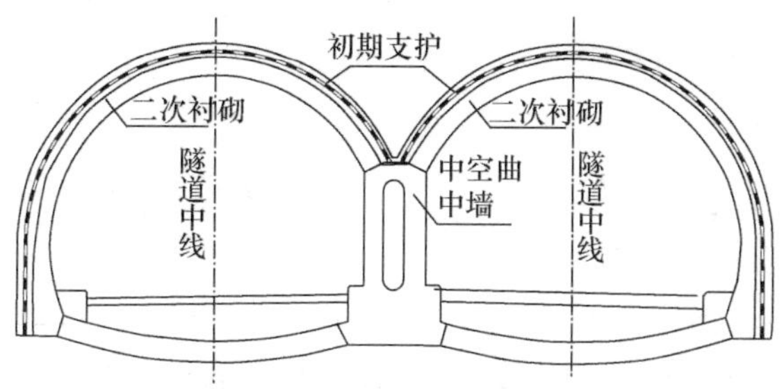

图 3-4 中空曲中墙连拱隧道断面

整体直中墙、整体曲中墙连拱隧道的中墙相对较薄，适用于由于洞外条件的限制或构造和施工上不允许设计成其他形式的情况。

中空直中墙、中空曲中墙连拱隧道的中墙较厚，为减小中墙工程量，在满足结构和施工要求的前提下，把中墙做成空心结构。

### 3.1.2 三层中墙连拱隧道结构形式

三层中墙连拱隧道结构形式有三层直中墙、三层曲中墙连拱隧道结构，隧道断面形式见图 3-5、图 3-6。

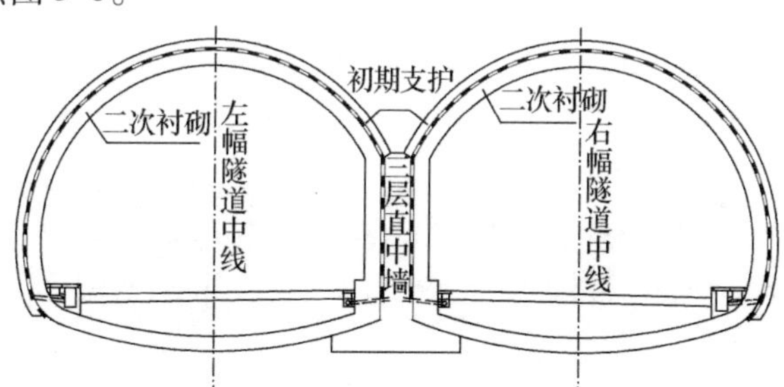

图 3-5 三层直中墙连拱隧道断面

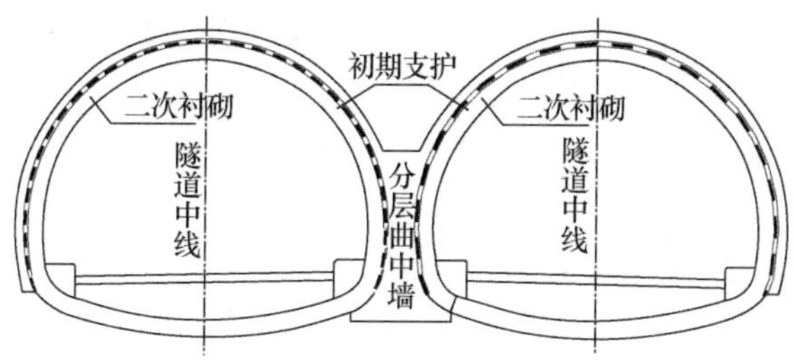

图 3-6 三层曲中墙连拱隧道断面

三层直中墙、三层曲中墙连拱隧道的中墙相对较厚，在满足结构和施工要求的前提下，将中墙分成三层，可以较好地解决中墙的防排水问题。

### 3.1.3 连拱隧道结构选型

连拱隧道选型主要是因地制宜地确定中墙的形式，主要对单层整体式中墙和三层中墙形式进行比选。相对而言，三层中墙的连拱隧道结构有以下优点：

(1)连拱隧道的防排水设计更加完善，并且从结构本身的施工工序方面来看较好地保证了连拱隧道防排水的施工质量，从而完善解决了以往连拱隧道普遍渗漏水的问题。具体表现为防水板在二次衬砌中墙处延伸至隧道边墙底，且在二次衬砌施工前一次铺设完毕，在中墙处二次衬砌也延伸至边墙基底，且一次采用模板台车施工成形，避免了在中墙顶处最易积聚地下水处留有施工缝的问题。

(2)三层中墙连拱隧道的中间墙，只相当于分离式隧道初期支护，而不像原连拱隧道中墙为二次衬砌的重要组成部分，降低了对中间墙的施工精度和施工平整度的要求，使得在狭窄的中导洞内施工更容易达到中间墙的设计要求。

(3)三层中墙结构的中墙顶其回填密实度更易保证，且顶部支撑范围远宽于整体直墙的连拱隧道，使得在隧道主洞尚未开挖前，即隧道中墙顶的围岩在基本未发生变形和松弛的时候，三层中墙的中间墙就给予了围岩足够的支撑，从而有效地控制了隧道中墙顶围岩变形及松动区的发展。

(4)三层中墙结构在隧道的整个建设过程中结构稳定性更好，解决了隧道在建设过程中由于中墙位移所引起的结构开裂等病害问题。单层中墙连拱隧道的中墙在施工过程中承受了顶部支护的不平衡压力以及二次衬砌所带来的不平衡推力，容易引发中墙的偏移和开裂；而三层中墙结构的中间墙只承受初期支护的不平衡压力，作用点集中在中墙中部附近，二次衬砌所传递的力有限。

三层中墙结构也存在以下缺点：

(1)三层中墙的总厚度一般要大于单层直中墙的厚度，每一层在施工过程中和建成后都存在力学体系的转换，具有不同的作用，因此三层中墙任何一层都不能太薄，而单层直中墙结构在施工过程中和建成后其作用基本未发生变化。

(2)单层直中墙的抗弯刚度一般大于三层直中墙的抗弯刚度，就中墙的承载能力而言，单层直中墙墙体的承载力更好。

## 3.2 连拱隧道荷载计算技术

荷载-结构法是最常用的地下结构计算方法，其中的荷载即隧道支护结构所承受的围岩压力，主要是隧道开挖后由开挖周边松动岩土的自重所产生的地层压力，是岩体受扰动产生应力重分配过程中的围岩变形受到支护结构的阻挡而在支护与围岩的接触面上所产生的压力。一般而言，围岩压力包括松弛压力和形变压力。

松弛压力是由于岩体内材料的破裂而形成的一定范围之内的松弛岩石荷载，具有自重的性质，它多产生于钻爆法施工的隧道内。形变压力是由于围岩的变形受到支护的约束，在支护和围岩的共同变形中所产生。这种变形可以是围岩的塑性变形、挤压所引起的岩体塑性流动以及膨胀性岩体的膨胀变形和岩体时效作用产生的蠕变等，这类变形可以不引起围岩的材料破裂，仍保持其完整性，主要体现在喷射混凝土或锚喷支护的接触压力上。

围岩压力的松散体理论是在长期观察地下洞室开挖后的破坏特性的基础上建立的。浅埋地下洞室开挖后洞室顶部岩体往往会产生较大的沉降，有的岩体甚至会出现塌落、冒顶等现象。基于这种破坏形式，建立了应力传递、岩柱重量等计算方法，如全土柱理论、太沙基理论、比尔鲍曼理论和谢家然理论等。深埋地下的洞室开挖后，往往仅发生洞室部分岩体的塌落，在这一塌落过程中，上部岩体进行了应力重新分布而形成了自然平衡拱，作用在支护上的荷载即平衡拱内的岩体自重，其常用的计算方法有普氏理论、太沙基理论和相应规范中的隧道设计公式等。

### 3.2.1　常用的围岩压力计算理论

1）全土柱理论

当隧道埋深浅且开挖无支护时，围岩破坏面趋于地表，忽略了楔形滑体滑面摩阻力，垂直土层压力随埋深而增加，用式（3-1）计算，称为全土柱理论，即作用在结构上的土层压力等于土柱的全部重量。工程实践和试验表明，当隧道埋深增加或地层较好时，作用在结构上的垂直土层压力比按全土柱理论计算的结果小，可建立考虑楔形滑体滑面土柱两侧摩擦力和黏聚力的土柱计算理论。

$$q = \gamma H \tag{3-1}$$

式中：$q$ ——作用在支护结构上的均布荷载，$kN/m^2$；

$\gamma$ ——围岩重度，$kN/m^3$；

$H$ ——隧道埋深，指隧道顶至地面的距离，m。

2）普氏理论

普氏提出了基于“塌落拱”概念的计算理论，认为在具有一定黏结力的松散介质中开挖坑道时，会在隧道的上方形成一个抛物线形的塌落拱，作用在支护结构上的围岩压力就是塌落拱内松散岩体的重量，普氏理论计算模型如图 3-7 所示。塌落拱的形状和尺寸（即它的高度 $h_k$ 和它的跨度 $b_t$）与岩体的坚固性系数有关。表达式为：

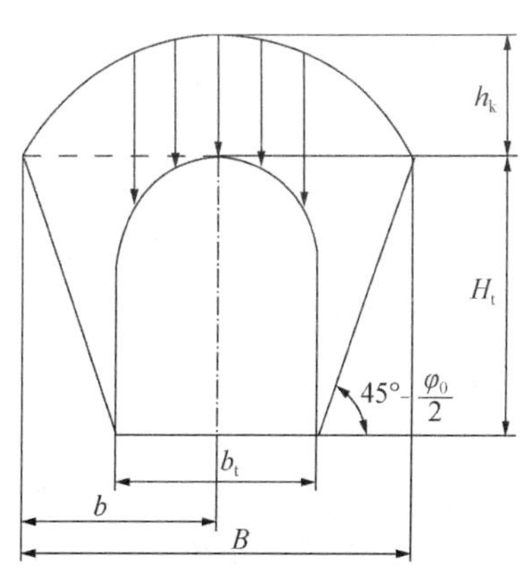


图 3-7　普氏理论计算简图

$$h_k = b_t/f \tag{3-2}$$

式中：$h_k$——塌落拱高度，m；

$b_t$——塌落拱的半跨度，m。

$$f = \tau/\sigma = (\sigma\tan\varphi + c)/\sigma = \tan\varphi + c/\sigma = \tan\varphi_0 \tag{3-3}$$

式中：$\varphi$、$\varphi_0$——岩体的内摩擦角和计算摩擦角，(°)；

$\tau$、$\sigma$——岩体的抗剪强度和剪切破坏时的正应力，Pa；

$c$——岩体的黏结力，Pa。

$$b_t = b + H_t\tan(45 - \varphi_0/2) \tag{3-4}$$

式中：$b$——隧道的净跨之半，m；

$H_t$——隧道的净高，m；

$\varphi_0$——岩体的计算摩擦角，$\varphi_0 = \arctan f$。

围岩垂直均布松动压力：

$$q = \gamma h_k \tag{3-5}$$

实践经验指出，按普氏理论算得的软质围岩松动压力与实际情况相比较偏小，对坚硬围岩则偏大，一般在松散、破碎围岩中较为适用。

3）太沙基理论

太沙基也将岩体视为散粒体，认为坑道开挖后，其上方的岩体因坑道的变形而下沉，并产生如图3-8所示的错洞面 $OAB$。假定作用在任何水平面上的竖向压应力 $\sigma_v$ 是均布的，相应的水平力 $\sigma_H = \lambda\sigma_v$（$\lambda$ 为侧压力系数）。在地面深度为 $h$ 处取出厚度为 d$h$ 的水平条带单元体，考虑其平衡条件 $\sum V = 0$ 时，得出：

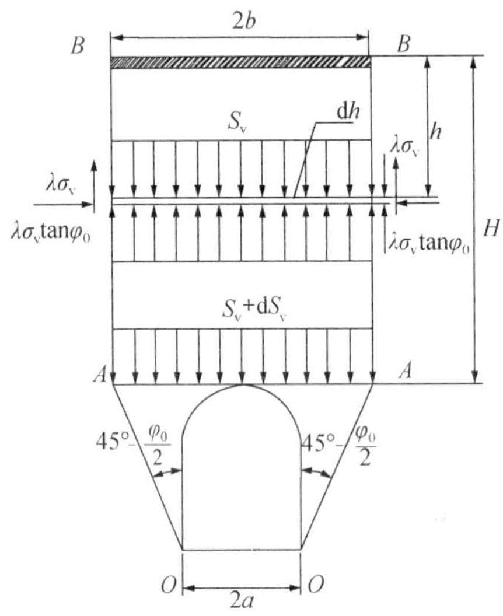


图3-8　太沙基理论计算简图

$$2b(\sigma_v + d\sigma_v) - 2b\sigma_v + 2\lambda\sigma_v\tan\varphi_0 \cdot dh - 2b\gamma \cdot dh = 0 \tag{3-6}$$

式(3-6)展开后，得：

$$\frac{d\sigma_v}{\gamma - \frac{\lambda\sigma_v\tan\varphi_0}{b}} - dh = 0 \tag{3-7}$$

解上述微分方程，并引进边界条件（$h = 0$，$\sigma_v = 0$），得洞顶岩层中任意点的垂直压力为：

$$\sigma_v = \frac{\gamma b}{\tan\varphi_0 \cdot \lambda}(1 - e^{-\lambda\tan\varphi_0\frac{h}{b}}) \tag{3-8}$$

随着坑道埋深的加大，$e^{-\lambda\tan\varphi_0\frac{h}{b}}$ 趋近于0，则 $\sigma_v$ 趋近于一个固定值，且

$$\sigma_v = \frac{\gamma b}{\tan\varphi_0 \cdot \lambda} \tag{3-9}$$

太沙基根据试验结果，得出 $\lambda = 1 \sim 1.5$。

4）隧道设计规范公式

《公路隧道设计规范》（JTG D70—2004）给出了深（浅）埋隧道临界深度的规定，按照其埋深的不同分别给出荷载计算公式。

（1）深埋隧道

当隧道为深埋隧道时，围岩压力为松弛荷载，其垂直均布压力按式（3-10）计算：

$$q = \gamma h \tag{3-10}$$

$$h = 0.45 \times 2^{S-1}\omega \tag{3-11}$$

式中：$q$ ——垂直均布压力，$kN/m^2$；

$S$ ——围岩级别，如Ⅳ级围岩 $S=4$；

$\gamma$ ——围岩重度，$kN/m^3$；

$\omega$ ——宽度影响系数，$\omega = 1 + i(B-5)$；

$B$ ——隧道宽度，m；

$i$ ——$B$ 每增减1m时的围岩压力增减率，以 $B=5m$ 的围岩垂直均布压力为准，当 $B<5m$ 时，取 $i=0.2$，当 $B>5m$ 时，取 $i=0.1$。

（2）浅埋隧道

浅埋和深埋隧道的分界，按照荷载等效高度值，并结合地质条件、施工方法等因素综合判定。按荷载等效高度确定的判定公式为：

$$H_p = (2 \sim 2.5)h_q \tag{3-12}$$

式中：$H_p$ ——浅埋隧道分界深度，m；

$h_q$ ——荷载等效高度，m。

在矿山法施工的条件下，Ⅳ～Ⅵ级围岩取：

$$H_p = 2.5h_q \tag{3-13}$$

Ⅰ～Ⅲ级围岩取：

$$H_p = 2h_q \tag{3-14}$$

浅埋隧道分为以下两种情况计算：

①极浅埋，即埋深（$H$）小于或等于等效荷载高度 $h_q$ 时，荷载视为均布垂直压力。

$$q = \gamma \cdot h \tag{3-15}$$

式中：$q$ ——垂直均布压力，$kN/m^2$；

$\gamma$ ——围岩重度，$kN/m^3$；

$h$ ——隧道埋深，指坑顶至地面的距离，m。

②埋深大于 $h_q$、小于 $H_p$ 时。

埋深大于 $h_q$、小于等于 $H_p$ 时，为便于计算，假定岩体中的破裂面是一条与水平面成 $\beta$ 角的斜直线，如图 3-9 所示。$EFGH$ 岩体下沉，带动两侧三棱岩体（如图中 $FDB$ 和 $ECA$）下沉时，又要受到未扰动岩体的阻力；斜直线 $AC$ 或 $BD$ 是假定破裂面，分析时考虑内聚力 $c$，并采用了计算摩擦角 $\phi$，另一滑面 $FH$ 或 $EG$ 则并非破裂面，因此，滑面阻力小于破裂面的阻力，若该滑面的摩擦角为 $\theta$，则 $\theta$ 值应小于 $\phi$ 值。无实测资料时，$\theta$ 可按表 3-1 取用。

**各级围岩的 $\theta$ 值** 表 3-1

| 围岩级别 | Ⅰ、Ⅱ、Ⅲ | Ⅳ | Ⅴ | Ⅵ |
| --- | --- | --- | --- | --- |
| $\theta$ 值 | $0.9\phi$ | $(0.7 \sim 0.9)\phi$ | $(0.5 \sim 0.7)\phi$ | $(0.3 \sim 0.5)\phi$ |

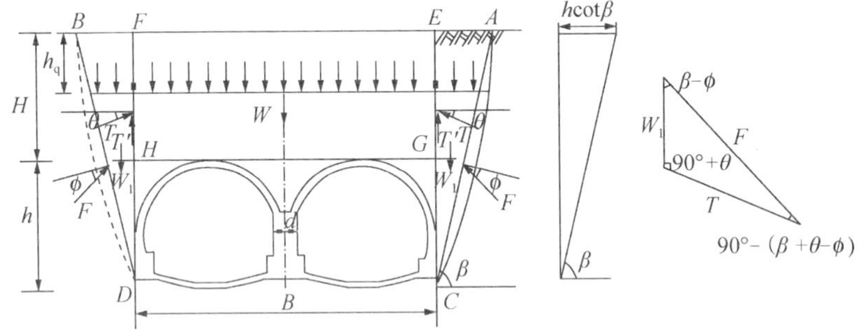


图 3-9 埋深大于 $h_q$、小于 $H_p$ 连拱隧道分析示意图

由图3-9可见，隧道上覆岩体 $EFGH$ 的重力为 $W$，两侧三棱体 $FDB$ 和 $ECA$ 的重力为 $W_1$，未挠动岩体对整个滑动岩体的阻力为 $F$，当 $EFGH$ 下沉，两侧受到阻力 $T$ 或 $T'$，作用于 $HG$ 面上的垂直压力总值 $Q_{浅}$ 为：

$$Q_{浅} = W - 2T' = W - 2T\sin\theta \tag{3-16}$$

三棱体自重为：

$$W_1 = \frac{1}{2}\gamma h \frac{h}{\tan\beta} \tag{3-17}$$

式中：$h$ ——坑道底部到地面的距离，m；

$\beta$ ——破裂面与水平面的夹角，(°)。

由正弦定理可得：

$$T = \frac{\sin(\beta - \phi)}{\sin[90° - (\beta - \phi + \theta)]}W_1 \tag{3-18}$$

则有:

$$T=\frac{1}{2}\gamma h^2\frac{\lambda}{\cos\theta} \tag{3-19}$$

将式(3-19)代入式(3-16),得:

$$Q_{浅}=W-2T'=W-\gamma h^2\tan\theta \tag{3-20}$$

由于 $GC$、$HD$ 与 $EG$、$EF$ 相比往往较小,而且衬砌与土之间的摩擦角也不同,前面分析时均按 $\theta$ 计,当中间土体下滑,由 $FH$ 及 $EG$ 面传递,考虑压力稍大些对设计的结构偏于安全,因此,摩阻力不计隧道部分而只计洞顶部分,即在计算中用 $H$ 代替 $h$,由此得式(3-21)为:

$$Q_{浅}=W-2T'=\gamma BH-\gamma H^2\tan\theta=q_{浅}B \tag{3-21}$$

$$q_{浅}=\gamma H\left(1-\frac{H}{B}\lambda\tan\theta\right) \tag{3-22}$$

式中:$q_{浅}$ ——隧道垂直压力,kN/m$^2$;

$\gamma$ ——坑道上覆围岩重度,kN/m$^3$;

$H$ ——隧道埋深,指坑顶至地面的距离,m;

B ——连拱隧道总宽度,$m$;

λ ——侧压力系数。

$$\lambda=\frac{\tan\beta-\tan\phi}{\tan\beta[1+\tan\beta(\tan\phi-\tan\theta)+\tan\phi\tan\theta]} \tag{3-23}$$

$$\tan\beta=\tan\phi+\sqrt{\frac{(\tan^2\phi+1)\tan\phi}{\tan\phi-\tan\theta}} \tag{3-24}$$

式中:$\phi$ ——围岩计算摩擦角,(°);

$\theta$ ——滑面的摩擦角,(°),按表 3-1 确定。

(3)连拱隧道偏压地形下围岩压力

隧道开挖后边坡仍基本稳定,无下滑力情况(对不稳定情况则应按隧道与边坡共同作用考虑),假定偏压分布图形与地面坡度一致,如图 3-10 所示。

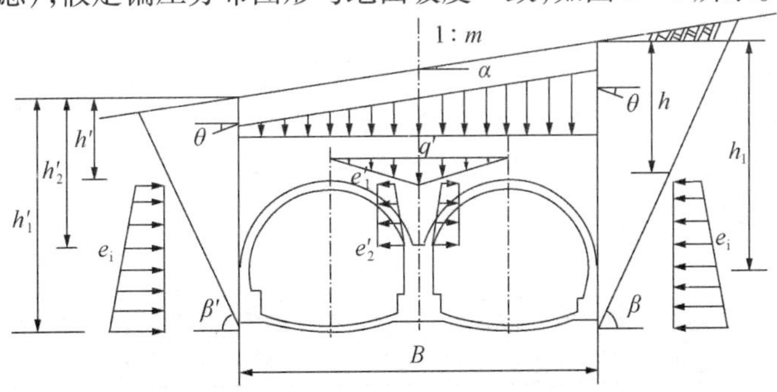


图 3-10 偏压连拱隧道分析示意图

$$Q=\frac{\gamma}{2}[(h+h')B-(\lambda h^2+\lambda' h'^2)\tan\theta] \tag{3-25}$$

式中：$h$、$h'$——内、外侧由拱顶水平至地面底高度，m；

$B$——连拱隧道坑道整体宽度，m；

$\gamma$——坑道上覆围岩重度，kN/m$^3$；

$\theta$——顶板土柱两侧摩擦角(°)，可按表3-1确定；

$\lambda$、$\lambda'$——内、外侧的侧压力系数，按下式计算：

$$\lambda=\frac{1}{\tan\beta-\tan\alpha}\times\frac{\tan\beta-\tan\phi}{1+\tan\beta(\tan\phi-\tan\theta)+\tan\phi\tan\theta} \tag{3-26}$$

$$\lambda'=\frac{1}{\tan\beta+\tan\alpha}\times\frac{\tan\beta'-\tan\phi}{1+\tan\beta'(\tan\phi-\tan\theta)+\tan\phi\tan\theta} \tag{3-27}$$

$$\tan\beta=\tan\phi+\sqrt{\frac{(\tan^2\phi+1)(\tan\phi-\tan\alpha)}{\tan\phi-\tan\theta}} \tag{3-28}$$

$$\tan\beta'=\tan\phi+\sqrt{\frac{(\tan^2\phi+1)(\tan\phi+\tan\alpha)}{\tan\phi-\tan\theta}} \tag{3-29}$$

式中：$\alpha$——地面坡坡角，(°)；

$\phi$——围岩计算摩擦角，(°)；

$\beta$、$\beta'$——内、外侧产生最大推力时的破裂角，(°)。

偏压隧道水平侧压力由下式计算。

内侧：

$$e_i=\gamma h_i\lambda \tag{3-30}$$

外侧：

$$e_i=\gamma h'_i\lambda' \tag{3-31}$$

式中：$h_i$、$h'_i$——内、外侧任一点$i$至地面的距离。

### 3.2.2 深埋连拱隧道围岩压力改进计算方法

上述围岩压力计算方法均有其优缺点，如何选择合适的连拱隧道围岩压力计算方法是一个难题。丁文其(2005)等基于双塌落拱假定，认为连拱隧道松动压力的计算值应在半结构宽度与整个开挖宽度相应的松动压力之间取值，提出了一种新的确定连拱隧道荷载的方法，建立了深埋连拱隧道荷载模式。

为了确定围岩的松动压力，认为在具有一定黏结力的松散介质中开挖坑道后，其上方会形成一个抛物线形的塌落拱，作用在支护结构上的围岩压力就是塌落拱内松散岩体的重力。根据松散体理论，洞室开挖以后，岩层将产生如图3-11的破裂面，在毛洞顶部形成跨度为2 $a_1$ 和高度为 $h_1$ 的拱形破裂面，而侧面岩体的破裂面与毛洞竖直侧面的夹角为$45°-\phi/2$，其中，$\phi$为围岩计算摩擦角。按公路隧道

相关规范,垂直均布压力等效高度为:

$$h_1 = 0.45 \times 2^{S-1}\omega \tag{3-32}$$

式中:$S$ ——围岩级别;

$\omega$ ——宽度影响系数,$\omega = 1 + i(B-5)$;

$B$ ——隧道跨度,m;

$i$ ——$B$ 每增减 1m 时的围岩压力增减率,以 $B = 5$ m 的围岩垂直压力为准,当 $B < 5$ m 时,取 $i = 0.2$;$B > 5$ m 时,取 $i = 0.1$。

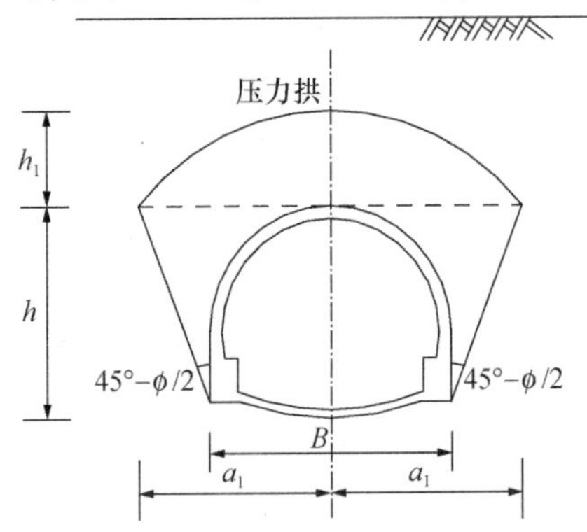


图 3-11　塌落拱高度计算简图

对于连拱隧道而言,由于中导洞开挖后即对中墙进行施工,对中间围岩进行了加固。显然,若按整个开挖跨度计算的垂直压力应该小于实际的连拱隧道垂直压力。理论上若中墙在中墙顶未发生变形前就进行支护,且和围岩密贴,那么隧道计算松动压力的宽度应选择一般的连拱隧道宽度的一半,但实际施工时,中墙顶部围岩在中墙浇筑前已经发生了一定的变形;其次,中墙施工也不可能做到和围岩十分密贴,所以隧道松动压力的计算值应在半结构宽度与整个开挖宽度相应的松动压力之间取值。

图 3-12 给出了各种情况下的塌落拱曲线:

(1)不考虑中墙支护作用,以整个连拱隧道开挖宽度作为毛洞跨度的塌落拱曲线,为最不利情形,其垂直均布压力等效高度为 $h_1^{w} = 0.45 \times 2^{S-1}[1 + i(B-5)]$。

(2)取连拱隧道半结构计算的塌落拱曲线为最有利的理想情形,其垂直均布压力等效高度为 $h_1^{h} = 0.45 \times 2^{S-1}[1 + i(0.5B-5)]$。

(3)连拱隧道假定压力拱曲线与中墙顶部回填的及时性以及密实度等有关。

从图 3-12 可以看出,连拱隧道左、右洞隧道中线之间顶部塌落面积有较大提高(图 3-12 阴影部分),但两侧拱部塌落面积增加不大,因此认为中墙顶部荷载有较大增加,其分布范围为左、右洞隧道中线之间,垂直压力均布荷载按半结构计算。深埋连拱隧道荷载分布可简化为如图 3-13 所示。

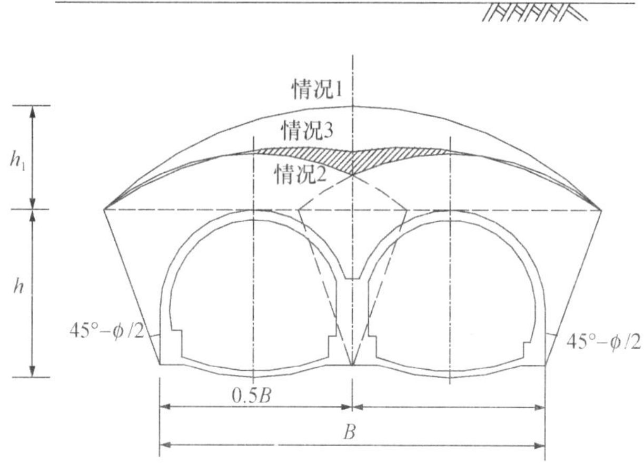


图 3-12　连拱隧道塌落拱曲线示意图

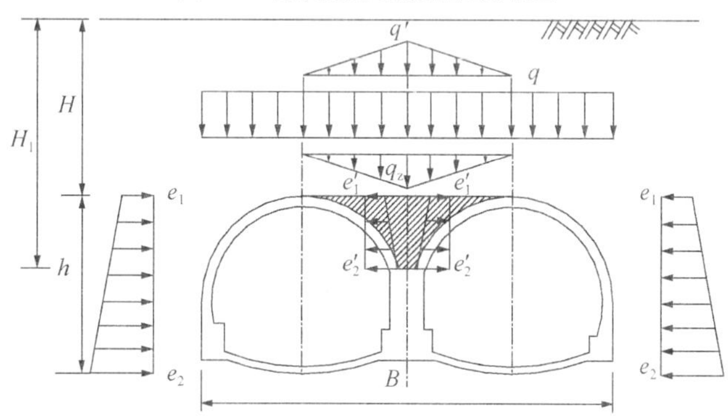


图 3-13　深埋连拱隧道荷载分布图

连拱隧道顶部垂直压力及其中墙顶部压力为：

$$\left.\begin{aligned} q &= \gamma h_1^{\mathrm{h}} = 0.45 \times 2^{S-1}\gamma[1 + i_1(0.5B - 5)] \\ q' &= \xi\gamma(h_1^{\mathrm{w}} - h_1^{\mathrm{h}}) = \xi\gamma \times 0.45 \times 2^{S-1} \times B(i_2 - 0.5i_1) \\ q_z &= \gamma(H_1 - H) \end{aligned}\right\} \tag{3-33}$$

式中：$q$ ——隧道垂直均布压力，kN/m²；

$q'$ ——隧道中墙顶部附加压力，kN/m²；

$q_z$——中墙与两侧拱肩所夹三角形块体自重，kN/m²，如图 3-13 阴影部分所示；

$\gamma$ ——围岩重度，kN/m³；

$h_1^{\mathrm{h}}$、$h_1^{\mathrm{w}}$——分别以 0.5$B$ 、$B$ 为计算宽度时的垂直均布压力等效高度，m；

$i_1$ 、$i_2$ ——分别以 0.5$B$ 、$B$ 为计算宽度时的围岩压力增减率；

$B$ ——连拱隧道总宽度，m；

$\xi$ ——附加荷载修正系数，中墙顶部回填及时且中墙顶部下沉与中墙密切接触时,取 $\xi = 0.2 \sim 0.4$ ,反之取 $\xi = 1$ ,一般情况取 $\xi = 0.5 \sim 0.7$ ;

$H_1$——隧道中墙顶至地面的距离,m;

$H$——隧道埋深,指隧道顶部至地面的距离,m。

作用在衬砌上的隧道两侧水平围岩压力为:

$$\left.\begin{aligned} e_1 &= q\tan^2\left(45^\circ - \frac{\phi}{2}\right) \\ e_2 &= (q + \gamma h)\tan^2\left(45^\circ - \frac{\phi}{2}\right) \end{aligned}\right\} \tag{3-34}$$

式中:$e_1$、$e_2$——隧道拱顶与底部的水平围岩压力;

$q$——隧道垂直均布压力,kN/m$^2$;

$\gamma$——围岩重度,kN/m$^3$;

$h$——隧道开挖高度,m;

$\phi$——围岩计算摩擦角,(°)。

作用在衬砌上的中墙两侧水平围岩压力为:

$$\left.\begin{aligned} e'_1 &= (q + q')\tan^2\left(45^\circ - \frac{\phi}{2}\right) \\ e'_2 &= (q + q' + q_z)\tan^2\left(45^\circ - \frac{\phi}{2}\right) \end{aligned}\right\} \tag{3-35}$$

# 4　隧道塌方调查及监测预警技术

近年来，我国公路隧道建设水平有了长足的进步，但施工过程中的塌方事故仍时有发生，致使施工困难、机械损毁以至人员伤亡，造成重大损失。总结塌方发育特征及治理措施，开展隧道塌方监测预警工作具有重要意义。本章基于武吉高速公路大量塌方调查和监控量测成果，分析不同围岩级别下隧道塌方事故的类型及其与围岩变形的关系，建立典型地质条件下隧道塌方预测预警指标体系，为隧道安全施工提供参考依据。

## 4.1　隧道典型塌方调查

### 4.1.1　何市隧道塌方

1）隧道概况

武吉高速公路A18标段位于赣西北地区，呈北南展布，始于九江市修水县何市镇道源垄村南端，讫于修水县何市镇郭城村落南山中，全长4.60km，路线位于构造侵蚀九岭低山丘陵区，以变质岩和花岗岩为主的九岭山系陡峻，岩石风化强烈，构造带发育。该标段起始桩号为K76+700，终点桩号为K81+300，全长4.60km，与A19标段在何市特长隧道中分界，路线总体为北南走向，途径道源垄、狮头湾、九房村、郭城村。

2）塌方调查及处理方法

（1）右线YK79+351～YK79+354段塌方

①塌方情况

掌子面揭露岩性为弱风化砂质板岩，呈灰褐—红褐色，节理裂隙极发育，拱顶及拱腰大块板状岩石自然掉落现象严重，造成该段拱顶空洞深度约为0.5～2.0m。

②处理方法

a.架设I16钢拱架，适当加大钢拱架半径，尽可能接触岩面，铺设间距0.5m/榀，双层$\phi8$钢筋网片，喷射混凝土厚24cm，二次衬砌厚度维持35cm不变，不设仰拱。

b. 拱部120°范围内施工5m长系统锚杆,间距0.5m×1.0m,其余支护范围内的系统锚杆按2.5m长、间距0.5m×1.0m施工。

c. 拱顶空洞采用注M15砂浆回填密实。

(2)YK79+396~YK79+399段塌方

①塌方情况

揭露岩性为强风化砂质板岩,呈红褐色,拱顶围岩破碎,大块岩石自然掉块现象严重,掌子面左侧及拱顶夹软弱破碎岩层,节理极发育且有渗滴水。

②处理方法

a. 钢拱架间距由原设计的1.0m/榀变更为0.75m/榀。

b. 对于因拱顶围岩掉块形成的空洞,采用注M15砂浆回填密实。

(3)左线K79+532~K79+536.5段塌方

①塌方情况

破碎带围岩属强风化砂状板岩,节理裂隙发育,岩层破碎且夹有软弱层,拱顶自然坍塌较为严重,坍塌高度最高约为6m。

②处理方法

a. 将原设计S4-1支护类型的钢格栅支撑改为纵向间距为0.5m的16工字钢拱架,相邻钢拱架连接采用环向间距为0.5m的$\phi22$钢筋,另在拱架顶处增设3根间距为1m的16工字钢将该段钢拱架全部连接在一起。

b. 拱顶坍塌区在每榀钢拱架上增设环向间距为1.0m的$\phi89$钢管支撑,钢管上部支撑紧贴岩面的$\phi8$钢筋网,并喷射5cm厚混凝土,下部焊接在钢拱架上,并采用$\phi22$钢筋将所有钢管支撑连接在一起。

c. 坍空区注M15砂浆。

(4)右线K79+524~K79+532(8m)段塌方

①塌方情况

破碎带围岩属强风化砂状板岩,构造混乱,节理裂隙发育,岩层破碎且夹有软弱层,拱顶自然坍塌较为严重,坍塌最严重处约为8m。

②处理方法

a. 将原设计S4-1支护类型的钢格栅支撑改为纵向间距为0.5m的16工字钢拱架,相邻钢拱架连接采用环向间距为0.5m的$\phi22$钢筋,另在拱架顶增设6根环向间距为2m、长度为8m的16工字钢将该段钢拱架全部焊接在一起。

b. 拱顶坍塌区采用纵向间距为1.0m的$\phi89$钢管支撑,环向间距为2m,钢管上部支撑紧贴岩面的$\phi8$钢筋网,下部支撑在纵向连接的16工字钢上,顶部岩面喷射5cm厚混凝土,钢管支撑采用$\phi22$钢筋连接。

c. 坍空区注M15水泥砂浆。

(5)YK80+209~K80+218段塌方

①塌方情况

在还未进行初期支护施工时，掌子面前方拱顶发生坍塌，坍塌长度约4m，最高约4m，掌子面揭露围岩红褐-灰色，炭质板岩，由于围岩受挤压严重，多呈松散块状，镶嵌碎裂状，稳定性差，为一般多水带，开挖过程易发生坍塌掉块现象。

②处理方法

a. YK80+209~YK80+213坍塌段采用16工字钢，纵向间距为1m，$\phi$22纵向连接筋环向间距为0.5m，@20cm×20cm$\phi$8双层钢筋网，20cm厚喷射混凝土。

b. 拱顶空洞处理：预留注浆管，泵送C20混凝土回填。

c. YK80+213~YK80+218(5m)段按S3-2衬砌类型施作，YK80+213掌子面超前支护改为采用4m长$\phi$42×4.5mm注浆小导管，拱顶120°范围内，环距40cm。

(6)YK80+222~K80+250段塌方

①塌方情况

掌子面揭露围岩呈红褐-灰色，炭质板岩，围岩受挤压严重，多呈松散块状，镶嵌碎裂状，稳定性差，拱顶坍塌掉块现象严重，拱顶坍塌空洞约2m。

②处理方法

a. YK80+222~YK80+224坍塌掉块段采用16工字钢，纵向间距1m，$\phi$22纵向连接筋环向间距为0.5m，@20cm×20cm$\phi$8双层钢筋网，20cm厚喷射混凝土。

b. 拱顶空洞处理：预留注浆管，泵送C20混凝土回填。

c. YK80+224~YK80+230(6m)按S3-2衬砌类型施工。

d. YK80+230~YK80+250(20m)按S3-0衬砌类型施工。

(7)ZK80+144.5~ZK80+146段塌方

①塌方情况

掌子面揭露围岩呈红褐-灰色，炭质板岩，围岩受挤压严重，多呈松散块状，镶嵌碎裂状，稳定性差，ZK80+144.5~ZK80+146空洞高约3m。

②处理方法

a. ZK80+144~ZK80+146坍塌掉块段采用16工字钢，纵向间距为1m，$\phi$22纵向连接筋环向间距为0.5m，@20cm×20cm$\phi$8双层钢筋网，20cm厚喷射混凝土。

b. 拱顶空洞处理：预留注浆管，泵送C20混凝土回填。

(8)YK79+396~YK79+399段塌方

①塌方情况

该段围岩为全风化花岗闪长岩，结构松散，土体含水饱和后，极易坍塌。连续降雨后，拱架锁脚失效，造成整体下沉直至地表。

②处理方法

a. YK83 +330 ~ YK83 +359 段，采用纵向间距为 1m、外插角为 60°、环向间距为 20cm、长 5m 的 $\phi$42 ×4.5 注浆小导管；YK83 +330 ~ YK83 +355 段，采用纵向间距为 1m、外插角为 10° ~20°、环向间距为 20cm、长 6m 的 $\phi$42 ×4.5mm 注浆小导管，不同外插角两排小导管交错布置。

b. YK83 +330 ~ YK83 +352 段钢拱架由 I18 改为 I20*b*，间距为 50cm，纵向连接筋间距为 50cm，上拱锁脚锚杆采用 $\phi$89 ×6mm 注浆钢管施工，同一榀拱架两侧，各设一根长度为 6 ~8m、纵向间距为 1m 的钢管，跳打布置，其余维持原设计不变。在两侧锁脚锚杆位置，采用 14 号槽钢纵向通长连接。必要时掌子面核心土喷射 C20 混凝土封闭及采用砂袋封堵掌子面。

c. 先清除地表塌陷部位松散土体，用 1:1 坡度理顺周边土壁，然后分层回填夯实，顶面高出原地面 20cm，待洞内二次衬砌混凝土施工完毕后，再铺设 $\phi$8 钢筋网片，间距为 20cm ×20cm，浇筑厚 30cm 的 C15 混凝土，并在其周围增设环向排水沟。

### 4.1.2 九岭山隧道塌方

1）隧道概况

九岭山隧道位于江西省铜鼓县与宜丰县交界处，隧道通过部位为九岭山的主峰地段，最高海拔为 1 275.0m，地面高程为 254.0 ~1 225.0m，一般相对高差为 600 ~800m，地形起伏很大，山势陡峭险峻，山体自然边坡较稳定，坡角一般为 25° ~45°，局部发育陡坎，沟谷皆为“V”形深切割，地表水系较发育，水流湍急，地貌单元属于侵、剥蚀型中高山区。隧道主体跨越两个标段（B3、B4 标段），起讫里程桩号为：左线 K97 +126 ~ K102 +598.5，右线 K97 +127 ~ K102 +590，左线全长 5.4745km，右线全长 5.433km。

根据地震探测成果和野外地质调查，九岭山隧道主体内发育有四条规模较小的构造破碎带且与隧道主线斜交，走向近 EW 向，倾向不一。此类断层对隧道区内的稳定性影响不大，但隧道施工时地下水可能对洞体有一定的影响。另据区域地质资料，附近无大规模区域构造通过，区域稳定性较好。隧道区未见明显的差异运动迹象，表明新构造运动不发育。

2）塌方调查及处理方法

九岭山隧道出口左线滑塌段（ZK102 +243 ~ ZK102 +217）塌方调查及处理方法如下。

（1）塌方情况

2006 年 11 月 2 日，九岭山隧道出口左线由于地质构造及较高的初始应力作用，引起隧道开挖面滑塌。

(2)处理方法

①对滑塌体后方五榀工字钢进行加固。为保证施工安全，首先对塌方段后方ZK102+243~ZK102+248段已施工的钢拱架初期支护进行加固加强。首先在已支护好的初期支护内增设I18工字钢临时支撑，纵向间距为0.5m、直径为$\phi$8的20cm×20cm单层钢筋网片；其次采用长6m$\phi$42×4.5mm无缝钢管进行小导管注浆，对围岩进行加固，小导管纵向间距为1.0m，环向间距为0.8m，梅花形布置。小导管端部与钢拱架焊接牢固。以防止在处理塌方过程中向洞口方向发展，为后续施工提供一个安全的工作平台。

②顶入I18工字钢，清理整平塌渣。首先在已加固好的后方安全区，利用挖掘机将I18的工字钢一端顶入岩渣，高程控制在开挖拱顶线上1m处，一端搭在拱架上1.3m处岩层上，工字钢横向间距为40cm，单根长9m，采用$\phi$25的钢筋焊接，作为搭设钢管棚架的临时防护。其次，在已坍空的洞口端利用挖掘机清理整平岩渣，以便架设棚架。

③搭设安全防护棚架。在初期支护上方已坍空区段搭设Π形安全工作防护棚架，棚架横梁及支腿采用I14工字钢，纵向间距为0.5m，I14工字钢横梁之间布设两根$\phi$25钢筋，横梁下方采用$\phi$25钢筋作为纵向连接筋与棚架横梁焊接牢固，连接筋间距为1.5m。在横梁上方分布$\phi$42的钢管，间距为0.5m，与下方的连接筋错开布设，在棚架上方焊接直径$\phi$8网格10cm×10cm的钢筋网片(网片先在洞外加工好)，钢管与网片构成一牢固的安全网，横梁两端尽量嵌入两侧围岩30cm以上，并在横梁两端及支腿脚处采用4m长的小导管固定。棚架与初期支护拱顶间预留约0.8m的净空，并采用I14工字钢相连接，以形成桁架稳定结构，作为堆码沙袋的安全防护棚，同时灌注混凝土作为永久性梁柱支撑，减少隧道拱顶正压力。

④埋设混凝土输送管道及排水管道。在已坍空的空腔内按4m、12m、19m(最高处根据空腔顶面确定实际长度)不同高度埋设$\phi$150mm的钢管，作为泵送C20混凝土回填用，并在最高处设置一通风管道，以保持空腔内与外界的气压平衡，以利坍空体内回填饱满。自坍空最高处沿空腔壁两侧安设$\phi$100mm双壁打孔波纹管，用以排除空腔积水。

⑤堆码沙袋。按设计开挖线(预留50cm的沉降变形量)在空腔内堆码沙袋，沙袋应分层堆码稳定，沙袋两侧拱脚要保证有1m宽的混凝土回填空间。端部用沙袋堆码1.0m厚的止浆墙，表层用0.5m厚砂浆密封，并喷射10cm厚钢筋网喷混凝土。

⑥回填C20混凝土。用混凝土输送泵通过预先埋设的4m、12m、19m管道将C20混凝土送入滑坍空间，初始泵入坍落度大于16cm较稀的混凝土，以增强混凝土的流动性，临近结束时泵入坍落度为12~14cm较干的混凝土。要将棚架I14工

字钢、钢筋网封填密实,连成整体,以发挥钢性梁柱的作用,为下步导坑开挖起到安全保护作用。

(3)塌方处理后的开挖与支护

开挖及支护分为 C20 混凝土回填区段及松散堆积岩体两段进行。

①C20 混凝土回填区段的开挖及支护。待混凝土达到一定强度后,拆除止浆墙,从外向里按 0.5~1.0m 拆除沙袋后,按 S7 型架设工字钢并开挖、支护,其中,I18 工字钢拱架纵向间距为 50cm;$\phi$42 超前注浆小导管长 600cm,纵向间距为 250cm,环向间距为 40cm,梅花形布置。钢拱架下设置纵向槽钢,与相邻拱架形成一整体,防止拱架不均匀下沉,用 $\phi$42 系统小导管进行压浆固结,系统小导管长 400cm,环向间距为 40cm,纵向间距为 100cm,钢拱架用 $\phi$42 的小导管锁脚,锁脚小导管长 400cm,内套 $\phi$22 钢筋,上下台阶每侧各施做 8 根小导管锁紧拱脚,挂设 $\phi$8 双层钢筋网,喷射 C20 混凝土,厚 25cm。

②松散堆积岩体区段的开挖。按 V 级围岩 S7 型正台阶法开挖。进入松散体开挖前,采用 $\phi$89×6mm 注浆管棚进行预加固,管棚长 27m,外插角为 1°~2°,环向间距为 40cm,管棚结束端要保证进入稳定基岩不少于 5m。上台阶开挖净高4.4m,预留核心土。开挖后立即架设 I18 工字钢拱架,拱架纵向间距为 0.5m,预留 50cm 的预留变形量,钢拱架下设置纵向槽钢,与相邻拱架形成一整体,防止拱架不均匀下沉。超前支护采用 $\phi$42 小导管注浆,小导管长 600cm,纵向间距为 250cm,环向间距为 40cm,梅花形布置。连接筋用 $\phi$22 钢筋,连接筋环向间距为 0.5m,双层钢筋网,喷射 C20 混凝土 25cm 厚。施工 $\phi$42 系统小导管对松散岩堆进行压浆固结。小导管长 4m,环向间距为 0.4m,纵向间距为 1.0m,小导管端部与型钢拱架焊接牢固。在拱架拱脚处扩大开挖 0.8~1.0m,浇筑 C30 钢筋混凝土,锁脚小导管采用 6m 长 $\phi$42×4.5mm 无缝钢管。拱脚上下台阶每侧设 5 根长 6m 的注浆小导管锁脚,内套 $\phi$22 钢筋。每循环进尺控制在 0.5~1.0m。

上台阶穿过松散岩体并伸入稳定围岩 5~10m 后,进行下台阶开挖。下台阶采用双侧壁导坑开挖法,先开挖一侧壁导坑,再一榀一榀地开挖马脚,接长钢拱架,拱架顶部与纵向槽钢焊接牢,拱脚必须立于稳定的基岩上,否则必须采用 C30 混凝土找平加固。拱脚加设锁脚小导管,在侧壁进行中空注浆锚杆施工,锚杆端部与拱架焊接牢固,单侧进尺大于 5m 后,即可开挖另一侧壁导坑,按同样方案接长钢拱架,两侧同时开挖时,前后距离必须错开 5m 以上。核心土开挖应比导坑滞后 5m 左右。二次衬砌混凝土采用 80cm 厚 C25 的防水钢筋混凝土,钢筋环向主筋采用直径为 $\phi$25mm 的螺纹钢,纵向间距为 15cm,纵向分部筋采用直径为 $\phi$14mm 螺纹钢,环向间距为 25cm,架立筋采用直径为 $\phi$8mm 盘条,按双层布设。整体式液压模筑台车浇筑混凝土。二次衬砌不设仰拱,但调平层改做 40cm 厚的 C25 防水混凝土。

(4)拱部上方空洞回填

待支护混凝土达到设计强度后，进行第二级回填，采用混凝土输送泵，通过预先埋设好的二级管道(高12m)回填C20混凝土，回填厚度为8m，最后进行第三级混凝土回填(高19m)。为保证结构的整体性，回填必须密实。

对拱松散体采用工程地质钻钻孔，通过$\phi$108mm钢管作注浆进行注浆固结，注浆管按6m、12m、18m三种不同高度分别在拱顶、拱顶两侧30°范围内布设注浆孔，共计9个注浆孔。按照先低后高的顺序分阶段进行注浆固结。

(5)滑坍体后方加固

待滑坍段处理完毕后，拆除后方临时型钢拱架，对因沉降过大浸入设计净空的型钢拱架进行换拱。换拱必须一榀一榀地进行，以保证换拱安全。

### 4.1.3 梅沙隧道塌方

1)隧道概况

梅沙隧道位于上高县南港镇梅沙村，起止桩号为K163+360~K163+572。设计长度为212m，设计路面高程为86.073(进口)~85.25(出口)m。隧道区属构造剥蚀和构造溶蚀地貌，横穿一近东西向山梁，地势较陡，平均自然坡角30°左右，相对高差80m。地表植被发育，主要为灌木丛和庄稼。进口采用削竹式洞门形式，出口采用端墙洞门形式。隧道构造上位于蒙山背斜的北翼，地层单向南倾，产状190°~210°，夹角35°~55°。本隧道出口发育一正断层，该断层发育于三叠系地层内，总体向北倾，倾角40°~60°，下盘大治组灰岩上冲而重复出现。

2)塌方描述及处理

进口段K163+376~K163+430塌方情况及处理方法如下。

(1)塌方情况

进口段K163+376~K163+430坍塌为一明槽(原左幅8m坍塌段再次坍塌)，边仰坡高约为40m，仰坡比约为1:0.3，边坡比约为1:0.1(下部隧道开挖高程范围桩号约K163+418)。坍塌面多为松散土体，局部零星出现强风化泥质灰岩，山体在K163+440断面有宽28~32cm裂缝横穿左右幅。

(2)处理方法

①为尽可能降低隧道损失，及时将隧道左幅出口段剩余13m混凝土衬砌跟进，使混凝土衬砌尽量靠近掌子面。

②由于山体坍塌，隧道已不具备成洞条件，将K163+376~K163+400暗洞明做。

③进口地表开裂及坍塌范围逐台清除松散土及进行表层刷坡处理，边清表、边防护。在坡顶面沿K163+430断面裂缝处开始刷坡，坡脚处为K163+403坍塌，坡比为1:0.95。经处理后，可减少松散土体坍塌时再次牵引上层土体，保证山体稳

定，并缩短工期。同时隧道上方边仰坡刷坡松散土体清除后，再进行隧道施工时，施工安全系数会提高。

④采用锚索框格梁深层永久性防护。

⑤隧道拱顶高程5m以上的仰坡面范围，采用 $\phi$42mm×4.5mm 注浆小导管注浆加固，注浆量以实际施工为准。导管长6.0m，间距1.0m×1.0m，矩形布置，导管中间加密3m长 $\phi$22 砂浆锚杆。坡面采用15cm厚C20钢筋网喷射混凝土防护，钢筋网采用 $\phi$8 钢筋，间距20cm×20cm。

⑥边坡采用4.0m长 $\phi$22 砂浆锚杆挂网锚喷，间距0.8m×0.8m，钢筋网采用 $\phi$8 钢筋，间距20cm×20cm，喷射混凝土为C20。右侧边坡上部松散层参照仰坡防护措施，下部稳定部分采用4.0m长 $\phi$22 砂浆锚杆挂网锚喷，间距0.8m×0.8m，钢筋网采用 $\phi$8 钢筋，间距20cm×20cm，喷射混凝土为C20号。

⑦隧道坍塌面外裂缝（约K163+440）两侧，垂直地表面各施工两排 $\phi$108 钢管，进行深层注浆处理，钢管长度15m，间距1.0m，注浆参数参照管棚设计参数，注浆量以实际施工数量为准。

### 4.1.4 桃树岭隧道塌方

(1)塌方情况

桃树岭隧道左线经过地段主体岩石为灰色、青灰色，千枚状构造，层理发育；总体围岩为破碎的薄层板岩，呈泥沙碎石状松散结构，稳定性差，易塌方。当隧道下导坑开挖至ZK61+845处，ZK61+809~ZK61+830段右上侧初期支护出现开裂，裂缝随即加剧并于2007年7月11日12点10分出现坍塌，形成一个倾向右上方的塌方体，深度约7m（图4-1）。在ZK61+822处可见一个明显的中型断层破碎带，走向NE60°，与隧道斜交，始见于左壁，并向右壁延伸，与地质超前预报预测的地质情况相吻合；正是由于该隐藏的中型断层破碎带受下导坑施工扰动影响而导致了塌方。

图4-1 桃树岭塌方现场情况

(2)处理方法

①为防止塌方体进一步扩大,先对裸露围岩进行封闭,从两侧往中间喷射C20混凝土。由于一次无法喷射到位,采取多次轮班喷射,确保喷射混凝土厚度大于10cm。

②在右侧堆积的塌方体上部沿路线径向且向下倾斜施工$\phi$42mm×4.5mm注浆小导管,长度为4.5m,纵向间距100cm,环向间距80cm,共施工5排;对塌方体进行注浆加固,防止松散塌方体侵入净空内而引起二次更大规模的塌方。由于塌方体土石很松散,孔隙率很大,注浆量要比自然密实土石大,注浆量以现场实际灌注并经现场监理确定的工程量为准。

③注浆加固达到一定强度后,短进尺对塌方体进行开挖,在原格栅拱架位置处重新架立钢筋格栅拱架,与左侧没有塌落的拱架连接牢固;同时,在两榀格栅拱架之间架设一榀钢拱架,采用I18工字钢加工成型,在接头处采用加设纵向梁进行连接,在每榀拱脚位置施工2根$\phi$42mm×4.5mm注浆小导管,锁脚锚管,并与拱架焊接牢固,铺设双层$\phi$8钢筋网;分层喷射C20混凝土,厚度为25cm,并在拱腰位置预留100cm×100cm窗口,为后续塌方空腔处理提供通道。

④采用泵送混凝土的方式在预留窗口位置泵送C20混凝土,填充支护背后空腔,由于空腔较大,为防止填充混凝土自重压垮支护拱架,应分次进行浇筑,当达到预留窗口位置时封闭窗口,埋设$\phi$130mm钢管,分次采用泵送M15砂浆填充密实。

## 4.2 隧道塌方预警监测内容与方法

### 4.2.1 监测内容

在武吉高速公路那沙岭隧道(B8标)、石竹坪隧道(B9标)、梅沙隧道(B15标)等六条隧道进行了塌方的监测预警工作,选用的监测项目有:

(1)锚杆内力监测;

(2)围岩压力监测;

(3)钢拱架应力监测;

(4)二次衬砌钢筋内力监测;

(5)周边收敛位移监测;

(6)拱顶下沉监测。

### 4.2.2 监测方法和手段

1)锚杆轴力监测

锚杆轴力监测主要用于了解锚杆受力状态及轴力的大小,为确定合理的锚杆参数提供依据;判断围岩变形的发展趋势,概略判断围岩内强度下降区的界限;评价锚杆的支护效果;掌握围岩内应力重分布的过程。量测仪器选用由钢筋应力传感器连接而成的量测锚杆。沿隧道周边钻孔,布置与锚杆材质相同的量测锚杆,在沿锚杆不同长度上布置测量元件,量测沿锚杆长度各点的轴力。锚杆轴力量测频度见表4-1。

**锚杆轴力量测频度表** 表4-1

| 开挖(d) | 频 度 | 开挖(d) | 频 度 |
|---|---|---|---|
| 1~15 | 1~2次/d | 31~90 | 1~2次/周 |
| 16~30 | 1次/d | >90 | 1次/月 |

锚杆轴力测点布置在每个断面,在侧壁、拱腰和拱顶设置3个测孔(根据实情,每个测孔内布置2个或3个测点),测孔布置如图4-2所示。

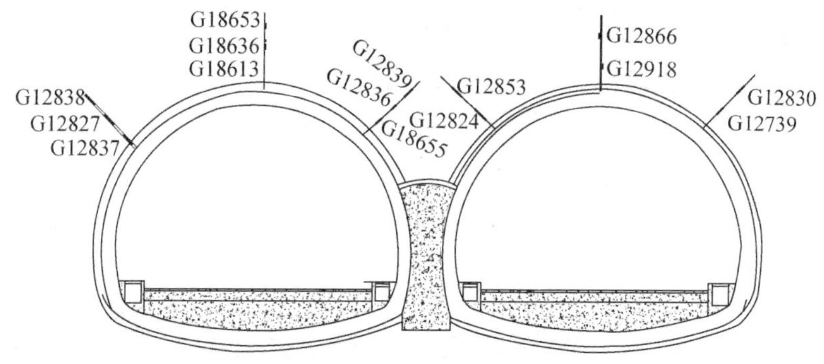

图4-2 锚杆轴力测孔布置示意图

2)围岩压力监测

为了解初期支护、二次衬砌的实际承载情况及分担围岩压力的情况,以及检验隧道偏压,保证施工安全,优化支护参数,需对围岩进行压力监测。围岩压力监测是量测围岩与初期支护之间的压力以及初期支护与二次衬砌之间的围岩压力。通过在每个断面沿隧道周边(边墙、拱腰和拱顶)在围岩与初期支护之间埋设土压力盒进行量测(图4-3)。量测仪器:TYJ—20型振弦式土压力计、频率计。应把测点布设在具有代表性的断面的关键部位上(如拱顶、拱腰、拱脚、边墙仰拱等),并对各测点逐一进行编号。埋设压力盒时,要使压力盒的受压面紧贴围岩。在隧道壁面,当量测围岩施加给混凝土喷射层的径向压力时,先用水泥砂浆或速凝锚固剂把压力盒用钢筋托架固定在岩面上,保证压力盒与岩壁接触良好,再谨慎施工混凝土喷射层,勿使混凝土喷射层与压力盒之间出现间隙。土压力测点布置如图4-3所示。对于Ⅱ、Ⅲ级围岩,考虑到围岩压力较小,且喷层较薄,仅在初次衬砌与二次衬砌之间布置土压力盒。量测频率同锚杆轴力量测。

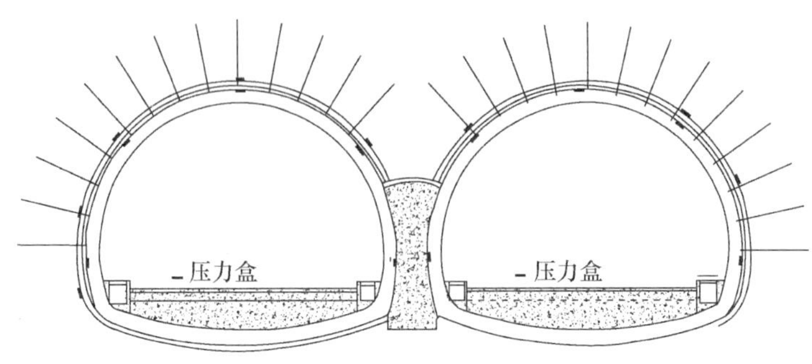


图 4-3　围岩压力测点布置示意图

3）钢拱架应力监测

为了解拱架与混凝土对围岩的组合支护效果及钢拱架的实际工作状态，并且判断初期支护承载能力，保证施工安全，优化设计参数，需要进行钢拱架应力监测。监测内容包括：测钢拱架中内外钢筋的轴力和型钢钢架内外侧的应变情况，从而计算其所受的轴力和弯矩。选用的量测仪器有：GJJ—10 振弦式钢筋计（图 4-4）、频率计。每个断面沿隧道周边（边墙、拱腰和拱顶）在钢拱架内、外侧对称地设置五对钢筋计进行监测。根据钢筋计的频率—轴力标定曲线，可通过量测数据直接换算出相应的轴力值，然后根据钢筋混凝土结构有关计算方法，可算出钢筋轴力计所在拱架断面的弯矩，并在隧道横断面上按一定的比例把轴力、弯矩值点画在各钢筋计分布位置，并将各点连接形成隧道钢拱架轴力及弯矩分布图。对于型钢钢拱架，用钢表面应变计或钢筋应力计量测，其他与格栅钢拱架的钢筋计量测法相同。

图 4-4　初期支护拱架钢筋计、围岩与初支压力盒布置实照

钢拱架应力测点布置如图 4-5 所示。监测频率同锚杆轴力监测。

4）二次衬砌内力监测

为了解二次衬砌受力状态及内力的大小，并判断二次衬砌承载能力，需要进行二次衬砌内力监测。监测内容是量测二次衬砌内力的大小。量测仪器有：GJJ—10 振弦式钢筋计、频率计。量测方法为：每环二次衬砌钢筋布设五组钢筋计，分别沿主筋的内外边缘成对布设。根据钢筋计的频率—轴力标定曲线，可通过量测数据直接换算出相应的轴力值，然后根据钢筋混凝土结构有关计算方法可算出钢筋轴力计所在的二次衬砌的弯矩，并在隧道横断面上按一定的比例把轴力、弯矩值点画在各钢筋计分布位置，并将各点连接形成隧道二次衬砌轴力及弯矩分布图。

二次衬砌内力测点布置如图 4-6 所示。监测频率同锚杆轴力监测。

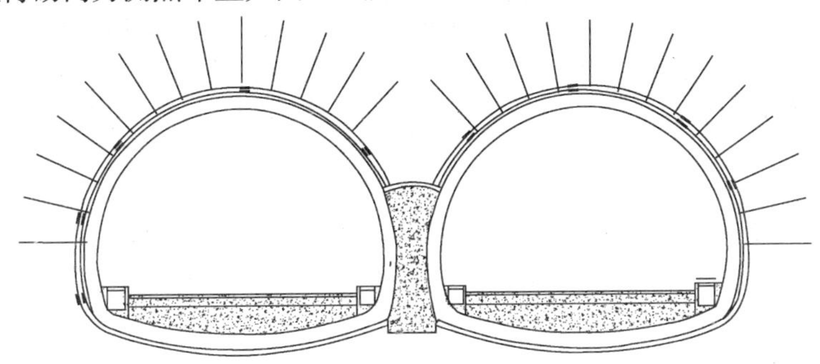

图 4-5　钢拱架应力测点布置图

- 钢筋应力计

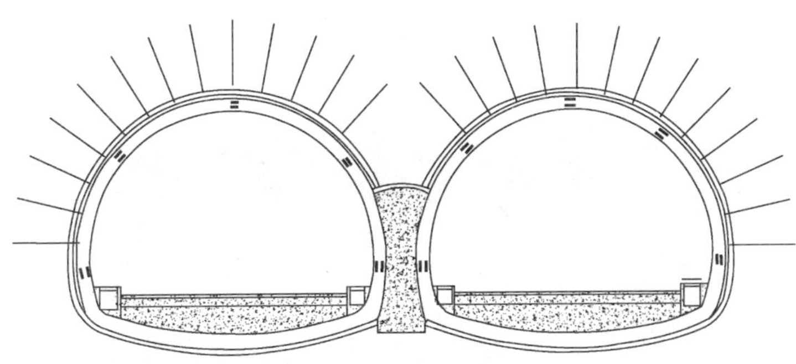

图 4-6　二次衬砌内力测点布置示意图

- 钢筋应力计

5）周边收敛位移量测

为了直观地反映隧道围岩应力状态变化，根据变形速率判断围岩稳定程度和进行二次初衬的合理时机，需要对隧道周边收敛位移进行量测。量测内容是收敛变形量的大小，使用 SL—2 型坑道收敛计进行量测，仪器参数见图 4-7。

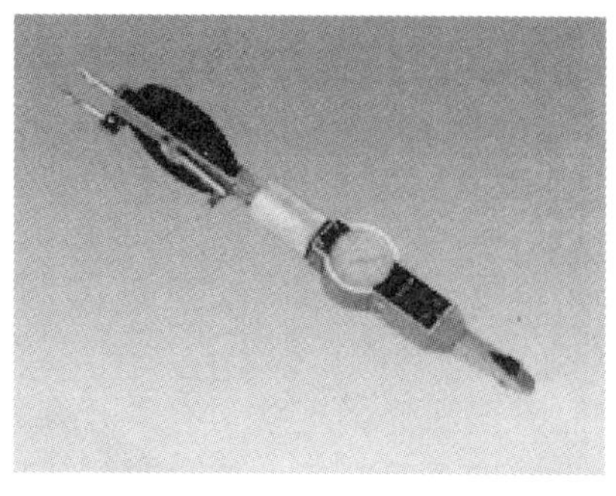

| 规格 | 20m | 30m |
|---|---|---|
| 标准量程(m) | 0～20 | 0～30 |
| 最小读数(mm) | 0.1 | |
| 系统误差(mm) | <0.2 | |
| 钢尺拉力(kN) | 8 | |
| 温度修正系数 | $12\times10^{-6}$ | |
| 仪器质量(kg) | 1.8 | |

图 4-7 SL—2 型坑道收敛计参数及仪器示意图

测点布置根据施工方法、地质条件、量测断面所在位置、隧道埋置深度等条件确定。每量测断面设置 3～6 条测线,测桩分别布置在拱顶及两侧,见图 4-8。周边收敛位移测点实照见图 4-9。埋设测点时,先在测点处用小型钻机在待测部位成孔,然后将带膨胀管的收敛预埋件敲入,旋上收敛钩后即可量测。

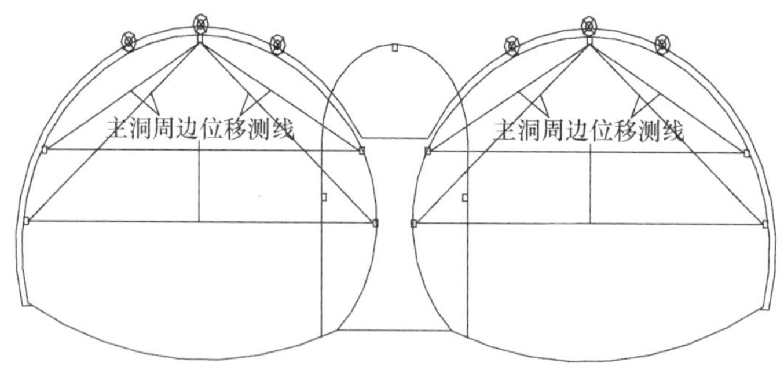


图 4-8 周边收敛位移测点布置图

⊗-拱顶下沉测点;▫-周边位移测点

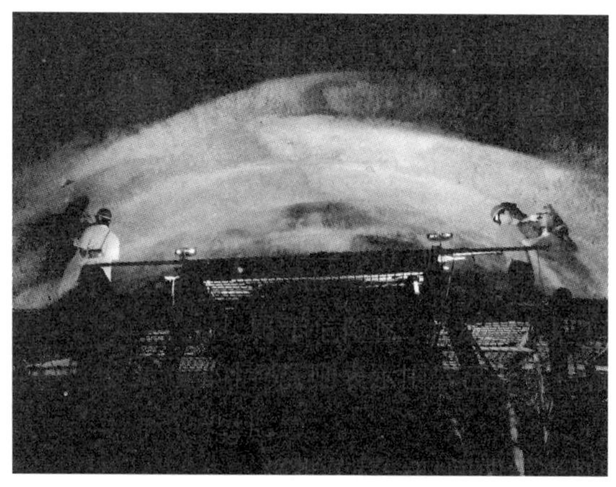

图 4-9 周边收敛位移测点实照

(1)量测方法

调节螺母将收敛计百分表读数调整到 25 ~ 30mm 的位置;将收敛计钢尺挂钩分别挂在已经安装的测点膨胀挂钩上,然后收紧钢尺,将卡针插入钢尺上适当的孔位内,并用保护卡钩将钢尺固定;转动调节螺母,使钢尺收紧到观测窗中的刻画线与读数指示窗刻度线完全重合,使收敛计停止摆动且迅速使其静止,读取钢卷尺量程并取至厘米(cm),然后在读取百分表中读数并取至0.01mm,两者相加即得到本次测量的完整数值。

(2)数据处理

收敛值是指在已知两点间的距离在一定时间内的变化量。令 $t_1$ 时刻收敛读数为 $X_1$,$t_2$ 时刻收敛读数为 $X_2$,$t_n$ 时刻读数为 $X_n$。

本次收敛值为:$\Delta U = X_1 - X_2$;

第 $n$ 次收敛值为:$\Delta U_n = X_{n-1} - X_n$;

累计收敛值为:$\Delta U_n = X_1 - X_n$。

(3)数据分析

通过绘制时间—位移量—位移图曲线进行判断,如果正常,则说明位移随施工的进行渐趋稳定;如果出现反常,出现反弯点,说明净空收敛测点出现骤增加现象,表明围岩和支护已呈不稳定状况,应立即采取措施。

根据现场量测的位移—时间曲线进行如下判断:

① $\frac{d^2u}{dt^2} < 0$,说明变形速率不断下降,位移趋于稳定,属于基本稳定区,主要标志是变形速率不断下降,即变形加速度小于0;对于隧道开挖后在洞内测得的位移曲线,如果变形加速度始终保持小于0,则围岩是稳定的。

② $\frac{d^2u}{dt^2} = 0$,说明变形速率保持不变,经发出警告,及时加强支护系统,属于过渡区,主要标志是变形速率长时间保持不变,即变形加速度等于0;如果位移曲线随即出现变形加速度等于0 的情况,即变形加速度不再继续下降,说明围岩进入“定常蠕变”状态,须特别关注并作出警告,及时调整支护参数加强支护系统。

③ $\frac{d^2u}{dt^2} > 0$,则表示已进入危险状态,须立即停工,采取有效的工程措施进行加固,属于危险区,主要标志是变形速率加速发展;一旦位移出现变形加速度大于0 的情况,则表示围岩已经失稳,进入危险状态,须立即停止施工,及时进行围岩加固处理。

根据位移—时间曲线来判断围岩稳定性(图 4-10),应注意辨别由于分步开挖时围岩随开挖进度而导致的位移随时间释放的弹塑性位移的突然增加,使位移速率增加,这部分位移量是由于隧道洞身开挖引起的。

在隧道监测险情预报中,应同时考虑净空收敛量和收敛变形速率,并且结合洞内、外观察到的洞身围岩喷射混凝土和初期支护的表面状况等综合因素作出报告。

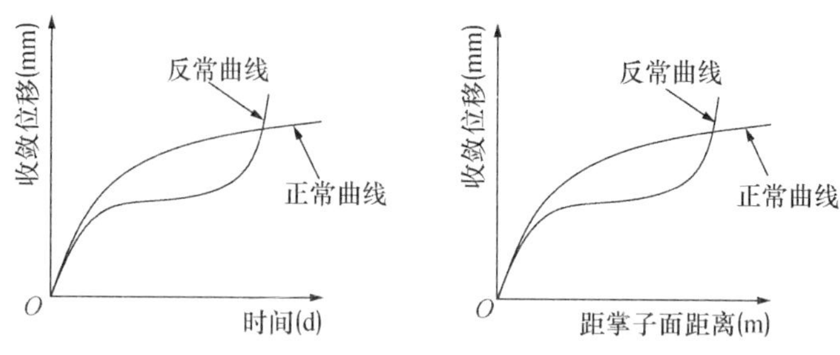


图 4-10　周边收敛位移判断曲线

6)拱顶下沉量测

为了确认围岩的稳定性,及时掌握隧道整体的稳定情况,需要监测拱顶下沉量。拱顶下沉量测采用全站仪,型号为高精度的索佳(SOKKIA)SET1130R3。拱顶下沉是最基本的量测项目之一,与周边收敛位移测量布置在同一断面。每个量测断面的拱顶中心用小型钻机钻5cm左右深的小孔,然后把孔径相同的膨胀螺钉打入孔中,用扳手将膨胀螺钉拧紧,然后在预埋钩上缠绕胶布,再在胶布上粘贴全站仪反射贴片。同法,在距测点10m开外的相对稳定地段的初期支护上布置一后视测点。拱顶测点布置时应注意把测点的膨胀螺钉调整到向隧道掘进方向的45°,这样做,一是能提高观测的精度,二是有利于测量员测量时精确对准目标,并在下一次爆破循环前获得初始读数。初读数在开挖后12h内读取,最迟不超过24h,而且在下一循环开挖前,完成初期变形值读数。

量测仪器为高精度的索佳(SOKKIA)SET1130R3,通过自由设站的方法进行数据采集。在隧道拱顶下沉的变形监测中,在洞内,鉴于拱顶下沉变形分析的需要,拟采用近似隧道坐标系统。即采用隧道中心线方向为 $X$ 轴,断面方向为 $Y$ 轴,竖直方向为 $Z$ 轴的坐标系统,如图4-11、图4-12所示。同时,受洞内施工的影响,导线测量难度较大。为简便起见,考虑变形监测的特点,采用了准隧道坐标系统。即隧道大概中心线方向为 $X$ 轴,这也保证了 $Y$ 轴方向基本上是隧道断面方向。经试验,这套变形监测独立坐标系统完全满足需要。具体操作如下:在隧道中心线附近,布设地面控制点设为 $O$,并设其坐标为(0,0,0);再在前方100多米远处的中心线附近布设一控制点设为 $B$;设 $OB$ 方向为坐标系的 $X$ 方向。然后用高精度索佳全站仪进行一测回测量方法采集数据。

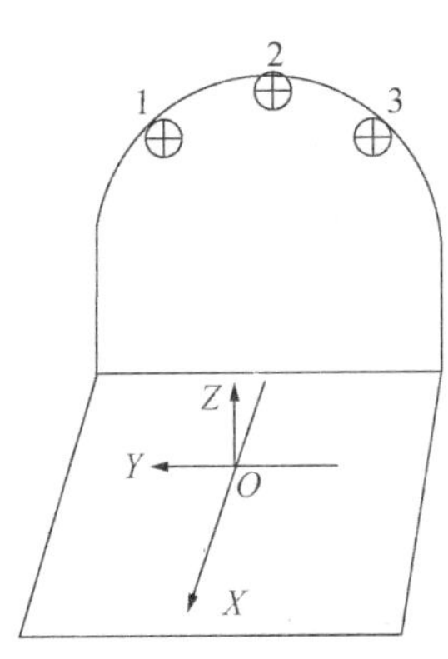


图 4-11 近似隧道坐标系统

图 4-12 拱顶下沉测量

(1)数据处理

由坐标可得断面上各两点间的相对高差,并与先前数据比较,即可得拱顶高程结果。同时比较某一点的高程变化即知隧道的拱顶下沉情况。

(2)数据分析

可绘制位移—时间图(图 4-13),曲线正常,则说明位移随施工的进行渐趋稳定。如果出现反常,出现反弯点,说明拱顶下沉出现骤增现象,表明围岩和支护已呈不稳定状态,应立即采取措施。

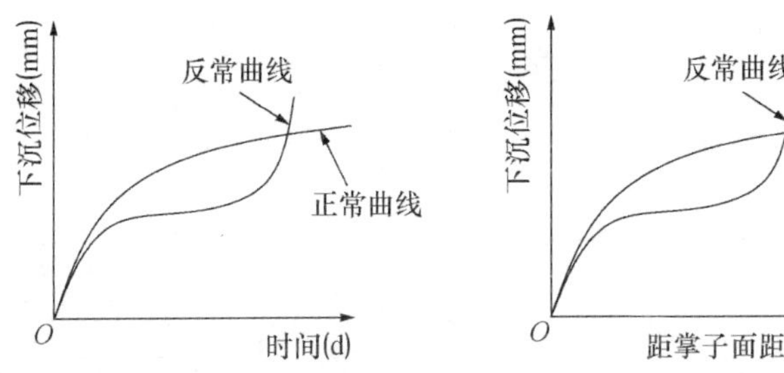


图 4-13 拱顶下沉位移曲线

根据现场量测的位移—时间曲线进行如下判断:

① $\frac{d^2u}{dt^2} < 0$,说明变形速率不断下降,位移趋于稳定;

② $\frac{d^2u}{dt^2} = 0$,说明变形速率保持不变,经发出警告,及时加强支护系统;

③ $\frac{d^2u}{dt^2} > 0$,则表示已进入危险状态,须立即停工,采取有效的工程措施进行加固。

## 4.3 隧道塌方的监测预警

以梅沙连拱隧道中 ZK163 +420 断面为例,该断面所处围岩等级为Ⅳ级,隧道施工采取的是中导洞上下台阶法,左线先行,因此,该断面监测值能反映后行洞施工对该断面的影响。该断面测点的仪器布置示意图见图 4-14。

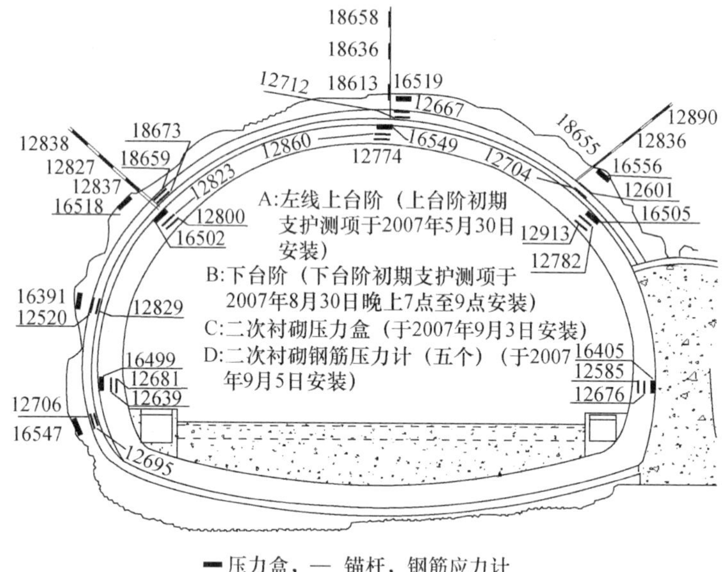


图 4-14 梅沙隧道出口左线 ZK163 +420 测点仪器布设示意图

其中各测项说明见表 4-2。

测项说明 表 4-2

| 项目 | 仪器 | 位置 | 数量 | 编号 |
|---|---|---|---|---|
| 锚杆轴力 | 钢筋应力计 | 拱顶、左右 45°拱肩 | 9 个钢筋应力计,3 个一组 | (12838、12827、12837)、(18658、18636、18613)、(12890、12836、18655) |
| 钢拱架内力 | 钢筋应力计 | 拱顶、左右 45°拱肩、拱腰、拱脚 | 10 个钢筋应力计,2 个一组 | (12706、12695)、(12520、12829)、(18659、18673)、(12667、12712)、(12601、12704) |
| 初次衬砌压力 | 压力盒 | 拱顶、左右 45°拱肩、拱腰、拱脚 | 5 个压力盒 | 16547、16391、16518、16519、16556 |
| 二次衬砌压力 | 压力盒 | 拱顶、左右 45°拱肩、拱腰、拱脚 | 5 个压力盒 | 16499、16502、16549、16505、16405 |
| 二次衬砌内力 | 钢筋应力计 | 拱顶、左右 45°拱肩、拱腰、拱脚 | 10 个钢筋应力计,2 个一组 | (12639、12681)、(12823、12800)、(12860、12774)、(12782、12913)、(12676、12585) |

### 4.3.1 锚杆轴力分析

岩土锚固技术是把一种受拉杆件埋入地层中，以提高岩土自身的强度和自稳能力的一门工程技术。由于这种技术大大减轻结构物的自重、节约工程材料并确保工程的安全和稳定，具有显著的经济效益和社会效益，因而目前在工程中得到极其广泛的应用。岩土锚固的基本原理就是利用锚杆周围地层岩土的抗剪强度来传递结构物的拉力，以保持地层开挖面的自身稳定。由于锚杆锚索的使用，它可以提供作用于结构物上以承受外荷的抗力；可以使锚固地层产生压应力区，并对加固地层起到加筋作用；可以增强地层的强度，改善地层的力学性能；可以使结构与地层连锁在一起，形成一种共同工作的复合体，使其能有效地承受拉力和剪力。

在隧道工程中，锚杆充分发挥作用有利于隧道的长期稳定，反之则危害隧道的安全，而锚杆布设太多则会造成材料浪费。由于地下工程不确定因素较多，设计中很难准确估计锚杆的受力情况，因此，需要依靠监测结果来分析锚杆的内力状态及其变化规律。本文根据地质资料和锚杆内力监测结果来分析锚杆作用效应及锚杆内力与隧道围岩的关系。以拱顶的18613测点为例，其测值变化曲线见图4-15。

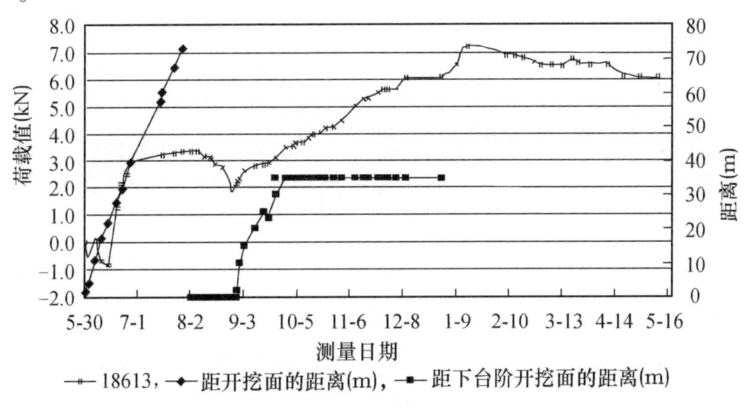


图4-15 测点18613锚杆轴力值(位置:拱顶)

从梅沙隧道ZK163+420测点拱顶锚杆应力计的量测数据可以看出，从设置锚杆开始一直到6月13日之间，由于施工中开挖爆破的影响，围岩与结构之间的应力、变形不断调整，导致这段时间内锚杆的轴力呈现振荡趋势，锚杆监测值时拉时压。6月13日以后，上台阶开挖面距离当前监测断面距离超过20m，爆破开挖影响作用相对较小，此时经过了初期阶段的应力与变形调整，顶部围岩与衬砌结构共同变形，由于围岩自身的应力释放需要一段时间，因此在该阶段，顶部锚杆轴力表现为迅速增长。锚杆轴力在经过初期的快速增长期后，当上台阶开挖面距离当前监测断面40m左右时,顶部锚杆轴力进入了一个基本稳定期。8月2日,下台阶开挖面达到当前断面,并且停工到8月31日。由于围岩受到扰动,通过地层与结构之间的变形与应力调整,锚杆轴力逐步减小。从8月31日开始,下台阶开挖面逐步向前推进,可以看到,由于下台阶的开挖影响,锚杆轴力又开始出现稳步增长趋势。9月10日该断面进行二次衬砌施工,10月27日到11月14日后行洞通过该断面,可以看到锚杆轴力增势并未放缓。当后行洞二次衬砌施工完成后,结构由于封闭成环,受力情况得到改善,锚杆轴力也出现小幅度的下降。施工期间锚杆的拉应力值均远小于锚杆的设计承载力,说明锚杆承载力足够,锚杆充分发挥了其应有的悬挂以及挤压加固的作用。

### 4.3.2 围岩压力分析

根据地层结构法理论,作用在地下结构上的荷载由结构与地层共同承载,是结构与地层共同作用的结果。隧道开挖后,如果支护非常快,且支护刚度又很大,没有或很少变形,则支护需要提供很大的支护力,围岩仅负担产生弹性变形的压力,故刚度大的支护是不合理的。相反,支护应该有相当的柔性、变形能力;并允许围岩产生一定量的变形,适当的变形有助于围岩通过应力调整,形成足够大的塑性区,充分发挥塑性区岩体的"卸荷"作用,使传到支护上的压力大为减小。根据新奥法的基本思想,初次衬砌对限制围岩变形,使围岩发挥自承能力有着较大的作用,因此,通过对初次衬砌与围岩之间的作用进行监测分析,既能分析结构的受力规律,保障结构的安全,又能充分发挥初次衬砌的经济性,避免不必要的浪费,指导以后的施工。还以梅沙隧道ZK163+420测点的初次衬砌压力与二次衬砌压力为例,监测情况如图4-16所示。

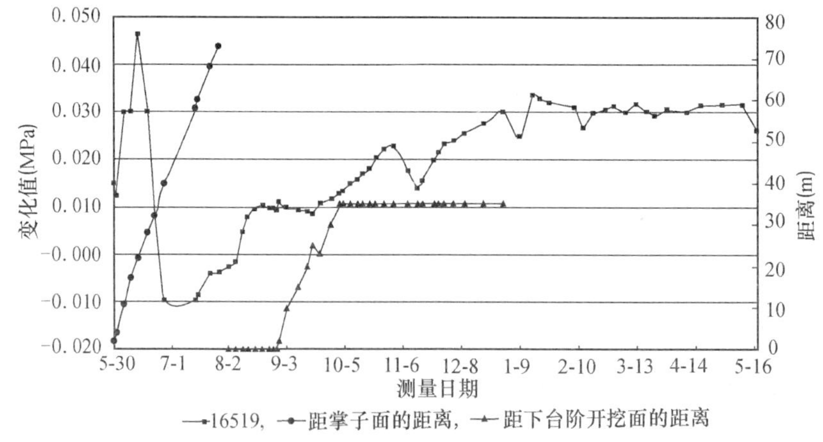


图4-16 测点16519初次衬砌压力变化曲线(位置:拱顶)

从拱顶的初次衬砌压力变化曲线可以看到,施工初次衬砌后,拱顶处围岩压力经过一段时间的异常迅速增长后,在6月13日达到峰值0.046MPa,此后迅速下降,并由主要为正面受压变为侧面受压。分析原因,可能是由于测点位置发生移动而导致的。8月2日下台阶开挖面达到当前断面,并且停工一段时间,直到8月31日下台阶开挖面继续向前推进。在该区段内,可以看到拱顶位置围岩压力迅速由主要为侧面受压向正面受压转化,还可以看到下台阶开挖面向前推进时,拱顶处围岩压力几乎不变。9月10日对左洞进行二次衬砌施工,由于围岩变形已经基本稳定,拱顶处围岩压力基本未变化。9月18日,当后行洞上台阶断面迫近到开挖断面5m时,先行洞由于受到施工的扰动,围岩变形与应力继续发展,拱顶围岩压力出现明显增大趋势,10月27日当后行洞上台阶断面到达当前断面时,拱顶处围岩压力达到一个峰值后出现小幅度的下降。经过短期的调整后,拱顶围岩压力又逐步增大,直到基本稳定。从监测的结果来看,左洞二次衬砌施工完成是在未受到右洞施工影响之前,拱顶的围岩压力约为0.010MPa。当右洞上台阶开挖面迫近当前断面时,拱顶压力增大到一个峰值后出现振荡,这个峰值压力可以达到0.023MPa。对比拱顶最终的围岩压力0.030MPa。可以看到,由于后行洞的施工影响,拱顶处围岩压力出现大幅度的增长。

从左侧45°拱肩位置的初次衬砌压力变化曲线(图4-17)可以看出,施工初次衬砌后,经过初期的地层与结构之间的变形与应力调整,该处围岩压力出现明显振荡趋势,在6月13日达到峰值0.016MPa,随后迅速减小,在6月27日达到极值0.009MPa,主要为正面受压。由于此时上台阶开挖面距离当前断面超过30m,因此,上台阶开挖面施工对此断面影响较小。围岩压力经过初期的振荡期后也开始进入稳步增长期,并在7月16日达到另一峰值0.011MPa。随之下台阶开挖面迫近当前断面,初次衬砌压力逐步减小,并在8月2日下台阶开挖面达到当前断面时

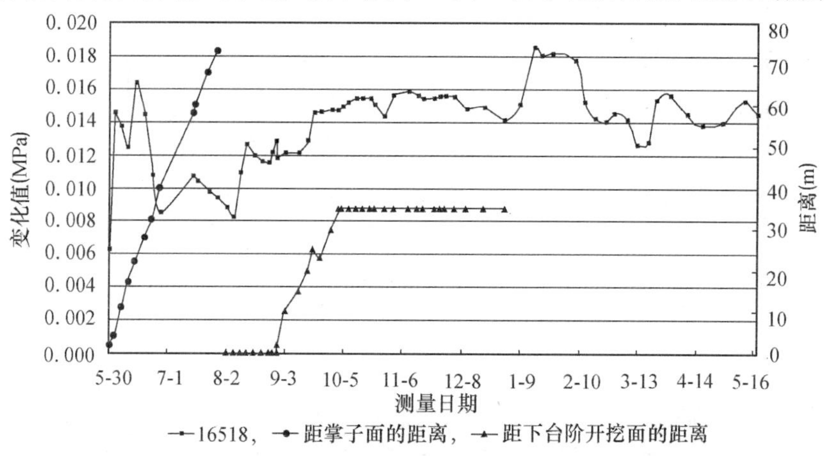


图4-17 测点16518初次衬砌压力变化曲线(位置:左45°拱肩)

达到极值0.008MPa。在停工期间，下台阶开挖面并未向前推进，初次衬砌压力在达到极值后迅速增大并在0.012MPa附近出现小幅度振荡。9月10日施工二次衬砌后，相比较于拱顶处围岩压力，其值基本不变，左侧45°拱肩位置围岩压力出现小幅度的增长，由0.012MPa增大到0.015MPa。此后随着右洞上台阶开挖面的迫近，可以看到，该处围岩压力只出现小幅度的变化，说明后行洞施工对该处的围岩压力影响较小。

从右侧45°拱肩位置初次衬砌压力变化曲线（图4-18）可以看到，施工初次衬砌后，该位置围岩压力在短期内不断减小，由最初的0.014MPa减小到0.010MPa。随后围岩压力逐步增长到0.014MPa，维持基本稳定。当下台阶开挖面迫近到当前断面时，围岩压力迅速增长，并在下台阶开挖面达到当前断面时达到峰值0.022MPa，然后迅速回落到0.012MPa。此后围岩压力出现回升，并在下台阶开挖面向前推进时保持小幅度增长，在下台阶开挖面距离该断面超过10m时，围岩压力达到0.017MPa。随着后行洞上台阶开挖面的迫近，曲线出现明显的增幅，并在10月12日达到0.021MPa。随着后行洞上台阶通过该断面，右侧45°拱肩位置围岩压力经过小幅振荡后稳步回升至0.022MPa，此后曲线位置一直在该值上下波动。

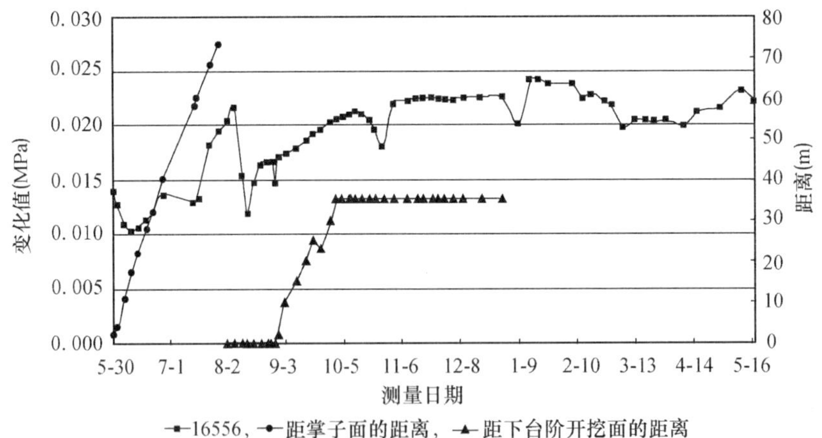


图4-18　测点16556初次衬砌压力变化曲线（位置：右45°拱肩）

从ZK163+420测点下台阶拱腰与拱脚两位置处的围岩压力变化曲线来看（图4-19、图4-20），对于拱腰处，由于下台阶开挖本身对围岩自身的扰动较小，因此该处位置围岩压力一直处于0.010MPa左右，施工二次衬砌时，该处围岩压力也未出现大幅度变化。从长期监测数据来看，拱腰处围岩压力一直处于稳步发展之中，未出现收敛趋势。对于拱脚处，可以看到刚施工小台阶初次衬砌后，短期内该处围岩压力可以达到最大值，随着时间发展与二次衬砌的施工，该处围岩压力逐步减小。当后行洞上台阶追近时，拱脚处围岩压力经过小幅度的振荡后迅速回落到

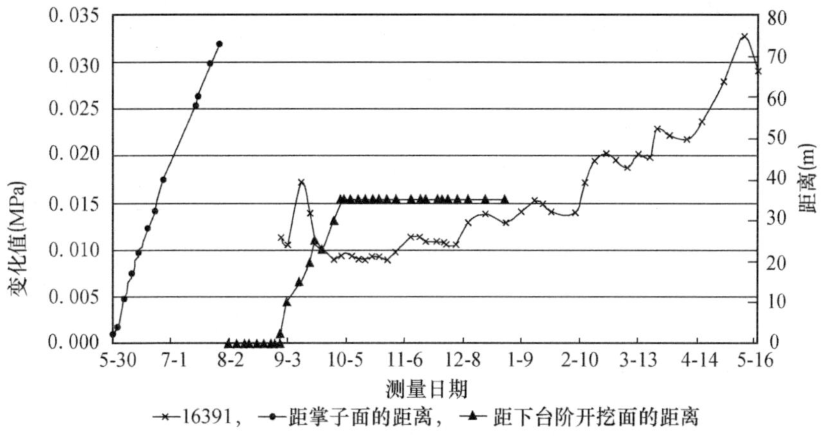


图 4-19 测点 16391 初次衬砌压力变化曲线(位置:拱腰)

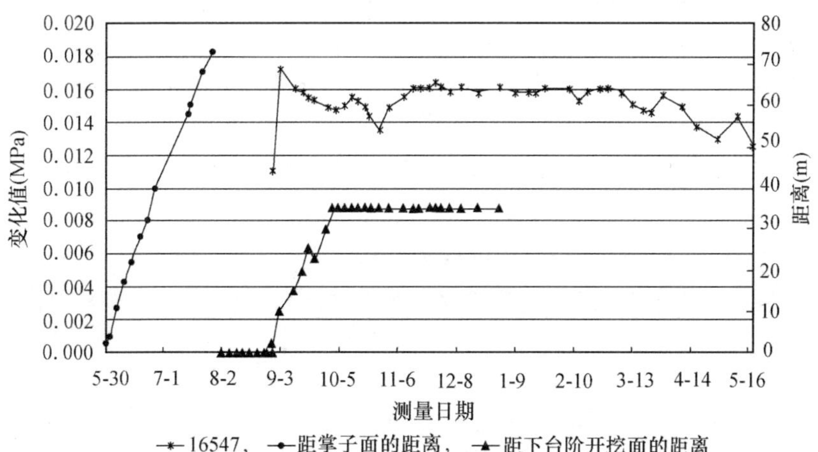


图 4-20 测点 16547 初次衬砌压力变化曲线(位置:拱脚)

0.016MPa,并在相当长时期内维持在该水平。长期监测结果表明,拱脚处围岩压力在6个月后出现回落趋势。

左洞初期支护施工完成时,先行洞各测点的初次衬砌压力值如图4-21所示。左洞二次衬砌施工完成后,先行洞各测点的初次衬砌压力值如图4-22所示。截至5月16号,先行洞各测点的初次衬砌压力值如图4-23所示。

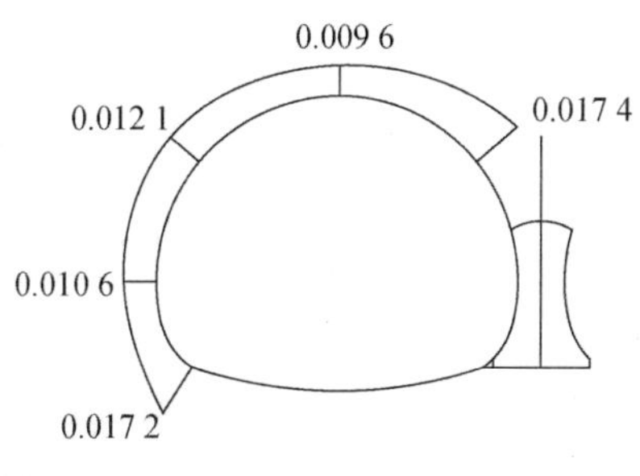


图 4-21 初次衬砌压力分布图一(单位:MPa)

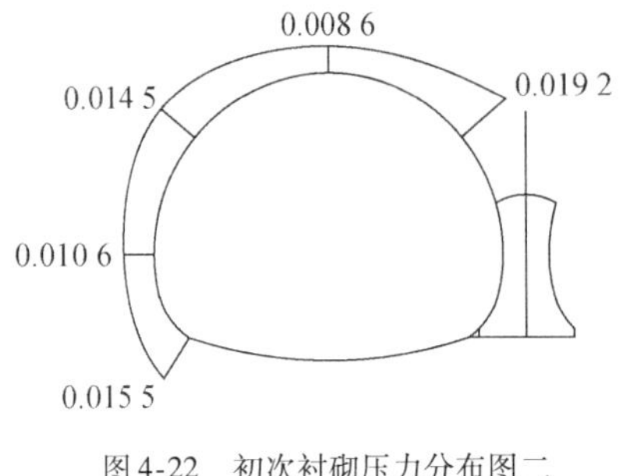


图 4-22　初次衬砌压力分布图二
(单位:MPa)

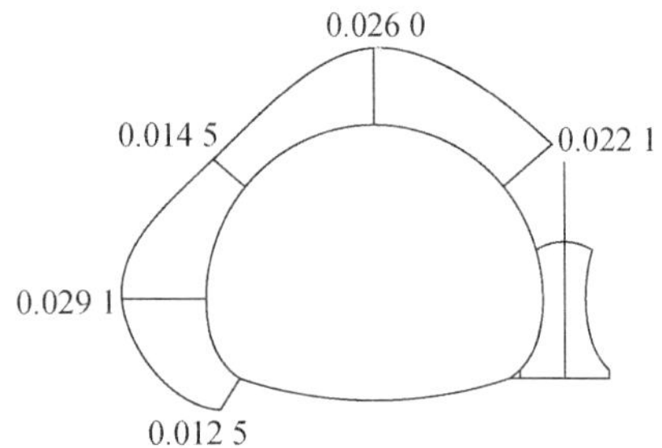


图 4-23　初次衬砌压力分布图三
(单位:MPa)

### 4.3.3　钢拱架应力分析

钢拱架应力及衬砌应力量测虽然是监测项目中的选测项目,却是现场分析的重要辅助手段,是连拱隧道课题科学研究的重要组成部分,是进行连拱隧道稳定分析的重要数据来源。梅沙隧道左线 ZK163 +420 测点初次衬砌钢筋计应力变化曲线如图 4-24、表 4-3 所示。

截至 2008 年 5 月 18 日,拱顶内侧压力为 -186.935 8MPa,左拱腰内侧压力最小为 -4.756 2MPa。该监测断面围岩较破碎,距隧道出口端洞口较近,垂直于监测断面的地表曾发生多次地表滑移。根据量测结果,初期支护拱架整体受力较大,特别是拱顶和拱腰。截至 2008 年 5 月 18 日,拱架轴力最大为 -222.454 6kN,拱顶出现最大弯矩为 19.353 4kN · m,在拱顶和中墙上部出现了拉伸区。这主要是由于连拱隧道围岩应力分布复杂,施工作业和开挖次序都会对围岩应力释放产生较大的影响。

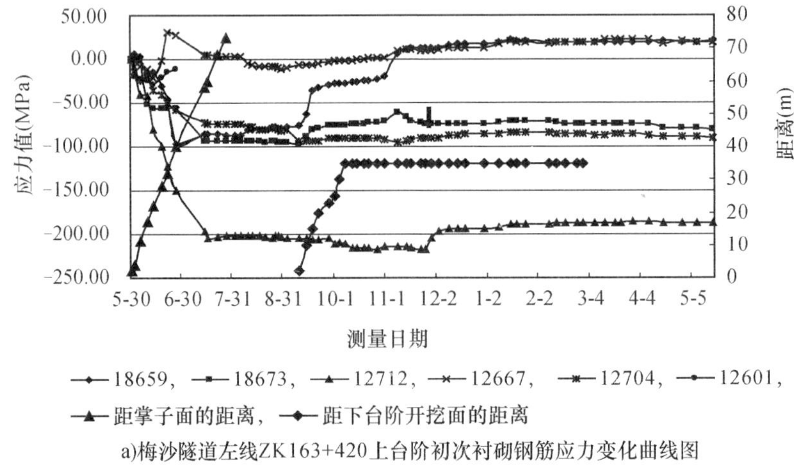


a)梅沙隧道左线ZK163+420上台阶初次衬砌钢筋应力变化曲线图

图　4-24

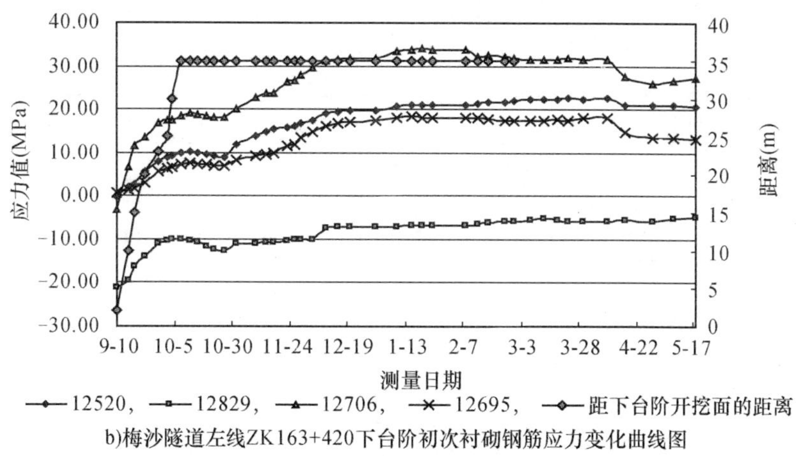


b)梅沙隧道左线ZK163+420下台阶初次衬砌钢筋应力变化曲线图

图 4-24 梅沙隧道左线 ZK163 +420 初次衬砌钢筋应力变化曲线图

**梅沙隧道左线 ZK163 +420 拱架受力统计表** 表 4-3

| 安装部位 | 仪器编号 | 拱架钢筋计最大受力(MPa) | 拱架钢筋计最终受力(MPa) | 初期支护拱架轴力(kN) | 初期支护钢拱架弯矩(kN·m) |
|---|---|---|---|---|---|
| 左侧拱脚 | G12706 | 33.969 0 | 27.329 5 | 53.706 6 | 1.333 8 |
| | G12695 | 18.195 3 | 13.496 6 | | |
| 左侧拱腰 2 | G12520 | 22.630 7 | 21.069 8 | 21.246 2 | 2.392 0 |
| | G12829 | -21.274 3 | -4.756 2 | | |
| 左侧拱腰 1 | G18673 | -96.103 7 | -79.948 7 | -77.651 7 | 9.267 4 |
| | G18659 | -97.451 8 | 20.516 3 | | |
| 拱顶 | G12667 | 30.944 5 | 19.449 7 | -222.454 6 | 19.353 4 |
| | G12712 | -206.634 8 | -186.935 8 | | |
| 右侧拱腰 | G12601 | -29.691 8 | -11.725 4 | -134.895 5 | 7.324 8 |
| | G12704 | -95.302 4 | -89.837 4 | | |
| 安装日期:上台阶 5 月 30 日安装,下台阶左侧拱脚 8 月 30 日安装;数据截至 2008 年 5 月 18 日 | | | | | |

### 4.3.4 二次衬砌应力分析

通过对二次衬砌中钢筋计的应力量测,可以了解二次衬砌的受力情况,对保持连拱隧道的长期安全起着非常重要的作用。梅沙隧道左线 ZK163 +420 测点二次衬砌钢筋计应力变化曲线如图 4-25、表 4-4 所示。

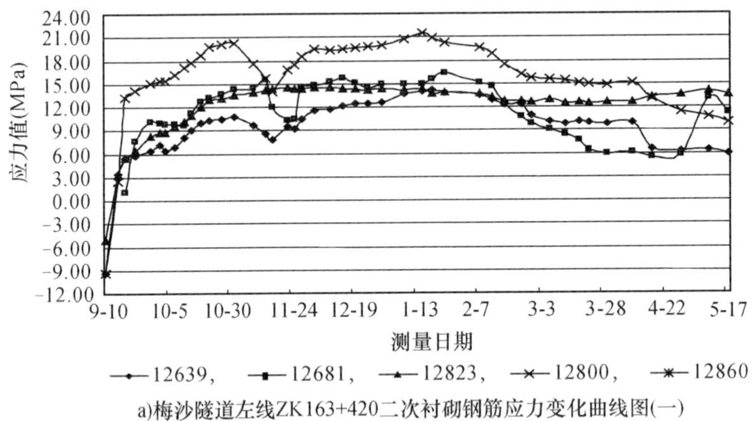

a)梅沙隧道左线ZK163+420二次衬砌钢筋应力变化曲线图(一)

应力值(MPa)
120.0
100.0
80.0
60.0
40.0
20.0
0.0
-20.0
-40.0
-60.0
-80.0
9-10 10-5 10-30 11-24 12-19 1-13 2-7 3-3 3-28 4-22 5-17
测量日期
12774, 12913, 12782, 12585, 12676

b)梅沙隧道左线ZK163+420二次衬砌钢筋应力变化曲线图(二)

图 4-25　梅沙隧道左线 ZK163 +420 二次衬砌钢筋计应力变化曲线图

截至 2008 年 5 月 18 日,拱顶拉应力终值为 62.176 0MPa,左拱脚外侧拉应力最小应力为 5.849 3MPa,右侧拱腰内侧最大受压为 -52.122 8MPa。混凝土初凝期,二次衬砌钢筋计受力增幅较大,之后趋于平缓。从监测数据来看,已趋于稳定。目前该断面最大二次衬砌钢筋应力变化速率略有减小,二次衬砌钢筋应力小于规范 HPB235 级钢筋容许应力 130MPa,故混凝土相对安全。

**梅沙隧道左线 ZK163 +420 二次衬砌钢筋计受力统计表**　　表 4-4

| 安装部位 | 仪器编号 | 二次衬砌钢筋计最大受力(MPa) | 二次衬砌钢筋计最终受力(MPa) |
| --- | --- | --- | --- |
| 左侧拱脚 | G12639 | 14.225 3 | 5.849 3 |
| | G12681 | 16.420 3 | 11.101 1 |

续上表

| 安装部位 | 仪器编号 | 二次衬砌钢筋计最大受力(MPa) | 二次衬砌钢筋计最终受力(MPa) |
|---|---|---|---|
| 左侧拱腰 | G12823 | 14.488 3 | 13.588 4 |
| | G12800 | 21.458 4 | 10.005 4 |
| 拱顶 | G12860 | — | — |
| | G12774 | 106.972 9 | 62.176 0 |
| 安装部位 | 仪器编号 | 二次衬砌钢筋计最大受力(MPa) | 二次衬砌钢筋计最终受力(MPa) |
| 右侧拱腰 | G12782 | 37.548 8 | 17.780 4 |
| | G12913 | -52.122 8 | -52.122 8 |
| 右侧拱脚 | G12676 | -12.548 3 | -7.933 7 |
| | G12585 | -23.816 3 | -23.816 3 |

注:安装日期:二次衬砌钢筋计于2007年9月5日安装;表中数据截至2008年5月18日。

### 4.3.5 周边收敛位移分析

周边收敛量测是必测项目,它操作简便,获取数据容易,并能够清楚地反映隧道的变形情况,为施工过程的控制、动态反馈提供了非常宝贵和重要的资料。图4-26～图4-31为周边位移和周边收敛位移曲线图的实例。

从量测结果看(图4-26～图4-31),斜向收敛值一般都小于水平横向收敛值。由于隧道断面跨度大,断面扁平,使得拱顶局部会出现拉伸区,开挖后容易出现松动圈,收敛变形主要是向内空发展。Ⅲ级围岩距离开挖掌子面附近的测点变形较大,距离开挖工作面超过2.5倍洞径以外其收敛变形较小。上台阶开挖后对围岩进行及时初期支护,在开挖后大致15d内变形较快,此后变形速率减缓;下台阶开挖时,沉降速度较快,大约20d后逐渐趋于平稳。Ⅳ、Ⅴ级围岩地段围岩变形持续的时间较长,一般为40～60d,开挖对围岩稳定的影响范围在3倍洞径左右,上台阶开挖围岩收敛变形占总变量的60%～70%,下台阶开挖围岩收敛变形占总变量的30%～40%,围岩风化程度高,易受降雨和隧道施工的影响,周边收敛位移曲线有一定波动。同时收敛曲线的波动性也反映出初始锚喷网支护极易受到局部地质条件及掌子面的扰动影响。总体上,连拱隧道周边收敛位移大约经过60d后收敛变形便趋于基本稳定。由于在开挖施工过程中,及时采取喷锚、架设钢支撑等支护措施,有效抑制了变形的加剧,并使之在较短时间内趋于稳定,使施工能够安全、顺利地进行。从周边收敛量测数据来看,右线周边收敛变形大于左线,说明围岩级别决定变形量的大小,围岩越好,变形就越小。

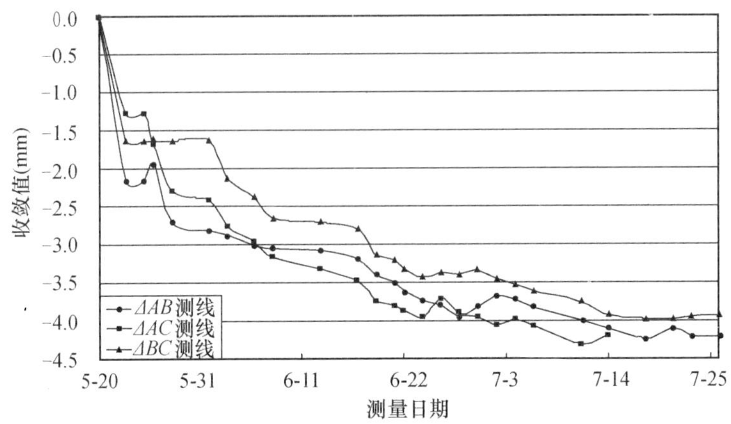


图 4-26　梅沙隧道左线出口 ZK163 +440 周边位移曲线(Ⅲ级)

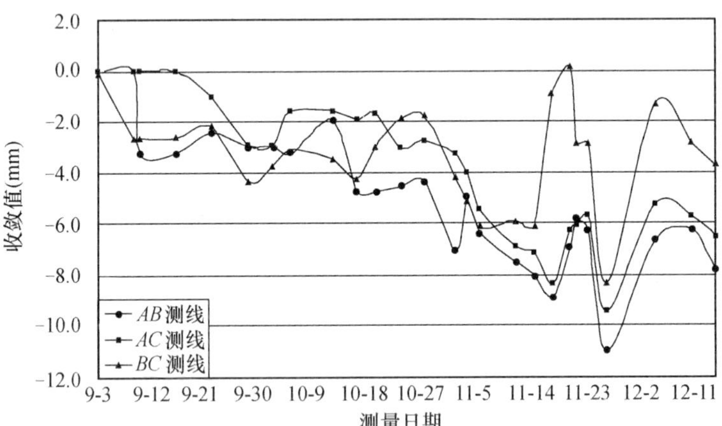


图 4-27　梅沙隧道右线出口 YK163 +440 周边收敛位移曲线(Ⅲ级)

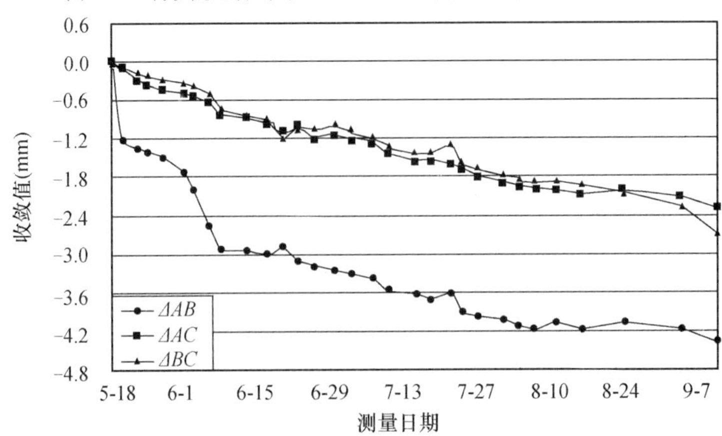


图 4-28　那沙岭隧道左线出口 ZK123 +760 周边位移曲线(Ⅳ级)

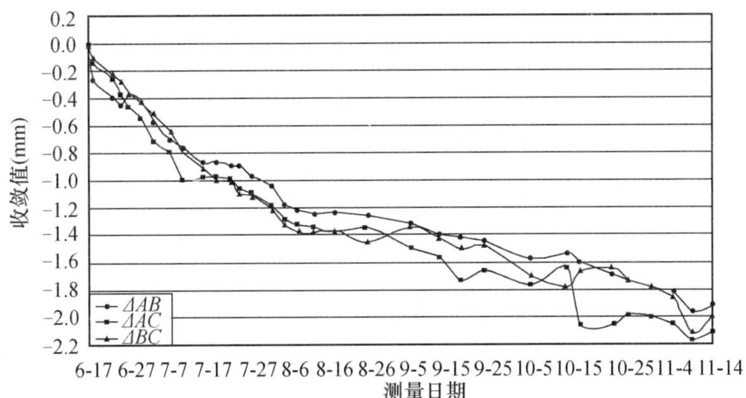


图 4-29 那沙岭隧道右线出口 YK123 + 760 收敛位移曲线(Ⅳ级)

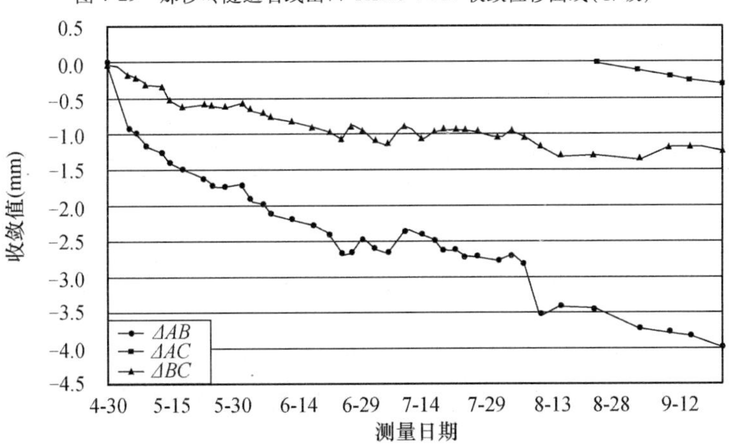


图 4-30 石竹坪隧道左线出口 ZK130 + 380 周边位移曲线

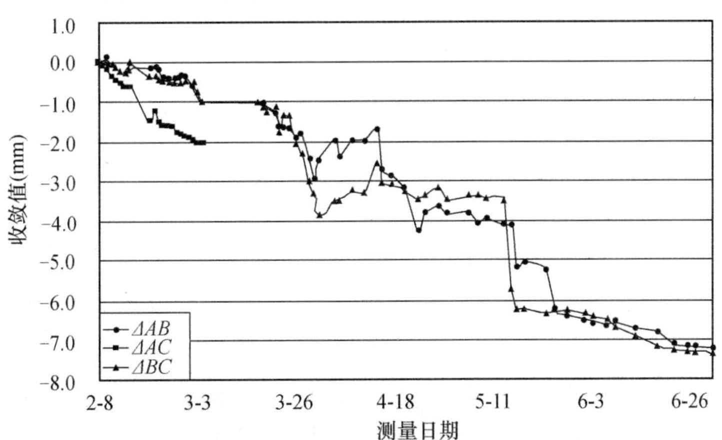


图 4-31 石竹坪隧道右线出口 YK130 + 380 周边位移曲线

### 4.3.6 拱顶下沉分析

隧道拱顶下沉的监测数据能够较好地反映围岩状况(包括围岩岩性和扰动情况),因此,对隧道拱顶下沉监测,可以了解断面的变形状态,判断隧道拱顶的稳定性。图4-32～图4-37为隧道拱顶下沉曲线图的实例。

从量测结果来看(图4-32～图4-37),左线拱顶下沉最终变形量小于右线。左线拱顶下沉最大累计量为6.70mm,上台阶开挖后对围岩及时进行初期支护,距离开挖掌子面附近的测点变形较大,在开挖后大致15d内沉降较快,此后沉降速度减缓;距离开挖工作面超过3倍洞径以外拱顶下沉变形较小;下台阶开挖时,沉降速度较快,大约10d内逐渐趋于平稳。右线拱顶下沉最大累计下沉量为19.01mm,该

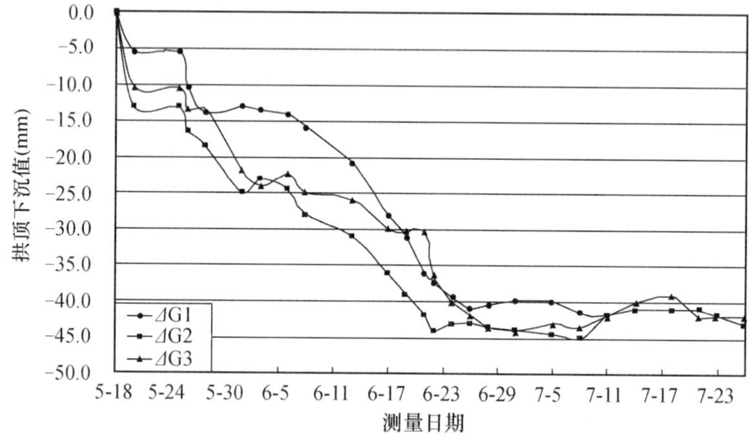


图4-32 梅沙隧道左线出口ZK163+440拱顶下沉曲线(Ⅲ级)

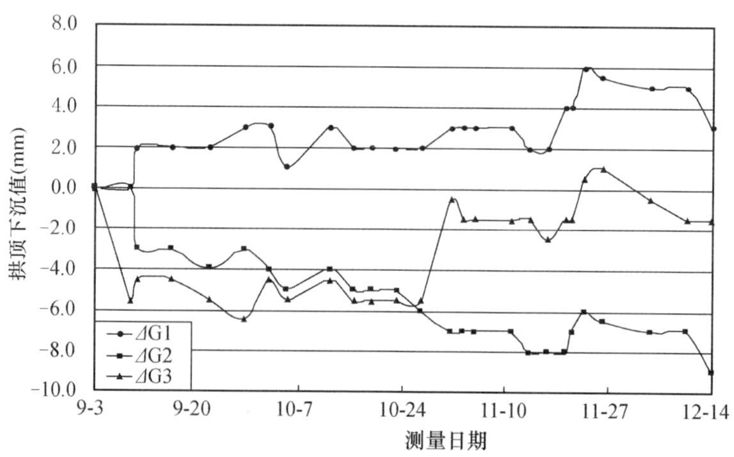


图4-33 梅沙隧道右线出口YK163+440拱顶下沉曲线(Ⅲ级)

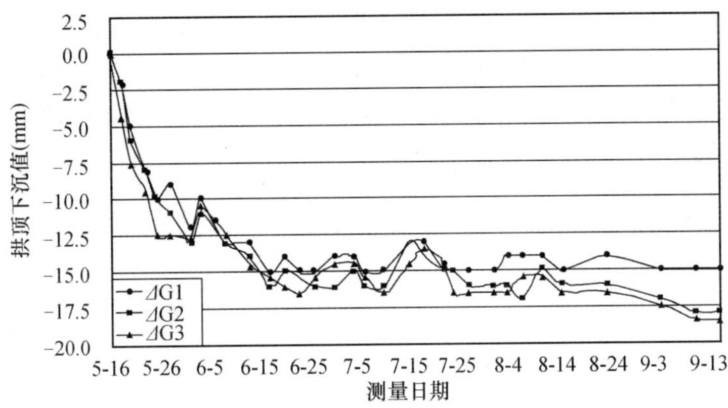


图 4-34 那沙岭隧道左线出口 ZK123 + 760 拱顶下沉曲线（Ⅳ级）

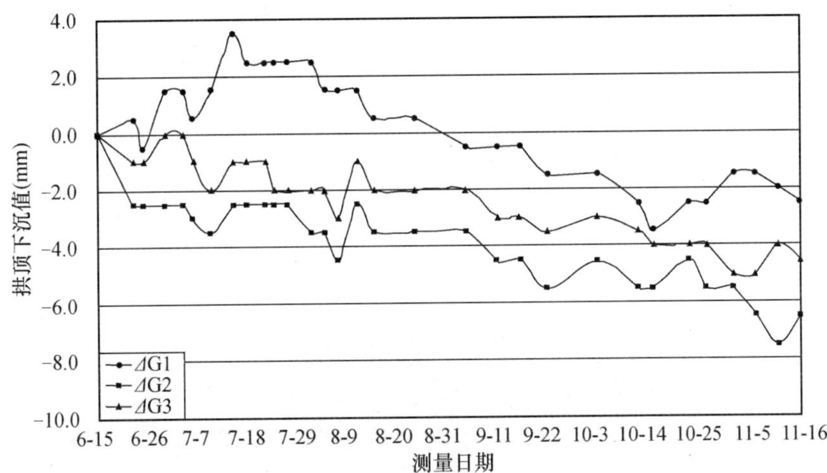


图 4-35 那沙岭隧道右线出口 YK123 + 760 拱顶下沉曲线（Ⅳ级）

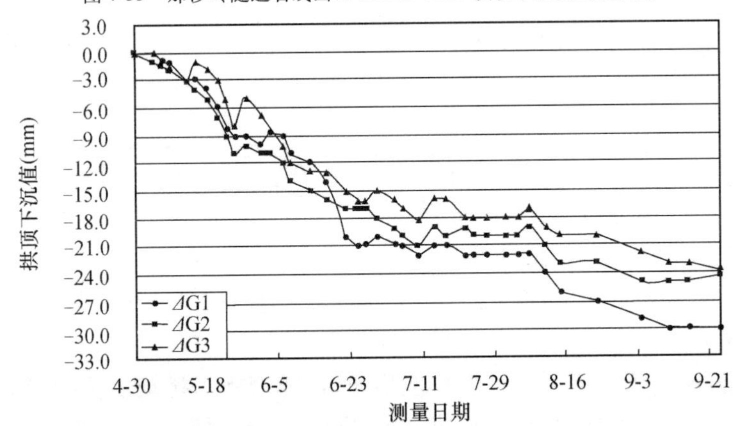


图 4-36 石竹坪隧道左线出口 ZK130 + 380 拱顶下沉曲线（Ⅴ级）

测点断面正好位于右线浅埋段Ⅴ级围岩处，右线拱顶下沉变形时间比左线的15d要长得多，达30d左右，这是由于右线围岩岩性变化较大，岩体完整性比左线差，所以导致初期支护施工后围岩仍在蠕动。由于个别断面受降雨、施工及爆破的影响，拱顶下沉曲线有一定波动。总体上，梅沙隧道拱顶下沉大约经过40d后沉降基本稳定，说明围岩是稳定的。从拱顶下沉量测数据来看，左线拱顶下沉变形小于右线，围岩级别决定拱顶变形量的大小，围岩级别越高，变形就越小。

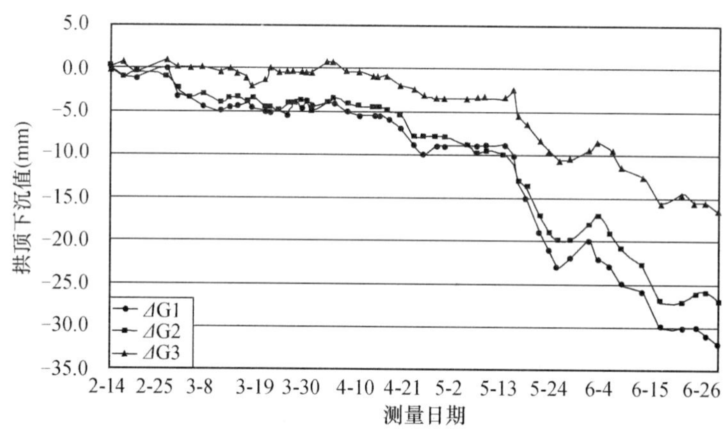


图4-37 石竹坪隧道右线出口YK130+380拱顶下沉曲线(Ⅴ级)

## 4.4 基于监测曲线的隧道塌方预警方法

随着新奥法施工技术的广泛应用，超前地质预报和工程监测以及施工反馈技术相结合，使得隧道塌方预警系统逐渐发展成为一个完善的系统。在江西武吉高速隧道监控量测过程中，采集了大量的工程监测数据，同时也对应用监测曲线判断隧道塌方形成了一整套的分析方法。

### 4.4.1 监测曲线类型分析

对现场采集到的收敛、下沉等监测数据进行综合分析处理，可将隧道监测曲线大致分为以下几种类型。

1)“正常型”位移—时间曲线

“正常型”位移—时间曲线，即位移量随时间的增长呈持续增加趋势。对拱顶下沉和周边收敛而言，“正常型”位移—时间曲线在量测初期，位移随时间增长速度较快，之后渐渐趋于平稳。而对边坡位移而言，随着施工扰动的持续，其位移量往往呈长时间持续增长趋势，其增长速度经常还会出现逐渐变大的趋势。对此类型的曲线(图4-38)进行分析时，可采用曲线拟合分析方法，根据规范作出二次衬砌合理支护时间的判断。

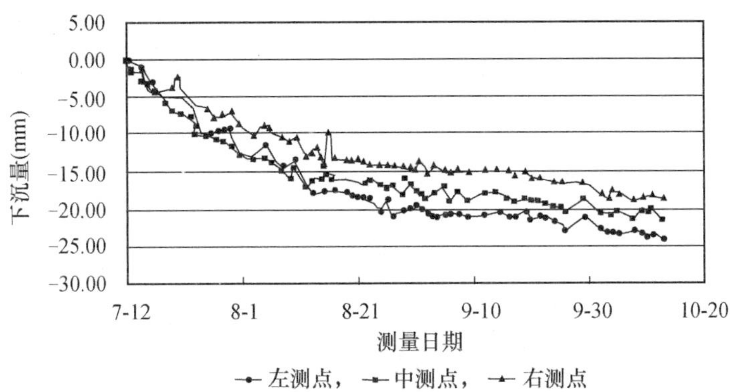


图4-38　某断面初次衬砌收敛测值与时间关系曲线——“正常型”曲线

2）“非正常型”位移—时间曲线

事实上，在现场的监控量测中，“正常型”位移—时间曲线只占量测结果的一部分，很多量测曲线受施工及其他因素的影响，会出现跳跃、突变等“非正常型”形式，“非正常型”又可分为以下几种形式。

①“反复型”位移—时间曲线

“反复型”位移—时间曲线，即量测结果随时间的增长呈上下起伏变化，不易找到明显的变化规律或趋势，一般量值较小，受随机性影响而致，如图4-39所示。

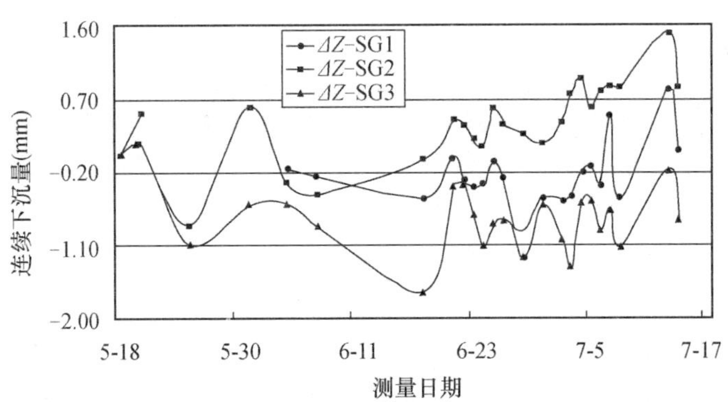


图4-39　某断面初次衬砌拱顶下沉与时间关系曲线——“跳跃型”曲线

②“突变型”位移—时间曲线

“突变型”位移—时间曲线，即测值在某一时段出现急剧增大或减小，见图4-40。此种情况的发生，一般是因为施工的急剧扰动，或因衬砌结构局部的破坏失稳而产生。

3）“直线型”位移—时间曲线

“直线型”位移—时间曲线，即测值的变化速率基本保持不变，见图4-41。此种情况，一般出现在围岩较好的硬岩地区，一般总体变形量较小。

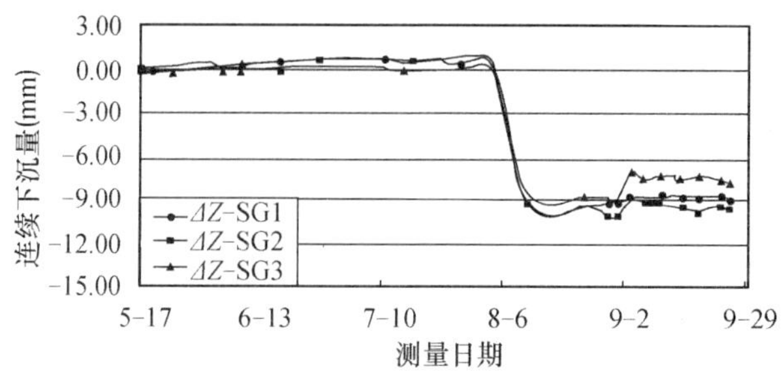


图 4-40　某断面初次衬砌拱顶下沉与时间关系曲线——“突变型”曲线

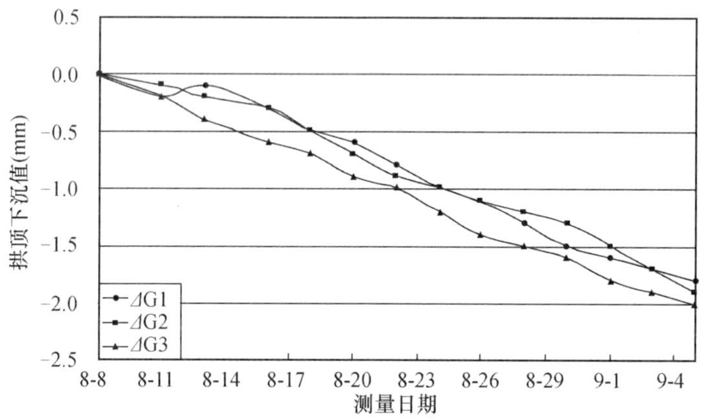


图 4-41　某断面初次衬砌拱顶下沉与时间关系曲线——“直线型”曲线

4）“反常型”位移—时间曲线

“反常型”位移—时间曲线，即出现收敛值增大（衬砌或围岩不是向洞内方向收敛，而是向围岩方向挤压，测线测值呈增大趋势），或拱顶下沉测点的测值不是下沉，而是上升，如图 4-42 所示。

“反常型”位移—时间曲线又可以细分为三种，分别为：全部上扬，一测点上扬、两测点下沉，一测点下沉、两测点上扬。

现场监测的位移—时间曲线可能会出现各种各样的情况，上面仅根据参与量测项目所遇情况进行了一定归纳。以下所述是在“非正常型”情况下的一些经验分析处理方法。

（1）当出现“非正常型”曲线的时候，首先应该检验收敛测点（如挂钩）是否因施工或爆破破坏产生变形。一般来说，布设挂钩时应考虑尽量少受施工或者爆破影响（如采用在支护上掏孔的方式），并做出明显标记。此外，量测温度、挂钩上黏有喷射混凝土等异物等都会直接影响收敛测值。

(2)对怀疑的异常测值应重复观测3次以上,确保量测数据准确无误。

(3)对于"跳跃型"位移—时间曲线,只要其跳跃幅值在一定范围内,一般属正常波动。但是,其幅值的范围较难确定,前文已提到,不同开挖方法会造成测值的波动,而且不同围岩在经历不同时间后的波动也显现出不同特点。尤其值得注意的是,波动幅值并不一定随时间的增长而呈下降趋势。

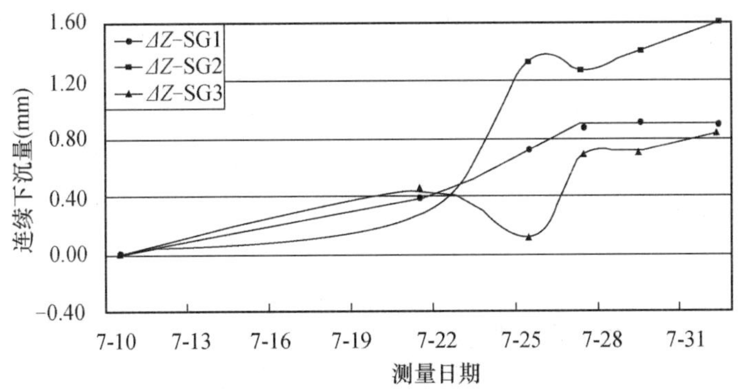


图4-42 某断面初次衬砌拱顶下沉与时间关系曲线——"反常型"曲线

(4)"突变型"位移—时间曲线应是值得注意的一类曲线,当出现测值突变时,若排除测点被扰动过或者读数错误的原因,则可能是围岩或者衬砌的局部急剧变形,此时往往是塌方的征兆。但是,尚不能急于作出塌方警报或出现险情的结论。应首先查看该量测断面附近衬砌表面是否已出现裂缝,若已出现,应注意其发生范围、宽度、特点,必要时可安设测缝仪进行裂缝宽度监测,同时在附近加密收敛和拱顶下沉的量测断面,加大观测密度继续观测,并综合各项量测结果判断是否有必要加固处理。通常,在分析此类曲线时,应侧重"时间"和"空间"上的对比、综合分析,并遵循以下原则:

①非单点原则,即结构和岩土体的变形破坏不会仅局限于孤立的点,而是有一定的范围。所以,在异常值分析时,与相临点观测值的比较是必要的,若是孤立的异常,则多属差错异常。

②累进性原则,即结构和岩土体的变形破坏通常有一个发生、发展的过程,其相应的多表现出渐进性和累进性。如是突然、偶然的大异常,则差错引起的可能性较大。

③规律性原则,即反映结构和岩土体变形破坏的响应量的变化通常遵循一定的规律,若是矢量,还应保持一定的方向性。对于忽大、忽小,方向零乱的异常值,通常不指示失稳征兆。

④合理性原则,即在一定的边界条件、一定的组成结构和环境条件下,结构及岩土体的响应形式,尤其是矢量的方向具有一定的规律,当异常与这些规律相悖

时，应注意排除误差异常的可能情况。

⑤无因果原则，即响应量与原因量之间通常存在某种因果关系，若原因量发生变化，如荷载在增长、边界条件和环境因素正在变化，则响应量的规律性变化不应视为异常，否则应进一步区分异常的性质。

⑥可视性原则，若测值异常的测点位于刚性结构物上，如整体混凝土的表面、经喷锚或浆砌块石支护的边坡上，则目视巡查时也应该发现相应的异常，如边坡裂缝等。

5)"反常型"位移—时间曲线经常在隧道衬砌受偏压的情况下发生，也是时常会出现的一类曲线。若"反常"曲线不急剧变化，一般无大碍，否则就需要采取专门削减偏压的措施。

### 4.4.2 监测曲线发展过程分析

1)隧道稳定变形曲线的三阶段

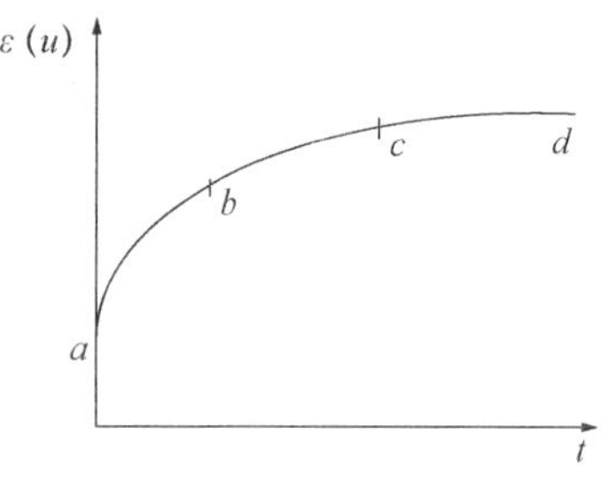

图 4-43 围岩变化三阶段

在隧道工程实践中，通过现场实测，根据围岩变形速率的不同，隧道围岩的稳定变形可分为下列三个阶段，如图 4-43 所示。

(1)急剧变形阶段

隧道开挖后，围岩变形的初始速率最大，以后逐渐降低，$\frac{\mathrm{d}u}{\mathrm{d}t}$ 呈下降趋势，变形与时间曲线呈下弯形。本阶段的变形量约为最终变形量的 60% ~ 70%，本阶段所持续的时间为急剧变形期。

(2)缓慢变形阶段

随着变形速率的递减，围岩的变形越来越小，当 $\frac{\mathrm{d}u}{\mathrm{d}t}$ 接近 0.1mm/d 时，围岩基本上处于稳定状态，这一阶段所持续的时间为缓慢变形期。

(3)基本稳定阶段

由于隧道围岩的日趋稳定，变形不再增加而变形速率接近于零，$\frac{\mathrm{d}u}{\mathrm{d}t} \approx 0$，此时隧道围岩基本稳定，这一阶段所经历的时间为基本稳定期。

通过对大量隧道监控量测数据的总结分析，得出初期支护时围岩变位速度大致经过三个阶段：急剧变位阶段、缓慢变位阶段和基本稳定阶段，一般需要 1 ~ 3 个月时间。

2)隧道塌方变形曲线的五阶段

通过对大量拱顶下沉曲线的综合分析，得出隧道拱顶下沉从发生变形到破坏共经历了五个阶段:初期沉降阶段、平稳发展阶段、过渡阶段、加速沉降阶段和破坏阶段,如图4-44所示。初期沉降阶段相当于图中的0~1段(①阶段),隧道开挖引起围岩扰动,围岩开始变形,此时拱顶沉降的速率较大,随着时间的增长,速率逐渐减小;平稳发展阶段相当于图中的1~2段(②阶段),此时围岩变形速率较小,但仍缓慢增长;过渡阶段相当于图中的2~3段(③阶段),由于施工等因素的影响,围岩变形由平稳发展过渡到缓慢增大,发展时间长短与围岩性质有很大关系,软弱围岩在此阶段持续时间较长,而脆性围岩则有可能在极短的时间内出现围岩失稳的现象;加速沉降阶段相当于图中的3~4段(④阶段),此时围岩位移变化速率较大,常常发生突变;破坏阶段(⑤阶段),当拱顶下沉量达到一定程度时,衬砌和围岩将发生坍塌破坏。

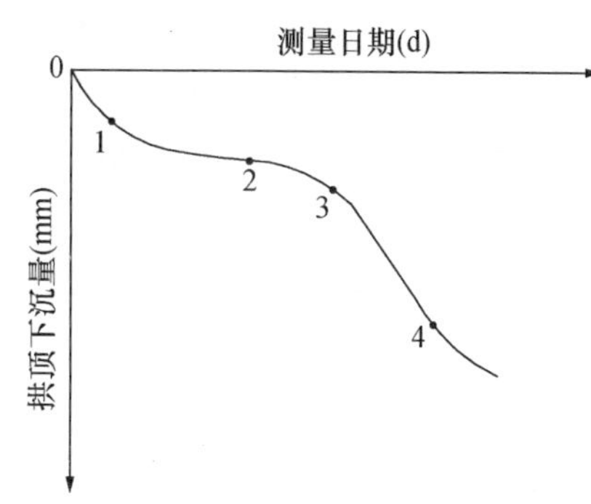


图4-44　拱顶下沉变化五阶段

总体来讲,①、②、③、④、⑤这五个阶段并不一定同时出现在一个监测断面的工程中,一般因围岩条件和现场实际施工情况等特定约束而出现如下不同的组合:

(1)①-③-④-⑤,柔性围岩,初期支护施工完毕后,因衬砌强度不足,拱顶测点变化持续发展,没有②阶段而直接发展直至最终破坏。

(2)①-⑤,脆性破碎围岩,此类围岩在变形初期即出现加速失稳。

(3)①-②-⑤,脆性破碎围岩,此时衬砌结构强度可以保证围岩稳定,但常常因施工异常而导致出现突变以至失稳,此时②阶段一般较短。

实际监测工程中,大多数表现为①-②组合,表现为围岩和衬砌结构共同受力,协调发展,最终衬砌和围岩共同趋于稳定。

### 4.4.3　基于监测曲线的隧道塌方预警判断方法

在前三节的基础上,可从曲线形态、曲线发展阶段、趋稳平台、判断指标归纳出基于监测曲线的隧道塌方判断体系。

(1)曲线形态

那沙岭监测曲线8个监测点中,正常型曲线有3条,反常型曲线中突变型曲线1条,直线型4条。Ⅳ级围岩变形曲线共5条,其中4条曲线为直线型,且洞周收敛总值皆小于0.04%;Ⅴ级围岩变形曲线共3条,其中1条为正常型,2条为突变型,洞周收敛总值处于0.1%~0.2%之间。这与《公路隧道施工技术规范》(JTG F60—2009)关于监控量测相关规定中的上限值接近,这说明在一定埋深下,洞周收敛总值不仅与围岩级别相关,同时与围岩硬度有极大关系。

(2)发展阶段

如前所述,隧道塌方监测曲线可以分为五个阶段,实际监测工程中,一般表现为第一阶段过渡到第二阶段,测线逐渐趋于收敛。那沙岭8个监测点中,6个监测点经历了第一阶段与第二阶段后趋于稳定,2个监测点经历四个阶段后趋于稳定。Ⅳ级围岩变形曲线共5条,全部由第一阶段过渡到第二阶段后趋向于收敛;Ⅴ级围岩变形曲线共3条,其中1条由第一阶段过渡到第二阶段后趋向于收敛,另2条经历四个阶段后趋于稳定。第一阶段最大洞周收敛值约占整个收敛总值的40% ~50%、第二阶段最大洞周收敛值约占收敛总值的60% ~65%,第三阶段变形量极小,第四阶段最大洞周收敛值约占收敛总值的80% ~85%,第五阶段最大洞周收敛值即为收敛总值。围岩监测曲线在五个阶段的最大洞周收敛值不断增大,正常型曲线最大收敛速率按阶段逐渐减小,突变型曲线在第四阶段、第五阶段的最大收敛速率会增大。

(3)趋稳阶段

在第一阶段向第二阶段及第二阶段向第三阶段过渡过程中,均会出现一个趋稳阶段,可以称之为第一趋稳阶段和第二趋稳阶段。第一趋稳阶段和第二趋稳阶段的共同特征,是洞周收敛变化值很小,而变化加速度都很大。而第一趋稳阶段和第二趋稳阶段的区别是,第一趋稳阶段是暂时的,而第二趋稳阶段相对较稳定,它的产生有重要意义,标志着围岩进入了相对稳定的阶段,而它的破坏也标志着收敛曲线发展到第四阶段,此时的变形一般以突变形式体现,是塌方的第一级预兆。第一趋稳阶段和第二趋稳阶段的产生,是判断洞周收敛进入第二阶段和第三阶段的标志。而进入第一趋稳阶段和第二趋稳阶段的标志,是此时会有最大的正值收敛加速度,同时收敛速度也趋近于零。

(4)判断指标

①第一、第二趋稳阶段特征及判断指标

如前所述,进入第一趋稳阶段和第二趋稳阶段的特征,是此时出现最大或较大的正值收敛加速度,同时收敛速度也趋近于零。根据那沙岭隧道的洞周收敛监测数据,整理出那沙岭隧道各监测点在第一趋稳阶段与第二趋稳阶段的稳定天数、最大收敛速率及最大收敛加速度,如表4-5、表4-6所示。

分析表中数据可以得出Ⅳ级围岩、Ⅴ级围岩的洞周收敛曲线在第一趋稳阶段或第二趋稳阶段的稳定天数及最大负值收敛速率,并可以此作为判断指标对Ⅳ级围岩、Ⅴ级围岩的洞周收敛曲线是否进入第一趋稳阶段或第二趋稳阶段进行判断。

Ⅳ级围岩第一趋稳阶段的稳定天数在10d左右,最大负值收敛速率小于第一阶段最大收敛速率的1/20,或接近 -0.01mm/d,同时最大收敛加速度为局部最大正值;Ⅴ级围岩第一趋稳阶段的稳定天数在5d左右,最大负值收敛速率小于第一阶段最大收敛速率的 1/20,或接近 -0.2mm/d,同时最大收敛加速度为局部最大正值。

**那沙岭隧道洞周收敛第一趋稳阶段各测点最大值** 表 4-5

| 隧道名称 | 发展阶段 | 围岩级别 | 量测断面 | 稳定天数(d) | 最大收敛速率(mm/d) | 最大收敛加速度($mm/d^2$) |
|---|---|---|---|---|---|---|
| 那沙岭隧道 | 第一趋稳阶段 | Ⅳ | ZK123 +760 | 7 | -0.01 | 0.17 |
| | | | ZK123 +800 | 7 | -0.01 | 0.13 |
| | | | ZK123 +850 | 11 | -0.01 | 0.06 |
| | | | YK123 +800 | 14 | -0.002 5 | 0.053 |
| | | | YK123 +850 | 12 | -0.02 | 0.44 |
| | | Ⅴ | YK123 +940 | 5 | -0.18 | 2.25 |
| | | | ZK123 +920 | 4 | -0.2 | 2.40 |
| | | | ZK123 +940 | 7 | -0.05 | 0.90 |

**那沙岭隧道洞周收敛第二趋稳阶段各测点最大值** 表 4-6

| 隧道名称 | 发展阶段 | 围岩级别 | 量测断面 | 稳定天数(d) | 最大负值收敛速率(mm/d) | 最大负值收敛加速度($mm/d^2$) |
|---|---|---|---|---|---|---|
| 那沙岭隧道 | 第二趋稳阶段 | Ⅳ | ZK123 +760 | 34 | -0.01 | -0.05 |
| | | Ⅴ | YK123 +940 | 30 | -0.033 | -0.165 |
| | | | ZK123 +920 | 120 | -0.14 | -0.10 |
| | | | ZK123 +940 | 8 | -0.36 | -0.35 |

第二趋稳阶段的总体特征,是最大负值收敛速度和最大负值收敛加速度都较小,围岩洞周收敛变形很小。其中,Ⅳ级围岩最大负值收敛速率小于第一阶段最大收敛速率的 1/20,或接近 -0.01mm/d,同时洞周收敛相对值日变化值小于 -0.000 01;Ⅴ级最大负值收敛速率小于第一阶段最大收敛速率的 1/20,或接近 -0.2mm/d,同时洞周收敛相对值日变化值小于 -0.000 05。对于正常型曲线,第二趋稳阶段稳定天数很长(30d 以上),但对于突变型曲线,第二趋稳阶段相对短暂(一般小于 15d),这往往是出现塌方的第一级征兆。

②各阶段围岩预警判断指标

在实际工程中,脆性围岩破坏方式可能从第一阶段或经历第一、第二阶段直接进入第五阶段。而柔性围岩破坏过程中,第二阶段可能表现的不是很明显。所以,脆性围岩可能发生破坏的阶段为第一阶段及第五阶段,而柔性围岩可能发生破坏的阶段一般为第五阶段。

根据那沙岭隧道的洞周收敛监测数据,整理出那沙岭隧道各监测点在第一阶段的洞周收敛相对值、最大收敛速率及最大收敛加速度，如表4-7所示。

**那沙岭隧道洞周收敛第一阶段各测点最大值** 表4-7

| 隧道名称 | 发展阶段 | 围岩级别 | 量测断面 | 洞周收敛相对值(%) | 最大收敛速率(mm/d) | 最大收敛加速度($mm/d^2$) |
|---|---|---|---|---|---|---|
| 那沙岭隧道 | 第一阶段 | Ⅳ | ZK123+760 | 0.026 74 | -0.61 | -0.61 |
| | | | ZK123+800 | 0.018 80 | -0.11 | -0.11 |
| | | | ZK123+850 | 0.018 58 | -0.30 | -0.36 |
| | | | YK123+800 | 0.012 03 | -0.1 | -0.126 |
| | | | YK123+850 | 0.030 41 | -0.44 | -0.42 |
| | | Ⅴ | YK123+940 | 0.051 25 | -2.26 | -1.52 |
| | | | ZK123+920 | 0.154 90 | -1.87 | -1.91 |
| | | | ZK123+940 | 0.059 37 | -0.87 | -0.55 |

根据那沙岭隧道的洞周收敛监测数据，整理出那沙岭隧道各监测点在第二阶段的洞周收敛相对值、最大收敛速率及最大收敛加速度，如表4-8所示。

**那沙岭隧道洞周收敛第二阶段各测点最大值** 表4-8

| 隧道名称 | 发展阶段 | 围岩级别 | 量测断面 | 洞周收敛相对值(%) | 最大收敛速率(mm/d) | 最大收敛加速度($mm/d^2$) |
|---|---|---|---|---|---|---|
| 那沙岭隧道 | 第二阶段 | Ⅳ | ZK123+760 | 0.038 41 | -0.13 | 0.17 |
| | | | ZK123+800 | 0.020 54 | -0.04 | 0.13 |
| | | | ZK123+850 | 0.032 29 | -0.07 | 0.06 |
| | | | YK123+800 | 0.017 20 | -0.065 | 0.053 |
| | | | YK123+850 | 0.039 95 | -0.06 | 0.44 |
| | | Ⅴ | YK123+940 | 0.078 65 | -0.84 | 2.25 |
| | | | ZK123+920 | 0.171 50 | -0.82 | 2.40 |
| | | | ZK123+940 | 0.181 91 | -1.73 | 0.90 |

分析表4-8中数据，初步得出Ⅳ级围岩、Ⅴ级围岩的洞周收敛曲线在第二阶段的预警指标如表4-9所示。

**那沙岭隧道洞周收敛第二阶段初步警戒值** 表4-9

| 隧道名称 | 发展阶段 | 围岩级别 | 洞周收敛相对值(%) | 最大收敛速率(mm/d) | 最大收敛加速度($mm/d^2$) |
|---|---|---|---|---|---|
| 那沙岭隧道 | 第一阶段 | Ⅳ | 0.05 | -1 | -1.0 |
| | | Ⅴ | 0.16 | -3 | -3.0 |

根据那沙岭隧道的洞周收敛监测数据，整理出那沙岭隧道各监测点在第三阶

段的洞周收敛相对值、最大收敛速率及最大收敛加速度，如表 4-10 所示。

**那沙岭隧道洞周收敛第三阶段各测点最大值** 表 4-10

| 隧道名称 | 发展阶段 | 围岩级别 | 量测断面 | 洞周收敛相对值(%) | 最大收敛速率(mm/d) | 最大收敛加速度($mm/d^2$) |
|---|---|---|---|---|---|---|
| 那沙岭隧道 | 第三阶段 | Ⅳ | ZK123 +760 | 0.040 07 | 0.03 | -0.05 |
| | | Ⅴ | YK123 +940 | 0.079 58 | -0.033 | -0.165 |
| | | | ZK123 +920 | 0.184 69 | -0.14 | 0.44 |
| | | | ZK123 +940 | 0.181 94 | 0.13 | 1.10 |

在第三阶段，围岩为相对稳定状态，一般不会产生塌方，Ⅳ级围岩洞周收敛相对值日变化值小于 -0.000 05，Ⅴ级围岩洞周收敛相对值日变化值小于 -0.000 1。

根据那沙岭隧道的洞周收敛监测数据，整理出那沙岭隧道各监测点在第四阶段的洞周收敛相对值、最大收敛速率及最大收敛加速度，如表 4-11 所示。

**那沙岭隧道洞周收敛第四阶段各测点最大值** 表 4-11

| 隧道名称 | 发展阶段 | 围岩级别 | 量测断面 | 洞周收敛相对值(%) | 最大收敛速率(mm/d) | 最大收敛加速度($mm/d^2$) |
|---|---|---|---|---|---|---|
| 那沙岭隧道 | 第四阶段 | Ⅴ | YK123 +940 | 0.087 80 | -0.505 | -0.485 |
| | | | ZK123 +940 | 0.184 10 | -0.77 | -0.41 |

根据那沙岭隧道的洞周收敛监测数据，整理出那沙岭隧道各监测点在第五趋稳阶段的洞周收敛相对值、最大收敛速率及最大收敛加速度，如表 4-12 所示。

**那沙岭隧道洞周收敛第五阶段各测点最大值** 表 4-12

| 隧道名称 | 发展阶段 | 围岩级别 | 量测断面 | 洞周收敛相对值(%) | 最大收敛速率(mm/d) | 最大收敛加速度($mm/d^2$) |
|---|---|---|---|---|---|---|
| 那沙岭隧道 | 第五阶段 | Ⅴ | YK123 +940 | 0.095 30 | -0.067 | 0.477 |
| | | | ZK123 +940 | 0.192 49 | 0.27 | 0.63 |

分析表 4-12 中数据并结合第 4 章内容综合考虑，得出Ⅳ级围岩、Ⅴ级围岩的洞周收敛曲线在第五阶段的预警指标如表 4-13 所示。

**那沙岭隧道洞周收敛第五阶段初步警戒值** 表 4-13

| 隧道名称 | 发展阶段 | 围岩级别 | 洞周收敛相对值(%) | 最大收敛速率(mm/d) | 最大收敛加速度($mm/d^2$) |
|---|---|---|---|---|---|
| 那沙岭隧道 | 第五阶段 | Ⅳ | 0.10 | -1 | -1.0 |
| | | Ⅴ | 0.20 | -3 | -3.0 |

# 5 九岭山特长隧道通风防灾技术

## 5.1 工程概况

九岭山隧道位于江西省铜鼓县与宜丰县交界处，地处中亚热带季风气候区，四季分明，春、秋季短而夏、冬季长，春季阴冷多雨，偶有桃花汛；夏季高温多雨，间有台风影响；秋季风和日丽，秋高气爽；冬季湿冷，多偏北大风。由于季风进退迟早和强弱程度不同，地形起伏、垂直高度相差悬殊，气候因子时空分布不均等，使气候呈多样性，天气变化大。宜春气象站统计的详细气象资料见表5-1。

隧道所在地区气象参数表　　表5-1

| 项　目 | 单　位 | 数　量 | 备　注 |
|---|---|---|---|
| 多年平均气温 | ℃ | 16.2～17.7 | |
| 历年最高月平均气温 | ℃ | 27.3～29.6 | 7月份 |
| 历年最低月平均气温 | ℃ | 4.6～5.3 | 1月份 |
| 极端最高气温 | ℃ | 41.6 | 1953年8月16日 |
| 极端最低气温 | ℃ | -15.8 | 1991年12月29日 |
| 多年平均降水量 | mm | 1 624.9 | |
| 多年平均雨日 | d | 167.7 | 日降水量≥0.1mm的天数 |
| 全市年平均日照 | h | 1 737.1 | |
| 多年平均相对湿度 | % | 83 | |

隧道区域地形复杂，山岭险峻，峰峦叠嶂，隧道中间段最大埋深超过880m。九岭山隧道为上下行分离的双洞隧道，按双向四车道设计，设计行车速度为100km/h。道路等级为高速公路，双向4车道；计算行车速度 $v_t = 100\text{km/h}$；空气密度 $\rho = 1.12\text{kg/m}^3$；隧道断面积 $A_r = 68.3\text{m}^2$；隧道当量直径 $D_r = 8.45\text{m}$。隧道内设计行车速度为80km/h，隧道区域夏季平均温度为28.6℃，气压为90.6kPa。

九岭山隧道具有以下特点：

(1)隧道长。其左线隧道长5 473m，右线隧道长5 438m，为江西省目前最长的公路隧道。

(2)隧道进出口海拔高差大。隧道进口海拔高程为370.00m，出口位置海拔高程为280m，相差90m。

(3)坡度大。左右线隧道均为单向坡,纵坡均为1.70%。左线为上行线,在正常工况下,大坡度、长上坡要求具备庞大的通风系统装机功率。右线为下行线,大坡度、长下坡,对行车安全构成威胁,当发生火灾时,对烟雾的流动影响较大。

对于这样的特长公路隧道,其通风防灾问题亟待解决。

## 5.2 交通组成和工况分析

(1)预测交通量及交通组成

九岭山隧道所在路段交通量预测结果见表5-2,各年份的隧道交通组成见表5-3,高峰小时的交通组成见表5-4。

**九岭山隧道所在路段交通量预测结果**(单位:辆/日)　　表5-2

| 设计年限 | 2020年 | 2029年 |
|---|---|---|
| 预测交通量 | 20 014 | 33 899 |

**九岭山隧道各年份车种结构比**(标准车,单位:%)　　表5-3

| 项目 | 小客 | 小货 | 中货 | 大客 | 大货 | 拖挂 | 小计 |
|---|---|---|---|---|---|---|---|
| 2020年 | 31.39 | 17.33 | 22.98 | 8.81 | 12.35 | 7.14 | 100 |
| 2029年 | 28.36 | 15.54 | 25.61 | 10.47 | 10.27 | 9.75 | 100 |

**九岭山隧道各年份高峰小时车种结构比**(混合车,单位:%)　　表5-4

| 项目 | 小客 | 小货 | 中货 | 大客 | 大货 | 拖挂 | 小计 |
|---|---|---|---|---|---|---|---|
| 2020年 | 40.0 | 22.1 | 19.5 | 7.5 | 7.9 | 3.0 | 100 |
| 2029年 | 37.1 | 20.4 | 22.4 | 9.1 | 6.7 | 4.3 | 100 |

(2)高峰小时交通量与柴汽比分析

九岭山隧道所在路段高峰小时交通量与年平均昼夜交通量的比例为12%,近远期取值相同,双向不平衡系数取0.56。即有:

近期2020年,$N_r$ 为20 014×12%×56%=1 345(辆·小汽车/高峰小时)。

远期2029年,$N_r$ 为33 899×12%×56%=2 278(辆·小汽车/高峰小时)。

结合表5-2、表5-3,得到混合车型高峰小时交通量,见表5-5。

**混合车型高峰小时交通量分车型构成表**(单位:辆/h)　　表5-5

| 年份 | 小客 | 小货 | 中货 | 大客 | 大货 | 拖挂 | 小计 |
|---|---|---|---|---|---|---|---|
| 2020年 | 422 | 233 | 206 | 79 | 83 | 32 | 1 055 |
| 2030年 | 646 | 354 | 389 | 159 | 117 | 74 | 1 739 |

(3)交通阻滞工况

九岭山隧道左、右洞分别长达5 473m和5 433m,并配备有完善的监控设施,以30~100km/h的设计车速作为正常运营工况;以平均车速10km/h和20km/h、阻滞段的计算长度不宜大于1km作为阻滞工况;其余各种日常运营的不利工况,通过监控等措施来完成交通控制,有效控制通风系统总容量。

## 5.3 隧道需风量计算

### 5.3.1 稀释CO的需风量

(1)隧道全长CO排放量

隧道全长CO排放量按式(5-1)计算:

$$Q_{CO}=\frac{1}{3.6\times10^{6}}\cdot q_{CO}\cdot f_{a}\cdot f_{d}\cdot f_{h}\cdot f_{IV}\cdot L\cdot\sum_{m=1}^{n}(N_{m}\cdot f_{m}) \tag{5-1}$$

式中:$Q_{CO}$——隧道全长CO排放量,$m^3/s$;

$q_{CO}$——CO基准排放量,$m^3/$(辆·km);

$f_a$——考虑CO的车况系数;

$f_d$——车密度系数;

$f_h$——考虑CO的海拔高度系数;

$f_{IV}$——考虑CO的纵坡—车速系数;

$L$——隧道全长,m;

$f_m$——考虑CO的车型系数;

$N_m$——相应车型的设计交通量,辆/h;

式(5-1)中,各参数取值为:

对于$q_{CO}$,按《公路隧道通风照明设计规范》(JTJ 026.1—1999)CO基准排放量年递减2.5%计算取值。

对于$f_a$,根据《公路隧道通风照明设计规范》(JTJ 026.1—1999)表3.4.2-1,有:$f_a=1.0$。

对于$f_h$,根据《公路隧道通风照明设计规范》(JTJ 026.1—1999)图3.4.2,有:$f_{h左}=f_{h右}=1.0$。

对于$f_{IV}$,根据《公路隧道通风照明设计规范》(JTJ 026.1—1999)表3.4.2-4,根据纵坡用内插法进行计算取值。

对于$f_d$,根据《公路隧道通风照明设计规范》(JTJ 026.1—1999)表3.4.2-2,得表5-6。

**车密度系数$f_d$** 表5-6

| 工况车速(m/s) | 100 | 80 | 60 | 40 | 30 | 20 | 10 | 备注 |
|---|---|---|---|---|---|---|---|---|
| $f_d$ | 0.6 | 0.75 | 1.0 | 1.5 | 2.0 | 3.0 | 6.0 | 左、右洞相同 |

对于$f_m$，根据《公路隧道通风照明设计规范》(JTJ 026.1—1999)表3.4.2-3，得表5-7。

**考虑CO的车型系数$f_m$** 表5-7

| 车型 | 各种柴油车 | 汽油车 | | | |
|---|---|---|---|---|---|
| | | 小型客车 | 轻型货车、旅行车 | 中型货车 | 大型客车 |
| $f_m$ | 1.0 | 1.0 | 2.5 | 5.0 | 7.0 |

对于$N_m$，各工况均按表5-5中"混合车型"对应各型车的高峰小时交通量取值。

对于$L$，左洞$L_{左}=5\ 473\text{m}$，右洞$L_{右}=5\ 438\text{m}$。

将上述各值分别代入式(5-1)，得隧道全长CO排放量，见表5-8。

**隧道全长CO排放量**(单位：$\text{m}^3/\text{s}$) 表5-8

| 设计年限车速(km/h) | 2020年 | | 2029年 | |
|---|---|---|---|---|
| | 左洞 | 右洞 | 左洞 | 右洞 |
| 30 | 0.025 6 | 0.020 3 | 0.035 3 | 0.028 0 |
| 40 | 0.019 2 | 0.019 0 | 0.026 5 | 0.026 3 |
| 50 | 0.015 3 | 0.015 2 | 0.021 2 | 0.021 0 |
| 60 | 0.012 8 | 0.012 7 | 0.017 6 | 0.017 5 |
| 70 | 0.011 9 | 0.011 9 | 0.016 5 | 0.016 4 |
| 80 | 0.012 0 | 0.010 5 | 0.016 6 | 0.014 5 |
| 100 | 0.010 7 | 0.009 1 | 0.014 8 | 0.012 6 |

(2)稀释CO的需风量

稀释CO的需风量按式(5-2)计算：

$$Q_{\text{req(CO)}}=\frac{Q_{\text{CO}}}{\delta}\cdot\frac{p_o}{p}\cdot\frac{T}{T_o}\times10^6 \tag{5-2}$$

式中：$Q_{\text{req(CO)}}$——隧道全长稀释CO的需风量，$\text{m}^3/\text{s}$；

$\delta$——CO设计浓度，$\text{cm}^3/\text{m}^3$；

$p_o$——标准大气压，取值$1.013\ 25\times10^5\text{N/m}^2$；

$p$——隧址平均海拔高度大气压，$\text{N/m}^2$；

$T_o$——标准气温，取值273K；

$T$——隧道洞内的设计气温，K。

式(5-2)中,各参数取值为:

对于 $Q_{CO}$,按表 5-8 取值;

对于 $\delta$,按表 5-9 取值;

对于 $T$,取隧道内平均气温 $t=27℃$,则 $T=300K$;

对于 $p$,取隧道平均海拔高程气压。

**隧道不通工况下的通风标准** 表 5-9

| 项 目 | 单 位 | 行车速度(km/h) | | | | | | |
|---|---|---|---|---|---|---|---|---|
| | | 100 | 80 | 70 | 60 | 40 | 30 | 阻滞工况 |
| $\delta$ | $cm^3/m^3$ | 250 | 250 | 250 | 250 | 250 | 250 | 300 |
| K | $m^{-1}$ | 0.006 5 | 0.007 0 | 0.007 0 | 0.007 5 | 0.009 0 | 0.009 0 | 0.009 5 |
| 换气次数 $n$ | 次 | 3 | | | | | | |

将上述各值分别代入式(5-2),得到隧道全长稀释 CO 的需风量 $Q_{req(CO)}$,见表 5-10。

**隧道全长稀释 CO 的计算需风量 $Q_{req(CO)}$**(单位:$m^3/s$) 表 5-10

| 设计年限车速(km/h) | 2020 年 | | 2029 年 | |
|---|---|---|---|---|
| | 左洞 | 右洞 | 左洞 | 右洞 |
| 30 | 120.523 | 95.802 | 166.350 | 132.229 |
| 40 | 90.392 | 89.814 | 124.763 | 123.965 |
| 50 | 72.314 | 71.851 | 99.810 | 99.172 |
| 60 | 60.261 | 59.876 | 83.175 | 82.643 |
| 70 | 56.344 | 55.984 | 77.769 | 77.272 |
| 80 | 56.676 | 49.398 | 78.226 | 68.181 |
| 100 | 50.620 | 43.111 | 69.867 | 59.503 |

## 5.3.2 稀释烟雾的需风量

(1)隧道全长烟雾排放量

隧道全长烟雾排放量按式(5-3)计算:

$$Q_{VI}=\frac{1}{3.6\times10^{6}}\cdot q_{VI}\cdot f_{a(VI)}\cdot f_{d}\cdot f_{h(VI)}\cdot f_{IV(VI)}\cdot L\cdot\sum_{m=1}^{n_D}(N_m\cdot f_{m(VI)}) \quad (5\text{-}3)$$

式中:$Q_{VI}$——隧道全长烟雾排放量,$m^2/s$;

$q_{VI}$——烟雾基准排放量,$m^2/$(辆·km);

$f_{a(VI)}$——考虑烟雾的车况系数;

$f_{h(VI)}$——考虑烟雾的海拔高度系数;

$f_{\mathrm{IV(VI)}}$——考虑烟雾的纵坡—车速系数；

$f_{\mathrm{m(VI)}}$——考虑烟雾的车型系数；

$n_{\mathrm{D}}$——柴油车车型类别数,辆/h。

式(5-3)中,各参数取值为：

对于 $q_{\mathrm{VI}}$,按《公路隧道通风照明设计规范》(JTJ 026.1—1999)烟雾基准排放量年递减2.5%计算取值；

对于 $f_{\mathrm{a(VI)}}$,根据《公路隧道通风照明设计规范》(JTJ 026.1—1999)表2.4.4-1,$f_{\mathrm{a(VI)}}=1.0$；

对于 $f_{\mathrm{h(VI)}}$,根据《公路隧道通风照明设计规范》(JTJ 026.1—1999)图2.4.4,$f_{\mathrm{h(VI)左}}=f_{\mathrm{h(VI)右}}=1.0$；

对于 $f_{\mathrm{IV(VI)}}$,根据《公路隧道通风照明设计规范》(JTJ 026.1—1999)表2.4.4-2,根据纵坡用内插法计算取值；

对于 $f_{\mathrm{d}}$,按表5-6取值；

对于 $f_{\mathrm{m(VI)}}$,根据《公路隧道通风照明设计规范》(JTJ 026.1—1999)表2.4.4-3取值；

对于 $n_{\mathrm{D}}$,各工况均按表5-5中“混合车型”对应各型车的高峰小时交通量取值；

对于 $L$,左洞 $L_{左}=5\ 473\mathrm{m}$,右洞 $L_{右}=5\ 438\mathrm{m}$。

将上述各值分别代入式(5-3),得到隧道全长烟雾排放量,见表5-11。

**隧道全长烟雾排放量 $Q_{\mathrm{VI}}$**(单位:$\mathrm{m^2/s}$)　　表5-11

| 设计年限车速(km/h) | 2020年 | | 2029年 | |
|---|---|---|---|---|
| | 左洞 | 右洞 | 左洞 | 右洞 |
| 30 | 2.043 0 | 1.034 5 | 3.029 9 | 1.534 2 |
| 40 | 1.981 6 | 0.871 0 | 2.938 9 | 1.291 8 |
| 50 | 2.327 8 | 0.714 4 | 3.452 3 | 1.059 5 |
| 60 | 1.939 9 | 0.595 3 | 2.877 0 | 0.882 9 |
| 70 | 2.488 8 | 0.570 3 | 3.691 0 | 0.845 8 |
| 80 | 2.730 8 | 0.503 2 | 4.049 9 | 0.746 3 |
| 100 | 1.986 0 | 0.366 0 | 2.945 4 | 0.542 8 |

(2)稀释烟雾的需风量

稀释烟雾的需风量按式(5-4)计算：

$$Q_{\mathrm{req(VI)}}=\frac{Q_{\mathrm{VI}}}{K} \tag{5-4}$$

式中:$Q_{\mathrm{req(VI)}}$——隧道全长稀释烟雾的需风量,$\mathrm{m^3/s}$；

$K$——烟雾设计浓度,$\mathrm{m^{-1}}$。

将 $Q_{VI}$、$K$ 值分别代入式(5-4)，得到隧道全长稀释烟雾的需风量，见表5-12。

隧道全长稀释烟雾的计算需风量 $Q_{req(VI)}$（单位：$m^3/s$） 表5-12

| 设计年限车速(km/h) | 2020年 | | 2029年 | |
|---|---|---|---|---|
| | 左洞 | 右洞 | 左洞 | 右洞 |
| 30 | 226.999 | 114.943 | 336.656 | 170.468 |
| 40 | 220.178 | 96.779 | 326.540 | 143.531 |
| 50 | 310.378 | 102.054 | 460.313 | 151.354 |
| 60 | 258.648 | 79.375 | 383.594 | 117.719 |
| 70 | 355.539 | 81.473 | 527.289 | 120.830 |
| 80 | 390.112 | 71.888 | 578.564 | 106.614 |
| 100 | 305.543 | 56.304 | 453.141 | 83.502 |

### 5.3.3 稀释空气中异味的需风量

稀释空气中异味的需风量，在交通量较小或特长隧道时，可采用每小时换气3~4次进行风量计算。鉴于九岭山隧道属特长隧道，这里取 $n=3$ 次。稀释空气中异味的需风量按式(5-5)计算：

$$Q_{req(异)} = \frac{A_r \cdot L \cdot n}{t} \tag{5-5}$$

式中：$Q_{req(异)}$——隧道全长稀释空气中异味的需风量，$m^3/s$；

$A_r$——隧道净空断面积，$68.3m^2$；

$L$——左洞 $L_{左}=5\ 473m$，右洞 $L_{右}=5\ 438m$；

$n$——隧道全长空间不间断换气频率，$n=3$；

$t$——时间，3 600s。

将上述各值分别代入式(5-5)，得到隧道全长稀释空气中异味的需风量为：

左洞 $Q_{req(异)}=313.5m^3/s$； 右洞 $Q_{req(异)}=309.5m^3/s$

各设计年限和交通工况均相同。

### 5.3.4 隧道内发生火灾时控制风速下的需风量

通风设计时必须考虑火灾对策，长度大于1 500m且交通量较大的隧道，应考虑排烟措施；火灾时排烟风速可按2~3m/s取值。九岭山隧道长约5 500m，洞内影响风流和风速大小的因素复杂，考虑火灾热源当量为20MW，为充分保证火灾时排烟需要，本研究取值 $v_r=3m/s$。隧道内发生火灾时控制风速下的需风量可按式(5-6)计算：

$$Q_{req(火)} = A_r \cdot v_r \tag{5-6}$$

代入 $A_r$、$v_r$ 值，有：$Q_{req(火)}=204.9m^3/s$。

左、右洞及各设计年限均相同。

### 5.3.5　隧道计算需风量 $Q_r$

经上述分析和计算，综合表 5-10、表 5-12 及 5.3.3 节 $Q_{req(异)}$ 值、5.3.4 节 $Q_{req(火)}$ 值可知，在设计年限近期(2020 年)，左洞以稀释空气中烟雾作为通风控制风量，右洞以稀释空气中异味的需风量作为通风控制风量；设计年限远期(2029 年)，左洞以稀释空气中烟雾作为通风控制风量，右洞以稀释空气中异味的需风量作为控制风量。隧道左、右洞计算需风量见表 5-13。

**九岭山隧道全长计算需风量**(单位：$m^3/s$)　　表 5-13

| 设计年限 | 左洞 | 右洞 |
|---|---|---|
| 2020 年 | 390.1 | 309.5 |
| 2029 年 | 578.6 | 309.5 |

## 5.4　通风方案比选

九岭山公路隧道左、右洞长度分别为 5 473m、5 438m。交通组成中，大型柴油车所占比例较大，隧道为 1.70% 的单向纵坡。通风方案不仅要考虑隧道地形、地质、交通特性、交通工况以及防火救灾，还要考虑长期运营的经济效益。具体原则如下所述。

(1)先期建设投资与后期营运费用并重的原则

国内外长大公路隧道的工程实践表明，通风的土建与设备费用约占整个隧道工程费用的 30%，隧道通风的装机容量与隧道需风量的 3 次方成正比。因此，在确定隧道通风方案时，不仅要考虑尽可能减少近期通风主体工程的费用和通风设备的投资，还要重视降低后期营运成本。

(2)近期、远期分期实施的原则

九岭山隧道的交通量预测分为近期、远期两个阶段，近期为 2020 年，远期为 2029 年。在研究通风方案时，除了土建工程一次完成外，通风设施将分期购置和安装，避免了一次设备投入费用过大，造成设备闲置情况的发生，又为结合未来实际汽车排放水平，进一步优化设备配置留有空间。

(3)正常运营和防灾救援相结合的原则

公路隧道通风方案除要满足交通正常运营通风要求外，还必须满足火灾发生时的通风需求，即把正常运营和火灾时的通风看作整个通风系统的两种不同工况，在通风方案中需要兼顾隧道防火区段的划分、横通道的设置、火灾时的风机控制、烟气的排出路径、横通道的开启与关闭、逃生通道的空气补给和避难洞室的新风需求等。

### 5.4.1 基本通风方式判定

(1)隧道通风的基本要求

①根据现行规范的规定,单向交通的隧道设计风速不宜大于10m/s,特殊情况可取12m/s;双向交通的隧道设计风速不应大于8m/s;人车混合通行的隧道设计风速不应大于7m/s。

②风机产生的噪声及隧道中废气的集中排放均应符合隧址区域环保的有关规定。

③确定的通风方式在交通条件等发生变化时,应具有较高的稳定性,并便于防灾时的气流组织。

④隧道内运营通风的主流方向不应频繁变化。

(2)选择通风方式应考虑的因素

公路隧道通风方式的选择应充分考虑各通风方式的特点,并根据隧道长度、平曲线半径、纵坡、海拔高程、交通条件、防灾、气象条件、环境条件、维护与管理水平、分期实施的可能性,经综合比较后选择较为安全、经济和营运维护方便的通风方式。

①隧道长度。隧道长度是影响隧道通风方式选择的最主要的因素之一。隧道长度越大,隧道内积聚的污染物就越多,隧道内发生事故和灾害造成的损失也越大,所以隧道越长,对通风的安全性和可靠性技术要求就越高。

②隧道交通条件。隧道交通条件包含两方面的内容,一是隧道为双洞单向交通还是单洞双向交通,即是否能够充分利用交通活塞风;二是隧道的交通量和交通组成,交通量越大,交通组成中的大型车越多,隧道内污染物的排放量也越多。

③隧道纵坡。隧道纵坡越大,隧道内车流的污染物排放量就越大。

④防灾。隧道运营通风方式的选择应结合隧道的长度、交通量和交通组成,充分考虑隧道发生火灾时的烟雾流向控制和火灾后的通风排烟、防灾问题。

⑤隧道所处的地层地质条件。主要影响隧道通风井、风机房的设置。

⑥环境条件。包含两方面,一是隧道所处区域的自然风压大小、一年主要的自然风流向等,二是隧道洞口附近的建筑物和相关设施的设置情况,是否有较高的环保要求。

(3)公路隧道运营通风方式

公路隧道的通风方式按是否设置机械通风来判断,分为自然通风和机械通风两大类。当隧道内的通风量能够自然满足,为隧道自然通风;否则,隧道通风量需要借助通风机来满足,则称为机械通风,通常所讲的通风方式主要是指机械通风。

根据风道的设置方式、气流的组织形式、通风机械的配置等情况的不同,隧道机械通风分为纵向式通风、半横向式通风、全横向式通风三种基本方式，其中纵向式通风又可分为全射流、竖(斜)井集中送风、竖(斜)井集中排风、竖(斜)井送排式通风以及这几种方式的相互组合等若干通风方式，见表5-14及图5-1～图5-7。

**机械通风方式的种类** 表5-14

| 纵向通风方式 | 半横向通风方式 | 全横向通风方式 | 组合通风方式 |
|---|---|---|---|
| ①全射流风机式；<br>②集中送入式；<br>③竖(斜)井送排风式；<br>④竖(斜)井集中排出式；<br>⑤平导通风；<br>⑥静电吸尘式 | ①送风半横向式；<br>②排风半横向式 | ①顶送顶排式；<br>②顶送底排式；<br>③底送顶排式；<br>④侧送侧排式 | ①纵向通风方式的各种组合；<br>②各种纵向式与半横向、横向式通风的组合 |

半横向式和全横向式具有洞内风速小、通风噪声小、行车环境舒适、火灾排烟方便灵活、有利洞口环境等优点，但是这两种通风方式都存在不能充分利用汽车强大的活塞风、通风系统造价昂贵、不易分期实施、运营费用高、管理与维护技术难度大等明显缺点，同时，这两种通风方式主要用于单洞双向行车隧道。对于纵向式通风，半横向式和全横向式，其缺点恰好就是其优点，其明显缺点是火灾排烟不便，但其通风防灾排烟方案清晰，在紧急情况下操作简单，虽然火灾烟雾流程较长，但也有利于防灾救灾。

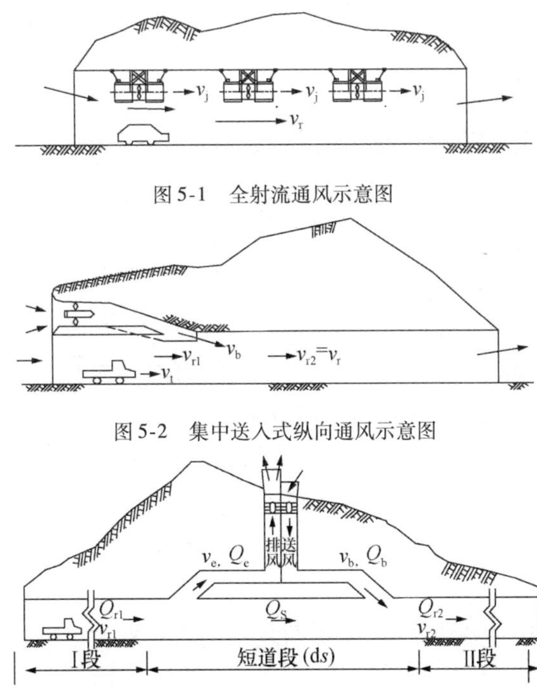


图5-1 全射流通风示意图

图5-2 集中送入式纵向通风示意图

图 5-3

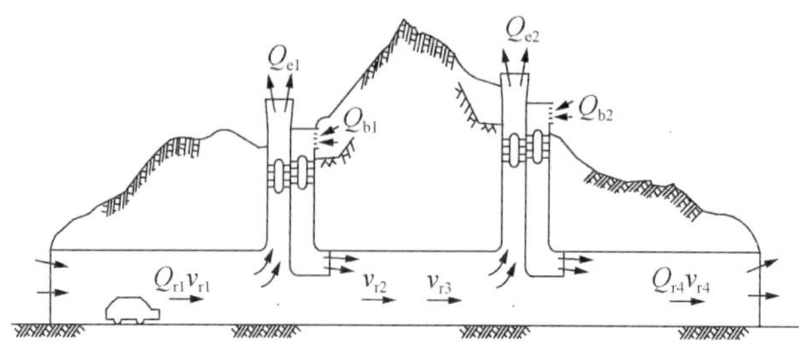


图 5-3　竖(斜)井送排式纵向通风示意图

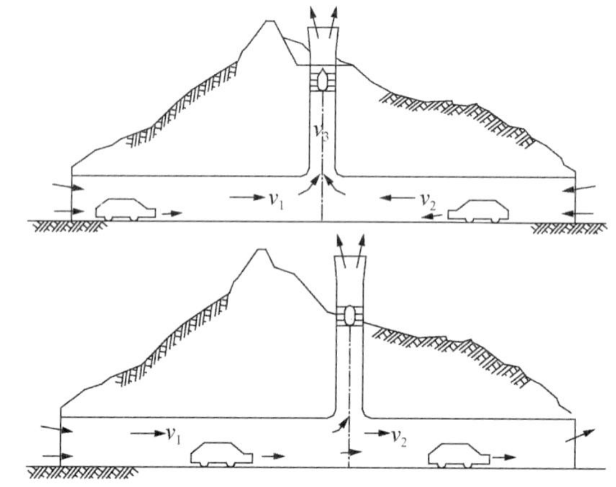


图 5-4　竖(斜)井集中排出式纵向通风示意图

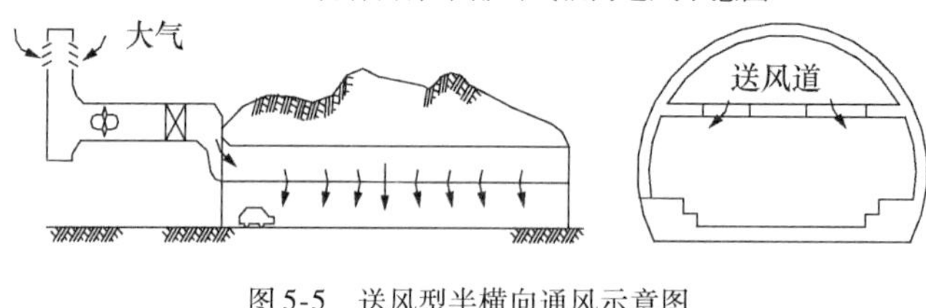


图 5-5　送风型半横向通风示意图

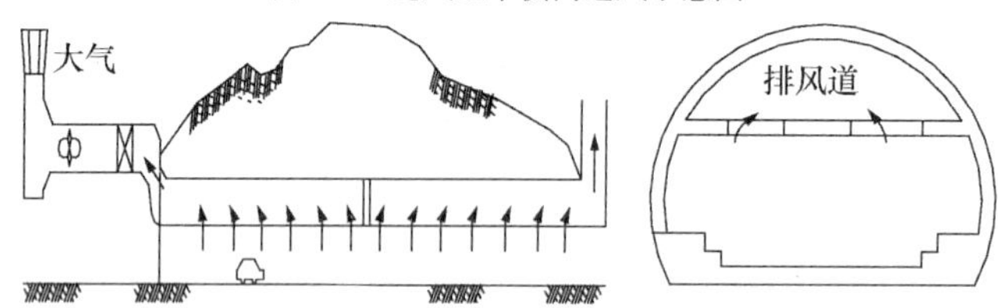


图 5-6　排风型半横向通风示意图

横向式和半横向式通风系统复杂，设置有专用排烟道及一定数量的排烟口，理论上其防灾排烟性能较纵向式排烟方式安全，能就近排出烟气，利于人员逃生救援等。但由于其通风排烟系统复杂，实际营运中的有效性及可靠性较差，因此在防灾方面也存在一定的缺陷。

在国外，过去欧洲以半横向和全横向通风为主，日本以纵向通风为主。目前，欧洲、日本等都以纵向通风为主。截至1999年，全世界已建成30多座3.0km以上的公路隧道，其中建成于20世纪80年代以前的，多为全横向式或半横向式通风，以欧洲为主；但近20年来，以日本为代表的公路隧道发达国家全采用纵向式通风，日本甚至认为，加静电除尘器的分段纵向通风方式，适合任何形式和任何长度的公路隧道。目前，双洞单向交通的隧道，欧洲一些国家也逐渐采用了纵向式通风。受日本的影响，国内的公路隧道以各种形式的纵向式通风为主。

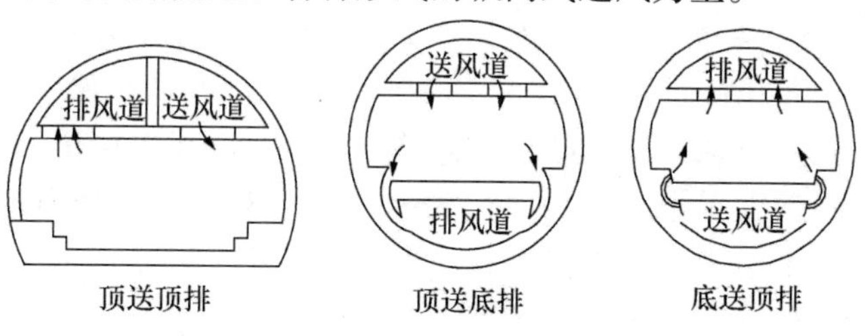


图5-7 全横向通风示意图

国内公路隧道通风方式，也经历了由最初的全横向、半横向通风向分段纵向逐渐过渡的过程。如上海的打浦路隧道（2 761m）、延安东路隧道右洞（2 260m）、深圳的梧桐山隧道左线（2 238m）采用的是全横向式通风。不过，以前采用全横向通风的隧道，均为分期建设的一期工程，单洞双向行车。但在二期工程建设变为双洞单向行车后，新建隧道则改为了纵向式通风。

最近15年，我国大规模建设的公路隧道，主要为一次建成的双洞单向行车高速公路隧道，因此广泛采用了纵向式通风。1989年建成的七道梁隧道（1 560m），在国内首次采用全射流纵向通风。而1995年建成的中梁山隧道（左洞3 165m，右洞3 103m）和缙云山隧道（左洞2 528m、右洞2 478m），变原来的半横向通风方式为下坡隧道全射流纵向通风，上坡隧道竖井分段纵向通风，在国内首次将纵向通风技术运用于3 000m以上的公路隧道。随后，谭峪沟隧道（约3 470m）、木鱼槽隧道（约3 610m）、梧桐山隧道右洞（约2 270m）、大溪岭隧道（4 160m）、二郎山隧道（约4 610m）、华蓥山隧道（4 706m），均采用了全射流纵向或设置斜竖井纵向分段的通风方式。

综上所述，从国内外公路隧道通风方式的发展趋势，以及结合工程造价、通风系统的分期实施、运营费用、日常管理与维护等多方面综合考虑，九岭山隧道采用纵向式通风方式。

### 5.4.2 隧道通风方案比选

由九岭山隧道近、远期计算需风量可知：

$$左洞\quad v_r = \frac{Q_r}{A_r} = \frac{578.6}{68.3} = 8.47(\mathrm{m/s})$$

$$右洞\quad v_r=\frac{Q_r}{A_r}=\frac{309.5}{68.3}=4.53(m/s)$$

以上数值均不大于10m/s。在正常工况下，九岭山隧道左、右洞均可采用全射流纵向通风方式。在火灾工况下，基于防灾救援排烟的安全性、经济性以及隧道长度大于5 000m等方面因素的考虑，需联合斜井进行排烟。因此，结合计算需风量、隧道纵坡、洞内通风质量、九岭山隧道地形地质等各种情况综合考虑，拟订三个通风方案。

**方案一：**左线采用侧排风口（桩号ZK99+226）“斜井送排风+射流风机”分2段纵向式通风方案（排风风道、排风机兼作排烟用）。右线采用全射流纵向通风方式，同时在右洞顶部设置排烟口（桩号YK99+221.98）与左洞排风道相连，在火灾工况下，将右洞分2段排烟，见图5-8。

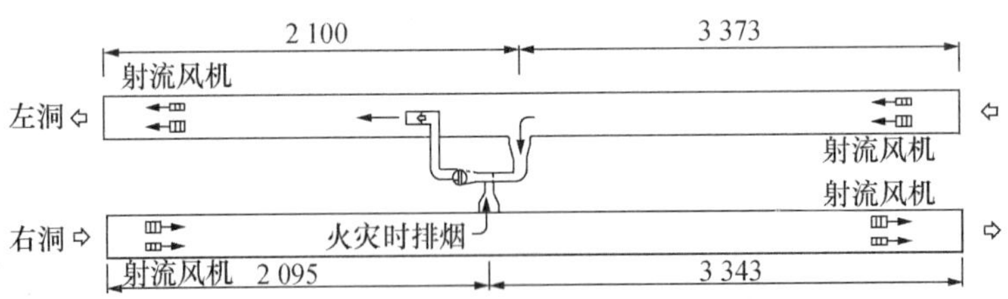


图5-8　通风方案一示意图（尺寸单位：m）

**方案二：**左线采用全射流纵向通风方式，同时在左洞侧墙设置排烟口（桩号ZK99+226），在火灾工况下，分2段排烟。右线采用全射流纵向通风方式，同时在右洞顶部设置排烟口（桩号YK99+221.98）与左洞排风道相连，在火灾工况下，将右洞分2段排烟，见图5-9。

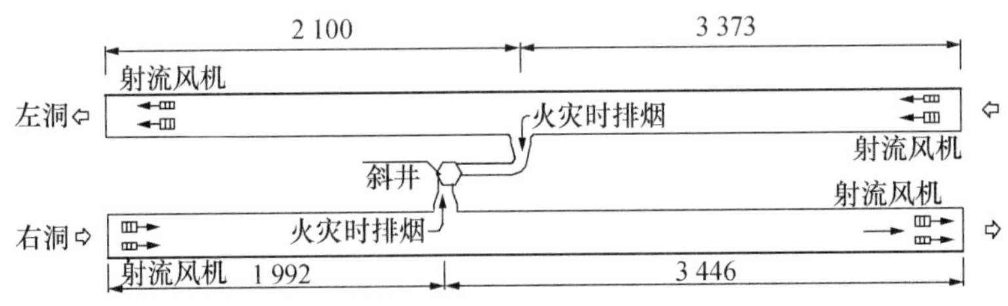


图5-9　通风方案二示意图（尺寸单位：m）

**方案三：**左线采用“静电吸尘+射流风机”纵向通风方案，静电吸尘设备需占用土建旁通道（桩号ZK99+424），见图5-10。

经初步试算，三种通风方案均能满足隧道内各种运营工况的通风需求。三种通风方案优缺点如下。

（1）方案一

优点：当隧道发生火灾并出现阻滞工况时，左右线的防排烟效果均较好且便于人员逃生，空气质量、舒适性较好。

缺点：初期的土建投资费用大，后期通风运营费用稍高。

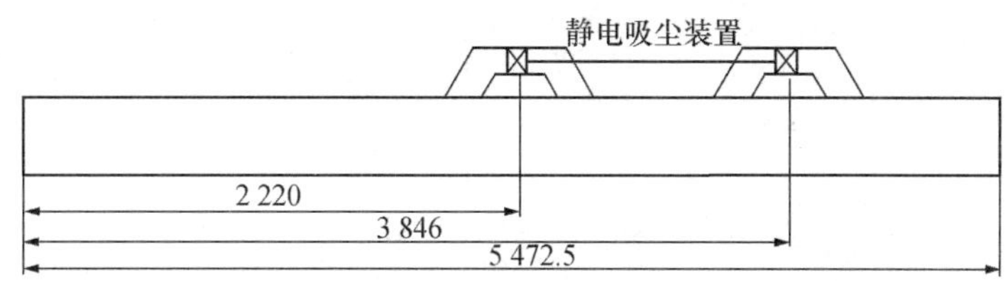


图 5-10　通风方案三示意图(尺寸单位：m)

(2)方案二

优点：正常工况运营费用稍低。当隧道发生火灾并出现阻滞工况时，左、右线的防排烟效果均较好且便于人员逃生。可在将来交通量增加到一定程度或未来通风标准更加严格时，将该方案升级为送排式通风方式。

缺点：正常工况时，风速高，空气质量、舒适性较差。

(3)方案三

优点：土建工程量小。

缺点：后期通风运营费用较高，排烟通道较长，防排烟效果差，不利于驾乘人员逃生。

九岭山隧道三种通风方案主要参数对比见表 5-15。

**九岭山隧道通风方案主要参数对比**　　表 5-15

| 主要技术指标 | | 左洞 | | | 右洞 |
|---|---|---|---|---|---|
| | | 方案一 | 方案二 | 方案三 | |
| 隧道长度(m) | | 5 473 | | | 5 438 |
| 设计小时交通量(辆·混合车/h) | | 1 739 | | | 1 739 |
| 正常运营通风分段 | | 2 | 1 | 1 | 1 |
| 火灾工况通风分段 | | 3 | 2 | 1 | 2 |
| 设计风量($m^3/s$) | | 375.368 + 317.35 | 578.6 | 578.6 | 309.5 |
| 各通风段风速(m/s) | | 5.50 + 4.65 | 8.74 | 8.74 | 4.53 |
| 通风井 | 座数(座) | 1 | 1 | — | — |
| | 每斜井断面积($m^2$) | 32 | 32 | — | — |
| | 每斜井长度(m) | 1 093 | 1 093 | — | — |
| 射流风机 | 型号(单机功率 30kW) | $\phi$1 120 | $\phi$1 120 | $\phi$1 120 | $\phi$1 120 |
| | 台数(台) | 20 | 22 | 20 | 24 |
| | 总功率(kW) | 600 | 660 | 600 | 720 |

续上表

| 主要技术指标 | | 左洞 | | | 右洞 |
|---|---|---|---|---|---|
| | | 方案一 | 方案二 | 方案三 | |
| 排风井轴流风机 | 全压(Pa) | 1 493 | 853 | — | — |
| | 每台风机流量($m^3/s$) | 97 | 205 | — | — |
| | 功率/台数(kW/台) | 250(3) | 250(1) | — | — |
| | 功率合计(kW) | 750 | 250 | — | — |
| 送风井轴流风机 | 全压(Pa) | 2340 | — | — | — |
| | 每台风机流量($m^3/s$) | 72 | — | — | — |
| | 功率/台数(kW/台) | 315(3) | — | — | — |
| | 功率合计(kW) | 945 | — | — | — |
| 常用总功率(kW) | | 2 295 | 910 | 600 | 720 |
| 建安费 | 斜井(万元) | 2 186 | 2 186 | — | 120 |
| | 风机房、送排风道(万元) | 400 | 200 | 960 | |
| | 风机费用(万元) | 3 690 | 732 | 120 | 144 |
| | 风机配套设施费(万元) | 1 080 | 180 | — | — |
| | 静电吸尘设备(万元) | — | — | 5 000 | — |
| | 合计(万元) | 7 356 | 3 298 | 6 080 | 264 |
| 20年运营费用 | 运营管理费(万元) | 1 839 | 824.5 | 1 520 | 300 |
| | 电费(万元) | 5 102.7 | 2 890.8 | 8 228 | 3 153.6 |
| | 合计(万元) | 6 941.7 | 3 715.3 | 9 748 | 3 453.6 |
| 结论 | | 技术可行、投资较大,防灾性能较好 | 技术可行、投资省,防灾性能较好 | 技术可行、投资较大,防灾性能差 | 技术可行、投资省,防灾性能较好 |
| 推荐顺序 | | 第二 | 第一 | 第三 | |

注:1. 斜井每延米按2.0万元计,右洞排烟通道每延米按1.2万元计。

2. 表中各方案的轴流风机按每天全负荷工作4h、射流风机按每天全负荷工作6h计,电费暂按1.00元/度计。

3. 土建工程中,斜井、联络风道、风机房按延米工程量计算,施工便道按50万元/km计。

根据表5-14对各通风方案主要参数计算结果及定性对比分析,结合运营安全、防灾救援以及将来隧道内卫生、舒适性标准的提高以及通风系统应具有一定扩容性等多方面因素综合考虑,推荐通风方案二作为九岭山隧道的通风方案。

### 5.4.3 隧道斜/竖井风机房比选

通风机房是对隧道通风系统的轴流风机、电气设备、控制设备以及其他辅助机电设备等进行有序地存放,并具备能够有效进行隧道通风的进风口、排风口以及连接斜井送排风道的构造物。风机房内应有大型设备搬运通道和工作通道,并具备足够的空间用于监控、检查和维护。根据风机房的布置位置,分为地面风机房和地下风机房。地面风机房设置在地面,位于斜(竖)井井口附近的风机房;地下风机房设置在地下,位于斜(竖)井井底的风机房。

据国外一些技术资料,20世纪90年代以前,隧道风机房较多设置在隧道洞口附近和斜(竖)井地表通风塔口附近。但进入20世纪90年代后,一些国家,尤其是日本,在采用竖井通风方式时,较多地将风机房设在地下即斜(竖)井底部与正洞连接处的山体内。这种设置方式在工程费用方面一般高于洞外设置方式,但可节省土地,保护植被环境,并且由于风机房位于隧道内路侧边,便于设备的维护管理和工作人员的进出。目前,我国所采用纵向分段式通风的隧道中,地面风机房和地下风机房两种形式均有采用。如中梁山隧道采用地面风机房(射流加竖井单吸式,3 165m),雁门关隧道采用地面风机房(射流及竖井送排式,5 235m),美菰林隧道采用地下风机房(射流加竖井单吸式,5 580m),方斗山隧道采用地下风机房(左、右洞各1座斜井送排式纵向通风,7 581m)等。

现行《公路隧道通风照明设计规范》(JTJ 026.1—1999)指出:应根据洞口或竖井周围地形条件、两洞口轴向间距等因素,合理确定风机房位置。城镇附近的隧道,还应考虑对洞口附近城市设施的影响;当采用竖井通风且洞外设置风机房有困难时,可将风机房设置于竖井底部。因此,九岭山隧道风机房位置的选择应根据斜(竖)井井口周围地形条件、道路交通状况、外部供电方式以及运营管理单位管理理念等因素,合理确定风机房位置。如表5-16所示,通过对九岭山斜井出口附近道路交通状况、供电方式等条件的调查发现,九岭山隧道具备修建地面风机房的条件,因此,九岭山隧道应优先采用地面风机房。

地面风机房与地下风机房的比选分析　　表5-16

| 类　别 | 地面风机房 | 地下风机房 |
| --- | --- | --- |
| 征地 | 需要 | 不需要单独征地,可利用地下空间 |
| 管理用(施工用)道路 | 可以利用既有的道路,如果没有,需要新开一条专用道路 | 需一条运输通道与隧道主洞连接 |

续上表

| 类　别 | 地面风机房 | 地下风机房 |
|---|---|---|
| 环境上的制约 | 通风井排出的气体对环境的影响；如果风机房位于居民区附近，需考虑噪声对附近居民的影响 | 通风井排出的气体对环境的影响 |
| 电源 | 可能需要单独增设输变电路 | 可利用隧道内的电路 |
| 地理条件 | 位于山岭上，比较偏僻，交通运输不便 | 位于斜(竖)井底部，与隧道主洞连接，交通运输方便 |
| 风机房内环境 | 与外界条件有关 | 应考虑防湿、防尘、降噪和温度调节，同时应具有自身通风设施 |
| 运营管理 | 为了防盗，需要人员留守，留守人员日常饮食用水需外界供应 | 可设置为无人值守，监控中心进行远程控制 |
| 施工难度 | 周期短，难度小 | 周期长，难度较大 |
| 造价 | 低 | 较高 |

## 5.5　隧道通风优化方案计算分析

本节主要针对九岭山隧道左、右洞“全射流纵向通风 + 斜井排烟方案”进行详细分析。

### 5.5.1　正常工况下九岭山隧道通风计算分析

由计算需风量可知，近、远期隧道左、右洞设计风速均不大于10m/s，在正常工况下，九岭山隧道左、右洞均可采用全射流纵向通风方式。

全射流通风是一种较理想的纵向式通风，在由许多方面综合形成的整体优势中，对气流状态所具有的调控能力是其显著特点之一。通过风机调节可改变火灾气流的状态，烟雾的扩散特性也随之改变。

选用推力大、功效比高、噪声低的1120/40—6型30kW单向射流风机作为计算样本，有 $Q_j = 31.6\text{m}^3/\text{s}$、$v_j = 31.1\text{m/s}$、静推力 = 1 100N。为节省供配电设施和便于射流风机管理，暂定每一隧道断面拱顶平行吊装2台射流风机，取 $\eta = 0.7$。

根据国家现行规范，考虑一组射流风机作为备用量，在满足隧道不同工况的设计风速 $v_r$ 的条件下，射流风机台数为：

$$i = \frac{\Delta P_r + \Delta P_m - \Delta P_t}{\Delta P_j} \tag{5-7}$$

式中：$\Delta P_r$——隧道摩阻损失，Pa；

$\Delta P_t$——交通通风力，Pa；

$\Delta P_m$——自然风阻力，Pa；

$\Delta P_j$——每台射流风机的升压力，Pa。

分别将 $\Delta P_r$、$\Delta P_m$、$\Delta P_t$、$\Delta P_j$ 各值按不同工况代入式(5-7)，并成偶数就高取值，得到隧道左、右洞全射流通风风机设置量及装备电机总功率，需要设置射流风机的数量见表5-17。

### 5.5.2 火灾工况下九岭山隧道通风计算分析

发生火灾时，全射流通风方式是把行车隧道作为排烟通道，排烟通道越长，所需提供的排烟动力越大，且烟雾排出时间越长，防灾救灾非常不利。隧道发生火灾时，基于防灾救援排烟安全性、经济性以及隧道长度大于5 000m等多方面因素考虑，需设置斜井把隧道分成两段排烟。

(1)竖井送排风系统几何参数

①排风口、标准联络风道断面

排风口及联络风道断面积 $A_e = \dfrac{Q_e}{v_e}$，分别代入隧道左洞的相关参数，得：

左洞排风口，$A_e = 50.0\text{m}^2$，当量直径 $D = 7.25\text{m}$，见图5-11；

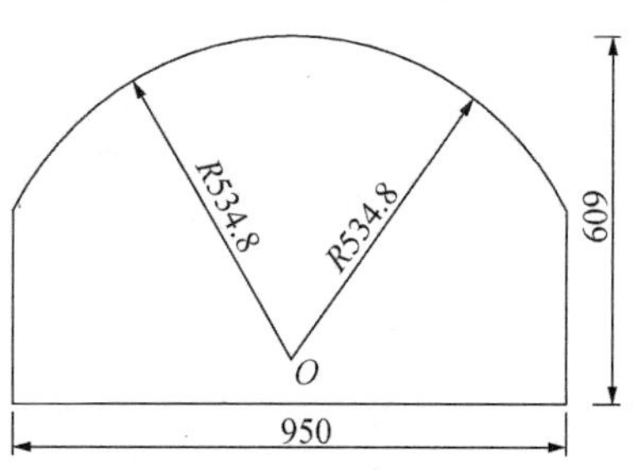

图5-11 排风口净空断面图(尺寸单位：cm)

左洞排风联络风道，$A_e = 17.19\text{m}^2$，当量直径 $D = 4.36\text{m}$，见图5-12。

②斜井断面

斜井横断面，$A_x = 32.34\text{m}^2$，当量直径 $D = 5.98\text{m}$，见图5-13。

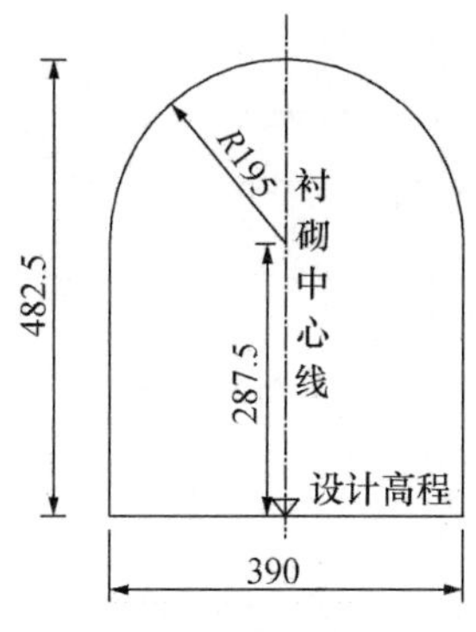

图5-12 排风联络风道净空断面图(尺寸单位：cm)

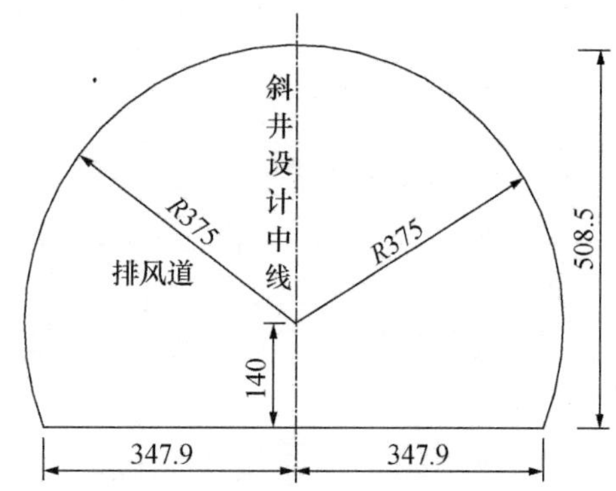

图5-13 斜井净空断面图(尺寸单位：cm)

正常工况下九岭山隧道左、右洞全射流通风风机数量　　表 5-17

| 工况车速(km/h) | | | 80 | 70 | 60 | 50 | 40 | 30 |
|---|---|---|---|---|---|---|---|---|
| 左洞近期 | $\Delta P_m$ | Pa | 51.67 | 51.67 | 51.67 | 51.67 | 51.67 | 51.67 |
| | $\Delta P_r$ | Pa | 269.69 | 224.00 | 171.95 | 171.95 | 171.95 | 171.95 |
| | $\Delta P_t$ | Pa | 508.46 | 432.20 | 364.48 | 259.68 | 160.06 | 70.79 |
| | $\Delta P$ | Pa | -187.11 | -156.53 | -140.86 | -36.06 | 63.56 | 152.83 |
| | $\Delta P_j$ | Pa | 9.46 | 9.65 | 9.89 | 9.89 | 9.89 | 9.89 |
| | $i$ | 台 | — | — | — | — | 8 | 18 |
| | $S_j$ | kW | — | — | — | — | 240 | 540 |
| 工况车速(km/h) | | | 80 | 70 | 60 | 50 | 40 | 30 |
| 左洞远期 | $\Delta P_m$ | Pa | 51.67 | 51.67 | 51.67 | 51.67 | 51.67 | 51.67 |
| | $\Delta P_r$ | Pa | 593.17 | 492.69 | 260.75 | 375.48 | 188.95 | 200.84 |
| | $\Delta P_t$ | Pa | 581.40 | 500.59 | 483.00 | 251.44 | 246.40 | 95.02 |
| | $\Delta P$ | Pa | 63.44 | 43.77 | -170.59 | 175.70 | -5.78 | 157.49 |
| | $\Delta P_j$ | Pa | 8.43 | 8.71 | 9.49 | 9.08 | 9.81 | 9.75 |
| | $i$ | 台 | 10 | 6 | — | 22 | — | 18 |
| | $S_j$ | kW | 300 | 180 | — | 660 | — | 540 |
| 工况车速(km/h) | | | 80 | 70 | 60 | 50 | 40 | 30 |
| 右洞近期 | $\Delta P_m$ | Pa | 51.67 | 51.67 | 51.67 | 51.67 | 51.67 | 51.67 |
| | $\Delta P_r$ | Pa | 169.76 | 169.76 | 169.76 | 169.76 | 169.76 | 169.76 |
| | $\Delta P_t$ | Pa | 583.75 | 474.08 | 366.23 | 261.31 | 161.49 | 71.89 |
| | $\Delta P$ | Pa | -362.32 | -252.65 | -144.81 | -39.88 | 59.93 | 149.54 |
| | $\Delta P_j$ | Pa | 9.9 | 9.9 | 9.9 | 9.9 | 9.9 | 9.9 |
| | $i$ | 台 | — | — | — | — | 8 | 18 |
| | $S_j$ | kW | — | — | — | — | 240 | 540 |
| 工况车速(km/h) | | | 80 | 70 | 60 | 50 | 40 | 30 |
| 右洞远期 | $\Delta P_m$ | Pa | 51.67 | 51.67 | 51.67 | 51.67 | 51.67 | 51.67 |
| | $\Delta P_r$ | Pa | 169.76 | 169.76 | 169.76 | 169.76 | 169.76 | 169.76 |
| | $\Delta P_t$ | Pa | 962.21 | 781.44 | 603.68 | 430.73 | 266.19 | 118.50 |
| | $\Delta P$ | Pa | -740.79 | -560.02 | -382.25 | -209.30 | -44.77 | 102.93 |
| | $\Delta P_j$ | Pa | 9.9 | 9.9 | 9.9 | 9.9 | 9.9 | 9.9 |
| | $i$ | 台 | — | — | — | — | — | 14 |
| | $S_j$ | kW | — | — | — | — | — | 420 |

(2)竖井排烟风机的有效装机功率

排烟风机的设计风压按式(5-8)计算:

$$P_{\text{tote}} = 1.1 \times \left(\frac{\rho}{2} \cdot v_{\text{e}}^2 + P_{\text{de}} + P_{\text{fe}} - P_{\text{se}} + P_{\text{me}} + h_{\text{分叉}}\right) \tag{5-8}$$

式中:$P_{\text{tote}}$——排烟机的设计全压,Pa;

$\rho$——空气密度;

$P_{\text{de}}$——排烟风道的沿程和局部摩阻损失,Pa;

$P_{\text{fe}}$——轴流排风机进出风段风压损失,Pa;

$P_{\text{se}}$——隧道内排烟口处的总升压力,Pa;

$P_{\text{me}}$——隧道洞口至排烟井地面出口之间的自然风阻,Pa;

$h_{\text{分叉}}$——洞内排风口分流损失,Pa。

排烟风道、斜井与隧道关系见图5-14。

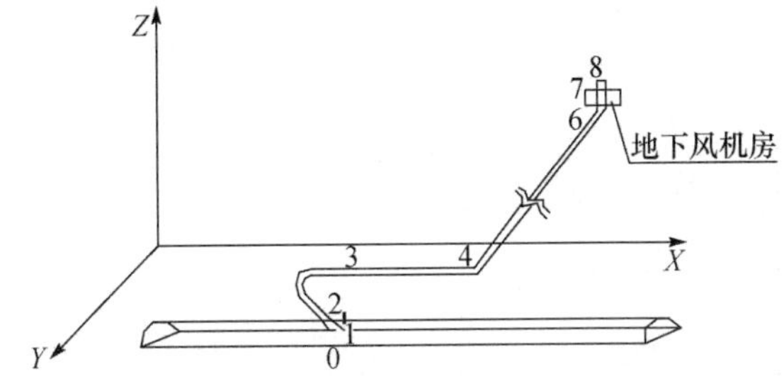


图5-14 排烟风道、斜井与隧道关系示意图

①排烟风道的摩阻损失

排烟风道的摩阻损失按式(5-9)计算:

$$P_{\text{de}} = \frac{\rho}{2}\left[\sum_{i=1}^{n}(\zeta_{\text{i}} \cdot v_{\text{i}}^2) + \lambda \cdot \sum_{i=1}^{n}\left(\frac{L_{\text{i}}}{D_{\text{i}}} \cdot v_{\text{i}}^2\right)\right] \tag{5-9}$$

式中:$\zeta_{\text{i}}$——排烟风道的局部摩阻损失系数,根据几何结构查表或计算;

$\rho$——空气密度;

$\lambda$——排烟风道的沿程摩阻损失系数,取0.022;

$v_{\text{i}}$——排烟风道各段落的设计风速,m/s,根据送排风量 $Q_{\text{eb}}$ 及排烟风道各段面积求得;

$L_{\text{i}}$——排烟风道各段落的长度,m;

$D_{\text{i}}$——排烟风道各段落的当量直径,m。

经过计算,求得排烟风道的摩阻损失为:$P_{\text{de}} = 372.5\text{Pa}$。

②轴流排烟风机进出口段风压损失

轴流排烟风机进出口段风压损失主要包括风机集风器段阻力损失 $P_{\text{fj}}$、消声器段阻力损失 $P_{\text{fx}}$、扩散器段阻力损失 $P_{\text{fk}}$,计算公式为:

$$P_f = P_{fj} + P_{fk} + P_{fx} = \frac{\rho}{2}\sum_{i=1}^{n}\left(\zeta_i + \lambda_i \frac{L_i}{D_i}\right)v_i^2 \tag{5-10}$$

由于风机的直径、扩散器、集风器、消声器的几何尺寸等均与风机的型号有关，在没有确定型号之前，暂按风机动轮直径3.0m考虑。

(3)井底排风口处的总升压力

井底排风口处的总升压力根据式(5-11)进行计算：

$$\Delta P_e = 2 \cdot \frac{Q_e}{Q_{r1}} \cdot \left(\frac{Q_e}{Q_{r1}} + \frac{K_e \cdot v_e}{v_{r1}} - 2\right) \cdot \frac{\rho}{2} \cdot v_{r1}^2 \tag{5-11}$$

(4)轴流风机的电机功率

轴流风机所需配用的电机功率按式(5-12)计算：

$$M_1 = \frac{S_{KW}}{\eta_m} \cdot k \tag{5-12}$$

式中：$M_1$——电机功率，kW；

$S_{KW}$——轴流风机的轴功率，kW；

$\eta_m$——电机效率，取95%；

$k$——电机容量安全系数，取1.15。

轴流风机的轴功率为：

$$S_{KW} = \frac{Q_a \cdot P_{tot}}{1\,000\eta} \cdot \left(\frac{273 + t_0}{273 + t_1}\right) \cdot \frac{P_1}{P_0} \tag{5-13}$$

式中：$Q_a$——轴流风机的流量，$m^3/s$；

$P_{tot}$——轴流风机的全压，Pa；

$\eta$——轴流风机的效率，取75%；

$t_0$——标准温度，取20℃；

$t_1$——风机环境温度，取25℃；

$P_0$——标准大气压，取$1.013\,25 \times 10^5$Pa；

$P_1$——风机环境大气压，Pa。

轴流排烟风机的有效装机功率见表5-18。

**轴流排烟风机的有效装机功率**　　表5-18

| 主要技术指标 | 单　位 | 排烟风机 |
|---|---|---|
| 每台轴流排风机的风量 | $m^3/s$ | 205 |
| 每台轴流排风机的全压 | Pa | 853 |
| 每台轴流排风机的功率 | kW/台 | 250 |
| 运行轴流排风机数量 | 台 | 2(1用1备) |
| 轴流排风机的总功率 | kW | 250 |

(5)火风压对通风系统的影响

长下坡隧道在火灾工况时需考虑火风压对通风系统的影响。火风压是在具有坡度的隧道中,由于火灾前后风流密度与烟流密度的差异而引起的自然风压增量。对隧道而言,火风压相当于安设在其中的一系列具有相同能量的辅助通风机。火风压具有推动或阻碍烟流流动的作用。沿上坡方向,火风压对烟流起推动作用;沿下坡方向,火风压对烟流起阻碍作用。因此,在火灾工况通风计算时,特别是九岭山隧道右洞为长下坡隧道,坡度为 -1.7%,进出口高程差达到了 90m,需要考虑由高程差引起的火风压。因此,九岭山隧道右洞在火灾工况中需把火风压作为阻力进行计算。

$$i = \frac{\Delta P_{\mathrm{r}} + \Delta P_{\mathrm{m}} - \Delta P_{\mathrm{t}} + \Delta P_{火风压}}{\Delta P_{\mathrm{j}}} \tag{5-14}$$

式中:$\Delta P_{火风压}$——下坡隧道发生火灾时,由隧道高程差引起的压力,Pa。

其他符号意义同上。

$$\Delta P_{火风压} = \rho H \frac{\Delta T}{T_{烟流}} \tag{5-15}$$

式中:$H$——隧道进出口高程差,m;九岭山隧道进出口高差为 90m;

$\Delta T$——产生火风压的隧道内,火灾前后风流和烟流的平均绝对温度之差,K;

$T_{烟流}$——发生火灾时,烟流的平均绝对温度之差,K;取 $T = 1\ 000$K。

$\rho$——火灾前风流的平均密度,kg/m$^3$,按下式取值。

$$\rho = \rho_0 \times \exp\left(-\frac{Z}{29.28T}\right) \tag{5-16}$$

式中:$\rho$——通风计算点的空气密度,kg/m$^3$;

$\rho_0$——标准大气压状态的空气密度,kg/m$^3$,取 1.2kg/m$^3$;

$Z$——通风计算点的海拔高程,m。

分别将 $\Delta P_{\mathrm{r}}$、$\Delta P_{\mathrm{m}}$、$\Delta P_{\mathrm{t}}$、$\Delta P_{\mathrm{j}}$、$\Delta P_{火风压}$各值按不同工况代入式(5-14),并成偶数就高取值,得到隧道左、右洞全射流通风风机设置量,则需要设置射流风机的数量见表 5-19。

**火灾工况下九岭山隧道左、右洞全射流通风风机数量表** 表 5-19

| 工况车速(km/h) | | | 80 | 70 | 60 | 50 | 40 | 30 |
|---|---|---|---|---|---|---|---|---|
| 左洞近期 | $\Delta P_{\mathrm{m}}$ | Pa | 74.83 | 74.83 | 74.83 | 74.83 | 74.83 | 74.83 |
| | $\Delta P_{\mathrm{r}}$ | Pa | 74.83 | 74.83 | 74.83 | 74.83 | 74.83 | 74.83 |
| | $\Delta P_{\mathrm{t}}$ | Pa | 20.80 | 22.00 | 23.61 | 25.86 | 29.24 | 34.88 |
| | $\Delta P_{火风压}$ | Pa | — | — | — | — | — | — |
| | $\Delta P$ | Pa | 128.86 | 127.66 | 126.05 | 123.80 | 120.42 | 114.78 |
| | $\Delta P_{\mathrm{j}}$ | Pa | 10.47 | 10.47 | 10.47 | 10.47 | 10.47 | 10.47 |
| | $i$ | 台 | 16 | 16 | 16 | 14 | 14 | 14 |
| | $S_{\mathrm{j}}$ | kW | 480 | 480 | 480 | 420 | 420 | 420 |

续上表

| 工况车速(km/h) | | | 80 | 70 | 60 | 50 | 40 | 30 |
|---|---|---|---|---|---|---|---|---|
| 左洞远期 | $\Delta P_m$ | Pa | 74.83 | 74.83 | 74.83 | 74.83 | 74.83 | 74.83 |
| | $\Delta P_r$ | Pa | 74.83 | 74.83 | 74.83 | 74.83 | 74.83 | 74.83 |
| | $\Delta P_t$ | Pa | 34.28 | 36.27 | 38.92 | 42.63 | 48.20 | 57.49 |
| | $\Delta P_{火风压}$ | Pa | — | — | — | — | — | — |
| | $\Delta P$ | Pa | 115.38 | 113.39 | 110.74 | 107.03 | 101.46 | 92.17 |
| | $\Delta P_j$ | Pa | 10.47 | 10.47 | 10.47 | 10.47 | 10.47 | 10.47 |
| | $i$ | 台 | 14 | 14 | 14 | 14 | 12 | 12 |
| | $S_j$ | kW | 420 | 420 | 420 | 420 | 360 | 360 |
| 工况车速(km/h) | | | 80 | 70 | 60 | 50 | 40 | 30 |
| 右洞近期 | $\Delta P_m$ | Pa | 74.40 | 74.40 | 74.40 | 74.40 | 74.40 | 74.40 |
| | $\Delta P_r$ | Pa | 74.40 | 74.40 | 74.40 | 74.40 | 74.40 | 74.40 |
| | $\Delta P_t$ | Pa | 20.74 | 21.94 | 23.54 | 25.78 | 29.14 | 34.73 |
| | $\Delta P_{火风压}$ | Pa | 81.33 | 81.33 | 81.33 | 81.33 | 81.33 | 81.33 |
| | $\Delta P$ | Pa | 209.39 | 208.19 | 206.59 | 204.35 | 200.99 | 195.40 |
| | $\Delta P_j$ | Pa | 10.47 | 10.47 | 10.47 | 10.47 | 10.47 | 10.47 |
| | $i$ | 台 | 24 | 24 | 22 | 22 | 22 | 22 |
| | $S_j$ | kW | 720 | 720 | 660 | 660 | 660 | 660 |
| 工况车速(km/h) | | | 80 | 70 | 60 | 50 | 40 | 30 |
| 右洞近期 | $\Delta P_m$ | Pa | 74.40 | 74.40 | 74.40 | 74.40 | 74.40 | 74.40 |
| | $\Delta P_r$ | Pa | 74.40 | 74.40 | 74.40 | 74.40 | 74.40 | 74.40 |
| | $\Delta P_t$ | Pa | 34.19 | 36.17 | 38.80 | 42.49 | 48.03 | 57.25 |
| | $\Delta P_{火风压}$ | Pa | 81.33 | 81.33 | 81.33 | 81.33 | 81.33 | 81.33 |
| | $\Delta P$ | Pa | 195.94 | 193.96 | 191.33 | 187.64 | 182.10 | 172.88 |
| | $\Delta P_j$ | Pa | 10.47 | 10.47 | 10.47 | 10.47 | 10.47 | 10.47 |
| | $i$ | 台 | 22 | 22 | 22 | 20 | 20 | 20 |
| | $S_j$ | kW | 660 | 660 | 660 | 600 | 600 | 600 |

(6)九岭山隧道总有效装机功率

将各相关参数带入上述各式中,计算得到九岭山隧道建议通风方案的总装机功率,见表5-20。

九岭山隧道有效装机功率　　表5-20

| 主要技术指标 | 左　洞 | 右　洞 |
|---|---|---|
| 正常工况 | 22 | 18 |
| 火灾工况 | 14 | 24 |
| 射流风机数量/单机功率(台/kW) | 22/30 | 24/30 |
| 射流风机功率合计(kW) | 660 | 720 |
| 轴流风机数量/单机功率(台/kW) | 1/250 | — |
| 总装机功率(kW) | 910 | 720 |

### 5.5.3 隧道通风系统节能分析

(1)通风设计参数优化的节能分析

由前述可知,九岭山隧道CO、VI基准排放量以1995年为起点,按每年2.5%的递减率计算获得的排放量作为设计年限的基准排放量。CO、VI基准排放量的年递减率由1%~2%增加到2.5%,由此降低了九岭山隧道通风系统的需风量,从而减少了通风系统装机功率,见表5-21。

九岭山隧道通风系统节能分析比较表(一)　　表5-21

| 主要技术指标 | 左　洞 | | | 右　洞 | | | 备　注 |
|---|---|---|---|---|---|---|---|
| 递减率 | 2% | 2.50% | 降幅率 | 2% | 2.50% | 降幅率 | 通风方式采用“全射流+斜井排烟” |
| 设计需风量($m^3/s$) | 688.6 | 578.6 | 15.97% | 309.5 | 309.5 | 0 | |
| 设计风速(m/s) | 10.08 | 8.47 | — | 4.53 | 4.53 | — | |
| 射流风机数量/单机功率(台/kW) | 56/30 | 22/30 | — | 24/30 | 24/30 | — | |
| 射流风机功率合计(kW) | 1 680 | 660 | — | 720 | 720 | — | |
| 斜井排烟风机(台/kW) | 1/250 | 1/250 | — | — | — | | |
| 总装机功率(kW) | 1 930 | 910 | 52.85% | 720 | 720 | 0 | |
| 风机及其配套设施费(万元) | 1 086 | 882 | — | 144 | 144 | — | |
| 20年运营费用(万元) | 7 629.9 | 3 111.3 | — | 3 189.6 | 3 189.6 | — | |
| 费用合计(万元) | 8 715.9 | 3 993.3 | 54.18% | 3 333.6 | 3 333.6 | 0 | |

由表5-21可知,九岭山隧道左洞通风系统的需风量降低了15.97%,装机功率减少了52.85%,建安费用和20年运营费用可节约54.18%;九岭山隧道左洞通风系统将火灾工况作为控制工况,故需风量和风机装机功率没有变化。九岭山隧道

通风系统总装机功率减少了38.49%,建安费用和20年运营费用可节约39.19%。

(2)通风方案优化的节能分析

通过详细计算,优化方案与设计方案相比较,装机功率可减少53.82%,建安费用和20年运营费用可节约46.41%,见表5-22。

**九岭山隧道通风系统节能分析比较表(二)** 表5-22

<table>
<tr><td colspan="2" rowspan="2">主要技术指标</td><td colspan="2">设计方案</td><td colspan="2">优化方案</td><td rowspan="2">降幅率</td></tr>
<tr><td>左洞</td><td>右洞</td><td>左洞</td><td>右洞</td></tr>
<tr><td colspan="2">通风方式</td><td>斜井送排式</td><td>全射流+斜井排烟</td><td>全射流+斜井排烟</td><td>全射流+斜井排烟</td><td></td></tr>
<tr><td colspan="2">设计需风量($m^3/s$)</td><td>322+198</td><td>412.7</td><td>578.6</td><td>309.5</td><td>—</td></tr>
<tr><td colspan="2">设计风速(m/s)</td><td>4.71/2.90</td><td>6.04</td><td>8.47</td><td>4.53</td><td>—</td></tr>
<tr><td colspan="2">射流风机数量/单机功率(台/kW)</td><td>30/30</td><td>34/30</td><td>22/30</td><td>24/30</td><td>—</td></tr>
<tr><td colspan="2">射流风机功率合计(kW)</td><td>900</td><td>1020</td><td>660</td><td>720</td><td>—</td></tr>
<tr><td colspan="2">斜井送风机(台/kW)</td><td>2/450</td><td>—</td><td>—</td><td>—</td><td>—</td></tr>
<tr><td colspan="2">斜井排风机(台/kW)</td><td>2/355</td><td>—</td><td>1/250</td><td>—</td><td>—</td></tr>
<tr><td colspan="2" rowspan="2">总装机功率(kW)</td><td>2 510</td><td>1 020</td><td>910</td><td>720</td><td>—</td></tr>
<tr><td colspan="2">3 530</td><td colspan="2">1 630</td><td>53.82%</td></tr>
<tr><td rowspan="5">建安费</td><td>斜(竖)井(万元)</td><td>2 186</td><td>120</td><td>2 186</td><td>120</td><td>—</td></tr>
<tr><td>风机房、送排风道(万元)</td><td>400</td><td>—</td><td>200</td><td>—</td><td>—</td></tr>
<tr><td>风机费用(万元)</td><td>2 780</td><td>204</td><td>732</td><td>144</td><td></td></tr>
<tr><td>风机配套设施费(万元)</td><td>780</td><td>—</td><td>180</td><td>—</td><td></td></tr>
<tr><td>合计(万元)</td><td colspan="2">6 470</td><td colspan="2">3 562</td><td></td></tr>
<tr><td rowspan="3">20年运营费用</td><td>运营管理费(万元)</td><td colspan="2">1 617.5</td><td colspan="2">1 124.5</td><td>—</td></tr>
<tr><td>电费(万元)</td><td colspan="2">11 935.5</td><td colspan="2">6 044.4</td><td></td></tr>
<tr><td>合计(万元)</td><td colspan="2">13 553.0</td><td colspan="2">7 168.9</td><td></td></tr>
<tr><td colspan="2">费用合计(万元)</td><td colspan="2">20 023.0</td><td colspan="2">10 730.9</td><td>46.41%</td></tr>
</table>

注:1.斜井每延米按2.0万元计,右洞排烟通道每延米按1.2万元计;

2.表中各方案的轴流风机按每天全负荷工作4 h、射流风机按每天全负荷工作6 h时计,电费暂按1.00元/度计;

3.土建工程中,斜井、联络风道、风机房按延米工程量计算,施工便道按50万元/km计;

4.右洞换气需风量为控制风量,设计方案换气次数取4次/h,优化方案取3次/h。

## 5.6 隧道通风防灾控制原则

目前,随着人类保护环境意识的增强,世界各国汽车排放标准越来越严格,汽车生产商不断更新其技术,以便减少新车辆的排放。因此,满足稀释标准所要求的气流越来越降低,所需设置的隧道通风系统功率也越来越减小。因此烟雾控制标准将是越来越多的隧道工程通风系统的决定性标准。隧道通风系统设计的趋势如图5-15所示。

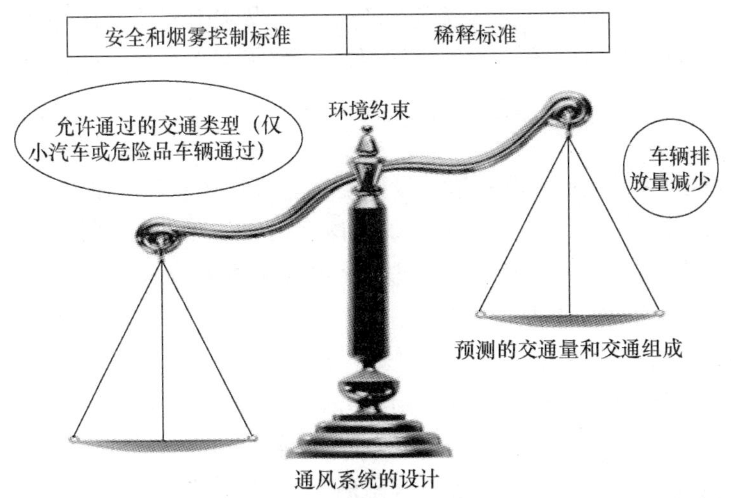


图5-15 通风系统设计的趋势

隧道通风系统须在正常运行工况下提供合格的空气质量,当发生火灾时,它必须能够确保驾乘人员和救援人员的安全,以及便于救火和应急操作。此外,通风系统必须防止在火灾期间爆炸性混合物的形成。爆炸性混合物一般不会在火灾着火点附近出现,但它会通过不完全燃烧在远离着火点某处的热烟气中形成。

### 5.6.1 火灾和烟雾通风控制的原则

纵向通风系统火灾排烟的基本原则是:保持烟雾在火灾初期的流向,一般与行车方向一致,避免烟雾回流和逆转发生,尽可能减小排烟行程,将烟雾从前方最近的一个出口排出。火灾初期,交通活塞升压作用显著,隧道内风速较高,而较高的风速会增大火势,此时,应该调节射流风机和排风机,降低隧道内风速,在发生阻塞、失去交通升压力作用后,再增大风速以防止回流的发生。在保证烟雾不会回流的情况下,采用尽可能小的通风风速。

从火灾发生时安全性的观点来看,在通风设计过程中应满足以下标准:

(1)控制烟雾蔓延的目的是尽可能长时间地保持通行空间无烟,供人们疏散。这就要求烟雾层必须保持完整,即在烟雾层的下面保留或多或少干净和可呼吸的空气(这适用于双向隧道或者拥挤的单向隧道),或者完全将烟雾排向火灾下游侧(适合于不拥挤的单向隧道,在单向隧道中,通常在着火点下游是没有人的)。

(2)驾乘人员能够在最短的时间、通过最短的距离到达安全地方。因此,应提供紧急出口或者防火掩蔽室等设施。

(3)通风系统能够保持在人员疏散通道中没有烟雾。

(4)通风系统能够为灭火、救援提供良好的条件。

(5)在汽油火灾情况下,必须避免由于不完全燃烧引起的二次爆炸。因而,通风系统必须能够输送足够的空气,以利于完全燃烧或者爆炸性气体的稀释。

### 5.6.2 纵向式通风排烟的可行性

采用纵向通风系统的公路隧道在设计及其运营时必须考虑在火灾下游区域的烟雾和高温燃烧气体,如果隧道驾乘人员在该区域,则有窒息或燃烧的危险,因此,必须采取针对隧道驾乘人员从危险区段(火灾区域或者下游)安全撤离的设计措施。因此,应考虑下列三种情况。

(1)单向行驶的山岭隧道

在采用纵向通风方式单向行驶的山岭公路隧道发生火灾时,火灾下游区域的车辆可以自由撤离,而上游的车辆则不能。山岭隧道通常不易于出现交通频繁拥挤情况。当有其他车辆发生第二起事故阻断下游时,涉及第二起事故的车辆可能引起火灾事故,但是这种两起事故同时发生的概率低,这种情况在设计阶段可不予以考虑。并且此种情况发生的危险,可以通过自动事件检测系统和交通控制系统来减少。因此,相关的通风系统通常可不考虑火灾下游有驾乘人员停留等待的情况。

(2)单向行驶的城市隧道

在采用纵向通风方式的单向行驶的城市公路隧道发生火灾时,通风设计必须考虑由于城市交通的拥堵导致火灾下游车辆撤离缓慢的情况。在城市区域,经常出现停停走走的交通状况,因此,对采用纵向通风方式的隧道在火灾工况时,应对其通风严格控制。

(3)双向行驶的隧道

在双向行驶的隧道内,必须考虑,如果发生火灾,火灾两侧都会有人员滞留不易逃离的情况。

九岭山公路隧道属于单向行驶的山岭隧道,属于第一种情况。因此,当隧道中发生火灾时,火灾现场下游的车辆能自由离开隧道,而上游停止的交通是处在纵向通风的新鲜气流中。因此,采用纵向通风系统进行排烟是可行的。

### 5.6.3 发生火灾时的通风控制

采用纵向通风排烟方式的隧道通风系统,在火灾发生时其作用主要在于防止烟雾发生逆流,控制烟气的流动方向,提供隧道内驾乘人员逃生所需的足够新鲜空气,以延长逃生时间。

(1)九岭山隧道纵向通风控制原则

九岭山隧道火灾通风控制方式可以与火灾报警系统联动,自动启动,或者由接收报警和验证报警(例如,通过图像监控画面)的操作人员手动启动。在任何情况下,隧道救援人员都可以通过隧道内现场控制启动风机。

在火灾情况下,从着火至熄灭的整个过程由下列四个阶段组成。

①着火阶段:本阶段由车辆着火开始,包括探测(手动或自动)和对通风方式进行控制干预;

②疏散阶段1(自救):在此阶段,驾乘人员从火灾区域撤离,救援人员还未到现场;

③疏散阶段2(援助):在此阶段,救援人员帮助受伤的或者有生理缺陷的驾乘人员从火灾区域撤离;

④灭火阶段:确定所有驾乘人员已从火灾区域撤离(或者已经得到救援)。

在疏散阶段,应控制烟雾自由流向火灾下游一侧。控制风机开启数量,在疏散期间保持烟气的方向不发生改变,排烟方向与行车方向一致;保证烟气方向不发生逆流现象,火灾上游处于新鲜气流中。

在疏散阶段,射流风机不能反向运行,即使火灾发生在隧道入口附近,也不建议射流风机反向运行。改变射流风机的运行方向会花很长的时间,这取决于通风系统、隧道几何结构、使用的风机和其他边界条件,大约需要10min左右。在发现火灾到射流风机反向运行的时间段中,烟雾可能已蔓延几百米了。并且当烟雾层反向流动时,它将扩散到整个隧道横截面,这对处于火灾区域附近的驾乘人员逃生是不利的。因此,只有当所有人员离开隧道时,射流风机才能反向运行,并且必须是人工控制,而不是自动控制。

(2)火灾区段的划分

公路隧道的防火救灾,重点在于合理进行火灾区段划分,然后按区段对火灾发生时的人员撤离路线和控制风机运转方案进行设置,以达到人员逃生和排烟灭火的目的。为了确保乘人员尽快地撤离,将灾害损失降低到最低点,应将左、右洞两个隧道防火救援统一考虑,具体方案如下。

①左洞

根据隧道斜井排烟口的设置位置,将九岭山隧道左洞划分为两个防灾排烟分区,其中,第Ⅰ区段为隧道左洞行车进口 ZK102 +599 到斜井排烟口 ZK99 +226(长 3 373m);第Ⅱ区段为斜井排烟口 ZK99 +226 到隧道左洞行车出口 ZK97 +126(长 2 100m),见图 5-16。

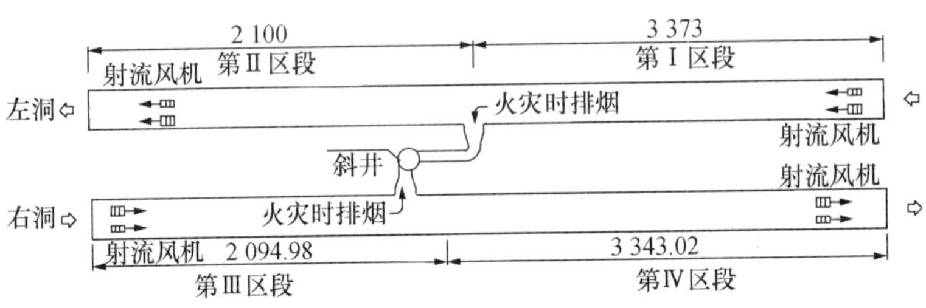


图 5-16 九岭山隧道排烟分区示意图(尺寸单位:m)

②右洞

根据隧道左洞斜井排风口和右洞排烟口的设置位置,将九岭山隧道右洞划分为两个防灾排烟分区,其中,第Ⅲ区段为隧道右洞行车进口 YK97 +127 到排烟口 YK99 +221.98(长 2 094.98m);第Ⅳ区段为排烟口 YK99 +221.98 到隧道右洞行车出口 YK102 +565(长 3 343.02m),见图 5-16。

(3)火灾发生时风机控制与人员逃生

①若火灾发生在第Ⅰ区段时:

a. 立即关闭隧道进口,阻止洞外车辆进入隧道,并让火灾下游的车辆以正常车速迅速驶出隧道;

b. 同时,立即启动第Ⅰ区段内着火点前后 120m 之外的不少于 10 台射流风机,将洞内风速控制在 2 ~3m/s;

c. 同时,立即开启斜井的 1 台大型轴流排烟风机,使火灾烟雾顺行车方向由斜井排风口排出隧道,从而保证火灾上游的车辆处于安全状态;

d. 第Ⅱ区段启动不少于 6 台射流风机。

②若火灾发生在第Ⅱ区段时:

a. 立即关闭隧道进口,阻止洞外车辆进入隧道,并让火灾下游的车辆以正常车速迅速驶出隧道;

b. 同时,立即启动第Ⅰ区段内 10 台射流风机和第Ⅱ区段内火灾点前后 120m 之外不少于 6 台射流风机,将洞内风速控制在 2 ~3m/s。

③若火灾发生在第Ⅲ区段时:

a. 立即关闭隧道进口,阻止洞外车辆进入隧道,并让火灾下游的车辆以正常车速迅速驶出隧道;

b. 同时,立即启动第Ⅲ区段内着火点前后 120m 之外的不少于 10 台射流风机,将洞内风速控制在 2 ~3m/s;

c. 同时，立即开启斜井的 1 台大型轴流排烟风机，使火灾烟雾顺行车方向由顶部的排烟口排出隧道，从而保证火灾上游的车辆处于安全状态；

d. 同时，应立即启动第Ⅳ区段不少于 6 台射流风机。

④若火灾发生在第Ⅳ区段时：

a. 立即关闭隧道进口，阻止洞外车辆进入隧道，并让火灾下游的车辆以正常车速迅速驶出隧道；

b. 同时，立即启动第Ⅲ区段内和第Ⅳ区段内火灾点前后 120m 之外的共计不少于 20 台的射流风机，将洞内风速控制在 2 ~ 3m/s。

# 6 特长纵坡沥青路面施工控制技术

路面上车辙的出现严重影响路面的平整度,导致车辆在超车或变更车道时容易方向失控,影响车辆操纵的稳定性。同时,由于轮迹处沥青层厚度减薄,削弱了路面结构的整体强度,从而容易诱发其他病害。特长纵坡沥青路面要防止高温重载作用下车辙的出现。本章重点讨论特长纵坡沥青路面的施工控制技术。

## 6.1 沥青路面及分类

### 6.1.1 沥青路面

沥青路面是用沥青材料作结合料黏结修筑面层与各类基层和垫层所组成的路面结构。由于路面使用沥青结合料,增强了矿料间的黏结力,提高了混合料的强度和稳定性,使路面的使用质量和耐久性都得到提高。与水泥混凝土路面相比,沥青路面具有表面平整、无接缝、行车舒适、耐磨、振动小、噪声低、施工期短、养护维修简便、适宜分期修建等优点,因而获得广泛的应用。近20年来,对于我国的公路和城市道路,使用沥青材料修筑了相当数量的沥青路面,沥青路面是我国高速公路主要的路面形式。

沥青路面属柔性路面,其强度与稳定性在很大程度上取决于土基和基层的特性。沥青路面的抗弯强度较低,因而要求路面的基础应具有足够的强度和稳定性,所以,在施工时必须掌握路基土的特性并进行充分的压实。对软弱土基或翻浆路段,必须预先加以处理。沥青路面在低温条件下的抗变形能力很低,在寒冷地区,为了防止土基不均匀冻胀而使沥青路面开裂,需设置防冻层。沥青面层修筑后,由于它的透水性小,土基和基层内的水分难以排出,在潮湿路段易发生土基和基层变软的现象,从而导致路面破坏。因此,必须提高基层的水稳性,尽可能采用结合料处治的整体性基层。对交通量较大的路段,为使沥青路面具有一定的抗弯拉和抗疲劳开裂的能力,宜在沥青面层下设置沥青混合料的联结层。采用较薄的沥青面层时,特别是在旧路面上加铺面层时,要采取措施加强面层与基层之间的黏结,以防止水平力作用引起沥青面层的剥落、推挤、雍包等破坏。

### 6.1.2 沥青路面分类

(1)按强度构成原理分类

按强度构成原理,可将沥青路面分为密实类和嵌挤类两大类。密实类沥青路面要求矿料的级配按最大密实原则设计,其强度和稳定性主要取决于混合料的黏聚力和内摩阻力。密实类沥青路面按其空隙率的大小,可分为闭式和开式两种:闭式混合料中含有较多的小于0.5mm和0.074mm的矿料颗粒,空隙率小于6%,混合料致密且耐久,但热稳定性较差;开式混合料中小于0.5mm的矿料颗粒含量较少,空隙率大于6%,其热稳定性较好。

(2)按施工工艺分类

按施工工艺,沥青路面可分为层铺法、路拌法和厂拌法三类。

层铺法是用分层洒布沥青、分层铺撒矿料和碾压的方法来修筑路面,其优点是工艺和设备简便、功效较高、施工进度快、造价较低,其缺点是路面成型期较长,需要经过炎热季节行车碾压之后,路面方能成型。用这种方法修筑的沥青路面有沥青表面处治和沥青贯入式两种。

路拌法是在路上用机械将矿料和沥青材料就地拌和摊铺和碾压密实而成型的沥青面层。此类面层所用的矿料为碎(砾)石者称为路拌沥青碎(砾)石;所用的矿料为土者则称为路拌沥青稳定土。路拌沥青面层,通过就地拌和,沥青材料在矿料中分布比层铺法均匀,可以缩短路面的成型期。但因所用的矿料为冷料,需使用黏稠度较低的沥青材料,故混合料的强度较低。

厂拌法是将规定级配的矿料和沥青材料在工厂用专用设备加热拌和,然后送到工地摊铺碾压而成型的沥青路面。矿料中细颗粒含量少,不含或含少量矿粉,混合料为开级配的(空隙率达10%~15%),称为厂拌沥青碎石;若矿料中含有矿粉,混合料是按最佳密实级配配制的(空隙率达10%以下),称为沥青混凝土。厂拌法按混合料铺筑温度的不同,又可分为热拌热铺和热拌冷铺两种:热拌热铺是混合料在专用设备加热拌和后立即趁热运到路上摊铺压实;如果混合料加热拌和后储存一段时间再在常温下运到路上摊铺压实,即为热拌冷铺。厂拌法使用较黏稠的沥青材料,且矿料经过精选,因而混合料质量高,使用寿命长,但修建费用也较高。

(3)根据沥青路面技术特性分类

根据沥青路面的技术特性,沥青面层可分为沥青混凝土、热拌沥青碎石、乳化沥青碎石混合料、沥青贯入式、沥青表面处治五种类型。此外,沥青玛蹄脂碎石近年在许多国家也得到广泛应用。

沥青表面处治路面是指用沥青和集料按层铺法或拌和法铺筑而成的沥青路面。沥青表面处治的厚度一般为1.5~3.0cm。层铺法可分为单层、双层、三层。

单层表面处治厚度为1.0～1.5cm，双层表面处治厚度为1.5～2.5cm，三层表面处治厚度为2.5～3.0cm。沥青表面处治适用于三级、四级公路的面层以及旧沥青面层上加铺罩面或抗滑层、磨耗层等。

沥青贯入式路面是指用沥青贯入碎（砾）石做面层的路面。沥青贯入式路面的厚度一般为4～8cm。当沥青贯入式的上部加铺拌和的沥青混合料时，也称为上拌下贯，此时拌和层的厚度宜为3～4cm，其总厚度为7～10cm。沥青贯入式碎石路面适用于作二级及二级以下公路的沥青面层。

沥青碎石路面是指用沥青碎石做面层的路面，沥青碎石的配合比设计应根据实践经验和室内试验的结果，以及施工前的试拌和试铺效果确定。沥青碎石有时也用做联结层。

沥青混凝土路面是指用沥青混凝土做面层的路面，其面层可由单层、双层或三层沥青混凝土组成，各层混合料的组成设计应根据其层厚和层位、气候条件、交通量和交通组成等因素确定，以满足对沥青面层使用功能的要求。沥青混凝土常用做高等级公路的面层。

乳化沥青碎石适用于做三级、四级公路的沥青面层、二级公路养护罩面以及各级公路的调平层，也可用做柔性基层。

沥青玛蹄脂碎石路面是指用沥青玛蹄脂碎石混合料做面层或抗滑层的路面。沥青玛蹄脂碎石混合料（简称SMA）是以间断级配的集料为骨架，以改性沥青、矿粉及纤维素组成的沥青玛蹄脂为结合料，经拌和、摊铺、压实而形成的一种构造深度较大的抗滑面层。它具有抗滑耐磨、孔隙率小、抗疲劳、高温抗车辙、低温抗开裂的优点，是一种全面提高密级配沥青混凝土使用质量的新材料，适用于高速公路、一级公路和其他重要公路的表面层。

## 6.2 特长纵坡坡度与稳定速度

选取的典型载货汽车，其型号为EQ140，主要的技术性能指标见表6-1。

**车辆的主要技术性能参数** 表6-1

| 车　型 | EQ140 | $A(m^2)$ | 4.185 |
|---|---|---|---|
| $G$(N) | 91 135 | $r_k$(m) | 0.460 |
| $n_N$(r/min) | 1 300 | $i_0$ | 6.33 |
| $n_M$(r/min) | 3 000 | $M_{emax}$(N/m) | 352.800 |
| $C_{fx}$ | 0.900 | $M_P$(N/m) | 315.900 |
| $C_{fz}$ | 0.200 | $\eta_k$ | 0.850 |

(1)理想的和不限长度的最大坡度

理想的最大坡度是EQ140载货汽车在油门开度90%的情况下，持续以$v_1$等速行驶所能克服的坡度。在低等级公路设计中，$v_1$ 为设计速度，在高等级公路设计中，$v_1$ 为 EQ140 载货汽车的最高速度。由于地形等条件的制约，对于山岭公路设计来说，有必要将车速由 $v_1$ 减小到 $v_2$，以克服较大的坡度，$v_2$ 称为容许速度，理想最大纵坡、不限长度最大纵坡的车速见表 6-2。

**理想最大纵坡及不限长度最大纵坡的车速** 表 6-2

| 设计车速(km/h) | $v_1$ | $v_2$ |
|---|---|---|
| 120 | 100 | 60 |
| 100 | 85 | 55 |
| 80 | 70 | 50 |
| 60 | 55 | 40 |

不同海拔高度的理想最大坡度见表 6-3。由容许车速计算相对应的坡度值为不限长度的最大坡度，计算结果见表 6-4。

**理想的最大坡度 $i_1$(%)** 表 6-3

| 容许车速 $v$ (km/h) | 海拔高度 $H$(m) | | | |
|---|---|---|---|---|
| | 0 | 1 000 | 2 000 | 3 000 |
| 120 | 1.08 | 0.84 | 0.63 | 0.43 |
| 100 | 1.57 | 1.28 | 1.01 | 0.77 |
| 80 | 2.35 | 1.91 | 1.51 | 1.15 |
| 60 | 3.53 | 2.95 | 1.72 | 1.96 |

**不限长度的最大坡度 $i_2$(%)** 表 6-4

| $v$ (km/h) | $H$(m) | | | |
|---|---|---|---|---|
| | 0 | 1 000 | 2 000 | 3 000 |
| 60 | 2.33 | 1.95 | 1.61 | 1.30 |
| 55 | 2.48 | 2.08 | 1.72 | 1.40 |
| 50 | 3.83 | 3.22 | 2.67 | 2.17 |
| 40 | 4.30 | 3.64 | 3.04 | 2.50 |

(2)坡长与坡度限制

当道路的坡度 $i$ 大于理想最大坡度 $i_1$ 时，称为陡坡，车辆将减速行驶，车辆的初始速度假设为 $v_1$，终速度不得低于 $v_2$。因此，凡大于 $i_1$ 的坡度，其长度应加以限制，即陡坡的最大长度。道路的坡度小于 $i_1$ 的坡度属于缓坡。当陡坡的长度超过限制长度时，应安排一段缓坡，用以恢复降低的车速。

不同坡度、以不同速度行驶时的减速距离，见表 6-5。

坡道上的减速距离　　表6-5

| 条件 | i(%) | H=0 | H=1 000 | H=2 000 | H=3 000 |
|---|---|---|---|---|---|
| | | λ=0.900 | λ=0.797 | λ=0.704 | λ=0.620 |
| Ⅰ | 8 | 304 | 294 | 284 | 275 |
| | 7 | 362 | 347 | 334 | 322 |
| | 6 | 447 | 425 | 406 | 388 |
| | 5 | 587 | 549 | 516 | 488 |
| | 4 | 856 | 775 | 710 | 657 |
| | 3 | 1 197 | 935 | 777 | 670 |
| | 2 | ∞ | 15 752 | 3 158 | 2 211 |
| Ⅱ | 8 | 347 | 334 | 323 | 312 |
| | 7 | 415 | 397 | 380 | 366 |
| | 6 | 515 | 487 | 463 | 441 |
| | 5 | 680 | 632 | 591 | 556 |
| | 4 | 1 008 | 902 | 818 | 753 |
| | 3 | 1 602 | 1 198 | 973 | 828 |
| Ⅲ | 8 | 280 | 267 | 256 | 246 |
| | 7 | 337 | 319 | 302 | 289 |
| | 6 | 425 | 396 | 371 | 351 |
| | 5 | 574 | 522 | 480 | 446 |
| | 4 | 890 | 768 | 679 | 613 |
| | 3 | 1 838 | 1 254 | 1 167 | 980 |
| Ⅳ | 8 | 210 | 186 | 167 | 154 |
| | 7 | 277 | 235 | 207 | 186 |
| | 6 | 405 | 320 | 270 | 235 |
| | 5 | 771 | 507 | 389 | 321 |
| | 4 | 1 603 | 1 290 | 703 | 506 |

注:表中λ为海拔荷载修正系数。

条件Ⅰ:设计车速 $v=120$km/h;$v_1=90$km/h;$v_2=60$km/h;$f=0.01$;Ⅴ挡。

条件Ⅱ:设计车速 $v=100$km/h;$v_1=90$km/h;$v_2=55$km/h;$f=0.01$;Ⅴ挡。

条件Ⅲ:设计车速 $v=80$km/h;$v_1=80$km/h;$v_2=50$km/h;$f=0.01$;Ⅴ挡。

条件Ⅳ:设计车速 $v=60$km/h;$v_1=60$km/h;$v_2=40$km/h;$f=0.015$;Ⅳ挡。

(3)不同超载率下的车辆行驶速度

在特长纵坡道路上,载货汽车的超载情况比较普遍。在超载的情况下,车辆爬坡时的稳定行驶速度一般不能达到满载时的稳定速度。选取了3个负荷水平,分别为:满载、超载100%以及超载200%,稳定速度计算结果见表6-6。

车辆不同负荷率下的稳定速度 表6-6

| 道路纵坡 $i$(%) | | 4 | 5 | 6 | 7 |
|---|---|---|---|---|---|
| 稳定速度(km/h) | 满载 | 60 | 55 | 50 | 40 |
| | 超载(100%) | 57 | 53 | 48 | 38 |
| | 超载(200%) | 51 | 47 | 43 | 34 |

## 6.3 特长纵坡沥青路面混合料高温稳定性试验方法

### 6.3.1 沥青混合料马歇尔稳定度试验

用马歇尔试验仪量测沥青混合料的流值和稳定度。沥青混合料的结合料可为石油沥青、改性沥青、焦油沥青和裂化沥青;集料最大粒径小于25.4mm。测定值主要用于沥青混合料组成设计。

1)主要测试设备

(1)马歇尔击实仪,符合国家标准《沥青混合料马歇尔试验仪》(GB/T 11823)的技术要求。试模及混合料拌和等试件制备设备。

(2)马歇尔稳定度仪、压力仪、变形量测仪器等试验设备。

2)试件制备

(1)拌和混合料参见《公路工程沥青及沥青混合料试验规程》(JTJ 052—2000)中T 0709—2000。

(2)称取拌和好的混合料(均匀分为3份)约1 200g,通过铁漏斗装入垫有一张滤纸的热试模中,并用烘热的铁凿沿周边插捣15次,中间10次。

(3)将装好混合料的试模放在击实台上,再垫上一张滤纸,加盖预热(130~150℃),再把装有击实锤的导向杆插入击实座内,然后将击实锤从45.7cm的高度自由落下,如此击实到规定的次数(75或50或30);混合料的击实温度宜为110~130℃(石油沥青)或80~110℃(煤沥青)。在击实过程中,必须使导向杆垂直于模型的底板。达到规定击实次数后,将模型倒置,再以同样的次数击实另一面。

(4)卸去套模和底板,将装有试件的试模冷却至室温后,放置到冷水中2min冷却到室温,置于脱模器上脱出试件。

(5)压实后试件的高度应为6.35cm±0.3cm。如试件高度不符合要求,可按式(6-1)调整沥青混合料的用量:

$$q = 6.35q_0/h_0 \tag{6-1}$$

式中:$q$——调整后沥青混合料用量,g;

$q_0$ ——制备试件的沥青混合料实际用量,g;

$h_0$ ——制备试件的实际高度,cm。

(6)将试件仔细地放在平滑的平面上,在室温下静置12h,测量其高度及密度。

(7)如为野外钻孔试件,尺寸不为101.6mm×63.5mm时,应按表6-7修正试验结果。

稳定度修正系数　　表6-7

| 试件高度(cm) | 修正系数 $K$ | 试件高度(cm) | 修正系数 $K$ | 试件高度(cm) | 修正系数 $K$ |
|---|---|---|---|---|---|
| 2.47~2.61 | 5.56 | 4.21~4.36 | 2.08 | 5.95~6.10 | 1.09 |
| 2.62~2.77 | 5.00 | 4.37~4.51 | 1.92 | 6.11~6.26 | 1.04 |
| 2.78~2.93 | 4.55 | 4.52~4.67 | 1.79 | 6.27~6.44 | 1.00 |
| 2.94~3.09 | 4.17 | 4.68~4.87 | 1.67 | 6.45~6.60 | 0.96 |
| 3.10~3.25 | 3.85 | 4.88~4.99 | 1.56 | 6.61~6.73 | 0.93 |
| 3.26~3.40 | 3.57 | 5.00~5.15 | 1.47 | 6.74~6.89 | 0.89 |
| 3.41~3.56 | 3.33 | 5.16~5.31 | 1.39 | 6.90~7.06 | 0.86 |
| 3.57~3.72 | 3.03 | 5.32~5.46 | 1.32 | 7.07~7.21 | 0.83 |
| 3.73~3.88 | 2.78 | 5.47~5.62 | 1.25 | 7.22~7.37 | 0.81 |
| 3.89~4.04 | 2.50 | 5.63~5.80 | 1.19 | 7.38~7.54 | 0.78 |
| 4.05~4.20 | 2.27 | 5.81~5.94 | 1.14 | 7.55~7.69 | 0.76 |

3)试验步骤

(1)量测试件空隙率和密实度

(2)试件保温

将准备好的试件放在设定温度的恒温水槽中,对于石油沥青,温度为60℃±1.0℃;焦油沥青为37.8℃±1.0℃。试件应在恒温水槽中保温30~40min,如果是裂化沥青,应把试件放在温度为25℃±1.0℃的空气干燥器里,保温2h。准备好试验设备后,把试件放在压头之间,上、下压头可用水保温,温度保持在21.1~37.8℃,安装流值表和压力环。

(3)施加荷载

以固定的加载速率(50mm/min±5mm/min)施加荷载,当达到最大荷载时,记录稳定度、流值或记录其他千分表等仪器的读数,然后转换成稳定度和流值。从开始加载到试验结束,时间不应超过30s。如果试件厚度不是63.5mm,应按表6-7修正。

(4)浸水马歇尔试验

浸水马歇尔试验方法与标准马歇尔试验方法的不同之处在于,试件在已达规定温度的恒温水槽中的保温时间为48h。

(5)真空饱水马歇尔试验

将试件先放入真空干燥器中，关闭进水胶管，开动真空泵，使干燥器的真空度达到97.3kPa(730mmHg)以上，维持15min。然后打开进水胶管，在负压作用下冷水进入使试件全部浸入水中，浸水15min后恢复常压。取出试件再放入已达规定温度的恒温水槽中保温48h，进行马歇尔试验。

4)资料整理

(1)试件的稳定度及流值

①由荷载测定装置读取的最大荷载即为试样的稳定度，以千牛顿(kN)计。

②由流值计或位移传感器测定装置读取的试件垂直变形，即试件的流值($FL$)，以0.1mm计。

(2)试件的马歇尔模数

试件的马歇尔模数按式(6-2)计算：

$$T = \frac{MS \times 10}{FL} \tag{6-2}$$

式中：$T$——试件的马歇尔模数，kN/mm；

$MS$——试件的稳定度，kN；

$FL$——试件的流值，0.1mm。

(3)试件的浸水残留稳定度

试件的浸水残留稳定度按式(6-3)计算：

$$MS_0 = \frac{MS_1}{MS} \times 100 \tag{6-3}$$

式中：$MS_0$——试件的浸水残留稳定度，%；

$MS_1$——试件浸水48h后的稳定度，kN。

(4)试件的真空饱水残留稳定度

试件的真空饱水残留稳定度按式(6-4)计算：

$$MS_0' = \frac{MS_2}{MS} \times 100 \tag{6-4}$$

式中：$MS_0'$——试件的真空饱水残留稳定度，%；

$MS_2$——试件真空饱水后浸水48h后的稳定度，kN。

(5)精度要求

当一组测定值中某个数据与平均值之差大于标准差的$k$倍时，该测定值应予舍弃，并以其余测定值的平均值作为试验结果。当试验数目$n$为3、4、5、6时，$k$值分别为1.15、1.46、1.68、1.82。

### 6.3.2 沥青混合料车辙试验

沥青混合料的车辙试验是在规定尺寸的板块状试件上,用固定荷载的橡胶轮反复行走后,测定其在变形稳定期每增加变形1mm(轮辙深度)的碾压次数,即动稳定度,以次/mm表示。用以评价沥青混合料的高温抗车辙能力,并可作为沥青混合料组成设计的辅助性检验指标。

1)主要测试设备

(1)轮碾成型机(室内成型试件用)。

(2)车辙试验机。车辙试验机的主要要求为:

①试件台。可牢固地安装两种宽度(300mm及150mm)的规定尺寸试件的试模。

②试验轮。橡胶制的实心轮胎,外径200mm,轮宽50mm,橡胶层厚15mm。橡胶硬度(国际标准硬度)在20℃时为84±4IRHD,60℃时为78±2IRHD。

③加载装置。使试验轮与试件的接触压强在60℃时为0.7MPa±0.05MPa,施加的总荷重为700N左右,根据需要可以调整。

④试模。钢板制成,由底板及侧板组成,试模内尺寸长为300mm,宽为300mm,厚为50mm(试验室制作),亦可固定150mm宽的现场切制试件。

⑤变形测量装置。

⑥温度检测装置。自动检测并记录试件表面及恒温室内温度的温度传感器、温度计,精度为0.5℃。

2)试件制备

(1)试件尺寸

试件可为室内用轮碾成型机碾压成型的长300mm、宽300mm、厚50mm的板块状试件,也可为现场切割制作的长300mm、宽150mm、厚50mm的板块状试件。

(2)试件成型

室内成型试件用轮碾成型法制作车辙试验试件,也可从路面切割得到。室内成型详见《公路工程沥青与沥青混合料试验规程》(JTJ 052—2000)。

3)试验步骤

(1)准备工作

①试验轮接地压强测定。测定在60℃下进行,在试验台上放置一块50mm厚的钢板,其上铺一张毫米方格纸,然后在方格纸上铺一张新的复写纸,以规定的700N荷载试验轮静压复写纸,即可在方格纸上得出轮压面积,并由此求得接地压强。当压强不符合0.7MPa±0.05MPa时,荷载应予适当调整。

②测定试件密度及空隙率等物理指标。

(2)试验

①将试件连同试模一起，置于达到试验温度的恒温室中，保温不少于5h，也不得多于24h。在试件的试验轮不行走的部位上，粘贴一个热电耦温度计（也可在试件制作时预先将热电耦导线埋入试件一角），控制试件温度。车辙试验的试验温度与轮压可根据有关规定和需要选用，非经注明，试验温度为60℃ ± 0.5℃，轮压为0.7MPa。根据需要，如在寒冷地区也可采用45℃或其他温度，但应在报告中注明。

②将试件连同试模移置于车辙试验机的试验台上，试验轮在试件的中央部位，其行走方向须与试件碾压或行车方向一致。开动车辙变形自动记录仪，然后启动试验机，使试验轮往返行走，试验轮行走距离为230mm ± 10mm，行走速度为42次/min ±1次/min(21次往返/min)。试验时间约1h，或最大变形达到25mm时停止。试验时，记录仪自动记录变形曲线（图6-1）及试件温度。

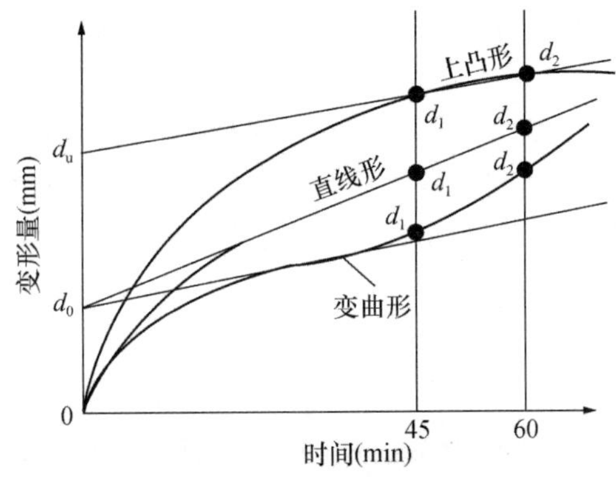


图6-1 车辙试验自动记录的变形曲线

4)资料整理

(1)动稳定度计算

①从图6-1读取45min($t_1$)及60min($t_2$)时的车辙变形$d_1$及$d_2$，准确至0.01mm。若变形过大，在未到60min变形已达25mm时，则以达到25mm($d_2$)时的时间为$t_2$，其前15min的时间为$t_1$，此时的变形量为$d_1$。

②沥青混合料试件的动稳定度按式(6-5)计算：

$$DS = \frac{(t_1 - t_2) \times 42}{d_2 - d_1} \times C_1 \times C_2 \tag{6-5}$$

式中：$DS$ ——沥青混合料的动稳定度，次/mm；

$d_1$ ——时间$t_1$（一般为45min)的变形量，mm；

$d_2$ ——时间$t_2$（一般为60min)的变形量，mm；

$C_1$ ——试验机类型修正系数，曲柄连杆驱动试件的变速行走方式为1.0，链驱动试验轮的等速方式为1.5；

$C_2$ ——试件系数，试验室制备的宽300mm的试件为1.0，从路面切割的宽150mm的试件为0.8。

(2)精度要求

同一沥青混合料或同一路段的路面，至少平行试验3个试件。当3个试件动稳定度变异系数小于20%时，取其平均值作为试验结果；变异系数大于20%时应分析原因，并追加试验。如计算动稳定度值大于6 000次/mm时，记作>6 000次/mm。

## 6.4 特长纵坡沥青路面混合料高温稳定性评价与检测方法

路面材料有显著的黏弹性特性，材料特性随荷载和温度条件而变化。因此，应选择适当的材料特性试验方法，确定材料在不同的荷载、温度等条件下的力学响应特性，利用蠕变模型拟合结构各层材料的非线性黏弹性特性，建立材料特性模型(蠕变模型及弹性模型)，回归分析出材料模型的参数，得到材料的高温变形特性模型，为变温条件下的车辙模拟分析确定随温度变化的材料参数。

### 6.4.1 沥青混合料稳定性评价方法

(1)单轴压缩试验

沥青混合料高温稳定性评价最简便的方法是以高温(一般采用60℃)抗压强度 $R_T$ 及常温与高温时抗压强度的比值即软化系数 $K_T$($R_T/R_{20}$)来衡量。

通过单轴压缩试验测定抗压强度时，其侧压力 $\sigma=0$。在受力过程中，压板与试件两端接触面上存在摩擦力的约束，这些都与工程实际存在差别。因此，采用高温抗压强度 $R_T$ 与软化系数 $K_T$ 评价混合料的高温稳定性均有一定的误差。

(2)轮辙试验

轮辙试验是一种模拟实际车轮荷载在路面上行走而形成车辙的工程试验方法。从广义上来说，室内小型往复轮辙试验、旋转轮辙试验、大型环道试验、直道试验等都可认为属于轮辙试验范畴。这些试验最基本的和共同的原理，就是通过采用车轮在板块状试件或路面表面结构上反复行走，观察和检测试块或路面结构的响应。

轮辙试验是评价沥青混合料在规定温度条件下抵抗塑性流动变形能力的有效方法。通过板块状试件与车轮之间的往复相对运动，使试块在车轮的重复荷载作用下，产生压密、剪切、推移和流动，从而产生车辙。

从轮辙试验得到的时间—变形曲线如图 6-2 所示。由此可得出如下三类指标：

①任何一个时刻的总变形，即车辙深度。

②在变形曲线的直线发展期，通常是求取 45min、60min 的变形 $D_{45}$、$D_{60}$，按式(6-6)计算动稳定度 $DS$：

$$DS = \frac{(60-45)\times 42}{D_{60}-D_{45}} \times C_1 \times C_2 \qquad (\text{次/mm}) \tag{6-6}$$

式中：$D_{60}$——试验时间为 60min 时试件变形量，mm；

$D_{45}$——试验时间为 45min 时试件变形量，mm；

$C_1$——试验机类型修正系数，曲柄连杆驱动试件的变速行走方式为 1.0，链驱动试验轮的等速行走方式为 1.5；

$C_2$——试件系数，试验室制备的宽 300mm 的试件为 1.0，从路面切割的宽 150mm 的试件为 0.8。

③变形速率 $RD$，它实际上是动稳定度 $DS$ 的倒数。

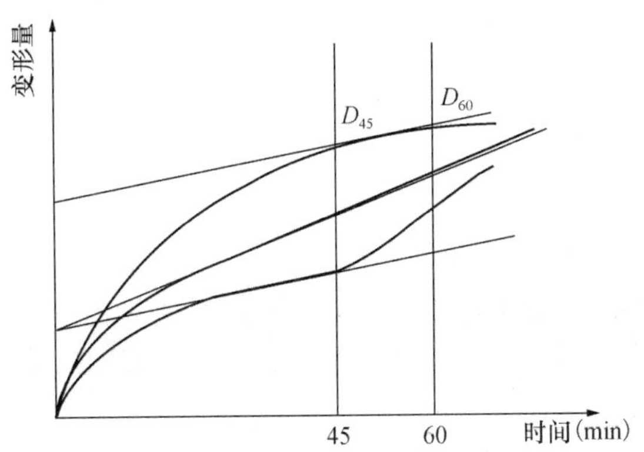


图 6-2　车辙试验中时间与变形关系曲线

由实践可知，总变形尽管非常直观，但不同试件之间的波动较大。在整个变形中，开始阶段的几次碾压能产生很大的变形，与试件接触的均匀程度是数据波动的重要原因。另外，总变形能区分试验结果的差别，但不能估计变形的发展情况。因此，采用动稳定度作指标以避免试验开始阶段，尤其是开始与试件接触的影响是比较合理的。

(3)简单剪切试验

沥青路面混合料的高温永久变形主要是由沥青混合料的塑性剪切流动引起的，简单剪切试验就是用于直接考察沥青混合料的抗剪切流动性能。这个试验方法由土的直剪试验方法移植过来，并进一步考虑了沥青混合料的特殊性质，增加了垂直的动力荷载、围压和温度控制，可测定试件的回弹剪切模量、动力剪切模量等。

简单剪切试验结构如图6-3所示。图6-3中试件尺寸：$\phi$150mm×(50～65)mm，最大粒径≤19mm；$\phi$200mm×75mm，最大粒径≤38mm。试验温度为4℃、20℃、40℃。

(4)马歇尔试验(1948年)

很长时间以来，人们一直采用马歇尔试验的稳定度、流值和马歇尔模数作为评价沥青混合料高温稳定性和混合料设计的依据，但是由于马歇尔试验过程中试件内部的应力分布状态极为复杂，因此，试验结果很难对路面实际状况作出关联评价。近年来，许多国家对此提出异议。

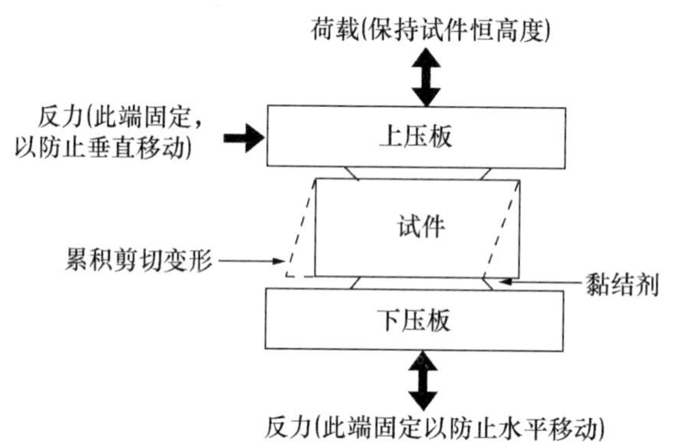


图6-3　简单剪切试验装置示意图

(5)蠕变试验

由于马歇尔稳定度和流值是混合料稳定性的一种经验性指标，它不能确切反映永久变形产生的机理，近年来，有以蠕变试验取代它的趋势。

蠕变试验常采用单轴静载、三轴静载、单轴重复加载和三轴重复加载四种方式进行。

单轴静载蠕变试验是对一圆柱形试件在轴向施加一瞬时荷载，并保持荷载大小不变，经过一段时间后再立即卸载，使试件变形恢复，由此可得到通常的蠕变曲线。

动态蠕变试验有两种加载方式，即连续动态加载和间歇重复加载。静态蠕变曲线包括了可恢复的弹性黏弹性变形和不可恢复的黏塑性变形。动态蠕变曲线包括了黏塑性变形与来不及恢复的弹黏性变形。

动态蠕变试验的两种加载方式中，后一种更接近实际荷载的作用，它的蠕变曲线也更多地由材料的永久变形组成，因此它是较好的一种试验方法。

### 6.4.2　沥青混合料材料设计与性能试验

1)局部加载三轴蠕变试验

局部加载三轴蠕变试验研究的是特长纵坡条件下的车辙特性。和一般的平坡路段在受力特性上的差别，在于特长纵坡条件下需要考虑剪切力的影响，所以为了准确地模拟实际情况，在选用蠕变试验时，需要考虑剪切力的参与。而局部加载试验可满足这个要求。制作试件，进行不同温度、不同应力水平下的局部加载三轴蠕变试验，以确定沥青混合料蠕变参数。

(1)蠕变试验方案

本研究采用局部加载三轴蠕变试验确定沥青混合料蠕变参数。局部加载三轴蠕变试验与常规的三轴蠕变试验不同，侧向约束由沥青混合料本身提供，这种侧向约束力会因沥青混合料性能、荷载的大小和温度的变化而变化，符合特长纵坡条件路面的受力状况。

对于蠕变试验中采用的温度水平以及应力水平，应根据实际路面结构受到的温度及荷载条件而定。对于温度水平，沥青表面层温度变化范围为27～60℃，中面层温度变化范围为28～55℃，而沥青下面层温度变化范围为29～39℃。同时可以看出，路面结构层温度低于30℃的时间很短。因此，对于沥青混合料AC—13、AC—20及AC—25，其蠕变试验温度初定为30℃、40℃、50℃及60℃四个水平。对于应力水平的取值，对局部三轴试验的压头所需施加的轴向均布力分别为0.7MPa、0.9MPa和1.1MPa。故蠕变试验过程中应力分别取0.7MPa、0.9MPa及1.1MPa三个水平。

综上所述，沥青混合料蠕变试验条件见表6-8。

**沥青混合料蠕变试验条件** 表6-8

| 沥青混合料类型 | 温度(℃) | 轴向应力水平(MPa) |
|---|---|---|
| AC—13 | 30、40、50、60 | 1.1 |
| AC—20 | 30、40、50、60 | 0.9 |
| AC—25 | 30、40、50、60 | 0.7 |

注：1. 每种混合料的每组试验组合需平行试件两个；

2. 施加静态荷载。

将制作好的沥青混合料试件置于规定的恒温空气浴中，直至该沥青混合料的内部温度达到要求的试验温度，才可进行蠕变试验。试验加载设备采用UTM4多功能材料试验机。局部加载三轴试验过程中施加恒定的静态荷载，直至试件被破坏。需要注意的是，使用UTM—52(静态蠕变)进行蠕变试验时，试验机的输入参数应适当改变。例如，当试件尺寸选用$\phi$150mm × $H$80mm时，接触面直径不能是150mm，而应当改为压头面直径$d$，为75mm；另外不需要设置围压，这大大简化了试验步骤。

(2)沥青混合料蠕变试验方法

可用于沥青混合料高温蠕变性能试验的方法很多，包括圆柱形试件的单轴静载、单轴动载、单轴重复试验、三轴静载、三轴动载、三轴重复试验、径向静载、径向动载、径向重复试验，以及棱柱形梁试件的弯曲蠕变试验等。

①径向试验

径向试验是拉伸试验，更多地反映沥青混合料中胶结料的特性，而不是混合料的现场特性。因此，不太适宜用于评价沥青混合料抗车辙性能。许多历史试验数据也证明了这一点。

②单轴试验

单轴试验用于预测沥青混合料性能时，最大的难题就是确定施加的荷载和温度水平。一般认为，单轴试验的温度条件和荷载水平与实际路面的温度和荷载水平应该尽量一致。然而在试验过程中的温度条件和施加的荷载不同于路面实际状况，这是因为如果试验温度过高或荷载水平过大，往往会导致试件过早损坏而使试验数据离散。迄今为止，已有的历史试验数据与混合料性能的相关性都比较小，而且缺乏规范化的试验标准，因此，该类试验不宜直接用于评价沥青混合料抗车辙性能。

③三轴试验

三轴试验和单轴试验的区别在于试验过程中要对试件施加围压。通过在试验中施加围压能更好地模拟路面材料的三维现实受力状态，防止试验过程中试件过早被破坏。历史试验数据显示三轴蠕变试验和三轴重复荷载试验结果与沥青混合料抗车辙性能的相关性较高。三轴蠕变试验和三轴重复荷载试验已被证实有很大的潜力用于评价沥青混合料的抗车辙性能。这两个试验也被包括在NCHRP9—19项目正在研究的试验方法之中，将来很可能被美国确定为评价沥青混合料性能的标准试验方法。三轴试验的试件尺寸为$\phi$101.6mm × 203.2mm。试验温度和荷载水平与无侧限试验相比，能够更好地模拟路面实际受荷情况，试验荷载更接近于路面交通状况，试验还可采用不同的试件尺寸，且有成熟的试验标准可利用。

④剪切试验

剪切试验主要是SST（Superpave Shear Test）试验。SST试验设备昂贵且操作复杂，到目前为止还没有形成一个基于SST试验的可接受的评估沥青混合料性能的模型。该类试验目前不适合作为控制沥青混合料质量的试验方法。试件的尺寸为$\phi$152.4mm ×50.8mm。采用剪切应变模拟道路交通的影响，有AASHTO标准程序可供使用，用旋转压实仪成型试件。

⑤弯曲蠕变试验

弯曲蠕变试验采用棱柱形梁试件，在试验过程中，在简支梁试件中部施加瞬时荷载，使试件在荷载的作用下产生弯曲变形，然后维持该荷载，使试件在此恒载作用下产生蠕变变形。梁试件的蠕变参数可通过测定试件中部的挠度来间接计算。由于梁试件的断面尺寸较小,为使弯曲蠕变试验能在沥青混合料的线性变形范围内进行,通常要求施加的荷载要小。对于这种小荷载、小变形的情况,要求试验和检测设备具有较高精度和分辨率,能提供比较准确的荷载和微小变形的测定能力。

⑥经验试验

经验试验包括马歇尔稳定度和流值试验,维姆稳定度试验和 GTM(Gyratory Testing Machine)试验。目前,上述经验试验方法均不能作为评价混合料抗车辙性能的标准试验方法。马歇尔试验和维姆试验已使用多年,但作为评价沥青混合料抗车辙性能的试验方法,其作用有限。GTM 试验方法也已使用多年,该试验方法在一定程度上可用于评价沥青混合料抗车辙性能,但尚不足以成为评价沥青混合料抗车辙性能的标准方法。马歇尔试验试件尺寸为 $\phi$101.6mm × 63.5mm 或者 $\phi$152.4mm × 95.25mm。该试验程序已标准化,试验容易执行并且试验时间短,许多试验机构都有该试验设备。维姆稳定度试验试件尺寸为 $\phi$101.6mm × 63.5mm。试验方法有很好的理论基础,试验耗时少,试验采用三向荷载。GTM 试验采用的是松散沥青混合料,试验模拟路面施工碾压时的情况,碾压过程中得到试验参数,有现行标准可供利用。

⑦局部三轴蠕变试验

局部三轴蠕变试验是由东南大学研究提出的一种新三轴试验方法。它与常规的三轴蠕变试验不同,侧向约束力由沥青混合料本身提供,这种侧向约束力会因沥青混合料的性能、荷载的大小和温度的变化而变化,较符合实际路面的侧向受力状况。常规三轴试验的侧向约束力固定,和实际路面的侧向受力状况不符。同时,局部三轴蠕变试验能够克服常规三轴试验围压施加困难、需要密闭三轴室、对试验设备要求高等缺点。局部三轴蠕变试验装置见图 6-4。

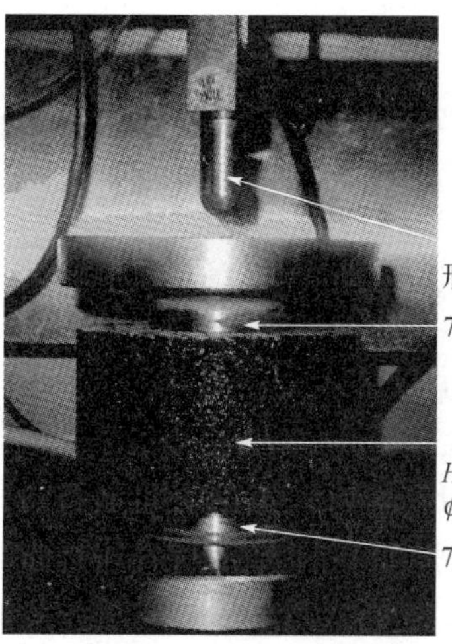


图 6-4　局部三轴蠕变试验装置

⑧模拟试验

模拟试验主要是指轮碾试验。APA(Asphalt Pavement Analyzer)试验、HWTD(Hamburg Wheel Tracking Device)试验以及 FRT(French Rutting Tester)试验都得出了一些与沥青混合料性能相关的试验数据,这种相关性有助于这类试验方法的标准化。虽然轮碾试验是非力学试验,但它能够很好地模拟沥青路面发生车辙的过程。美国 NCHRP9—19 等项目将所研究的力学试验结果与轮碾试验的结果进行比较来确定试验数据的可靠度,结论认为:推荐将 APA、HWTD 以及 FRT 试验作为沥青混合料设计和质量控制的标准试验方法。尽管这还不是最终确定的标准试验方法,但在更好的标准试验方法确定以前,这是路面工程界的最好选择。

⑨试验方法总结

由上可见,研究沥青混合料永久变形特性的试验方法很多且各有优劣,要根据试验条件和仪器设备情况,选择适宜的方法。一方面,在选择试验方法和确定试验参数时,尽量考虑其设备与试验程序的简单性、实用性、可推广性及对历史试验数据的可利用性等;另一方面,选用的试验方法应尽可能真实地反映沥青混合料的高温性能,使试验结果数据与实际路面永久变形响应有较好的相关性。综合考虑各方面因素,以局部三轴蠕变试验作为确定沥青混合料高温变形特性参数的基本方法是可行的。

2)沥青路面材料参数的确定

(1)沥青混合料蠕变参数

通过切割旋转压实成型的高度 170mm、直径 150mm 的试件,得到高度 80mm、直径 150mm 的蠕变试验试件,进行了不同应力、不同温度条件下的局部加载三轴蠕变试验,通过数据处理以及回归分析,得到沥青混合料的蠕变参数。沥青混合料的黏弹性特征采用"四单元五参数"蠕变模型进行描述,其模型参数根据所做的蠕变试验确定,并且用 MATLAB 对参数进行拟合。不同沥青混合料的蠕变参数见表 6-9。

(2)沥青路面材料弹性参数

通过逐级加载卸载的抗压回弹试验,确定不同温度条件下的沥青混合料弹性参数。

①沥青混合料面层

沥青混合料的弹性参数由抗压时间确定。不同温度条件下各沥青混合料回弹模量测试结果见表 6-10。沥青混合料泊松比随温度的变化参考 AASHTO—2000 中的数据取值。

②基层和土基

实际路面结构中,在荷载作用下,基层和土基也表现出一定的非线性和塑性响应特性(表 6-11)。但多数研究均表明,半刚性基层和土基在路面结构一定深度范围内,其所受应力一般较小,受荷载作用时产生的塑性变形非常小,对路面总变形影响不大,可以近似地作为线弹性材料处理。各材料弹性参数根据典型取值确定,同时不考虑弹性参数随温度的变化。

沥青混合料蠕变参数 表6-9

| 混合料类型 | 温度(℃) | $E_2$(MPa) | $\eta_2$(MPa·s) | $A$(MPa) | $B$(1/s) | $R^2$ |
|---|---|---|---|---|---|---|
| AC—13 | 30 | 83.33 | 519.38 | 23 913.63 | 0.007 14 | 0.992 56 |
| | 40 | 67.01 | 385.13 | 16 509.35 | 0.006 83 | 0.983 43 |
| | 50 | 50.68 | 250.90 | 11 105.06 | 0.004 52 | 0.996 18 |
| | 60 | 34.35 | 116.74 | 5 700.78 | 0.004 2 | 0.997 51 |
| AC—20 | 30 | 65.26 | 443.08 | 7 686.01 | 0.002 57 | 0.995 70 |
| | 40 | 56.36 | 322.25 | 4 868.39 | 0.002 34 | 0.994 31 |
| | 50 | 48.79 | 194.99 | 2 050.77 | 0.003 39 | 0.998 78 |
| | 60 | 42.58 | 127.44 | 1 105.47 | 0.004 12 | 0.997 46 |
| AC—25 | 30 | 57.84 | 213.37 | 10 250.16 | 0.002 63 | 0.998 76 |
| | 40 | 53.98 | 193.42 | 6 779.84 | 0.003 06 | 0.995 23 |
| | 50 | 51.81 | 173.47 | 4 309.53 | 0.004 23 | 0.998 14 |
| | 60 | 48.24 | 153.52 | 1 839.22 | 0.005 11 | 0.997 86 |

沥青混合料弹性参数 表6-10

| 混合料类型 | 温度(℃) | 抗压回弹模量 $E$(MPa) | 泊松比 $\mu$ |
|---|---|---|---|
| AC—13 | 30 | 900 | 0.25 |
| | 40 | 710 | 0.30 |
| | 50 | 630 | 0.35 |
| | 60 | 526 | 0.40 |
| AC—20 | 30 | 620 | 0.25 |
| | 40 | 554 | 0.30 |
| | 50 | 440 | 0.35 |
| | 60 | 380 | 0.40 |
| AC—25 | 30 | 752 | 0.25 |
| | 40 | 600 | 0.30 |
| | 50 | 530 | 0.35 |
| | 60 | 396 | 0.40 |

**基层和土基材料的弹性参数** 表 6-11

| 材料 | 抗压回弹模量 $E$(MPa) | 泊松比 $\mu$ |
| --- | --- | --- |
| 水泥稳定碎石 | 1 200 | 0.20 |
| 石灰土 | 300 | 0.30 |
| 土基 | 45 | 0.40 |

3)沥青路面高温稳定性技术标准

(1)沥青路面车辙的技术指标

20 世纪 70 年代,壳牌石油公司提出了用沥青面层的车辙深度限制沥青路面永久变形的设计方法。随后,世界各国根据本国的气候、交通等具体条件,提出了各自的容许车辙深度标准,如表 6-12 所示。

**容许车辙深度标准(mm)** 表 6-12

<table>
<tr><td colspan="3">美国地沥青协会(AI)</td><td>13</td></tr>
<tr><td colspan="3">英国</td><td>20</td></tr>
<tr><td rowspan="2">壳牌石油公司(shell)</td><td colspan="2">高速公路</td><td>10</td></tr>
<tr><td colspan="2">一般道路</td><td>30</td></tr>
<tr><td rowspan="2">比利时</td><td colspan="2">干线公路</td><td>12</td></tr>
<tr><td colspan="2">次级道路</td><td>18</td></tr>
<tr><td rowspan="3">中国</td><td colspan="2">高速公路</td><td>10 ~ 15</td></tr>
<tr><td rowspan="2">其他等级公路</td><td>交叉口</td><td>25 ~ 30</td></tr>
<tr><td>非交叉口</td><td>15 ~ 20</td></tr>
</table>

(2)沥青混合料抗永久变形指标

各国道路研究人员对沥青混合料的抗永久变形性能进行了大量的研究之后,提出了一些有关指标,如表 6-13 所示。

**沥青混合料蠕变劲度模量极限值** 表 6-13

| 研究者 | 温度(℃) | 时间(min) | 作用应力 $\sigma_0$ | 混合料劲度模量(MPa) |
| --- | --- | --- | --- | --- |
| Viljoen 等(1981) | 40 | 100 | 0.2 | ≥80 |
| Kronfuss 等(1984) | 40 | 60 | 0.1 | ≥50 ~ 65 |
| Tinn 等(1983) | 40 | 60 | 0.2 | ≥135 |

由表 6-13 中数据可见,各研究者采用的试验条件是不同的,所提出的劲度模量极限值差异也较大。

(3)轮辙试验标准

调查研究发现,轮辙试验的动稳定度与沥青路面的车辙深度有较好的相关性,只有恰当地控制沥青混合料的动稳定度,才能铺筑具有一定抗永久变形的沥青面层。

对于轮辙试验动稳定度指标与标准，日本做了大量的试验研究工作，动稳定度已作为正式指标纳入沥青路面设计规范中，如表6-14所示。

日本道路公团规定的动稳定度　　表6-14

| 交通量等级 | 一方向大型车交通量(辆/d) | 动稳定度要求(次/mm) | |
|---|---|---|---|
| | | 一般地区 | 准磨耗地区 |
| 轻交通量 | 1 500以下 | 800 | 500 |
| 中交通量 | 1 500~3 000 | 1 000 | 800 |
| 重交通量 | 3 000~15 000 | 1 200 | 1 000 |
| 超重交通量 | 15 000以上 | 3 000~5 000 | |

"八五"期间，我国首次提出用车辙试验动稳定度作为沥青混合料高温性能技术指标，《公路沥青路面施工技术规范》(JTG F40—2004)规定了公路沥青混合料动稳定度的技术要求，见表6-15。

动稳定度建议标准(次/mm)　　表6-15

| 车辙试验动稳定度 | 年最高月平均气温(℃) | | |
|---|---|---|---|
| | >30 | 20~30 | <20 |
| 普通沥青上中面层，不低于 | 800~1 000 | 600~800 | >600 |
| 改性沥青上中面层，不低于 | 2 400~2 800 | 2 000~2 400 | >1 800 |

## 6.5　沥青路面车辙数值计算

从特长纵坡的界定入手，选取各个设计速度下对应的路面坡度，在此基础上给出每个坡度水平下沿着路面的剪切力和垂直于路面的正压力。然后借鉴已有的研究成果，把车轮荷载简化为矩形荷载。这样，对应各个荷载等级得到与之相应的矩形荷载长度和面积，进一步得出路表面的剪切应力。

在每一个坡度水平下，又考虑了满载、100%超载、200%超载的荷载水平，以比较路面超载条件下车辙的变化规律。

### 6.5.1　荷载作用模式及其参数

车辙主要是由具有温度敏感性的沥青混合料在外部荷载的作用下，发生蠕变变形而累积产生的。接地压力与车辆轴载、轮胎充气压力及轮胎类型等有关，荷载作用时间则与荷载作用次数、轮胎接地长度、行车速度有关。在已有研究成果的基础上，分析路面纵坡对车辙的影响。为此，首先分析车辆轴载在水平和竖直方向的分量，然后分析荷载的作用方式，找出荷载对路面接地压力和作用时间的确定方法。

1)特长纵坡上车辆对路面的荷载作用

车辆在平坦路段一般保持匀速行驶状态,遇到上坡路段时,为克服坡道阻力而以较高的行驶效率通过坡段。车辆一般在上坡前开始加速,利用惯性力冲坡,随着阻力不断增大,行驶速度下降,及时改换低挡位增大牵引力,使车辆保持一定的稳定速度通过上坡段。当车辆减速行驶克服坡道阻力时,车辆轮胎与路面沿坡道方向的水平荷载将会增大,作用持续时间加长,对路面结构产生较大的剪应力。目前,我国主要采用静态力学体系分析车辆对路面的荷载作用,这也是符合我国沥青路面设计规范的静态弹性理论体系。

结合车辆纵向动力学的基本理论,以东风 EQ140 作为代表车型,计算了不同坡度和轴重状态下,车辆对路面结构的水平和垂直荷载,如表 6-16 所示。

**车辆对路面结构的水平和垂直荷载**　　表 6-16

| 坡度(%) | | 4.0 | 5.0 | 6.0 | 7.0 |
|---|---|---|---|---|---|
| 水平荷载(kN) | 满载 | 6.71 | 8.39 | 10.06 | 11.72 |
| | 超载 100% | 9.48 | 11.84 | 14.20 | 16.56 |
| | 超载 200% | 11.80 | 14.75 | 17.69 | 20.62 |
| 垂直荷载(kN) | 满载 | 96.00 | 95.86 | 95.70 | 95.51 |
| | 超载 100% | 135.54 | 135.35 | 135.13 | 134.86 |
| | 超载 200% | 168.79 | 168.56 | 168.27 | 167.94 |

2)轮胎接地压力以及沿路面剪切力集度

考虑现今高速公路上重载现象日益严重,车辆的轴重变化必然会导致轮胎与路面间接触压力与面积的变化。重庆交通科研设计研究院在环道试验中进行了不同荷载作用下轮胎接触压力的研究,通过测量不同轮胎充气压力、不同荷载条件下轮胎的实际接地面积,分析荷载与轮胎作用力之间的关系。试验结果表明,轮胎接地面积接近于矩形,并与荷载成明显的线性正相关性;随着荷载的增大,轮胎接地宽度 $B$ 的变化很小,而长度 $L$ 却显著增大。同时当荷载为 110kN 不变,而充气压力从 0.7MPa 增加到 1.0MPa 时,轮胎平均接地压力的增加量相当于 0.7MPa 充气压力条件下,荷载由 110kN 增加到 150kN。可见,轮胎充气压力与荷载两者对于轮胎平均接地压力的影响具有等效作用。这种由于轮胎充气压力增大,接地面积减少,平均接地压力明显增加的压力状况,对于沥青路面的影响十分不利。

根据重庆环道的研究结果,假设轮胎充气压力不变的情况下货车超载,则相应的轮胎平均接地压力与接地面积有所增加,当把荷载假设为矩形均布时,轮胎接地宽度 $B$ 的变化是很小的,所以随着轴载的增加,只有接地长度 $L$ 会随之变化。

根据交通运输部公路科学研究院《重载交通沥青路面轴载换算研究总报告》中的研究结果,根据实际接地面积计算出来的轮胎接地压力与轮胎内压并不完全相等。因此可以参照经验公式(6-7),计算荷载作用下的接地压力。

$$p = 0.290 \cdot p_t + 0.0042 \cdot P + 0.1448 \tag{6-7}$$

式中:$p$——轮胎接地压力,MPa;

$p_t$——轮胎充气压力,MPa;

$P$——轴载,kN。

由式(6-7)可知,轮胎接地压力与轮胎充气压力和轴重有关。结合研究目标,这里采用的方法是,将汽车满载时的轮胎接地压力作为标准值0.7MPa,从而计算轮胎充气压力。以该充气压力为标准,计算车辆超载时的轮胎接地压力。计算结果见表6-17。

**不同超载水平下的轮胎接地压力(MPa)** 表6-17

| 道路纵坡 i(%) | | 4 | 5 | 6 | 7 |
|---|---|---|---|---|---|
| 轮胎接地压力(MPa) | 满载 | 0.700 0 | 0.700 0 | 0.700 0 | 0.700 0 |
| | 超载100% | 0.866 1 | 0.865 9 | 0.865 6 | 0.865 3 |
| | 超载200% | 1.005 7 | 1.005 4 | 1.004 8 | 1.004 2 |

表6-17给出不同超载水平下的轮胎接地压力,基于此,可以计算得到轮胎接地面积,再通过表6-18,则可以计算得到沿路面剪切力集度,计算结果见表6-18。

**不同道路纵坡及超载水平下沿路面剪切力集度(MPa)** 表6-18

| 道路纵坡 i(%) | | 4 | 5 | 6 | 7 |
|---|---|---|---|---|---|
| 沿路面剪切力集度(MPa) | 满载 | 0.048 9 | 0.061 3 | 0.073 6 | 0.085 9 |
| | 超载100% | 0.060 6 | 0.075 8 | 0.091 0 | 0.106 3 |
| | 超载200% | 0.070 3 | 0.088 0 | 0.105 6 | 0.123 3 |

3)荷载模式的简化

路面设计方法中,通常将车轮荷载简化为圆形垂直均布荷载。但是这种模拟方式会在荷载的周边发生突变,使得在单向水平力作用下表面周边处的某些应力分量理论值趋向无穷大而产生奇点问题,继而导致理论计算值与实测值间的差异。相对于传统的圆形均布荷载,车辆轮胎与路面的接触形状更接近于矩形,但因为轮胎与路面间的接触压力存在非均布现象,使得直接受轮胎作用的表面层上应力分布状态也比较复杂。

理想的荷载模型应该能够模拟轮胎非均布荷载的状况,从而得到精确的路面响应结果。但由于目前的试验条件对于轮胎荷载非均布的状态难以准确测量和描述,并且成型的沥青混合料具有一定的柔度,变形的加剧就会促使应力重分布,因此轮胎荷载可视为均布荷载。综合上述两种荷载简化方式,在车辙模拟分析中可以将车轮荷载简化为矩形均布荷载,如图6-5所示。

图 6-5 轮载作用简化图

《公路沥青路面设计规范》(JTG D50—2006)中规定标准轴载为单轴双轮均布荷载,轮胎接地压强 0.7MPa,单轮传压面积当量圆直径为 21.3cm,两轮中心距为 31.95cm。根据相关文献,车辆轮胎对路面的作用并不是完全的圆形均匀分布,而是随着轮胎胎压、车辆轴载、轮胎型号以及轮胎花纹的不同而有所变化,荷载作用下轮胎接地形状更接近于矩形;而轮胎接地面积与荷载成明显的线性正相关性,且随着荷载的变化,轮胎接地的宽度 $B$ 变化很小,但接地长度 $L$ 随荷载的减小而减小。因此,忽略其他因素的影响,如图 6-5 示,将轮胎与路面的接触形状假设为矩形,其中接地宽度 $B$ 为实际接地宽度,即为各条纹实际宽度之和,不考虑非线性接触应力的影响,即假设每条矩形上应力均匀分布,按总应力等效的原则,确定轮胎接地长度 $L$,即由

$$P = n_w pBL \tag{6-8}$$

得出

$$L = \frac{P}{n_w pB} \tag{6-9}$$

式中:$P$——车辆后轴重,N;

$n_w$——轴的轮数,个;

$p$——轮胎接地压力,Pa;

$B$——轮胎接地宽度,m。

根据以上分析,可将车辆后轴荷载简化为双矩形均布荷载,接地宽度 $B$ = 18.6cm(固定),见图 6-6。表 6-19 给出了接地长度 $L$ 随道路纵坡变化的关系。轮数 $n_w$ = 4,两轮中心距为 31.4cm。

**不同超载水平下接地长度 $L$ 随道路纵坡变化的关系** 表 6-19

| 道路纵坡 $i$(%) | | 4 | 5 | 6 | 7 |
|---|---|---|---|---|---|
| 接地长度 $L$(cm) | 满载 | 18.43 | 18.41 | 18.38 | 18.34 |
| | 超载 100% | 21.03 | 21.01 | 20.98 | 20.95 |
| | 超载 200% | 22.56 | 22.53 | 22.51 | 22.48 |

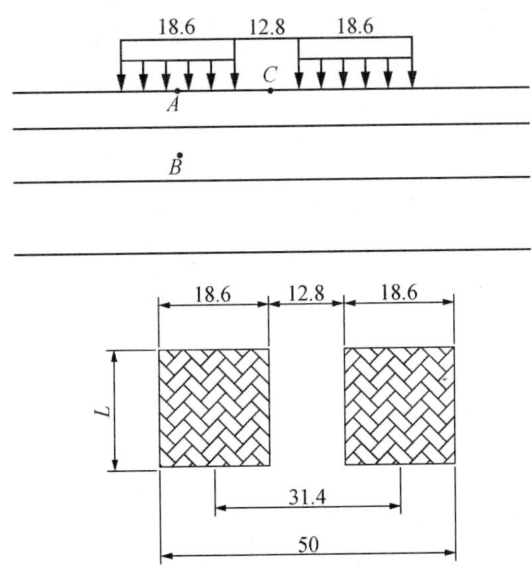


图 6-6 双轮均布矩形荷载图式(尺寸单位:cm)

4)交通量日分布

对于实际沥青路面结构,交通量的分布特征表现为空间分布和时间分布。时间分布特征主要表现为不同时间段内道路交通量的变化,例如一年内月交通量的变化、一天内小时交通量的变化等。图 6-7 为某高速公路交通量调查管理所所得的双向四车道重交通量日变化图。可以看出,交通量主要分布在白天,晚上交通量较少,交通量在白天有两个峰值和一个低谷,即所谓的马鞍形分布。

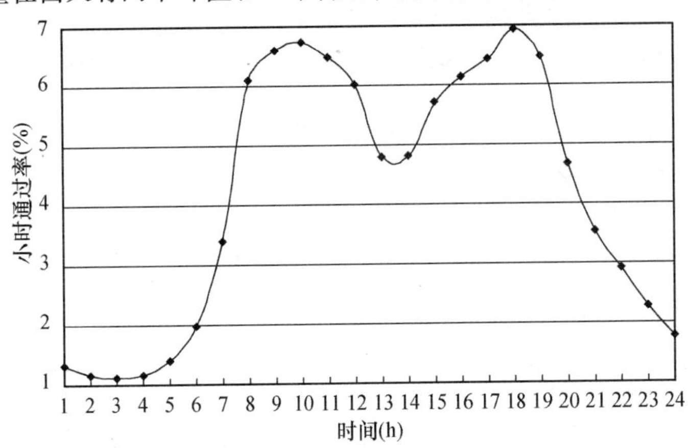


图 6-7 小时交通百分率日变化曲线

5)行车荷载简化及荷载作用时间

车轮在路面上滚动时,对路面上某一点而言,是一个不断加载与卸载的过程。即荷载是时间的函数,每个车轮行驶通过时,都可以当作一个脉冲荷载,荷载的大小、形状和作用时间随车辆轮载的大小、行车速度以及应力分布深度等因素变化。一般假定荷载随时间的变化函数为半正弦函数或三角形函数。

可以看出,最理想的方法应该是模拟行车荷载的动载作用频率,即进行所谓的动态或拟静态有限元分析。但对于三维有限元而言,进行 Visco 分析,考虑变温时,还需要材料的差值处理,而动态分析对机器硬件的要求非常高而难以实现。

参照已有的研究方法,采取应力等效原则,把路面脉冲荷载简化为半正弦荷载,然后再把半正弦荷载简化为静态荷载。即:

$$\int_0^{t_0} \sigma \sin \frac{\pi t}{t_0} \mathrm{d}t = \sigma_0 t_0 \tag{6-10}$$

解得:

$$\sigma_0 = \frac{2}{\pi}\sigma \tag{6-11}$$

式中:$\sigma$——半正弦波荷载峰值,Pa;

$\sigma_0$——等效静态荷载值,Pa;

$t_0$——一个加载周期的轮胎接地时间,s。

在接地压力和接地长度确定的情况下,根据行车速度 $v$,由式(6-12)可以确定轮载每通过一次对路表面的作用时间 $t_0$ 为:

$$t_0 = \frac{L}{v} = \frac{P}{n_{\mathrm{w}} p B v} \tag{6-12}$$

由此可得,当轮载作用次数为 $N$ 时,车辙处轮载的累积作用时间 $t$ 为:

$$t = N \cdot t_0 \tag{6-13}$$

将式(6-13)代入式(6-12),整理得:

$$t = \frac{NP}{0.36 n_{\mathrm{w}} p B v} \tag{6-14}$$

式中:$N$——轮载作用次数,次;

$P$——车辆轴重,kN;

$n_{\mathrm{w}}$——轴的轮数,个;

$p$——轮胎接地压力,MPa;

$B$——轮胎接地宽度,cm;

$v$——行车速度,km/h。

由式(6-14)可以看出,行车速度对车辙的形成有一定影响,速度越小,轮载对路面的作用时间越长,车辙的增长量就会越大。因此,实际道路交通中,低速的车辆,即使荷载较小,在长时间的作用下,也会产生一定的车辙。重载车辆,尤其是超载车辆轴载重,车速低,荷载作用时间长,对道路的车辙影响更大。

假定日重交通荷载作用次数不变,取高速公路交通量数据当量轴次为 11 000

次/d。查阅《公路沥青路面设计规范》(JTG D50—2006)得到车道系数 $\eta=0.45$。因此,一个车道的重载当量轴次 $N=11\ 000\times0.45=4\ 950$ 次/d。把计算得到的 $N$ 值带入式(6-14)中,即可得到一天中一个车道处车辙轮载的累积作用时间。把计算结果汇总到表 6-20。

**一天中一个车道轮载累积作用时间** 表 6-20

| 坡度 $i$(%) | | 4 | 5 | 6 | 7 |
|---|---|---|---|---|---|
| $t$(s) | 满载 | 54.69 | 59.58 | 65.42 | 81.62 |
| | 超载 100% | 65.69 | 70.57 | 77.82 | 98.14 |
| | 超载 200% | 78.74 | 85.35 | 93.19 | 117.69 |

按照图 6-7 小时交通百分率日变化曲线,将日荷载累积作用时间分配到各小时荷载作用时间,得到表 6-21 所示结果(只考虑满载情况)。

**一个车道日各小时荷载作用时间** 表 6-21

| 时段 | 作用时间(s) | | | 时段 | 作用时间(s) | | | 时段 | 作用时间(s) | | |
|---|---|---|---|---|---|---|---|---|---|---|---|
| 24:00~1:00 | 坡度 | 4% | 0.72 | 5:00~6:00 | 坡度 | 4% | 1.09 | 10:00~11:00 | 坡度 | 4% | 3.55 |
| | | 5% | 0.78 | | | 5% | 1.18 | | | 5% | 3.86 |
| | | 6% | 0.86 | | | 6% | 1.30 | | | 6% | 4.24 |
| | | 7% | 1.07 | | | 7% | 1.62 | | | 7% | 5.29 |
| 1:00~2:00 | 坡度 | 4% | 0.64 | 6:00~7:00 | 坡度 | 4% | 1.86 | 11:00~12:00 | 坡度 | 4% | 3.29 |
| | | 5% | 0.69 | | | 5% | 2.02 | | | 5% | 3.58 |
| | | 6% | 0.76 | | | 6% | 2.22 | | | 6% | 3.94 |
| | | 7 | 0.95 | | | 7% | 2.77 | | | 7% | 4.91 |
| 2:00~3:00 | 坡度 | 4% | 0.61 | 7:00~8:00 | 坡度 | 4% | 3.34 | 12:00~13:00 | 坡度 | 4% | 2.62 |
| | | 5% | 0.66 | | | 5% | 3.64 | | | 5% | 2.86 |
| | | 6% | 0.73 | | | 6% | 3.99 | | | 6% | 3.14 |
| | | 7% | 0.91 | | | 7% | 4.98 | | | 7% | 3.91 |
| 3:00~4:00 | 坡度 | 4% | 0.64 | 8:00~9:00 | 坡度 | 4% | 3.61 | 13:00~14:00 | 坡度 | 4% | 2.63 |
| | | 5% | 0.69 | | | 5% | 3.94 | | | 5% | 2.87 |
| | | 6% | 0.76 | | | 6% | 4.32 | | | 6% | 3.15 |
| | | 7% | 0.95 | | | 7% | 5.39 | | | 7% | 3.93 |
| 4:00~5:00 | 坡度 | 4% | 0.76 | 9:00~10:00 | 坡度 | 4% | 3.68 | 14:00~15:00 | 坡度 | 4% | 3.13 |
| | | 5% | 0.83 | | | 5% | 4.01 | | | 5% | 3.41 |
| | | 6% | 0.91 | | | 6% | 4.41 | | | 6% | 3.75 |
| | | 7% | 1.14 | | | 7% | 5.50 | | | 7% | 4.67 |

续上表

| 时段 | 作用时间(s) | | | 时段 | 作用时间(s) | | | 时段 | 作用时间(s) | | |
|---|---|---|---|---|---|---|---|---|---|---|---|
| 15:00~16:00 | 坡度 | 4% | 3.36 | 18:00~19:00 | 坡度 | 4% | 3.54 | 21:00~22:00 | 坡度 | 4% | 1.59 |
| | | 5% | 3.65 | | | 5% | 3.86 | | | 5% | 1.74 |
| | | 6% | 4.01 | | | 6% | 4.24 | | | 6% | 1.91 |
| | | 7% | 5.01 | | | 7% | 5.28 | | | 7% | 2.38 |
| 16:00~17:00 | 坡度 | 4% | 3.52 | 19:00~20:00 | 坡度 | 4% | 2.56 | 22:00~23:00 | 坡度 | 4% | 1.24 |
| | | 5% | 3.83 | | | 5% | 2.79 | | | 5% | 1.36 |
| | | 6% | 4.21 | | | 6% | 3.06 | | | 6% | 1.49 |
| | | 7% | 5.25 | | | 7% | 3.82 | | | 7% | 1.86 |
| 17:00~18:00 | 坡度 | 4% | 3.80 | 20:00~21:00 | 坡度 | 4% | 1.94 | 23:00~24:00 | 坡度 | 4% | 0.98 |
| | | 5% | 4.14 | | | 5% | 2.11 | | | 5% | 1.06 |
| | | 6% | 4.54 | | | 6% | 2.32 | | | 6% | 1.17 |
| | | 7% | 5.67 | | | 7% | 2.89 | | | 7% | 1.46 |

### 6.5.2 车辙计算模型分析

在数值模拟分析中,模型的大小、单元类型、网格尺寸等对计算结果的精度和计算的效率均有不同影响。为此,在车辙模拟分析前,需针对选定的路面结构,建立模拟区域大小不同的有限元模型,进行车辙模拟分析,并确定满足精度要求的模拟区域的合理尺寸。同时,从计算精度和计算时间综合考虑,需要分析单元类型、网格尺寸、蠕变误差控制等的影响,从而确立更为合理的车辙数值计算模型。图6-8为有限元模型网格划分图。

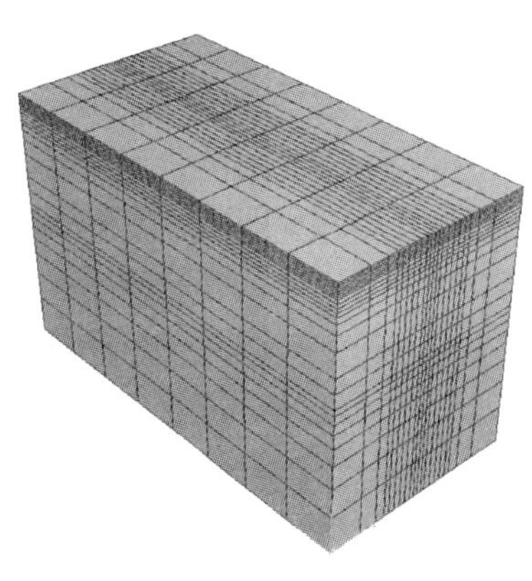

图6-8 有限元模型网格划分图

由于只是为了确定有限元模型的大小、单元类型、网格尺寸等问题,所以在选用材料参数时,没有考虑变温对材料性质的影响,也没有考虑温度应力,调用的UMAT程序里不计温度应力部分。在选用材料参数时,上面层、中面层和下面层分别取50℃、40℃和30℃的值,如表6-22所示。

分析时采用的路面材料参数　　表 6-22

| 混合料类型 | $E_1$(MPa) | $\eta_1$(MPa·s) | $A$(MPa) | $B$($s^{-1}$) | $E_0$(MPa) | $\mu$ |
|---|---|---|---|---|---|---|
| AC—13 | 50.68 | 250.90 | 11 105.06 | 0.004 52 | 630 | 0.35 |
| AC—20 | 56.36 | 322.25 | 4 868.39 | 0.002 34 | 554 | 0.3 |
| AC—25 | 57.84 | 213.37 | 10 250.16 | 0.002 63 | 752 | 0.25 |

根据已有的研究成果，模型宽度取 1.5m 即可满足精度的要求。考虑非线性的三维结构模型不能太大，所以取宽度为 1.5m。同时，相关文献还指出，对于土基的厚度，取 1.0m 即可满足有限元的精度要求，且结合所研究对象，可以知道土基不是关注点，因此也只取 1.0m，如图 6-9 所示。

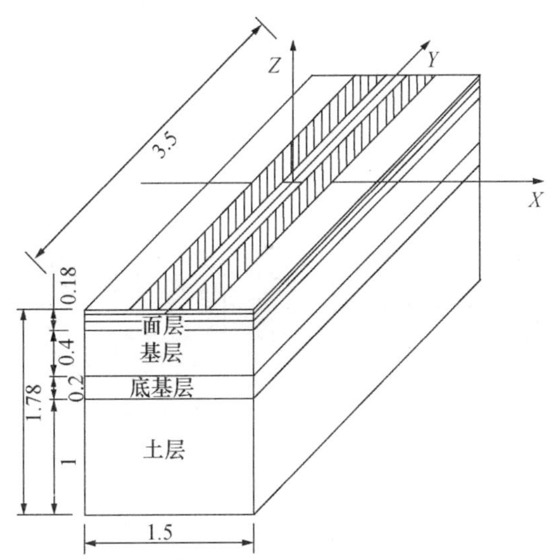


图 6-9　路面结构尺寸图（尺寸单位：m）

对边界条件作如下处理：沿宽度方向两侧取 $U_1=0$；在土基底部取 $U_3=0$；在行车方向的两侧取 $U_2=0$。

在选定模型深度和宽度的情况下，上部水平长度 $L$（$Y$ 方向）分别取 0.5m、1.0m、1.5m、2.0m、3.0m、3.5m 和 4.0m 进行车辙分析，确定模型水平长度 $L$ 的合理取值。对比标准为特殊点位的剪应力、位移和蠕变值以及总车辙量的计算收敛性，选取点位为路表轮迹中心点 $A$ 和轮隙中心点 $C$，以及轮迹中心点下的中面层中点 $B$（图 6-6）。计算结果见表 6-23。

荷载水平取设计速度为55km/h、路面纵坡为5%时所对应的水平力和垂直力的大小。通过简单计算可得：$p_{水平}=0.061\ 266\text{MPa}$，$p_{垂直}=0.7\text{MPa}$。作用时$t=59.58\text{s}$。

不同模型长度 *L* 时的计算结果 表6-23

| 单元类型 | 点位 | 长度 *L*（m） | 0.5 | 1.0 | 1.5 | 2.0 | 3.0 | 3.5 | 4.0 |
|---|---|---|---|---|---|---|---|---|---|
| C3D20R | *A* | 最大剪应力（MPa） | 0.086 | 0.092 | 0.091 | 0.090 | 0.089 | 0.089 | 0.089 |
| | | 位移 *U*（m） | -0.325e-2 | -0.336e-2 | -0.337e-2 | -0.337e-2 | -0.337e-2 | -0.337e-2 | -0.337e-2 |
| | | 蠕变 *CE*（m） | -0.318e-2 | -0.353e-2 | -0.370e-2 | -0.371e-2 | -0.371e-3 | -0.371e-2 | -0.371e-2 |
| | *B* | 最大剪应力（MPa） | 0.125 | 0.127 | 0.128 | 0.131 | 0.130 | 0.129 | 0.129 |
| | | 位移 *U*（m） | -0.267e-2 | -0.276e-2 | -0.277e-2 | -0.277e-2 | -0.277e-2 | -0.277e-2 | -0.277e-2 |
| | | 蠕变 *CE*（m） | -0.121e-1 | -0.123e-1 | -0.124e-1 | -0.124e-1 | -0.124e-1 | -0.124e-1 | -0.124e-1 |
| | *C* | 最大剪应力（MPa） | 0.174 | 0.175 | 0.175 | 0.177 | 0.176 | 0.177 | 0.177 |
| | | 位移 *U*（m） | -0.107e-2 | -0.126e-2 | -0.127e-2 | -0.127e-2 | -0.127e-2 | -0.127e-2 | -0.127e-2 |
| | | 蠕变 *CE*（m） | -0.085 3e-2 | -0.202e-2 | -0.215e-2 | -0.217e-2 | -0.220e-2 | -0.218e-2 | -0.218e-2 |
| | 车辙 $RD=U_C-U_A$（m） | | 0.218e-2 | 0.210e-2 | 0.210e-2 | 0.210e-2 | 0.210e-2 | 0.210e-2 | 0.210e-2 |

分析表6-23，不难看出，位移值是最容易收敛的。由于有限单元法是以位移为基本未知量，因此得到的位移是最准确的。和位移、蠕变相比，剪应力的值是最不容易收敛的。这一点可以这样解释：由几何方程可以知道，应力是由位移的一阶偏导数得到，也就是说，应力的精度本身就要比位移低一阶。

为了让计算结果更清楚，对数据进行标准化处理，处理结果见表6-24。由表可以看出，当*L*值取到3.0以后，各个点位的计算值收敛情况已经较好，计算时实际取$L=3.5\text{m}$。

不同模型长度 $L$ 时的计算结果的标准化处理　　表 6-24

| 单元类型 | 点位 | 长度 $L$ (m) | 0.5 | 1.0 | 1.5 | 2.0 | 3.0 | 3.5 | 4.0 |
|---|---|---|---|---|---|---|---|---|---|
| C3D20R | $A$ | 最大剪应力(MPa) | 0.966 | 1.034 | 1.022 | 1.011 | 1.000 | 1.000 | 1.000 |
| | | 位移(m) | 0.964 | 0.997 | 1.000 | 1.000 | 1.000 | 1.000 | 1.000 |
| | | 蠕变(m) | 0.857 | 0.951 | 0.997 | 1.000 | 1.000 | 1.000 | 1.000 |
| | $B$ | 最大剪应力(MPa) | 0.969 | 0.984 | 0.999 2 | 1.016 | 1.008 | 1.000 | 1.000 |
| | | 位移(m) | 0.964 | 0.996 | 1.000 | 1.000 | 1.000 | 1.000 | 1.000 |
| | | 蠕变(m) | 0.976 | 0.992 | 1.000 | 1.000 | 1.000 | 1.000 | 1.000 |
| | $C$ | 最大剪应力(MPa) | 0.983 | 0.988 | 0.988 | 1.000 | 0.999 4 | 1.000 | 1.000 |
| | | 位移(m) | 0.843 | 0.992 | 1.000 | 1.000 | 1.000 | 1.000 | 1.000 |
| | | 蠕变(m) | 0.409 | 0.923 | 0.987 | 0.995 | 1.009 | 1.000 | 1.000 |
| | $RD$(m) | | 1.038 | 1.000 | 1.000 | 1.000 | 1.000 | 1.000 | 1.000 |

## 6.6 特长纵坡条件下车辙

车辙是指沿道路纵向,在车辆集中通过的路面轮迹带产生的带状凹槽。在一个行车道上,它总是成双出现,使路表呈现凹陷,如 W 的形状。随着交通量的迅猛增长、交通的渠化、重载车辆的增多,特别是超载车辆数量的增多,沥青路面的车辙已经成为人们普遍关心的一个问题,关于车辙的形成规律也已经成为国内外的研究热点之一。

(1)车辙形成机理

沥青路面的车辙由车轮反复碾压形成。它起因于沥青混合料的黏滞流动、土基的变形,包括一定程度的压实作用和材料磨耗。半刚性基层沥青路面的车辙主要来源于沥青混合料的黏滞流动和一定程度的压实作用。

沥青混合料的力学特性极为复杂,其黏弹性理论的基本假定与材料实际状况有很大的偏差。在高温下,由于车轮反复碾压,沥青层将产生横向剪切流动。这种流动已不再是经典黏弹性理论中微观层次上的流动，而是混合料结构不断调整，在细观层次上的流动。材料本身的变形特性是产生这种细观流动的内在条件；具有一定横向分布的车轮反复碾压则是产生细观流动的外界条件。

(2)车辙的类型

根据车辙形成原因的不同，可将其分为以下五大类型：

失稳型车辙：这类车辙是目前研究的主要对象。它是由于沥青路面结构层在车轮荷载作用下，其内部材料的流动产生横向位移而产生，通常发生在轮迹处。当沥青混合料的高温稳定性不足时，在外力的作用下就会产生这种车辙。

结构型车辙：这类车辙是由于路面结构在交通荷载作用下产生整体永久变形形成的。这种变形主要由于路基变形传递到面层而产生。

磨耗型车辙：由沥青路面结构顶层的材料在车轮磨耗和自然环境因素作用下持续不断地损失而形成，尤其在汽车使用了防滑链和凸钉轮胎后，这种车辙更容易发生。

水损害型车辙：由于沥青路面的中下面层产生明显的水损害，失去了沥青膜的黏结作用，从而在荷载的作用下出现变形累积形成的车辙。

再压实型车辙：由于沥青混合料的压实度未达到规定要求，在行车荷载的反复作用下，混合料局部的压实进一步增加，因而产生压缩变形，形成车辙。

(3)车辙的影响因素

车辙的影响因素见图6-10。

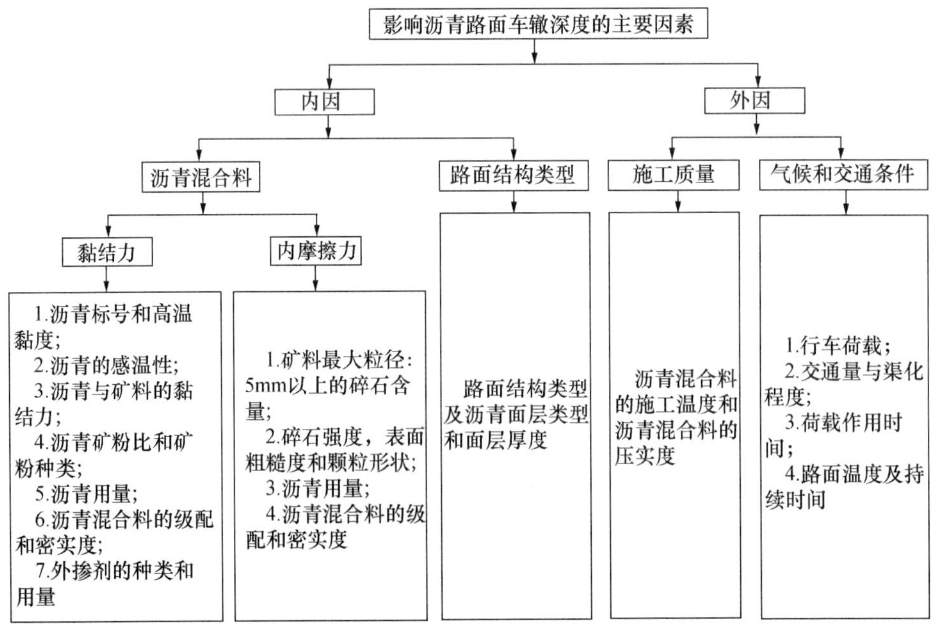


图6-10 车辙的影响因素

由图6-10可以看出,影响沥青路面抗车辙性能的因素很多,归纳起来可分为:沥青路面结构和沥青混合料本身内在因素(内因),以及气候、交通量及交通组成等外界因素(外因)。

车辙的形成过程,可简单地分为以下三个阶段。

①初始阶段的压密过程

沥青混合料经碾压后,在高温下处于半流态的沥青及由沥青与矿粉组成的胶浆被挤进矿料间隙中,同时集料被强力排列成具有一定骨架的结构。交付使用后,在汽车荷载作用下,密实过程进一步发展,在轮辙位置产生局部沉陷。

②沥青混合料的侧向流动

高温下的沥青混合料在轮胎荷载作用下,沥青及沥青胶浆产生流动,除部分填充混合料空隙外,还将促使沥青混合料产生侧向流动,从而使路面受载处被压缩,而轮辙的两侧向上隆起形成马鞍形车辙。

③矿质集料的重新排列及矿质骨架的破坏

高温下处于半固态的沥青混合料,由于沥青及胶浆在荷载作用下首先流动,混合料中粗、细集料组成的骨架逐渐成为荷载的主要承担者,促使沥青及胶浆向富集区流动,加速了混合料网络结构的破坏,特别是当沥青及胶浆过多时,这一过程会更加明显。

由此可见,车辙形成的最初原因是压密及沥青高温下的流动,最后导致骨架的失稳。从本质上讲,就是沥青混合料的结构特征发生了变化。

影响沥青路面车辙的因素主要有集料、结合料、混合料类型、荷载、环境条件等。此外,压实方法会直接影响沥青混合料的内部结构,从而对车辙产生影响。

目前对于车辙的已有研究已经比较深入,但在长大纵坡沥青路面车辙研究方面,仍存在以下问题:

①较少考虑路面坡度的影响,特别是对于山区公路来说,长纵坡对沥青路面车辙的影响。

②没有考虑车辆在特定路段上的特殊行驶状态,如:陡坡上车辆的频繁制动、变坡点的荷载冲击等。

③缺乏对实际受力状态与室内试验模拟之间的深入分析比较,也就基本没有提出相应车辙控制标准下的沥青混合料材料控制要求。

④目前的研究大多依据恒定的温度条件,没有考虑路面结构的实际工作状况,尤其是在高温、重载下的形成规律。虽然已有少量基于气象学和传热学的基本理论,采用数值或解析方法建立路面温度场的预估模型,但尚无长大纵坡段路面车辙的形成规律方面的研究,而这一点对于武吉高速公路沥青路面的车辙研究至关重要。

### 6.6.1 水平荷载对车辙的影响

已有的研究成果表明,加载时间、垂直于路面方向的正压力、沿行车方向的水平荷载都有可能对车辙产生影响。考虑沿行车方向的水平荷载对最终车辙量的影响,采取了如下方案:垂直于路面方向的正压力取标准荷载0.7MPa,加载时间取平坡路段满载时一天所对应的时间,即28.49s;沿行车方向的剪切力采用了6个水平,分别为:0,0.01MPa、0.1MPa、0.3MPa、0.5MPa、0.7MPa、0.9MPa。计算结果见图6-11。

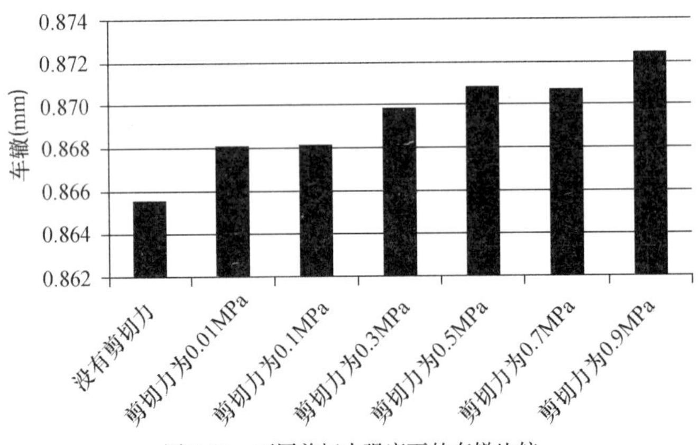


图6-11 不同剪切力强度下的车辙比较

可以看出,随着剪切力的增加,高温情况下日车辙量从0.865 6mm增加到0.872 4mm。计算的车辙量虽然随着水平向荷载的增加有所增加,但是增加的量很小,差值为0.006 8mm,基本可以忽略。

为验证该结论,又采用时间硬化模型在同样的条件下进行计算,结果见图6-12。可以看出,随着剪切力的增加,车辙量从0.876 8mm减小到0.649 5mm。计算的车辙量随着剪切力的增加而变小。它们之间的差异为0.227 3mm。

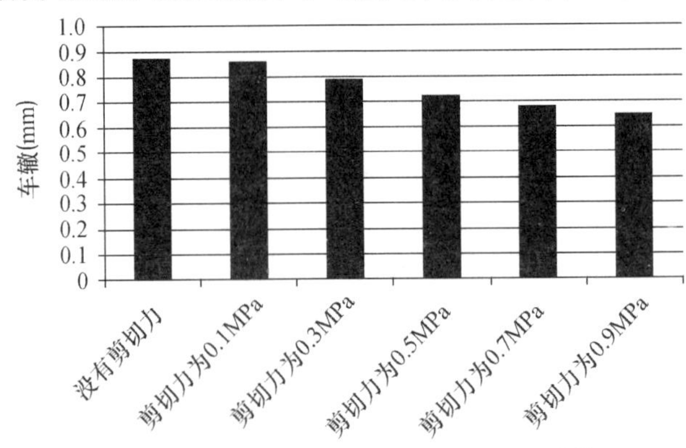


图6-12 不同剪切力强度下的车辙比较(时间硬化模型)

综上所述，无论采用“修正 BURGERS 模型”还是“时间硬化模型”，在采用相同的垂直荷载和相同的作用时间的条件下，得到的计算车辙都不会随水平荷载的增加而增加，“时间硬化模型”计算的车辙甚至减小。

图 6-13、图 6-14 分别为竖向蠕变随深度变化的规律、最大剪应力随深度变化的规律。

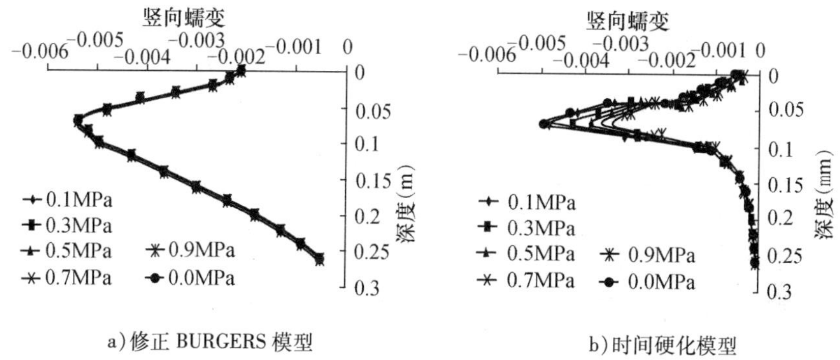


图 6-13 竖向蠕变随深度变化的规律

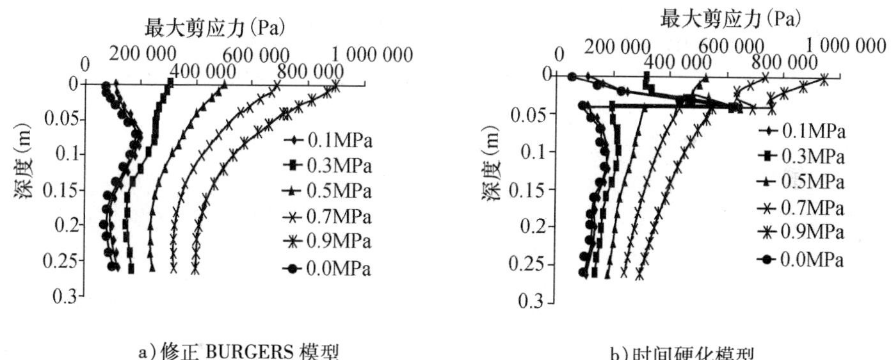


图 6-14 最大剪应力随深度变化的规律

从图 6-13 可以看出：“修正 BURGERS”模型的竖向蠕变不随着沿行车方向的剪切力而变化，这可以解释该模型中，车辙不随该剪切力的变化而变化。“时间硬化”模型中，竖向蠕变应变随着沿行车方向的剪切力变化而变化，但是这种变化为随着该剪切力的增加，竖向蠕变变小。这也就解释了车辙随剪切力的增加而减小的原因。

“时间硬化模型”计算结果的可能原因有：车辙是路面结构的竖向永久变形，沿行车方向的剪切力能够使路面结构产生沿行车方向的变形；在同样的竖向荷载条件下，水平荷载的增加导致材料“硬化”程度增加，从而使应变率降低，在同样的荷载作用时间下，竖向变形减小，即车辙量随着剪切力的增加而变小。

在图6-14中,无论是"修正 BURGERS 模型"还是"时间硬化模型",只有当沿行车方向的水平荷载比较小时,其最大剪应力一般才出现在中面层。随着剪切力的增大,最大剪应力的最大值出现在上面层。为了验证其和车辙的相关性,故对沥青路面各层的车辙贡献率进行分析,其结果如表6-25所示。

沥青路面各层的车辙贡献率　　表6-25

| 面层结构 | 沿着行车方向的剪切力(MPa) | | | | | |
|---|---|---|---|---|---|---|
| | 0.1 | 0.3 | 0.5 | 0.7 | 0.9 | 0.01 |
| 上面层 | 29.276 6 | 29.283 56 | 29.279 65 | 29.280 91 | 29.275 834 | 29.286 69 |
| 中面层 | 51.022 43 | 51.019 14 | 51.020 88 | 51.019 89 | 51.023 727 | 51.021 72 |
| 下面层 | 19.700 98 | 19.697 3 | 19.699 47 | 19.699 19 | 19.700 44 | 19.691 59 |

从表6-25可以看出,面层不同部分的车辙贡献率不随沿行车方向的剪切力的变化而变化,仍然是中面层的贡献最多,上面层次之,下面层最少。但是图6-14中的最大剪应力随深度的变化规律却表明:随着水平荷载的增加,上面层的最大剪应力将超过中面层的部分,其变化趋势将不再和竖向蠕变有相似性。

### 6.6.2 特长纵坡段超载、坡度水平对车辙的影响

在特长纵坡条件下,不同的坡度水平对应不同的速度水平,也对应不同的剪切力作用水平。通过前节的研究可以知道,不同的剪切力对车辙几乎没有影响("修正 BURGERS 模型")。在特长纵坡上,之所以产生比平坡路段大的车辙,很可能是因为在特长纵坡上行车的速度远小于平坡路段的速度。为此,下面从坡度水平、超载水平两个影响因素出发,考虑其对车辙的影响规律。

图6-15是不同坡度情况下,不同超载水平时的车辙计算结果。可以看出,超载水平对车辙比较敏感,随着超载水平的增加,车辙量显著增加。

图6-16分析了超载、坡度水平对车辙的综合影响。图中两条曲线是满载、超载100%、超载200%三种情况,在不同坡度情况下的车辙差值。可以看出,坡度水平不同,车辙量的变化趋势也不同。当荷载从满载变化到超载100%时,随着坡度水平的增加,车辙量的变化呈加速增加的趋势,即在超载条件下,坡度水平的增加对车辙量的增加有非常大的影响;当超载水平由超载100%~200%变化时,其变化趋势和满载~超载100%相似,但是车辙增加的量又有了一定程度的增加。

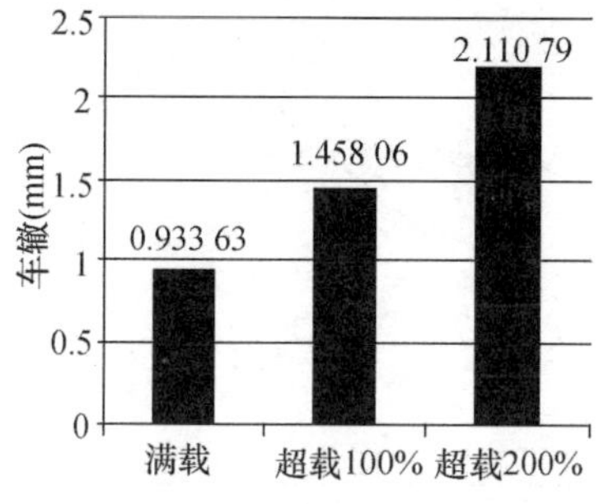


a)平坡路段不同超载水平的车辙

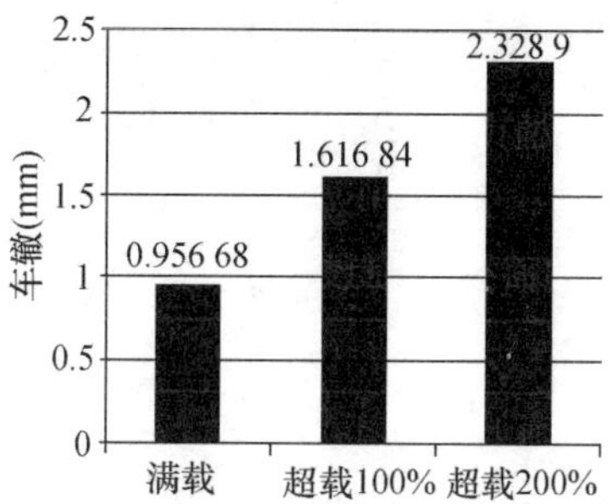


b)4%坡度不同超载水平的车辙

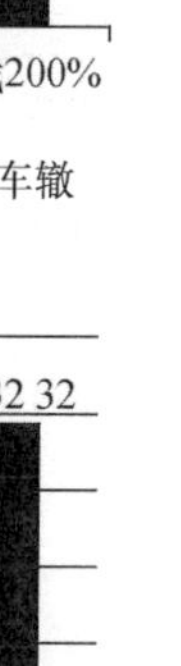


c)5%坡度不同超载水平的车辙

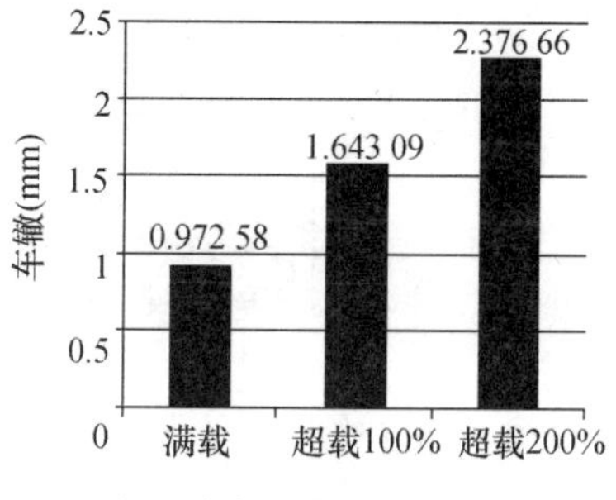


d)6%坡度不同超载水平的车辙

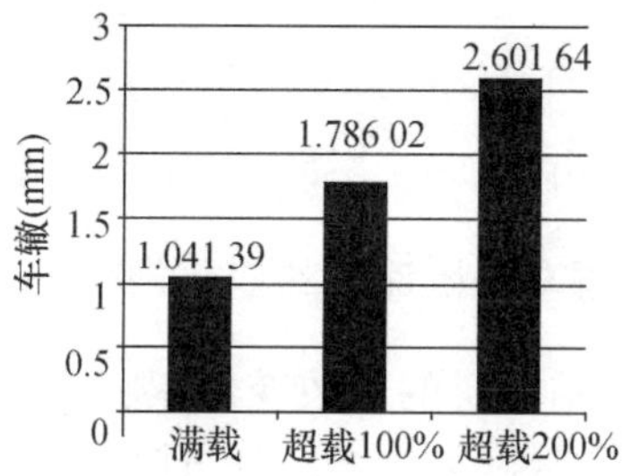


e)7%坡度不同超载水平的车辙

图 6-15　超载对车辙的影响

图 6-17 为不同坡度水平条件下的车辙量相对变化规律,是以平坡条件下荷载由满载增加到超载 100% 和由超载 100% 增加到超载 200% 时的车辙增加量为 1,计算不同坡度水平变化条件下,车辙量与其比值的变化趋势。可以看出,虽然从超载 100% ~超载 200% 的车辙量的变化比例相对于荷载从满载~超载 100% 来说降低了。但在这两种情况下,车辙随坡度的变化规律都是加速增长。

综上所述,超载对车辙量的变化很敏感,尤其是在特长纵坡条件下时,其敏感性将进一步增加,所以在特长纵坡路段应该非常注意限制超载车辆的通行。

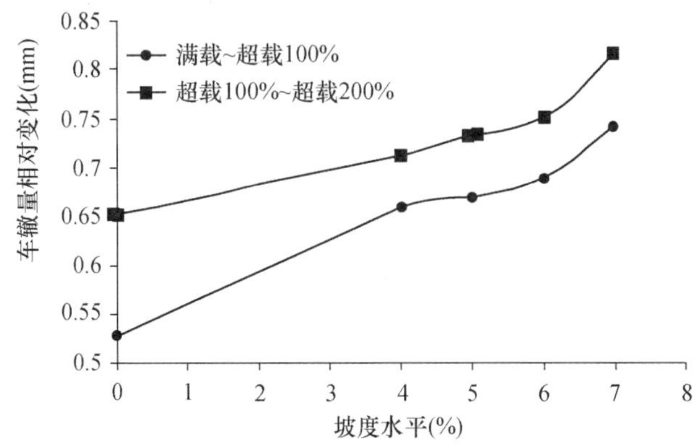


图6-16　不同坡度水平的车辙量变化

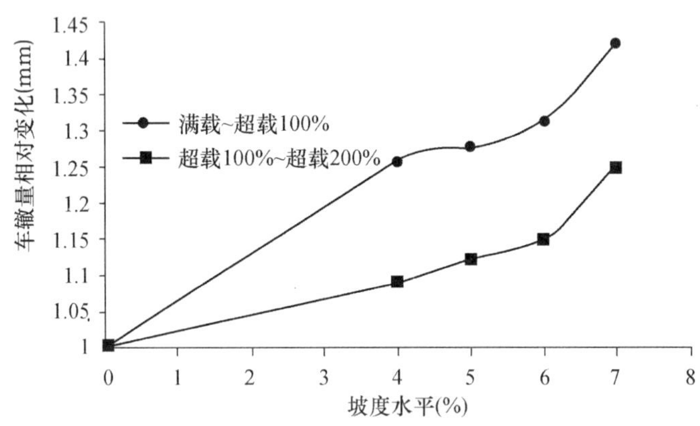


图6-17　不同坡度水平条件下的车辙量相对变化规律

### 6.6.3　特长纵坡段面层车辙随深度的变化规律

路表车辙是由路面各个结构层的永久变形累积形成的。因此,在进行车辙性能分析时,有必要分析车辙在深度方向上的分布规律,为路面结构设计时分层抗车辙要求提供依据。经分析,由于ATB对车辙的贡献很小,可忽略不计。图6-18为不同超载、坡度水平下车辙在深度方向上的变化规律。

从图6-18可以看出,车辙随深度发展的规律基本相似,即在中面层车辙变形最大,上面层次之,下面层最小。车辙在深度上的分布随坡度的变化规律为:坡度越大,车辙越大,但还是主要反映在中面层;其随超载率的变化规律为:超载率越大,车辙越大,在三个面层分层中同时反映,即上、中、下面层内产生的车辙随超载率的增加而同时增加。

上述分析从另一个角度证明了如下结论:和坡度相比,超载对路面车辙病害的产生起着更为重要的影响,因为其影响的结构层更多,所以产生的车辙增量也更大。

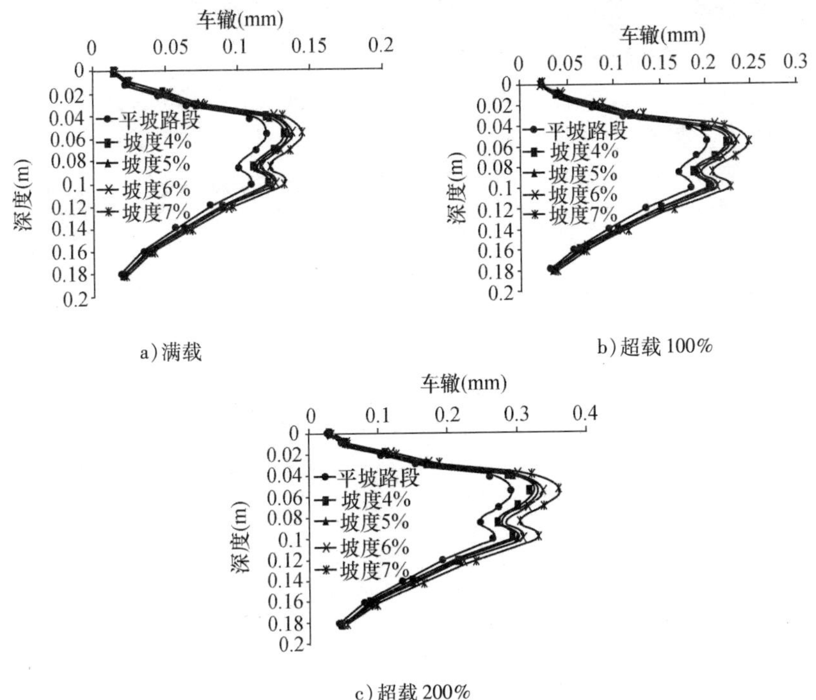


图 6-18 不同超载、坡度水平下车辙在深度方向上的变化规律

## 6.6.4 特长纵坡段面层各部分的贡献率

表 6-26 表示了不同超载条件、坡度水平下，面层各分层的车辙比例。可以看出，在相同的超载条件下，上面层随着坡度的增加，其车辙的贡献率呈减小的趋势，中、下面层随着坡度的增加，车辙贡献率呈增加的趋势；在相同的坡度水平下，随着超载率的增加，上面层的车辙贡献率呈减小的趋势，中、下面层随着超载率的增加，车辙贡献率呈增加的趋势。

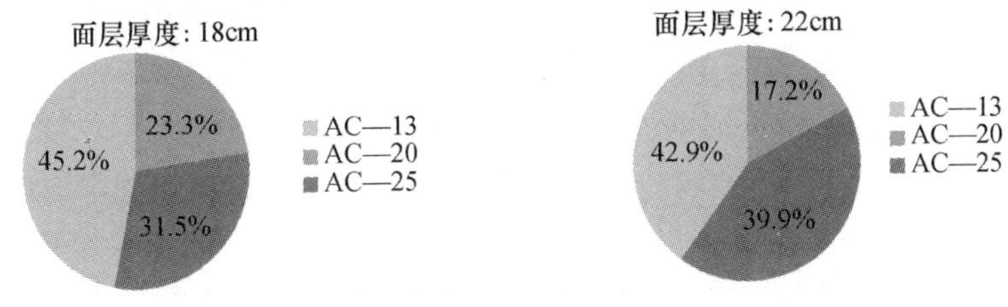


a)4cm AC—13 + 6cm AC—20 + 8cm AC—25　　b)4cm AC—13 + 8cm AC—20 + 10cm AC—25

图 6-19 不同路面厚度车辙贡献率对比

不管哪种工况，中面层车辙贡献率都在 50% 左右，上面层的车辙贡献率比下面层的要大。从表 6-26 可以看出，虽然各结构层在不同的超载条件下和不同的坡

度水平下,对车辙的贡献率有所不同,但是这种差异其实很小。不同路面各层厚度情况下各个结构层车辙贡献率的差异见图6-19。

通过对比可以看出,路面各层的车辙贡献率与面层各层厚度有密切关系,而与荷载条件、坡度条件相关性则很小。

不同超载条件、坡度水平下面层各部分的车辙比例　　表6-26

| 超载条件 | | 满载 | | | 超载100% | | | 超载200% | | |
|---|---|---|---|---|---|---|---|---|---|---|
| 平坡路段 | 面层部位 | 上面层 | 中面层 | 下面层 | 上面层 | 中面层 | 下面层 | 上面层 | 中面层 | 下面层 |
| | 车辙比例(%) | 28.67 | 49.93 | 21.40 | 28.54 | 50.03 | 21.43 | 28.42 | 50.12 | 21.46 |
| 坡度4% | 车辙比例(%) | 28.42 | 50.11 | 21.47 | 28.30 | 50.21 | 21.49 | 28.20 | 50.29 | 21.51 |
| 坡度5% | 车辙比例(%) | 28.39 | 50.14 | 21.47 | 28.26 | 50.24 | 21.50 | 28.15 | 50.32 | 21.53 |
| 坡度6% | 车辙比例(%) | 28.34 | 50.18 | 21.48 | 28.21 | 50.28 | 21.51 | 28.11 | 50.36 | 21.53 |
| 坡度7% | 车辙比例(%) | 28.23 | 50.26 | 21.51 | 28.08 | 50.37 | 21.55 | 27.97 | 50.46 | 21.57 |

### 6.6.5 特长纵坡条件下车辙日变化规律

1)特长纵坡条件下总车辙日变化规律

沥青路面车辙日变化主要受外界环境(主要是气象参数)的影响,表现为路面结构内温度场的影响。计算模型采用满载时的荷载参数。图6-20为不同坡度满载条件下沥青路面结构车辙日变化曲线。

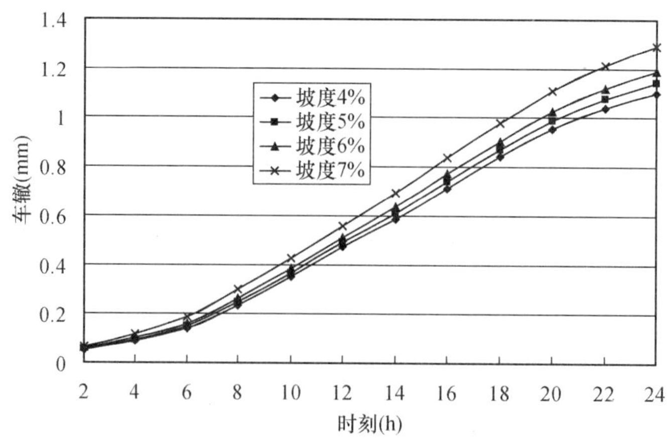


图6-20　不同坡度满载条件下的车辙日变化曲线

由图6-20可以看出,车辙日变化曲线呈倾斜的"S"形。从0到6点阶段,由于没有太阳辐射,路面结构的热量呈亏损状态,结构温度下降,结合图6-7知道,这段时间内交通量很小,所以车辙曲线的斜率很小,变化缓慢。从6到13点阶段,路表吸收了太阳辐射,路面整体结构升温,结合图6-7知道,这段时间交通量增大,所以车辙曲线的斜率增大。从13点到18点阶段,太阳辐射强度开始下降,直到没有太阳辐射,但是在这段时间中的大部分,路面结构体仍然处于热量盈余状态,结合图6-7,这段时间里交通量很大,所以车辙曲线仍然急剧上升,即曲线的斜率还是很大。从18点到24点,由于没有了太阳辐射,路面结构的热量又呈亏损状态,结构体温度下降,这段时间内交通量变小,所以车辙曲线又变得平缓。

由于坡度不同,各条曲线有一定差异,但其共同规律为坡度越大,车辙越大。这是由于荷载作用时间的增加所导致。

2)特长纵坡条件下每两小时车辙日变化规律

根据外界因素(温度场和交通量)的日变化规律,沥青路面产生的车辙在每2h中的变化规律各不相同,为了研究一天中各个时段内的车辙变化规律,以2h为一个单位,分别计算出其所对应的车辙量。具体的分析结果见图6-21。

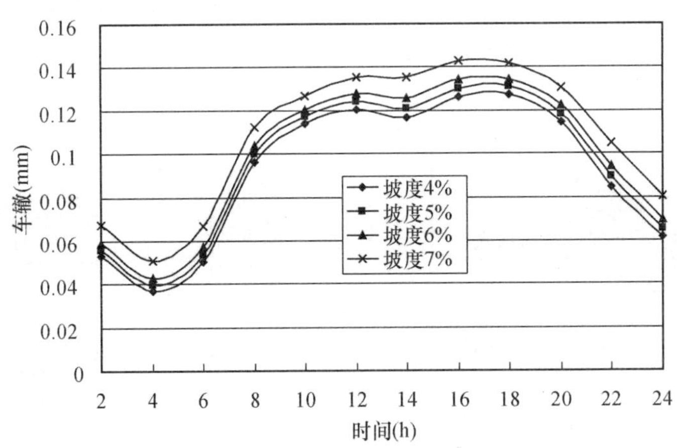


图6-21 沥青路面结构每两小时车辙变化规律

由图6-21可以看出,在4:00左右,车辙产生的量最小,这是因为,在4:00前后的两个小时内,无论是温度还是交通量都处于一天中最小的阶段。从4:00~12:00这一阶段,每2h产生的车辙呈增加的趋势,这是由于交通量逐渐增大,温度值也逐渐增大。从12:00~14:00这一阶段,虽然路面温度值呈增加趋势,但是由于交通量变小,所以这一阶段的车辙量稍有下降。从14:00~18:00这一阶段,虽然温度值略有降低,但交通量逐渐增大,每两小时产生的车辙还是达到了一天的最高点。过了18:00,由于路面温度下降,交通量也下降,所以每两小时产生的车辙也逐渐下降。

通过分析发现，在满载情况下，坡度越大，车辙越大。沥青路面车辙虽然受到气象条件和交通量的双重影响，但是交通量日分布特性对它的影响更大。

### 6.6.6 特长纵坡条件下温度应力对车辙的影响

取沥青面层的胀缩系数为 $0.8\times10^{-4}$，石灰土的胀缩系数为 $5\times10^{-5}$，水稳碎石的胀缩系数为 $3\times10^{-5}$，土基的胀缩系数为 $5\times10^{-4}$。荷载取各个坡度下满载情况的值。分析结果见图6-22。

从图6-22可以看出，考虑温度应力与否对最终的车辙没有显著影响。

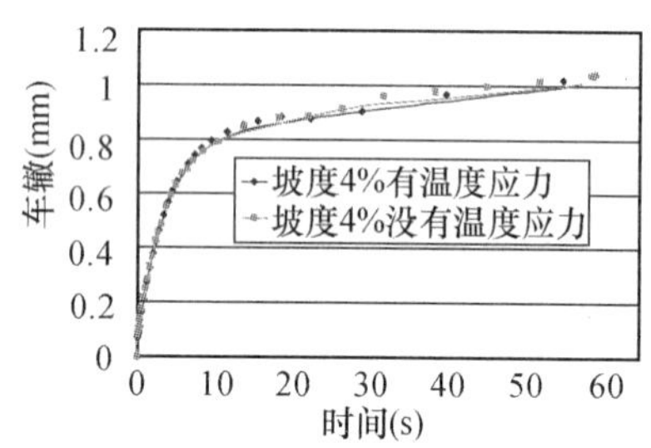


a）坡度4%有无温度应力车辙计算结果比较

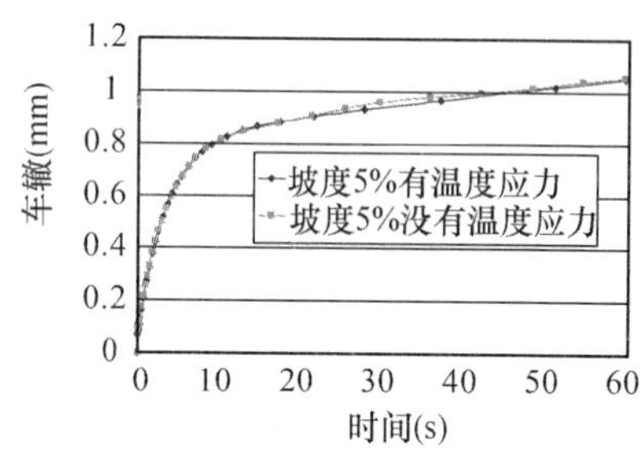


b）坡度5%有无温度应力车辙计算结果比较

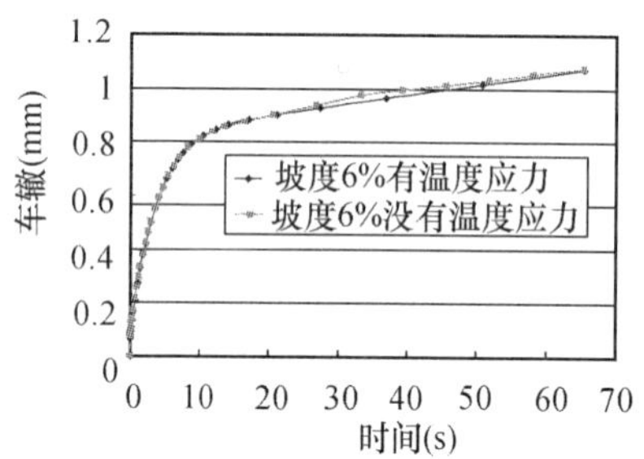


c）坡度6%有无温度应力车辙计算结果比较

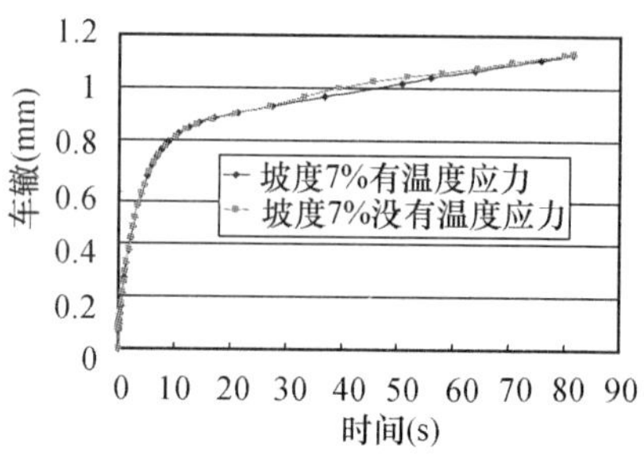


d）坡度7%有无温度应力车辙计算结果比较

图6-22 不同坡度水平下有无温度应力对车辙的影响

## 6.7 影响车辙的因素及材料控制

为将车辙分析结果用于工程实践，从交通敏感性、ATB结构层的影响以及特长纵坡沥青路面车辙的混合料动稳定控制标准等方面进行分析，力图将车辙分析结果与设计、施工阶段的混合料设计标准联系在一起，在控制材料满足标准的情况下，保证路面车辙发展在一定限度之内，以保证特长纵坡沥青路面长期抗车辙的性能。

### 6.7.1 交通量敏感性分析

为了分析交通量对车辙的影响，计算模型中保留其他条件不变，选取交通量分别为：1 000 次/d、5 000 次/d、10 000 次/d、15 000 次/d、20 000 次/d，根据前文方法，得出其对应的荷载作用时间。代入车辙有限元模型计算，结果见图 6-23。

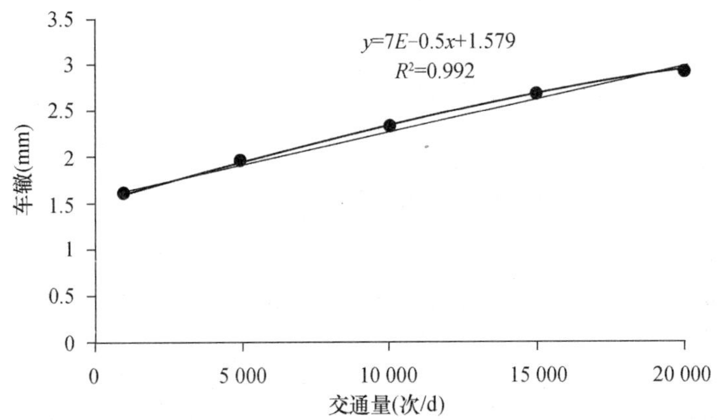


图 6-23 不同交通量条件下的车辙大小

由图 6-23 可以看出，其变化基本呈线性。即：当沥青混凝土路面在进入破坏阶段之前，车辙和荷载作用时间满足线性关系。

为了进一步分析，作出其在深度方向上的变化规律，计算结果见图 6-24。

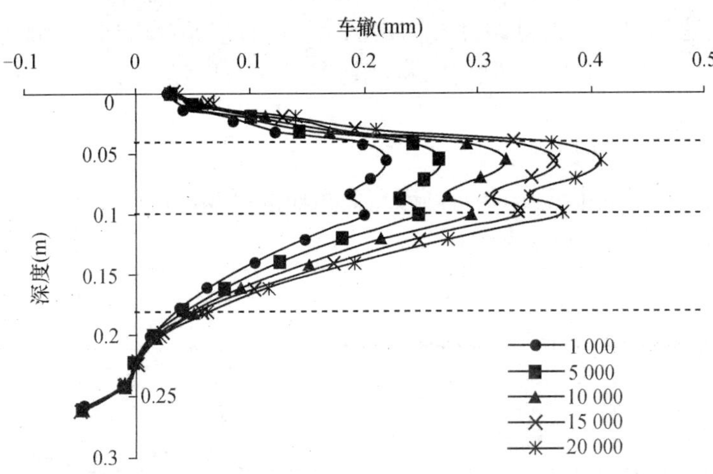


图 6-24 不同交通量车辙随深度的变化关系

由图 6-24 可以看出，交通量对车辙产生的影响主要表现在中、下面层，上面层和下面层以下的 ATB 车辙量变化不大。中、下面层中，尤其以中面层的变化显著，且车辙变化曲线形态类似。在各层位的车辙贡献率方面，中面层和下面层的比例将会提高，中面层尤甚。

### 6.7.2 ATB 对车辙的影响

ATB 沥青稳定碎石属密级配沥青混合料，具有较强的抗压强度、抗弯拉强度，由于其矿料级配属于典型骨架密实型结构，因此其抗剪切变形能力也很突出。

选取有 ATB 和无 ATB 两种结构进行有限元分析，以此确定 ATB 对沥青路面整体车辙的影响。计算过程中的其他参数取值相同。计算结果见表 6-27。

**有无 ATB 对沥青路面车辙的影响** 表 6-27

| 有无 ATB | 坡度和荷载条件 | | | | |
|---|---|---|---|---|---|
| | 平坡、满载 | 坡度 4%、超载 100% | 坡度 5%、超载 200% | 坡度 6%、满载 | 坡度 7%、超载 200% |
| 无 ATB 层 | 1.25 | 2.68 | 4.03 | 1.63 | 4.53 |
| 有 ATB 层 | 0.93 | 1.62 | 2.38 | 0.99 | 2.60 |
| 车辙差值(mm) | 0.31 | 1.07 | 1.65 | 0.64 | 1.92 |

由表 6-27 可以看出，ATB 结构层对沥青路面车辙影响较大，且随坡度和超载率的不同而变化，坡度越大，影响越大；超载率越大，影响越大。

从表 6-27 中还可以看出，加入 ATB 后，路面结构总体厚度增加，而车辙相应减小。这是因为沥青层总厚度超过 18 ~ 20cm 后，沥青层厚度增加产生的车辙增量已较小，而 ATB 因其混合料组成特性，抗剪切变形能力更强，加入 ATB 后，其上沥青混凝土层受力得以改善，而 ATB 本身蠕变变形小，因此出现了 ATB 层结构的车辙要小于没有 ATB 层的情况。

为了进一步分析有无 ATB 对沥青路面车辙的影响，分析其对应车辙在深度方向上的变化规律，计算结果见图 6-25。

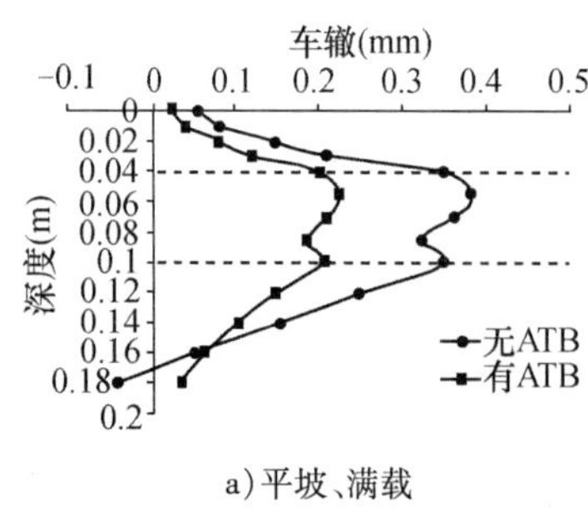


a) 平坡、满载

b) 坡度 4%、超载 100%

图 6-25

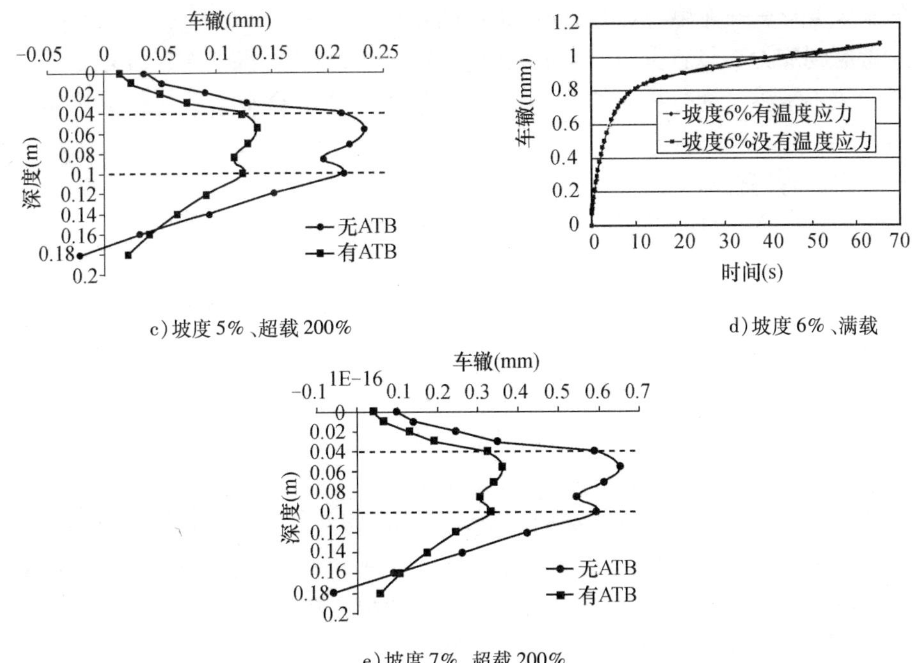


图6-25 ATB对沥青混凝土路面上、中、下三层车辙深度的影响

可以看出,虽然ATB对沥青路面车辙影响贯穿于上、中、下三层,但是,其主要部分还是在中面层,而且各层的变化趋势并不随着坡度和超载水平的变化而变化。

### 6.7.3 基于沥青混合料高温性能的材料控制

通过试算对比“修正的Burgers模型”和“时间硬化模型”计算结果,发现在不考虑水平荷载的情况下,两者的车辙计算结果相近,而“时间硬化模型”计算过程更为简单。为此,在以下材料控制指标确定过程中,采用“时间硬化模型”作为基本方法。

在确定材料控制指标与标准的过程中,遵循的思路如下:首先,分析沥青混合料“时间硬化模型”中材料参数$A$、$n$和$m$对车辙的敏感性;其次,结合国内外研究成果,提出沥青路面结构的5年车辙控制标准;再次,结合不同坡度、超载水平条件,分别计算在典型温度场条件下,沥青路面建成后5年内的车辙量,通过调整材料物理力学参数使其满足车辙控制标准;最后,用这些调整后的材料参数,计算通过模拟室内车辙试验,确定车辙试验指标控制标准,从而将研究成果最终应用于材料控制。

1)模型参数$A$、$n$和$m$对车辙影响的敏感性分析

模型中结构的沥青层共有四层(包括ATB层),在同一温度条件下,每层有三个黏弹性参数$A$、$n$和$m$,以及两个弹性参数$E$和$\mu$。由于分析的对象是沥青混合

料的永久变形——车辙，故忽略弹性指标的变化。

考虑到应力在竖直方向的衰减，通过试算可知，沥青路面的车辙深度对第四层材料参数不敏感。为分析简便，以上、中、下三层沥青混合料参数变化来确定影响规律。

每层沥青混合料的三个黏弹性指标对车辙的敏感性的分析思路是：先假定其中两个指标不变，对应三层沥青混合料，同幅度地使另一个指标变化，分别分析其对车辙的敏感性。

考虑到有限元计算的收敛性和后文模拟试验室车辙试验的方便性，每层材料先以60℃参数为标准，车辙计算的荷载累积作用时间统一取为5s，结合可能的材料参数变化范围（$A$ 从 0.1 到 1.0；$n$ 从 1.0 到 1.6；$m$ 从 0.4 到 1.0），以10%的级差变化，得到对应参数下的车辙量，计算结果见图6-26。图中“60℃材料参数比例”是代入计算的材料参数与60℃参数的比值。

从图6-26可以看出：参数 $m$ 对车辙量的影响很小，在一般材料参数范围内，和其他两个参数相比，其影响可以忽略不计。参数 $A$ 和 $n$ 对车辙的影响较大，并且 $A$ 值对车辙的影响近似线性，但是考虑到 $A$ 的变化幅度较大，在图6-26的基础上，又增加了60℃材料参数比例为0.01和0.001的情况。

为便于后面的分析，将高温阶段（60℃附近）车辙与 $n$ 的关系简化表示为车辙与60℃时的 $n$ 与 $n_{60}$ 比值（60℃材料参数比例）的线性关系。

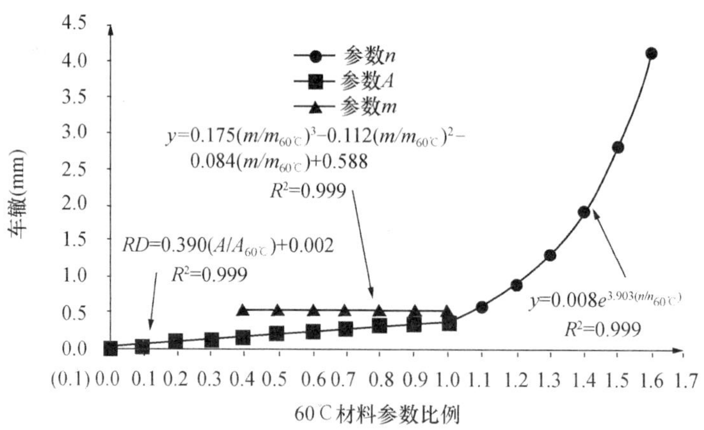


图6-26　时间硬化模型中的材料参数对车辙的敏感性

2）沥青混凝土路面五年内车辙总量

已有文献指出，全年中车辙主要产生在5、6、7、8、9五个月，计算得到这五个月的车辙总量即可代表全年的车辙总量。在此基础上，计算五年总车辙的思路如下：

（1）在5、6、7、8、9这五个月平均气象参数的基础上，模拟这五个月的平均温度场分布状况，为后续的连续变温分析提供温度场条件。

**计算五年总车辙量的预测公式**　表 6-28

| 坡度水平 | 超载水平 | 月份 | | | | |
|---|---|---|---|---|---|---|
| | | 5 | 6 | 7 | 8 | 9 |
| 平坡 | 满载 | $y=0.001x+0.18015$ | $y=0.003x+0.39203$ | $y=0.008x+1.10363$ | $y=0.007x+0.91047$ | $y=0.002x+0.33579$ |
| | 超载 100% | $y=0.001x+0.29844$ | $y=0.002x+0.69285$ | $y=0.010x+1.8212$ | $y=0.008x+1.49256$ | $y=0.002x+0.55626$ |
| | 超载 200% | $y=0.001x+0.43673$ | $y=0.003x+0.99967$ | $y=0.011x+2.56179$ | $y=0.001x+2.08863$ | $y=0.002x+0.80073$ |
| 4% | 满载 | $y=0.001x+0.22215$ | $y=0.001x+0.52503$ | $y=0.005x+1.41663$ | $y=0.004x+1.16547$ | $y=0.001x+0.43779$ |
| | 超载 100% | $y=0.001x+0.3305$ | $y=0.002x+0.82292$ | $y=0.007x+2.19628$ | $y=0.005x+1.85562$ | $y=0.001x+0.69033$ |
| | 超载 200% | $y=0.001x+0.47282$ | $y=0.002x+1.15476$ | $y=0.008x+2.99689$ | $y=0.008x+2.46074$ | $y=0.002x+0.95083$ |
| 5% | 满载 | $y=0.001x+0.21815$ | $y=0.001x+0.52703$ | $y=0.005x+1.48863$ | $y=0.004x+1.22447$ | $y=0.001x+0.42979$ |
| | 超载 100% | $y=0.001x+0.33953$ | $y=0.002x+0.84094$ | $y=0.007x+2.27231$ | $y=0.006x+1.87565$ | $y=0.002x+0.67536$ |
| | 超载 200% | $y=0.001x+0.49588$ | $y=0.002x+1.21982$ | $y=0.007x+2.15195$ | $y=0.006x+2.6558$ | $y=0.002x+0.95988$ |
| 6% | 满载 | $y=0.001x+0.22215$ | $y=0.001x+0.55503$ | $y=0.005x+1.51863$ | $y=0.004x+1.27147$ | $y=0.001x+0.44679$ |
| | 超载 100% | $y=0.001x+0.37158$ | $y=0.002x+0.877$ | $y=0.007x+2.34836$ | $y=0.005x+1.9527$ | $y=0.001x+0.7184$ |
| | 超载 200% | $y=0.001x+0.49694$ | $y=0.002x+1.25589$ | $y=0.007x+3.22602$ | $y=0.007x+2.61787$ | $y=0.002x+1.00494$ |
| 7% | 满载 | $y=0.001x+0.23115$ | $y=0.001x+0.59303$ | $y=0.004x+1.61863$ | $y=0.004x+1.31447$ | $y=0.001x+0.49279$ |
| | 超载 100% | $y=0.001x+0.37663$ | $y=0.001x+0.95506$ | $y=0.006x+2.54743$ | $y=0.004x+2.15977$ | $y=0.001x+0.78846$ |
| | 超载 200% | $y=0.001x+0.52701$ | $y=0.002x+1.34197$ | $y=0.006x+3.51511$ | $y=0.006x+2.84095$ | $y=0.001x+1.08101$ |

注：表中 $x$ 表示荷载作用的转换时间，以秒(s)为单位，$y$ 表示五年总车辙量，以毫米(mm)为单位。

(2)以转换后的一天荷载作用总时间作为有限元蠕变分析的总时间,分析一天的车辙产生情况。

(3)根据沥青混合料稳定蠕变阶段的线性变化规律,拟合出时间—车辙的变化曲线,用以拟合五年中该月的总车辙量。

(4)把五年中各个月的总车辙量累加,即得到五年的总车辙量。

在前文分析的不同坡度水平、超载水平的条件下,计算五年总车辙量的预测公式见表6-28,一年中各月的车辙量见表6-29。

**一年中各月的计算车辙量** 表6-29

| 坡度水平 | 超载水平 | 车辙(mm) | | | | |
|---|---|---|---|---|---|---|
| | | 5月 | 6月 | 7月 | 8月 | 9月 |
| 平坡 | 满载 | 0.21 | 0.48 | 1.34 | 1.10 | 0.39 |
| | 超载100% | 0.36 | 0.82 | 2.26 | 1.86 | 0.67 |
| | 超载200% | 0.54 | 1.18 | 3.22 | 2.66 | 0.97 |
| 4% | 满载 | 0.28 | 0.62 | 1.73 | 1.44 | 0.52 |
| | 超载100% | 0.44 | 1.01 | 2.76 | 2.30 | 0.83 |
| | 超载200% | 0.63 | 1.40 | 3.78 | 3.18 | 1.15 |
| 5% | 满载 | 0.28 | 0.64 | 1.81 | 1.50 | 0.52 |
| | 超载100% | 0.45 | 1.03 | 2.86 | 2.38 | 0.84 |
| | 超载200% | 0.66 | 1.45 | 3.92 | 3.28 | 1.17 |
| 6% | 满载 | 0.29 | 0.67 | 1.87 | 1.55 | 0.55 |
| | 超载100% | 0.49 | 1.07 | 2.97 | 2.46 | 0.89 |
| | 超载200% | 0.67 | 1.51 | 4.04 | 3.38 | 1.24 |
| 7% | 满载 | 0.31 | 0.72 | 2.02 | 1.67 | 0.59 |
| | 超载100% | 0.52 | 1.17 | 3.22 | 2.68 | 0.96 |
| | 超载200% | 0.73 | 1.63 | 4.44 | 3.68 | 1.33 |

根据表6-28和表6-29计算得到五年的各月车辙量见表6-30。

**五年中各月的计算车辙量** 表6-30

| 坡度水平 | 超载水平 | 车辙(mm) | | | | |
|---|---|---|---|---|---|---|
| | | 5月 | 6月 | 7月 | 8月 | 9月 |
| 平坡 | 满载 | 0.32 | 0.81 | 2.22 | 1.89 | 0.62 |
| | 超载100% | 0.51 | 1.12 | 3.97 | 3.21 | 0.99 |
| | 超载200% | 0.73 | 1.87 | 5.75 | 4.99 | 1.38 |

续上表

| 坡度水平 | 超载水平 | 车辙(mm) | | | | |
|---|---|---|---|---|---|---|
| | | 5 月 | 6 月 | 7 月 | 8 月 | 9 月 |
| 4% | 满载 | 0.51 | 0.81 | 2.84 | 2.31 | 0.72 |
| | 超载 100% | 0.71 | 1.57 | 4.82 | 3.73 | 1.07 |
| | 超载 200% | 0.93 | 2.06 | 6.64 | 6.10 | 1.86 |
| 5% | 满载 | 0.53 | 0.84 | 3.04 | 2.46 | 0.74 |
| | 超载 100% | 0.74 | 1.65 | 5.11 | 4.31 | 1.49 |
| | 超载 200% | 0.99 | 2.21 | 5.62 | 5.63 | 1.95 |
| 6% | 满载 | 0.56 | 0.90 | 3.22 | 2.63 | 0.79 |
| | 超载 100% | 0.82 | 1.77 | 5.46 | 4.18 | 1.16 |
| | 超载 200% | 1.04 | 2.34 | 7.01 | 6.40 | 2.08 |
| 7% | 满载 | 0.66 | 1.02 | 3.32 | 3.01 | 0.92 |
| | 超载 100% | 0.94 | 1.52 | 5.91 | 4.40 | 1.35 |
| | 超载 200% | 1.25 | 2.71 | 7.63 | 6.95 | 1.77 |

根据表 6-30 可以计算得到 5 年的总车辙量,计算结果见表 6-31。

**五年的总车辙量** 表 6-31

| 坡度水平 | 超载水平 | 车辙(mm) | 坡度水平 | 超载水平 | 车辙(mm) |
|---|---|---|---|---|---|
| 平坡 | 满载 | 5.86 | 6% | 满载 | 8.09 |
| | 超载 100% | 9.81 | | 超载 100% | 13.39 |
| | 超载 200% | 14.72 | | 超载 200% | 18.86 |
| 4% | 满载 | 7.19 | 7% | 满载 | 8.93 |
| | 超载 100% | 11.90 | | 超载 100% | 14.11 |
| | 超载 200% | 17.59 | | 超载 200% | 20.31 |
| 5% | 满载 | 7.61 | | | |
| | 超载 100% | 13.29 | | | |
| | 超载 200% | 16.39 | | | |

3)沥青混凝土路面各层材料的参数控制

从表 6-31 看出,五年的车辙总量随坡度水平和超载水平的变化有着较大的变化。车辙深度较小时,对行车的舒适性没有明显的影响。但是当达到一定值后,在雨天槽内会积水,而水在较长时间内有可能渗入面层。渗入面层的水会使沥青混凝土的强度下降,导致沥青剥落和沥青混凝土下部强度损失,甚至松散。其结果是表面车辙加快发展,槽内产生裂缝,槽内沥青混凝土产生剪切变形并向两侧隆起,沥青面层被破坏。车辙深度达到积水的程度，则不仅影响行车舒适性，还影响行车安全性。

为此，一些国家对沥青面层的车辙提出了较高的标准。例如，英国规定 RD 达到 10mm，为路面的临界状态；RD 达到 20mm，为沥青路面的破坏状态。美国地沥青协会的沥青路面设计方法中规定，RD 的临界值为 13mm。AASHTO 的路面设计指南中规定，现有使用性能指数 PSI 临界值为 2.5，与 PSI = 2.5 相应的 RD 平均值为 15mm。国际壳牌石油公司的沥青路面设计手册中规定高速公路 RD 的临界值为 10mm。结合上述各国的车辙标准，考虑我国车辙控制现实水平，确定以五年累积 RD = 10mm 作为路面的临界状态，材料控制的目标就是确保路面在五年使用期内产生的车辙小于上述标准。

通过已有的研究成果和试算发现，沥青混凝土路面各结构层的车辙贡献率由路面结构类型、厚度等决定，而与荷载作用方式、作用时间等相关性很小。综合前文计算，对于研究区路面结构，上、中、下各层的车辙贡献率分别约为 30%、50%、20%。这样可把超出车辙标准的车辙量按照该比例分别分配给各结构层，即各结构层实际所超出的车辙量。由表 6-31 中九种超过五年 10mm 车辙的工况，计算各层分摊车辙超标量，其结果见表 6-32。

**超出标准各种工况下路面各结构层的车辙量** 表 6-32

| 工况 | 层位 | 车辙(mm) | 工况 | 层位 | 车辙(mm) | 工况 | 层位 | 车辙(mm) |
|---|---|---|---|---|---|---|---|---|
| 1 | 上面层 | 1.42 | 4 | 上面层 | 0.99 | 7 | 上面层 | 2.66 |
| | 中面层 | 2.36 | | 中面层 | 1.65 | | 中面层 | 4.43 |
| | 下面层 | 0.94 | | 下面层 | 0.66 | | 下面层 | 1.77 |
| 2 | 上面层 | 0.57 | 5 | 上面层 | 1.92 | 8 | 上面层 | 1.23 |
| | 中面层 | 0.95 | | 中面层 | 3.20 | | 中面层 | 2.05 |
| | 下面层 | 0.38 | | 下面层 | 1.28 | | 下面层 | 0.82 |
| 3 | 上面层 | 2.28 | 6 | 上面层 | 1.02 | 9 | 上面层 | 3.09 |
| | 中面层 | 3.80 | | 中面层 | 1.69 | | 中面层 | 5.15 |
| | 下面层 | 1.52 | | 下面层 | 0.68 | | 下面层 | 2.06 |

注：工况 1 ~9 是指表 6-26 中不符合标准的工况按照坡度和超载水平从低到高顺序排列的。

利用材料参数数据，通过软件 MATLAB 分析可知，$A$ 和 $n$ 有着很好的幂函数关系，其具体的拟合结果见表 6-33。

**各层材料的 $A$ 和 $n$ 关系拟合公式** 表 6-33

| 材料 | 拟合公式 | $R^2$ | $R^2_{adj}$ |
|---|---|---|---|
| AC—13 | $A = 2.508 \times 10^{-10} \times n^{-10.06} + 4.559 \times 10^{-9}$ | 0.999 5 | 0.999 0 |
| AC—20 | $A = 4.770 \times 10^{-11} \times n^{-11.87} + 7.990 \times 10^{-9}$ | 0.998 0 | 0.996 1 |
| AC—25 | $A = 3.985 \times 10^{-10} \times n^{-7.339} + 6.521 \times 10^{-9}$ | 0.999 0 | 0.999 8 |

表6-32中每种工况对应的荷载作用时间不同,但图6-26是采用相同的荷载作用时间得到的。为了统一荷载作用时间,需要根据计算总车辙量时用到的预测公式,把各种不同作用时间下的车辙深度转化为相同作用时间下的车辙深度,统一作用时间取5s。

对于表6-31中超出车辙控制标准的各种工况,需要通过改善参数,以使得最终的车辙满足标准。求满足标准的材料参数步骤可以归纳如下:

(1)把超出标准部分的车辙深度转换成5s对应的车辙量。

(2)由泰勒展开式 $\Delta \mathrm{RD}=\frac{\partial \mathrm{RD}}{\partial A}\cdot\Delta A+\frac{\partial \mathrm{RD}}{\partial n}\cdot\Delta n+o(A,n)^2$,同时根据前述分析中RD与$\frac{\partial \mathrm{RD}}{\partial A}$和$\frac{\partial \mathrm{RD}}{\partial n}$的线性关系,得出余项 $o(A,n)^2=0$。

(3)分别计算各种不同工况下各个结构层的$\frac{\partial \mathrm{RD}}{\partial A}$、$\frac{\partial \mathrm{RD}}{\partial n}$。对于选定的5s车辙情况,$\frac{\partial \mathrm{RD}}{\partial A}=0.39/A_{60℃}$,代入上、中、下三层材料60℃材料参数,即可求得不同材料的$\frac{\partial \mathrm{RD}}{\partial A}$。对于$\frac{\partial \mathrm{RD}}{\partial n}$,可以通过同样的方法求得。

(4)由已知的材料属性可知,每一种材料的$A$和$n$都呈幂函数关系,设其可以写成$A=\mathrm{G}(n)$,则$\Delta A=\mathrm{G}'(n)\cdot\Delta n$,所以结合(3)中的泰勒一阶展开式,可以得到

$$\Delta n=\frac{\Delta \mathrm{RD}}{\frac{\partial \mathrm{RD}}{\partial A}\mathrm{G}'(n)+\frac{\partial \mathrm{RD}}{\partial n}}$$

(5)由$A=G(n)$,把$\Delta n+n$带入,即可得到其对应的$A+\Delta A$值。令$n'=\Delta n+n$和$A'=A+\Delta A$。

(6)取$[n''_{\mathrm{SMA13}}n''_{\mathrm{SUP20}}n''_{\mathrm{SUP25}}]=\max\left\{\frac{n'_{\mathrm{SMA13}}}{n_{\mathrm{SMA13}}},\frac{n'_{\mathrm{SUP20}}}{n_{\mathrm{SUP20}}},\frac{n'_{\mathrm{SUP25}}}{n_{\mathrm{SUP25}}}\right\}\times[n'_{\mathrm{SMA13}}n'_{\mathrm{SUP20}}n'_{\mathrm{SUP25}}]$。

(7)由$[n''_{\mathrm{SMA13}}n''_{\mathrm{SUP20}}n''_{\mathrm{SUP25}}]$计算$[A''_{\mathrm{SMA13}}A''_{\mathrm{SUP20}}A''_{\mathrm{SUP25}}]$,它们即为满足车辙标准的一种工况下一组材料参数。

由上述计算过程可知,由该种方法计算得到的参数用于车辙计算时是偏于保守(安全)的。表6-34给出了调整后的沥青混合料的$A$、$n$值。

把修正后的材料参数代入计算,可以验证得到所有的工况下,五年的总车辙深度都满足标准的要求。

4)室内车辙试验的模拟

车辙试验能够比较形象地模拟道路在高温时的抗车辙过程,其设备和试验方法为广大工程技术人员所熟悉,为此,以车辙试验结果作为参考标准来评价沥青混合料高温性能。

调整后的沥青混合料材料 $A$、$n$ 值 表 6-34

| 工况 | 层位 | A | n | 工况 | 层位 | A | n | 工况 | 层位 | A | n |
|---|---|---|---|---|---|---|---|---|---|---|---|
| 1 | 上面层 | 2.391E-06 | 0.402 | 4 | 上面层 | 4.169E-06 | 0.381 | 7 | 上面层 | 6.642E-07 | 0.457 |
| | 中面层 | 5.485E-06 | 0.480 | | 中面层 | 1.226E-05 | 0.449 | | 中面层 | 8.887E-07 | 0.560 |
| | 下面层 | 7.655E-06 | 0.261 | | 下面层 | 1.240E-05 | 0.244 | | 下面层 | 2.559E-06 | 0.303 |
| 2 | 上面层 | 6.499E-06 | 0.364 | 5 | 上面层 | 1.428E-06 | 0.424 | 8 | 上面层 | 2.832E-06 | 0.396 |
| | 中面层 | 2.346E-05 | 0.425 | | 中面层 | 2.624E-06 | 0.511 | | 中面层 | 6.999E-06 | 0.471 |
| | 下面层 | 1.831E-05 | 0.232 | | 下面层 | 4.913E-06 | 0.277 | | 下面层 | 8.862E-06 | 0.256 |
| 3 | 上面层 | 9.736E-07 | 0.440 | 6 | 上面层 | 3.859E-06 | 0.384 | 9 | 上面层 | 4.246E-07 | 0.478 |
| | 中面层 | 1.524E-06 | 0.535 | | 中面层 | 1.095E-05 | 0.453 | | 中面层 | 4.746E-07 | 0.590 |
| | 下面层 | 3.542E-06 | 0.290 | | 下面层 | 1.160E-05 | 0.247 | | 下面层 | 1.752E-06 | 0.319 |

注:沥青混合料的其他参数值保持不变。

根据车辙试验实际要求,有限元模型尺寸为长300mm、宽300mm、高50mm。橡胶车轮的接触压力为700kPa,车轮行走距离为230mm,车轮宽度为50mm。因而,均布压力分布在230mm×50mm的区域内。所建立的车辙有限元模型如图6-27所示。

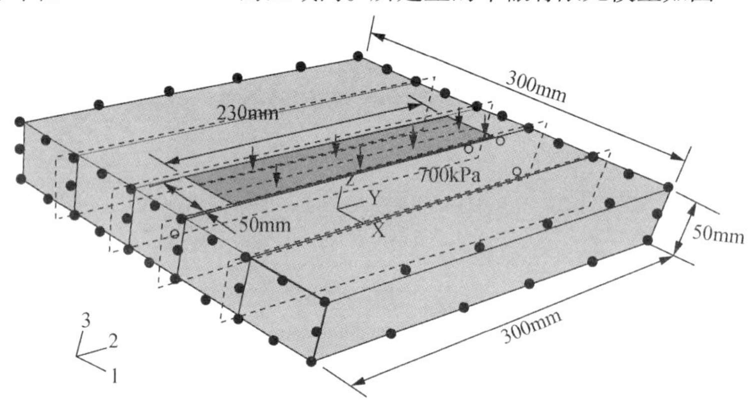


图6-27 车辙试验有限元模型

由规范知,在车辙试验中,轮迹的有效面积为:$A = N/p = 700\text{N}/0.7\text{MPa} = 0.001\text{m}^2$,而轮迹所压的面积 = 轮行走的距离 × 轮宽 = 230mm × 50mm = $0.011\,5\text{m}^2$,所以对某一点而言,有效时间系数 = 有效时间/总时间 = 轮迹的有效面积/轮迹所压的面积 = $0.001\text{m}^2/0.0115\text{m}^2 = 0.087$。

因此,$t$ 在45min时的有效时间 = 45min × 0.087 = 234.9s。

$t$ 在60min时的有效时间 = 60min × 0.087 = 313.2s。

这样计算得到各种工况下,上、中、下面层材料的动稳定度见表6-35。

各种工况下，上、中、下面层材料的动稳定度　　表 6-35

| 层位 | 动稳定度(次/mm) | | | | | | | | |
|---|---|---|---|---|---|---|---|---|---|
| | 工况 1 | 工况 2 | 工况 3 | 工况 4 | 工况 5 | 工况 6 | 工况 7 | 工况 8 | 工况 9 |
| 上面层 | 5 350 | 3 232 | 7 939 | 4 058 | 6 572 | 4 202 | 9 437 | 4 878 | 11 286 |
| 中面层 | 7 643 | 5 724 | 9 580 | 6 597 | 8 827 | 6 659 | 10 698 | 7 165 | 11 758 |
| 下面层 | 6 766 | 4 093 | 9 683 | 5 086 | 8 373 | 5 271 | 11 463 | 6 194 | 13 511 |

表 6-35 为各种工况下，路面五年总车辙在 10mm 以内的材料室内动稳定度的要求。

为扩展研究成果的应用范围，还计算得出了不同交通量等级下的动稳定度，具体的交通量等级参考现行规范交通量分级标准，见表 6-36。

交 通 量 分 级 表　　表 6-36

| 交 通 等 级 | BZZ—100kN 累计标准轴次 $N_e$(万次/车道) |
|---|---|
| 中等交通 | 300 ~ 1 200 |
| 重交通 | 1 200 ~ 2 500 |
| 特重交通 | 2 500 ~ 4 000 |

同样，不考虑交通量的增长率问题，采用和前文相同的有限元几何模型、边界条件、网格划分条件和荷载条件，计算得到了各种不满足车辙控制标准的工况，然后通过相同的材料参数调整方法，计算得到了使所有工况都满足标准所对应的动稳定度指标的要求。采用的思路和方法与前文相同，这里只列出计算结果。表 6-37 为考虑交通量分级的动稳定度计算结果，表 6-38 为各种工况所对应的条件，表6-38为表 6-37 中各种工况所对应的状况。

考虑交通量分级的动稳定度计算结果　　表 6-37

| 工况<br>层位 | 动稳定度(次/mm) | | | | | | |
|---|---|---|---|---|---|---|---|
| | 工况 1 | 工况 2 | 工况 3 | 工况 4 | 工况 5 | 工况 6 | 工况 7 |
| 上面层 | 6 372 | 21 160 | 10 062 | 25 312 | 20 740 | 17 022 | 2 269 |
| 中面层 | 6 654 | 23 512 | 11 635 | 26 472 | 19 351 | 24 936 | 2 800 |
| 下面层 | 6 787 | 24 862 | 12 536 | 28 812 | 19 833 | 28 264 | 2 858 |
| 层位 | 工况 8 | 工况 9 | 工况 10 | 工况 11 | 工况 12 | 工况 13 | 工况 14 |
| 上面层 | 19 966 | 25 385 | 4 244 | 21 035 | 22 540 | 12 221 | 4 592 |
| 中面层 | 20 248 | 26 854 | 4 653 | 22 035 | 25 325 | 12 006 | 5 049 |
| 下面层 | 20 521 | 28 885 | 4 790 | 21 322 | 26 040 | 11 992 | 5 119 |

续上表

| 层位\工况 | 动稳定度(次/mm) | | | | | | |
|---|---|---|---|---|---|---|---|
| | 工况 15 | 工况 16 | 工况 17 | 工况 18 | 工况 19 | 工况 20 | 工况 21 |
| 上面层 | 20 707 | 7 915 | 17 383 | 8 426 | 21 264 | 10 613 | 19 893 |
| 中面层 | 20 293 | 8 010 | 16 200 | 9 500 | 24 365 | 11 536 | 24 365 |
| 下面层 | 20 262 | 8 022 | 16 996 | 8 444 | 23 643 | 10 245 | 27 106 |
| 层位 | 工况 22 | 工况 23 | 工况 24 | 工况 25 | 工况 26 | 工况 27 | 工况 28 |
| 上面层 | 2 629 | 6 616 | 4 656 | 9 352 | 2 162 | 12 355 | 2 877 |
| 中面层 | 2 800 | 8 653 | 4 385 | 9 862 | 2 800 | 14 623 | 4 635 |
| 下面层 | 3 230 | 7 007 | 5 068 | 9 216 | 2 785 | 12 227 | 3 470 |

**各种工况所对应的条件** 表 6-38

| 条　件 | 工　况 | | | | | | |
|---|---|---|---|---|---|---|---|
| | 工况 1 | 工况 2 | 工况 3 | 工况 4 | 工况 5 | 工况 6 | 工况 7 |
| 超载水平(%) | 100 | 200 | 100 | 200 | 100 | 200 | 0 |
| 坡度水平(%) | 0 | 0 | 4 | 4 | 5 | 5 | 6 |
| 交通量等级(万次/车道) | 4 000 | 4 000 | 4 000 | 4 000 | 4 000 | 4 000 | 4 000 |
| 条　件 | 工况 8 | 工况 9 | 工况 10 | 工况 11 | 工况 12 | 工况 13 | 工况 14 |
| 超载水平(%) | 100 | 200 | 0 | 100 | 200 | 200 | 100 |
| 坡度水平(%) | 6 | 6 | 7 | 7 | 7 | 0 | 4 |
| 交通量等级(万次/车道) | 4 000 | 4 000 | 4 000 | 4 000 | 4 000 | 2 500 | 2 500 |
| 条　件 | 工况 15 | 工况 16 | 工况 17 | 工况 18 | 工况 19 | 工况 20 | 工况 21 |
| 超载水平(%) | 200 | 100 | 200 | 100 | 200 | 100 | 200 |
| 坡度水平(%) | 4 | 5 | 5 | 6 | 6 | 7 | 7 |
| 交通量等级(万次/车道) | 2 500 | 2 500 | 2 500 | 2 500 | 2 500 | 2 500 | 2 500 |
| 条　件 | 工况 22 | 工况 23 | 工况 24 | 工况 25 | 工况 26 | 工况 27 | 工况 28 |
| 超载水平(%) | 200 | 200 | 200 | 200 | 100 | 200 | 200 |
| 坡度水平(%) | 0 | 4 | 5 | 6 | 7 | 7 | 7 |
| 交通量等级(万次/车道) | 1 200 | 1 200 | 1 200 | 1 200 | 1 200 | 1 200 | 300 |

注:1. 不同工况下,满足对应的上、中、下面层动稳定度材料试验控制标准时,可控制五年车辙小于 10mm 的要求;

2. 表中所列部分数据要求的动稳定度较大,这是在超载严重(如:200%)、坡度较大(如:7%)及交通量也较大(如:4 000 万次)的情况下提出的要求,整体上,本表要求偏保守。

# 7 高墩大跨度桥梁路面施工控制技术

随着国民经济的发展,我国桥梁建设也得到了快速发展。新材料、新结构的广泛应用使得悬索桥、斜拉桥等大跨径桥梁建设技术也得到了长足的进步。但桥梁建设方面仍有一些技术问题有待进一步解决,其中大跨径桥梁桥面铺装问题已成为桥梁建设中的一个关注焦点。由于大跨径桥梁的刚度相对较小而柔度相对较大,加之交通量的增加,桥面铺装问题日益突出。许多大桥桥面铺装出现了不同情况的病害,经多次维修仍然难以解决,对于作为交通网络节点的特大型桥梁,由于维修及交通延误造成了非常大的经济损失。另外,对于大跨径桥梁,还需要考虑维修桥面铺装时自重变化及施工荷载对桥梁结构的作用,如崖门大桥为单索面斜拉桥,抗扭刚度较小,维修施工时要求配重以保证桥梁结构的安全。因封闭交通会造成更大的损失,因而对大跨径桥梁桥面铺装的耐久性要求较普通桥面铺装更高。由于桥面铺装直接铺筑在桥面板上,其受力、变形及使用环境远较道路路面或机场道面复杂,因而对其强度、柔韧性、高温稳定性及疲劳耐久性等均有较高的要求。同时由于桥面铺装的特殊位置及作用,又提出质量小、不透水等特殊性能要求。但是,目前我国还没有具体明确的桥面铺装设计及施工规范。桥面铺装的性能直接影响行车安全性、舒适性及桥梁结构的耐久性,桥面铺装技术已成为桥梁建设的一项关键技术难题。

桥面铺装作为桥梁结构的附属部分,与桥梁建设及交通运输的发展是紧密结合在一起的。国外,尤其是一些发达国家,其交通建设发展较早,在桥面铺装方面的技术较成熟。随着我国桥梁建设的发展,桥面铺装技术的研究也逐渐受到重视,并逐渐开展了广泛而深入的研究。各国道路工作者主要从铺装结构分析、材料设计及施工等方面进行桥面铺装的研究工作。通过桥面铺装结构力学分析,明确铺装层结构的受力状态,进而确定铺装层材料的性能指标要求。按照铺装层材料刚度的不同,桥面铺装可分为刚性桥面铺装和柔性桥面铺装。刚性桥面铺装主要是水泥混凝土桥面铺装;柔性桥面铺装主要是沥青混凝土桥面铺装。普通水泥混凝土桥面铺装抗裂性能、行车舒适性、韧性及耐久性较差,加之维修不方便,目前主要用于小型桥梁的桥面铺装。沥青混凝土桥面铺装相对水泥混凝土桥面铺装具有良好的柔韧性、抗裂性能、抗疲劳性能及行车舒适性,且具有维修方便、自重小等优点,在大中型桥梁桥面铺装中应用较多。

据调查统计，一条高速公路上的桥梁、通道和立体交叉等构造物的总长度通常要比普通路段短，但许多高速公路上构造物铺装层的各种损害要比普通路段严重得多。特别是大跨径桥梁桥面铺装，一旦破坏后，无论是维修或重新铺设，都可能导致交通阻塞，所造成的社会影响和经济效益损失将是不可估量的。但是，现行沥青路面设计规范，对桥面沥青铺装结构设计主要从所用材料、工艺及厚度等方面作了指导性的说明，没有具体的设计理论与方法。桥面沥青铺装层的设计与施工仍沿用普通路用沥青混合料工艺，在进行桥梁结构设计时，对桥面铺装层一般不作专门的计算分析，在实际设计中，桥面铺装层只作为桥梁工程的附属结构。然而，桥面铺装实际受力却很复杂，随着交通量和重型车辆的增加，桥面铺装早期破坏现象变得更加普遍，这不仅妨碍了正常交通，影响了桥面的美观，更易造成交通事故，也给维修工作带来了很大困难。

桥面铺装层除缓和车辆荷载的冲击作用，为行车提供顺适的表面外，另一项重要功能就是保护水泥混凝土梁顶面，防止雨水渗入，从而保证结构的耐久性。

具体而言，桥面铺装层对比普通路面具有以下特性：

第一，桥面铺装在行车荷载、梁体变形和环境因素的复合作用下，与一般道路相比，其受力及使用条件要复杂得多，其应力应变特征与主梁及桥面结构形式密切相关，桥面变形、大跨度桥梁本身的变形、位移等都将直接影响铺装层的工作状态。

第二，在高速公路桥梁沥青铺装层的交通量大、载货车辆多、夏季高温的情况下，容易形成车辙、推挤等高温失稳损坏形式；温度变化伴随桥面或梁结构大挠度变形容易导致温缩裂缝和温度疲劳裂缝的出现，在车辆荷载及渗入水的反复作用下易产生面层松散、坑槽等破坏；桥面铺装层和桥面采用完全连续体系，使得铺装层对桥面变形具有追从性，在车辆荷载的反复循环作用下，铺装层沥青混凝土会随桥面板反复产生较大的纵向或横向应变，这样易使铺装层产生疲劳开裂。另一方面，桥面铺装层中的防水黏结层是确保其结构耐久性的重大措施之一，也是保证铺装层与桥面板黏结成一个整体的关键。

第三，由于桥面混凝土的模量远远大于沥青混凝土和防水层的模量，且沥青混凝土的厚度较薄，铺装层内应力状况直接受桥梁结构的影响。如果桥面铺装结构层选用的铺筑材料组合不当，易引起局部破坏。

第四，考虑到桥面铺装在施工过程中桥梁主体的安全，一般对铺装层的施工工艺要求比较严格。如果在施工过程中产生沥青混凝土不均匀性，防水黏结层达不到防水和黏结的设计效果，会使得桥面上沥青混凝土铺装层的实际空隙率偏大，或达不到铺装层与桥面连续的要求。

## 7.1 水泥混凝土桥面沥青铺装损坏类型及原因

### 7.1.1 水泥混凝土桥面沥青铺装损坏类型

根据高速公路水泥混凝土桥面铺装实际使用情况调研资料，桥面铺装的损坏类型主要有以下几种。

①开裂：结构缝施工处理不当的薄弱处出现的反射裂缝和桥面系加劲部件顶部铺装层出现的横向和纵向裂缝。

②坑槽和补块：重车荷载对局部冲击导致桥面铺装层出现薄弱区域，如纵缝或铰接缝处出现的局部破碎、坑槽。

③表面变形：沥青混凝土高温时流动变形导致的在车轮带出现的车辙及其附近的推移。

④表面缺陷：沥青混凝土组成设计不当导致的沥青混凝土铺装层松散（剥离）、泛油、集料磨光、透水等破坏。

1）开裂

开裂是混凝土桥面铺装的一种重要破坏形式，包括相邻两梁端之间的接头处出现横向裂缝、纵向相邻两片梁之间铰接缝处出现的纵向裂缝、连续梁上负弯矩区段出现的裂缝以及由上述裂缝构成的网裂，如图 7-1 ~ 图 7-3 所示。

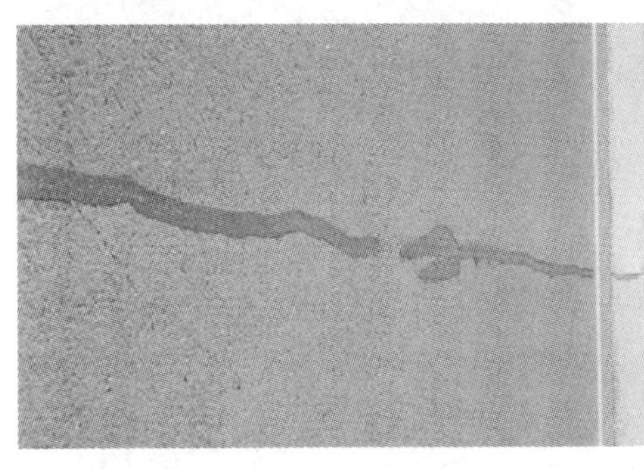

图 7-1 盖梁顶部相邻两片梁端湿接头处横向裂缝

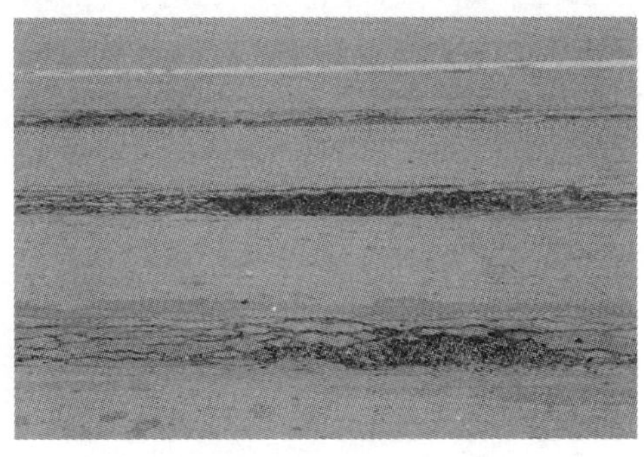

图 7-2 相邻梁铰接缝已发展为铺装层的破坏

由于两梁端相邻的湿接头是薄弱环节，又位于盖梁上处于负弯矩区，在车辆荷载的作用下，较容易出现横向裂缝，如图 7-1 所示。在桥梁的上、下坡的盖梁处，铺装层中较多出现贯穿整个桥面的横向裂缝，当铺装层厚度小于 5cm 时，这种情况尤其严重。在相邻两片梁之间的铰接缝处，由于箱梁腹板的加劲作用，也经常出现应力集中，造成桥面铺装层出现纵向裂缝，当铰接处出现松动，该处的铺装层将出现严重的纵向裂缝，如图 7-2 所示。还有一种温缩裂缝，多发生在冬季气温较低时或易发生温度骤变的地区，裂缝的间隔比较有规律。

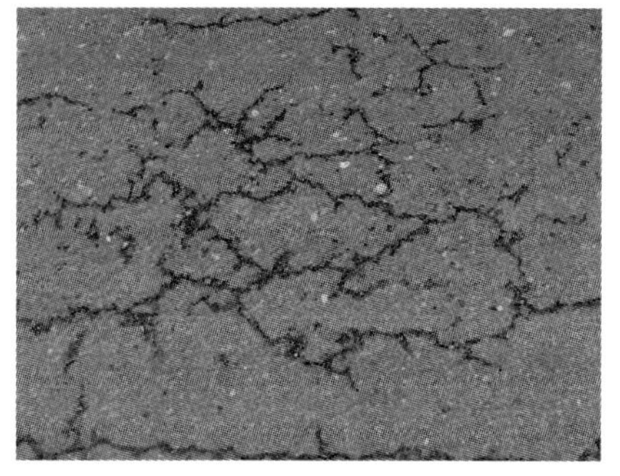
图 7-3 横向和纵向裂缝同时出现形成网裂

开裂破坏的主要原因，一方面，是施工中结构缝处理不当，留下隐患，在车辆荷载的作用下，导致铺装层被损坏。若铺装层下的结构缝处首先出现裂缝，在车辆荷载的反复作用下，沥青混凝土铺装层中产生反射裂缝。另一方面，由于桥面系中加劲部件的作用，在铺装层中出现负弯矩区，导致铺装层中出现局部应力集中，在车辆荷载作用下出现疲劳裂缝。

2）坑槽和补块

沥青混凝土桥面铺装层的另一种重要的破坏形态是坑槽和补块。从调查结果来看，坑槽有的发生在行车带上，由于行车的反复冲击作用而致，有的出现在结构缝（如伸缩缝）附近处，有的出现在补块边缘或补块上，如图 7-4 ~ 图 7-6 所示。在铺装层偏薄的桥上，这种破坏形式尤其明显。

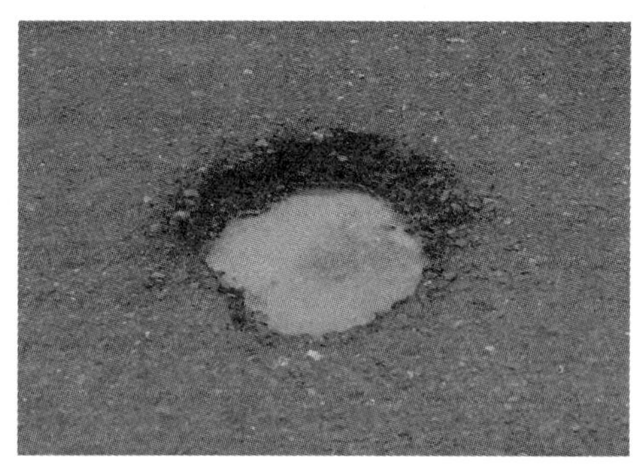
a)

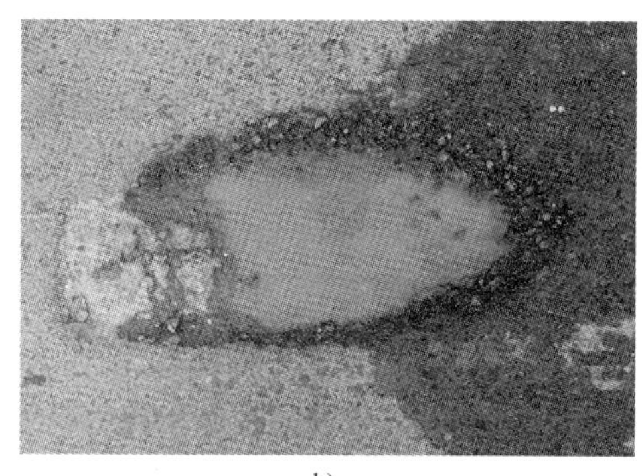
b)

图 7-4 铺装层上的坑槽

图 7-5 伸缩缝处水泥混凝土铺装层破坏

图 7-6 补块边缘铺装层破坏

造成铺装层出现坑槽和补块的原因是多方面的。首先,桥面铺装层沥青混合料设计空隙率偏大或者施工时出现离析、压实不足,导致空隙率更大。铺装层在水或荷载的作用下(铺装层浸泡在水中),沥青逐渐失去与矿料的黏结力,从矿料表面脱落,在车辆的作用下沥青混凝土铺装层出现松散状态,以致集料从铺装层脱落形成坑槽。或者由于施工中沥青混合料加热温度过高,致使沥青老化失去黏结力,造成沥青从矿料表面剥落所致。其次,有的桥面在摊铺沥青混凝土之前凹凸不平,甚至还有钢筋头露出且铺装层在该处较薄,在行车和温度荷载的作用下,造成这些桥面不平整地方铺装层内产生局部应力集中,首先出现结构性的点损坏,然后逐渐向四周扩散,从而形成坑槽。最后,在补块的附近处,补块沥青混凝土与原来铺装层沥青混凝土的模量、空隙率等相差较大,尤其在结构缝处,水泥混凝土与沥青混凝土两种材料属性不同。这两种情况下,在行车荷载的反复作用下,在补块和结构缝附近就出现应力集中导致铺装层损坏,如图 7-5 和图 7-6 所示。

3)表面变形

表面变形包括轮迹带纵向变形形成的车辙和纵向局部变形的推挤。表面变形是高等级公路渠化交通主要的早期损坏形式之一。调查发现,有的桥面铺装层通车不到一年就出现明显的车辙,如图 7-7 所示,通车时间长的桥面铺装层车辙就更加明显。铺装层出现推移的时间一般比车辙出现得晚,它是一种横向变形,如图 7-8所示。

图 7-7　通车半年桥面铺装层出现的车辙

图 7-8　通车两年后铺装层出现的推移

桥面铺装层出现表面变形(车辙和推移),一方面是沥青混凝土铺装层本身高温稳定性不足,在高温条件下由于车轮的反复作用产生永久变形和塑性流动,而逐渐形成沥青混凝土的侧向流动变形及通车早期的压缩变形;另一方面是由于大型车辆和超重车辆的大量出现,造成了铺装层的表面变形更加明显。

4)表面缺陷

表面缺陷包括松散(剥离)、泛油、集料磨光等铺装层损害。沥青混凝土表面的松散多出现在铺装层的边缘,结构缝附近。这些部位施工中难以碾压,空隙率较大，若排水不畅，雨天铺装层便长期处于饱和状态，在车轮荷载的反复作用下，集料很容易从铺装层表面剥离，进而发展成为坑槽等更严重的破坏形式，如图 7-9 所示。

有些铺装层的沥青混合料的矿料级配不当，粗集料尺寸偏小，细集料偏多，沥青用量偏大，或者集料质地软弱，缺少棱角，在铺装层的使用过程中，容易造成沥青不断上翻、泛油，或者铺装层表面集料被逐渐磨光，导致铺装层表面光滑，如图7-10 和图 7-11 所示。

部分桥梁，由于铺装层摊铺之前的桥面清理不干净，存留水和浮浆等杂物，施工中仅在裸桥面板上洒一层黏层油，有的甚至什么都不洒，根本没有防水层，通车后造成铺装层脱落现象，如图 7-12 所示。

图 7-9　铺装层边缘沥青混凝土松散情况

图 7-10　铺装层表面出现泛油情况

图 7-11　铺装层表面磨光

图 7-12　铺装层脱落的情况

### 7.1.2　水泥混凝土桥面沥青铺装损坏原因

从以上铺装层损坏类型来看，导致铺装层损坏的原因是多方面的，诸如铺装层材料设计、施工、养护等原因，特别在铺装层材料设计时，片面强调材料某一方面的性能,黏结材料选择不当;施工工艺和施工机具选择不合理;养护滞后和修补材料不当等,更是加速了铺装层的损坏。

1)桥面铺装层力学分析

桥面铺装是一个受力复杂的动力体系,它直接承受车轮荷载的冲击,部分或全部参与主梁结构的变形,各种形式的主梁及铺装本身的构造均影响其应力的分布。对于连续梁桥、拱桥及悬臂梁桥等桥型结构,由于荷载的作用,主梁上部产生负弯矩或拉应力,使桥面铺装层受到拉应力的作用而产生负弯矩区裂缝,从而造成桥面铺装的损坏。此外,随着材料工业的发展、桥梁承重结构的改进,使桥梁主梁能以较柔的结构达到受力的要求。高等级公路大跨径桥梁的横向越来越宽,在设计计算中侧重于主梁纵向的计算分析,对桥梁横向刚度重视不足,横向构造措施不利也使桥面铺装分担了过多的次内力。

目前,桥梁结构理论中对桥面铺装层的计算分析较少,现行规范中只给出了厚度的推荐值,一直在各等级的公路中运用至今,现行桥面铺装与现在交通量组成如重型、超重型汽车的增多已不相适应。

(1)桥面铺装层受力分析

①静力分析

桥面沥青铺装层力学分析主要有解析法和数值模拟法两种途径。近几年随着计算机的发展,国内外普遍采用数值模拟计算对桥面铺装层进行力学分析。

在计算方法上,对桥面铺装结构进行力学分析时,不应将研究对象局限于微观的局部沥青混凝土之上。哈尔滨工业大学的徐伟和东南大学的顾兴宇将桥面铺装层静力分析分为三个层次进行,即桥梁整体变形、桥面板局部变形及铺装层结构内部受力分析,简称三层次法。分析了桥梁结构整体变形对铺装层的作用、桥面板局部在轮载作用下的受力状态,并计算了局部桥面铺装结构模型,详细讨论了轮载作用下铺装层结构内部的受力状态和应力应变分布规律。

此外,有基于最小总势能原理的有限条法,是由张佑启(Y. K. Cheung)首先提出的。它可以看作是有限元法在最小总势能原理导出未知节点位移参数与外荷载关系的位移表达式的一种特殊形式,两种方法的区别在于假定的位移函数形式。东南大学的顾兴宇和潘明军将铺装层与桥面板系看作整体,运用有限条方法研究了桥面板上沥青铺装层内应变的分布规律以及荷载极限位置。

关于结构模型,路面设计中的相关理论同样也可以应用于桥面铺装层。北京建筑工程学院的季节借鉴路面结构多层弹性体系的研究方法,将桥面铺装简化为桥面铺装层 + 水泥混凝土行车道板 + 主梁(弹性半空间体)的三层弹性层状体系的力学模型,利用有效活载挠度作为设计弯沉值,计算了桥面柔性铺装层的厚度范围,并给出了沥青铺装层与挠度关系的诺模图。

罗立峰等人将桥面板简化为正交异性的弹性小挠度薄板，将铺装层简化为各向同性的大挠度薄板，并假定两板之间有相对滑动，完全没有摩阻力且没有脱空现象。在此基础上提出了桥面铺装的平衡微分方程，并以竖向变形为主要控制指标。张占军等人以弹性层状体系为理论基础，用三维有限元的方法对水泥混凝土桥面柔性铺装的层间剪应力进行了计算和分析，并通过对沥青类桥面铺装层的破坏现象的分析，发现使用莫尔—库仑理论来确定铺装厚度是比较合适的，即以桥面板与沥青铺装层之间的层间剪应力为控制指标，要求其不超过层间抗剪强度；另外，还结合防水层、平整度、施工工艺和车辙指标的要求，提出了桥面沥青铺装层厚度的计算方法。张占军等人用有限元的方法对设防水层的水泥混凝土桥面沥青铺装结构的层间剪应力的计算进行了分析，讨论了防水层的厚度、模量、泊松比、沥青混凝土铺装层厚度和模量等参数对结构层层间剪应力的影响，认为层间最大剪应力主要取决于面层厚度和防水层模量，在防水层模量相同的情况下，增加面层厚度是降低层间剪应力的最有效手段。

各研究中对车辆荷载简化模型方面较为相似，多根据静态分析对车辆荷载进行等效转换。武汉理工大学的石玉华采用三维等参模型进行分析，使用三维 8 节点和 20 节点单元，分析采用的设计荷载是沥青混凝土路面设计的标准荷载 BZZ—100，即以双轮组单轴重 100kN 为标准轴载，将规范规定的轮胎接地形状由圆面积等效转换成矩形面积，保持两轮中心间距不变。

②动力分析

对于桥梁结构，除了要考虑静载引起的变形和应力外，经常需要考虑外部激发的动力影响，主要是车辆荷载、风力荷载以及地震荷载的动力影响。武汉理工大学的石玉华在进行荷载施加时，同时考虑垂直荷载和水平荷载。考虑垂直荷载存在一定的冲击系数（取 30%），水平荷载通过垂直荷载乘以车轮与桥面的摩阻系数 $f$（一般情况下 $f=0.05$；紧急制动时 $f=0.5$；一般制动时 $f=0.2$）得到。

长沙理工大学的肖秋明对钢桥沥青混凝土桥面铺装层的剪应力进行了分析，根据刚性支撑的弹性层理论，分析了钢桥桥面沥青混凝土铺装层与钢箱梁在汽车正常行驶与紧急制动情况下的剪应力，并在分析结果的基础上，提出黏结层的抗剪指标。

东南大学的李昶用模态分析方法对结构进行动态响应分析，用结构的频率变化定性地分析了结构对某一构件变化的敏感程度。

东南大学的顾兴宇认为，没有必要对整桥利用有限元方法分析车载、风力以及地震荷载对桥面沥青铺装层受力的影响，用静力分析中的“三步走”体系计算结果叠加来进行动力分析也是不可行的。他讨论了振动频率与振型、车辆荷载和结构特性对桥面系的动力影响，得出桥面板系的动力系数，并发现静力分析的结果与动力分析的结果在某些方面具有一致性。

总之,合理解决桥面铺装问题,需要从理论分析和结构计算两方面入手,正确的理论基础是根本,合理的力学模型是关键。通过计算分析与实测对比,较好地解决如上述的接触模型、荷载简化等问题,了解清楚其他因素的影响,还要加强对模型尺寸及收敛条件的研究。在分析铺装层破坏形式的基础上,确定关键因素,提出控制指标并建立相应的破坏准则,为设计提供依据。

(2)桥面铺装应力分析结论

虽然桥面铺装结构分析的计算模型、假设、参数取值都有差异,桥梁的结构也不同,但是可以总结出如下的结论:

①桥面铺装及桥面板任一层内或者层间的横桥向应力、应变都大于纵桥向应力、应变。

②横隔板顶部由于加劲作用,应力、应变较其他部位大。在不同加载情况下,在横隔板顶部加载为最不利情况,此时横隔板顶部出现的应力、应变为结构分析时的极限应力、应变。

③桥面铺装为两层沥青混凝土结构时,上层沥青混凝土中的拉应力大于下层沥青混凝土中的拉应力。

④没有铺设防水层时,铺装层和桥面板层间的剪应力大于铺装层和桥面板层内的剪应力。若铺设防水层,防水层和桥面板以及沥青混凝土铺装层之间的剪应力大于沥青混凝土铺装层间、层内的剪应力。

⑤黏结层为滑动体系时,黏结层内及其与铺装层和桥面板之间的应力、应变均远远大于连续体系的,黏结层是决定铺装层体系性能的重要因素。

⑥随着黏结层模量的增加,黏结层和沥青混凝土铺装层及桥面板之间的应力、应变减小,但是当黏结层模量增加到一定程度时,应力应变减小的趋势变缓。

⑦随着铺装层厚度的增加,黏结层内应力、应变减小,但当铺装层达到一定厚度时,应力、应变减小的趋势变缓。

纵观国内外研究现状可知,由于世界各国对桥面铺装研究的历史还不长,在研究中还存在一些需要进一步解决的问题。

①已有研究大多侧重于材料性能,所取得的研究成果带有很强的经验性和区域性。

②结构组合形式多样,结构设计理论缺失或不统一。

③目前国内已明确沥青桥面铺装必须由防水黏结层和沥青铺装层组成。

④对桥面铺装进行的力学分析以层次分析方法为主。

⑤桥面铺装施工工艺研究较少。

2)铺装层结构与材料设计

从调查情况来看,桥面铺装结构层的厚度和级配组成没有经过特别设计,基本上与相邻普通路面一样。多数桥面铺装层的厚度明显偏薄,基本上为5~8cm。实际上,由于桥面系加劲部件的存在,使得刚—柔铺装层体系的受力状态更加复杂,使用条件更为苛刻。显然,在交通量大,重型车、超载车辆增多的现实情况下,桥面铺装还停留在过去经验设计的基础上,已经不能适应现在的道路交通需要。

桥面铺装层材料设计有可能因片面强调材料某一方面的性能而削弱了其他与其相对的性能。比如,如果只是过分强调铺装层高温稳定性,就会削弱其低温抗裂性能,出现大量的温缩裂缝。所以,铺装层材料设计是一个均衡的过程,要抓住铺装层最常见的破坏类型这一主要矛盾,以结构分析数据为标准,使设计的铺装层在厚度、材料组成方面能够具有更好的适应桥面板协调变形的能力,来延长铺装层的使用寿命。

由于水泥混凝土桥面板与沥青铺装层材料差异较大,它们之间若不设置防水黏结层,难以形成有效受力整体较易出现脱层、推移等破坏。桥面板上的铺装层一经剥落,在车轮的动力荷载作用下,彼此间的缝隙会越来越大,直到松散脱落。同时,由于水分不可避免地会渗入沥青混合料,若没有设置防水层,渗入的水分最终会影响钢筋混凝土梁板的使用。所以设置桥面防水黏结层是避免和减缓铺装层损坏的必要途径。

## 7.2 高墩大跨度桥梁沥青路面铺装的应力分析与施工控制

### 7.2.1 高墩大跨度桥梁沥青路面的受力分析方法

江西省武吉高速公路工程涉及大量的高墩大跨度水泥混凝土桥,其桥梁以箱形梁和T形梁为主,跨径一般为30~40m,其上的沥青路面结构是研究的主要对象。

从我国目前的桥面沥青路面结构受力分析模型来看,大多采用了局部梁段作为分析的重点对象,其原因主要如下:

(1)如果以整桥作为分析对象,要表达铺装层构造情况,则模型要划分得非常详细,单元众多,这对于目前计算机的计算能力来说难以达到。

(2)桥面沥青路面受力表现出明显的区域特性:车轮荷载作用位置附近产生的应力总是要大于远离车轮荷载位置处的应力,而距离车轮荷载相对远处(如车轮荷载尺寸的10~20倍以上时)的支撑条件对铺装层受力影响很小。

因此,无论对于钢箱梁桥面铺装还是水泥混凝土桥桥面铺装,在计算分析中往往采用局部梁段分析作为主要手段。另外,从动力学角度来看,截取局部梁段进行的动态响应分析具有局限性,因为截取的过程中改变了铺装层实际的结构模态,进行动态分析的结果将是不准确的,只具有参考意义。

从简化角度出发,选择40m预应力标准箱梁段作为分析对象,确定桥面沥青路面结构的主要构造要求,从而提出其结构组合及力学指标要求,为水泥混凝土桥面沥青路面设计提供依据。

### 7.2.2　桥面铺装计算模型

1)基本假定

为了应用力学模型来对沥青混凝土桥面铺装层进行力学机理分析,对模型的结构特性和材料特性作以下假定:

(1)铺装层线弹性假定。对于沥青混凝土,较低温度时其劲度较高,相对的应变也较小,此时的抗疲劳性能较好;在较高温度下,虽然其变形较大,但沥青混凝土的柔韧性,延长了其疲劳寿命。所以,假设沥青混凝土是均匀的、连续的、各向同性的弹性材料,沥青混凝土在15~25℃温度范围内的疲劳性能最差,也表现为线弹性的特性。

(2)约束与支撑。由于桥面铺装的荷载应力具有很明显的局部效应,对桥面铺装层产生直接影响的主要是桥面系结构。根据圣维南原理,远离荷载作用点的支撑条件对荷载作用点附近的受力影响可以忽略不计。采用固结约束施加在两端横梁的底端面上。

(3)混凝土桥的材料线弹性假定。混凝土桥面体系是均匀的、连续的、各向同性的弹性材料。

(4)界面连续假定。铺装层、防水黏结层、桥面板三者之间的界面是完全连续的。

(5)不计自重。水泥混凝土桥面板及沥青混凝土铺装层的自重不计。

所研究的桥面铺装体系由水泥混凝土桥面板、防水黏结层及沥青混凝土铺装上、下层组成,其结构如图7-13所示。

图7-13　桥面铺装体系结构组合示意图

水泥混凝土结构本身强度高,在车辆荷载的短时间作用下,其应力状态较符合线弹性假定;荷载作用效果往往局限在铺装层内局部位置,用梁板理论较难准确计算、分析出铺装层内部的力学特性。以线弹性分析理论为基础,以通用有限元分析软件ABAQUS作为计算、分析工具,运用三维有限元法对桥面铺装的层间剪应力、铺装层内部拉应力以及其表面的竖向位移进行计算分析。

2)有限元单元

桥面铺装层采用20节点的六面体等参元,梁体采用10节点的四面体等参元。20节点的六面体单元可以根据模型在结构离散时退化为其他形式,如图7-14所示,其中一种四面体的退化形式和10节点的四面体单元是相似的,不同的是前者仍然有20个节点。这两种实体单元都属于等参单元,是含有中节点的二次单元。单元中,每个节点有3个自由度,即沿 $X$、$Y$、$Z$ 三个方向的位移自由度。

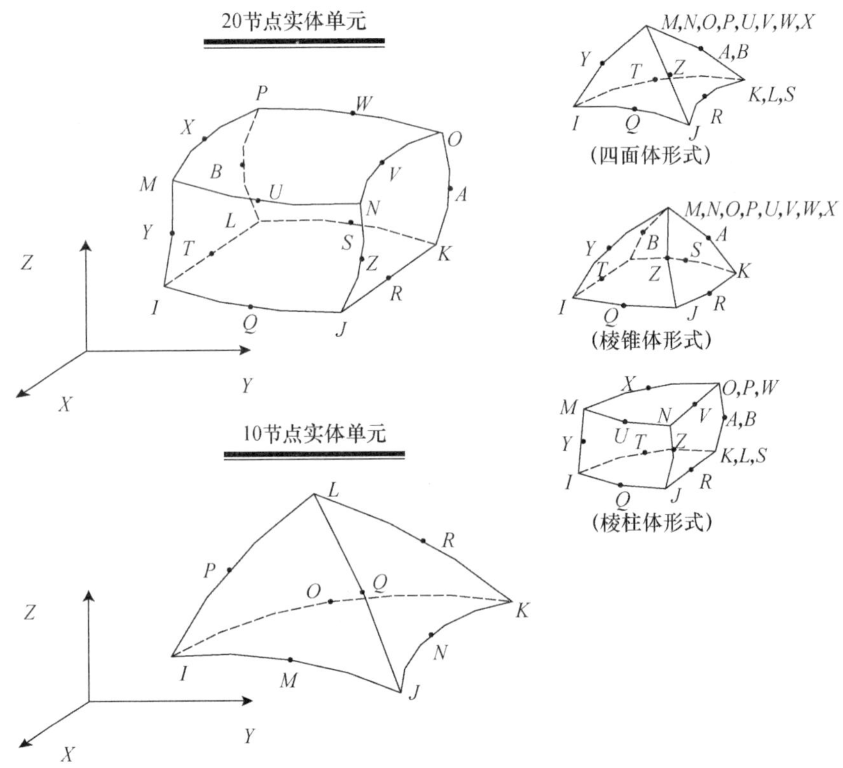


图7-14 节点单元简图

梁体面板与沥青铺装层间的防水黏结层以及梁体的横隔板采用8节点的板壳单元,如图7-15所示。该单元也是含有中节点的二次单元,能够和前述的实体单元协调变形,单元的每个节点具有6个自由度,即分别是 $X$、$Y$、$Z$ 三个方向的位移自由度和转角自由度。

在行车荷载作用下,铺装体系内产生的荷载效应具有很强的局域性特点。为了尽量减小边界条件对布载位置处铺装层受力的影响,分析时取模型包括四个横隔板,每个横隔板间距为5m,宽取26m,边界采用只在两端横隔板的底端固结。

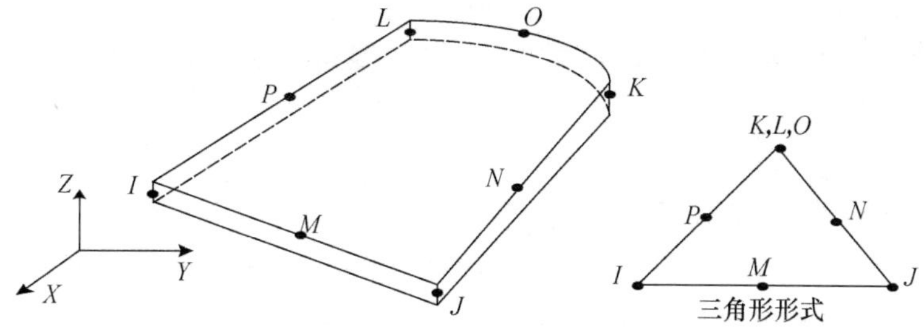


图 7-15　板壳单元简图

3）计算参数

桥面铺装体系有限元分析时所取各部分模量、泊松比参数见表 7-1。

**静力分析中各部分结构的计算参数**　　表 7-1

| 参　数 | 取　值 |
|---|---|
| 桥面体系混凝土弹性模量（泊松比） | 36GPa(0.15) |
| 防水黏结层模量（泊松比） | 200MPa(0.3) |

4）荷载模型

铺装层力学分析时采用均布荷载，荷载作用面积按现行《公路工程技术标准》（JTG B01—2003）规定的轮胎接地形状由圆形面积等效转换成 0.2m × 0.6m 矩形面积，保持两轮中心间距 1.8m 不变。由于汽车—超 20 级后轴重 140kN，轮胎接地压强取 0.707MPa。水平荷载通过垂直荷载乘以水平力与垂直力比值系数 $\delta$ 得到，水平荷载与垂直荷载同时考虑，如图 7-16 所示。

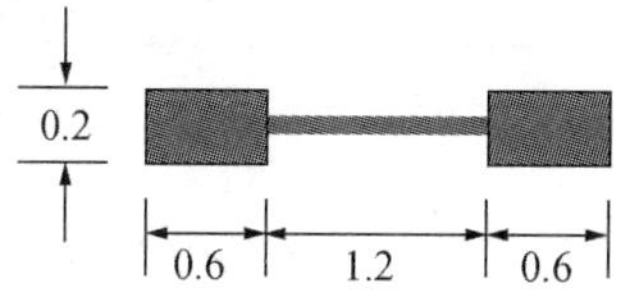


7-16　计算荷载图示（尺寸单位：m）

### 7.2.3　静力分析结果

经过比较分析并兼顾纵向拉应力（应变），以铺装上层横向最大拉应力为桥面铺装设计控制指标。

桥面铺装的剪切破坏一般以铺装层和桥面板之间的防水黏结层横向剪切滑移破坏为主，兼顾其他部位的最大剪应力变化和上述拉应力，以横向最大剪应力为铺装层的控制性指标。

1）铺装上、下层不同模量组合对铺装层应力的影响

铺装层材料的模量发生改变会影响铺装体系的受力情况，而造成桥面板和铺

装层内的应力、应变重新分布。所以，在分析铺装层受力特性时，要充分考虑沥青混凝土模量的改变，有必要研究不同温度下沥青混凝土铺装层的受力特点，即随着沥青混凝土的模量变化，铺装层内受力特性也改变。

因此，为了充分发挥各铺装层的作用，使得各层的模量在总体结构上协调，改善各层的受力状态，在分析桥面铺装层的受力时，需要认真分析各层的模量改变而引起的铺装层受力状态的变化，以便选择具有较为合适模量的沥青混凝土铺装材料，延长铺装层的使用寿命。

(1)不同模量组合($E_上/E_下$)对铺装体系最大拉应力的影响

①$E_上$ 不变 $E_下$ 变化条件下铺装层的最大拉应力

取 $E_上$ = 2 000MPa，铺装下层的沥青混合料的模量 $E_下$ 依次取 1 000MPa、1 400MPa、1 800MPa 和 2 200MPa，分别计算各铺装层的横向最大拉应力 $\sigma_{xmax}$、纵向最大拉应力 $\sigma_{ymax}$，计算结果如图 7-17 所示。

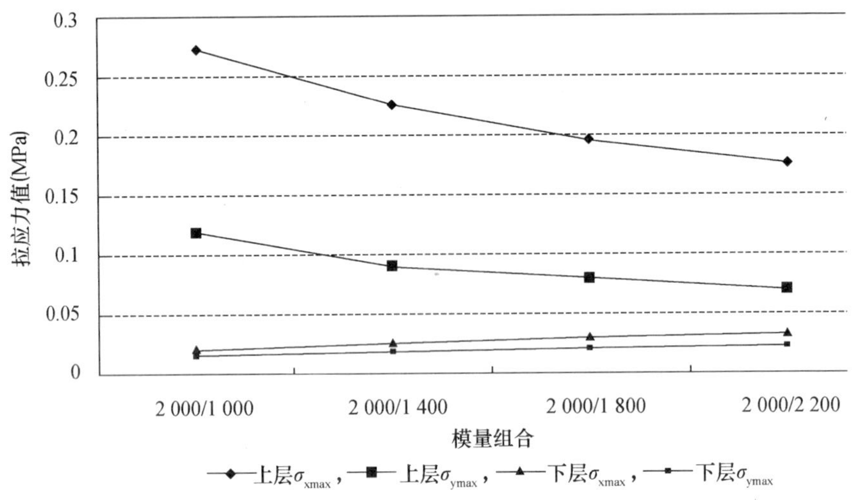


图 7-17　$E_上$ 不变 $E_下$ 变化条件下铺装层拉应力变化分布图

从计算结果可以看出：

铺装层模量组合的改变对铺装层内部的受力影响很大。随铺装下层模量的增加，铺装上层的纵向和横向最大拉应力逐渐减小，而铺装下层的纵向和横向最大拉应力却逐渐增大且它们都具有严格的单调性。

这主要是因为随着铺装下层模量的增加，其刚度也不断增大，铺装下层在整个桥面铺装体系复合结构中所占的刚度比例增加。所以，铺装下层的拉应力逐渐增大。

另一方面，随着铺装下层刚度的增加，其变形减小，缓和了桥面板变形对铺装上层的影响，且铺装上、下层的模量比值减小，铺装上层在整个桥面体系复合结构中所占的刚度比不断减小，更能适应铺装下层的变形。所以，铺装上层的最大拉应力逐渐减小。

②$E_{下}$ 不变 $E_{上}$ 变化条件下铺装层的最大拉应力

假定铺装下层沥青混合料的模量不变,取 $E_{下}$ = 1 800MPa,铺装上层沥青混合料的模量 $E_{上}$ 依次取 1 200MPa、1 600MPa、2 000MPa 和 2 400MPa,分别计算各铺装层的横向最大拉应力 $\sigma_{xmax}$、纵向最大拉应力 $\sigma_{ymax}$,计算结果如图 7-18 所示。

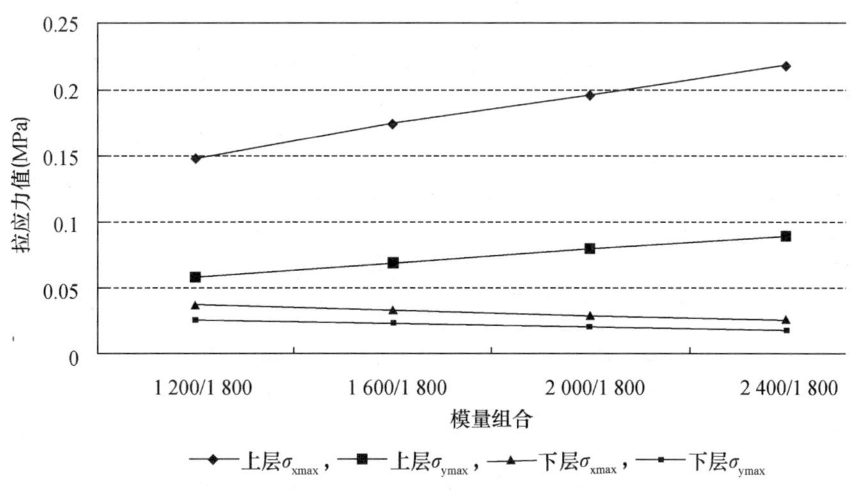


图 7-18 $E_{下}$ 不变 $E_{上}$ 变化条件下铺装层拉应力分布变化图

计算结果表明,铺装层模量组合的改变对铺装层内部的受力影响很大,随着铺装上层模量的增大,其在桥面系复合结构中所占的刚度比越来越大,使得铺装上层的最大拉应变越来越小,而层内的最大拉应力逐渐增大且具有严格的单调性;铺装下层恰好相反,随着铺装上层模量的增大,铺装下层在铺装体系复合结构中所占的刚度比越来越小,导致其最大拉应力不断减小,而最大拉应变逐渐增大。

综合以上分析可知,铺装层模量组合改变对铺装层内部的拉应力影响很大,在选取铺装层材料时,既要考虑铺装上层的拉应力变化的趋势,又要兼顾铺装下层拉应力的变化,再结合后面的剪应力分析和具体的材料试验结果,选出适合的桥面铺装层材料,使整个桥面铺装体系总体结构协调,达到改善铺装层受力状态的目的。

(2)不同模量组合对铺装体系剪应力的影响

①$E_{上}$ 不变 $E_{下}$ 变化条件下铺装体系的最大剪应力

为了研究铺装层所受的剪切应力随模量(温度)变化而变化的特性和分布规律,先假定铺装上层沥青混合料的模量不变,即取 $E_{上}$ =2 000MPa,铺装下层的沥青混合料的模量 $E_{下}$ 依次取 1 000MPa、1 400MPa、1 800MPa 和 2 200MPa。分别计算铺装层之间横向剪应力$\tau_{1xmax}$、铺装层之间纵向剪应力$\tau_{1ymax}$、铺装层与桥面板之间横向剪应力$\tau_{2xmax}$、铺装层与桥面板之间纵向剪应力$\tau_{2ymax}$、铺装上层内剪应力$\tau_{3max}$和铺装下层内的剪应力$\tau_{4max}$，具体计算结果如图 7-19 所示。

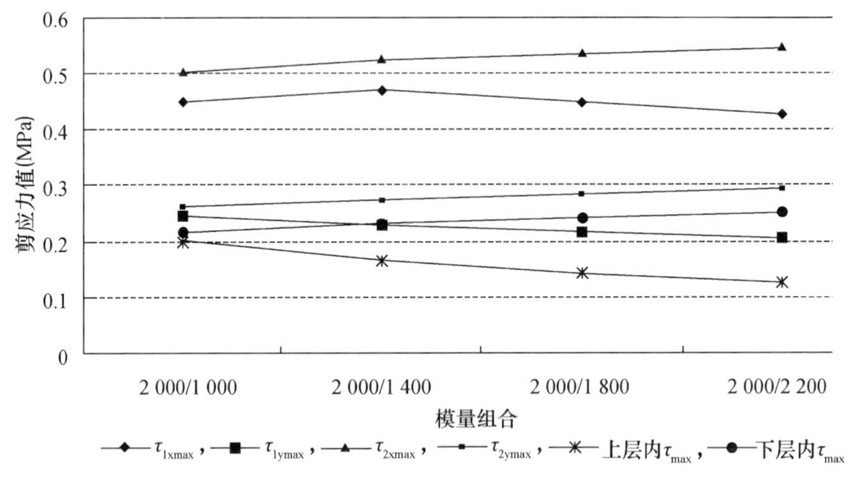


图 7-19　$E_{上}$ 不变 $E_{下}$ 变化条件下铺装层剪应力分布变化图

由图示计算结果分析可知：

a. 由于铺装上层的模量保持不变，随铺装下层模量的增大，铺装上层就具有了越来越坚实的支撑，在行车荷载作用下，铺装上层在水平方向的相对滑移趋势就会逐渐减小，致使铺装层之间的水平最大剪应力不断减小；而铺装下层随模量的增大，铺装下层在铺装体系复合结构中所占的刚度比越来越大，当铺装下层追随桥面板的变形时，导致了铺装下层水平方向的剪切应力逐渐增大，也具有严格的单调性。

b. 随铺装下层模量的增大，其在桥面系复合结构中所占的刚度比不断增大，所承担的荷载作用力也逐渐增加，从而使铺装下层的支撑作用越来越明显。所以，铺装上层内的剪切应力逐渐变小，而铺装下层的剪切应力不断增大。

②$E_{下}$ 不变 $E_{上}$ 变化条件下铺装体系的最大剪应力

假定铺装下层的模量不变，即取 $E_{下}$ = 1 800MPa，铺装上层的沥青混合料的模量 $E_{上}$ 依次取 1 200MPa、1 600MPa、2 000MPa 和 2 400MPa。分别计算铺装层之间横向剪应力$\tau_{1xmax}$、铺装层之间纵向剪应力$\tau_{1ymax}$、铺装层与桥面板之间横向剪应力$\tau_{2xmax}$、铺装层与桥面板之间纵向剪应力$\tau_{2ymax}$、铺装上层内剪应力$\tau_{3max}$和铺装下层内的剪应力$\tau_{4max}$，具体计算结果如图 7-20 所示。

由图示计算结果分析可知：

a. 随铺装上层模量的增加，铺装下层的支撑作用相对显得越来越小，铺装下层在铺装体系复合结构中所占的刚度比越来越小。在荷载作用下，铺装上层水平方向的相对滑移趋势逐渐增大，也即铺装上层水平向的最大剪切应力不断增大，同时，也使得铺装上层内的最大剪切应力也不断增大。

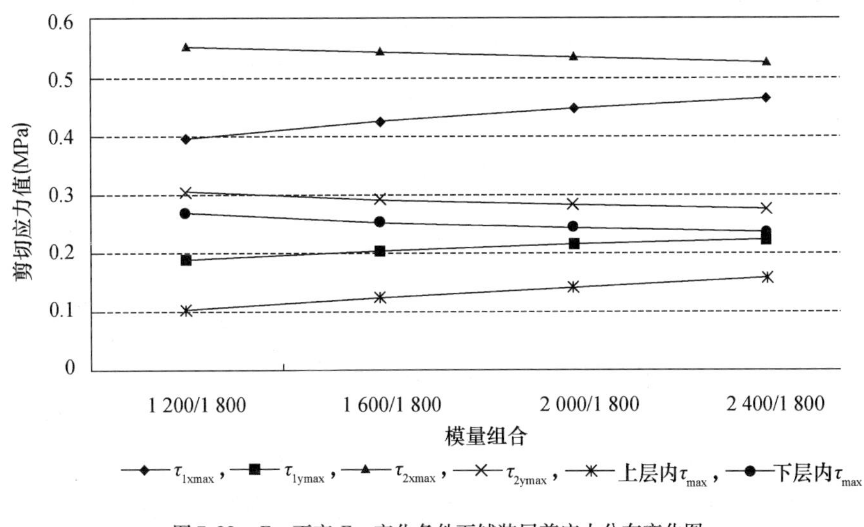


图 7-20　$E_{下}$ 不变 $E_{上}$ 变化条件下铺装层剪应力分布变化图

b. 由于铺装上层的支撑作用越来越明显，分散荷载的作用使得下面层的水平方向的滑移趋势逐渐减弱，剪切应力逐渐减小。

综合以上分析可知，铺装层模量组合的改变对铺装层内部的剪切应力影响很大，在选取铺装层材料时，既要考虑铺装上层剪切应力的变化，又要兼顾铺装下层剪切应力的变化，以便选出适合本桥的铺装层材料，尽量减少桥面铺装体系内发生剪切破坏。

2）沥青各铺装层厚度变化对铺装层应力的影响

桥面铺装层的厚度对其受力状态和使用性能都具有重要的作用。对于采用双层铺设方案的沥青混凝土桥面铺装而言，确定各层的厚度也是铺装层设计的一项重要设计指标。为各铺装层选择合理的厚度，能使铺装体系的应力分布更趋于合理，更能充分发挥各铺装层的最大效能。

桥面铺装的开裂破坏一般发生在低温季节和常温季节，根据以上分析，为了控制铺装层的开裂破坏（最大拉应力），铺装上层模量取 1 450MPa，铺装下层模量取 1 750MPa，泊松比均取 0.3。下面计算不同厚度组合下，各层应力变化分布规律，为选择合理的铺装层厚度提供理论依据。

（1）不同厚度组合对铺装体系拉应力的影响

①$H_{上}$ 不变 $H_{下}$ 变化条件下铺装层的最大拉应力（应变）

先假定铺装上层的厚度 $H_{上}$ = 40mm 不变，铺装下层的厚度 $H_{下}$ 依次取 50mm、70mm、90mm。分别计算各种厚度组合条件下各铺装层的横向最大拉应力 $\sigma_{xmax}$、横向最大拉应变 $\varepsilon_{xmax}$、纵向最大拉应力 $\sigma_{ymax}$ 和纵向最大拉应变 $\varepsilon_{ymax}$，计算结果如表 7-2 所示。

$H_上$ 不变 $H_下$ 变化条件下铺装层最大拉应力(应变)计算结果　　表 7-2

| $H_上/H_下$ | 上层 $\sigma_{xmax}$ | 上层 $\sigma_{ymax}$ | 上层 $\varepsilon_{xmax}$ | 上层 $\varepsilon_{ymax}$ | 下层 $\sigma_{xmax}$ | 下层 $\sigma_{ymax}$ | 下层 $\varepsilon_{xmax}$ | 下层 $\varepsilon_{ymax}$ |
|---|---|---|---|---|---|---|---|---|
| 40/50 | 0.172 | 0.064 | 117 | 41.0 | 0.039 | 0.041 | 122 | 48.7 |
| 40/70 | 0.161 | 0.067 | 111 | 44.3 | 0.041 | 0.030 | 124 | 53.4 |
| 40/90 | 0.150 | 0.069 | 108 | 46.4 | 0.045 | 0.017 | 127 | 57.8 |

计算结果表明:

a. 上层的厚度保持不变,随着铺装下层厚度的增加,铺装上层的横向最大拉应力逐渐减小,而铺装上层的纵向最大拉应力略有增加。这可能是由于铺装下层的增厚,缓冲了由于桥面板的变形对铺装上层横向最大拉应力的影响,而整体柔度的增加强化了对铺装上层纵向拉应力的影响,如图 7-21 所示。

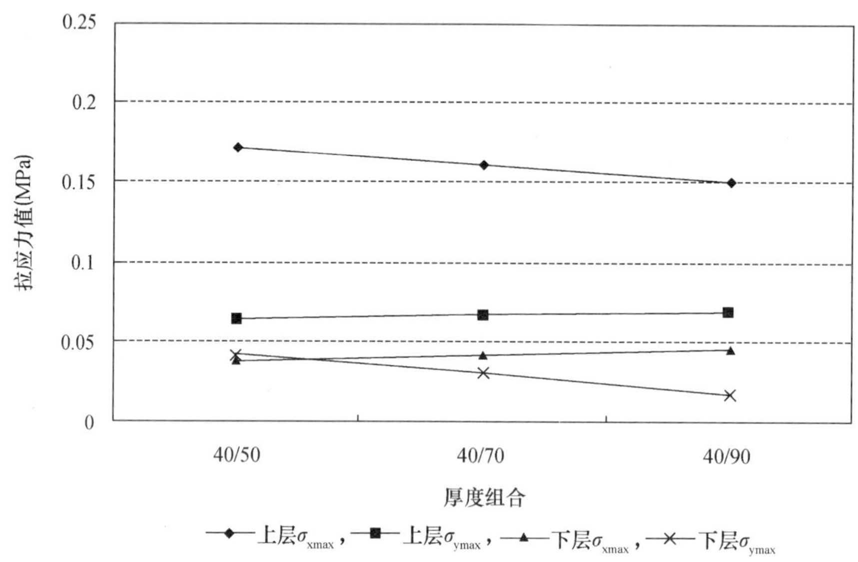


图 7-21　$H_上$ 不变 $H_下$ 变化条件下铺装层最大拉应力分布变化图

b. 随着铺装下层厚度的增加,荷载对铺装下层的影响比较复杂,铺装下层在整个桥面系复合结构中所占的刚度比越来越大,所承担的荷载也越来越大,铺装下层横向拉应力不断增加。

②$H_下$ 不变 $H_上$ 变化条件下铺装层的最大拉应力(应变)

假定铺装下层的厚度 $H_下$ = 70mm 不变,铺装上层的厚度 $H_上$ 依次取 20mm、40mm、60mm。分别计算各种厚度组合条件下各铺装层的横向最大拉应力 $\sigma_{xmax}$、横向最大拉应变 $\varepsilon_{xmax}$、纵向最大拉应力 $\sigma_{ymax}$ 和纵向最大拉应变 $\varepsilon_{ymax}$,计算结果如表 7-3 所示。

**$H_{下}$ 不变 $H_{上}$ 变化条件下铺装层最大拉应力(应变)计算结果**　　表 7-3

| $H_{上}/H_{下}$ | 上层 $\sigma_{xmax}$ | 上层 $\sigma_{ymax}$ | 上层 $\varepsilon_{xmax}$ | 上层 $\varepsilon_{ymax}$ | 下层 $\sigma_{xmax}$ | 下层 $\sigma_{ymax}$ | 下层 $\varepsilon_{xmax}$ | 下层 $\varepsilon_{ymax}$ |
|---|---|---|---|---|---|---|---|---|
| 20/70 | 0.168 | 0.059 | 116 | 40.8 | 0.042 | 0.038 | 119 | 45.7 |
| 40/70 | 0.159 | 0.065 | 114 | 44.1 | 0.038 | 0.029 | 124 | 53.3 |
| 60/70 | 0.153 | 0.074 | 112 | 47.9 | 0.035 | 0.018 | 132 | 60.2 |

计算结果表明：

保持铺装下层的厚度不变，随着铺装上层厚度越厚，铺装上层的横向拉应变越大。铺装上层越厚，其承担的荷载分布也越多，铺装下层相应的应力就越小，铺装下层在桥面系复合结构中所占的刚度比越小，致使其拉应变越大，如图 7-22 所示。

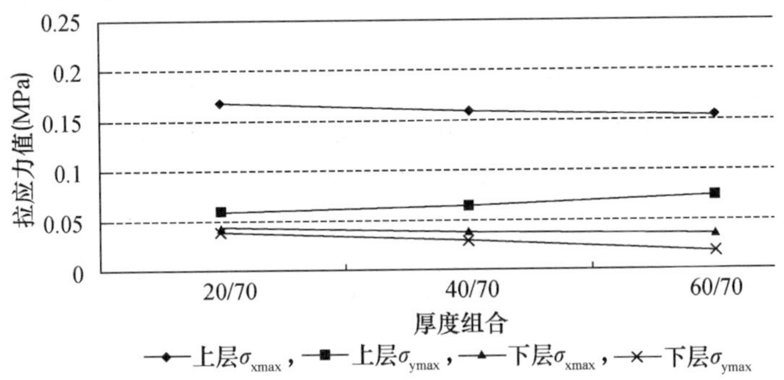


图 7-22　$H_{下}$ 不变 $H_{上}$ 变化条件下铺装层最大拉应力分布变化图

综上所述，铺装层厚度变化对铺装层最大拉应力(应变)的影响比较复杂，使得铺装层内最大拉应力变化趋势呈现多元化。所以，要综合比较各种力学指标的要求和不同厚度组合对铺装体系剪应力影响的分析结果，来选择合理的铺装层厚度。

(2)不同厚度组合对铺装体系剪应力的影响

①$H_{上}$ 不变 $H_{下}$ 变化条件下铺装体系的最大剪应力

假定铺装上层的厚度 $H_{上}$ = 40mm 不变，铺装下层的厚度 $H_{下}$ 依次取 50mm、70mm、90mm。分别计算铺装层之间横向剪应力 $\tau_{1xmax}$、铺装层之间纵向剪应力 $\tau_{1ymax}$、铺装层与桥面板之间防水黏结层横向剪应力 $\tau_{2xmax}$、铺装层与桥面板之间防水黏结层纵向剪应力 $\tau_{2ymax}$、铺装上层内剪应力 $\tau_{3max}$ 和铺装下层内的剪应力 $\tau_{4max}$，具体计算结果如表 7-4 所示。

**$H_{上}$ 不变 $H_{下}$ 变化条件下铺装层最大剪应力计算结果**　　表 7-4

| $H_{上}/H_{下}$ | $\tau_{1xmax}$ | $\tau_{1ymax}$ | $\tau_{2xmax}$ | $\tau_{2ymax}$ | 上层内 $\tau_{max}$ | 下层内 $\tau_{max}$ |
|---|---|---|---|---|---|---|
| 40/50 | 0.487 | 0.232 | 0.656 | 0.337 | 0.141 | 0.320 |
| 40/70 | 0.406 | 0.191 | 0.546 | 0.300 | 0.115 | 0.262 |
| 40/90 | 0.325 | 0.152 | 0.440 | 0.261 | 0.095 | 0.208 |

计算结果分析：

从表7-4可以看出，保持铺装上层厚度不变，铺装下层越厚，无论是铺装体系的层间剪切应力，还是层内的剪切应力都越小，而且变化幅度较明显。这主要是因为铺筑下层越厚，越有利于缓和由于桥面板的变形而在铺装体系内形成的相对滑移趋势，铺装下层越厚效果越明显，如图7-23所示。

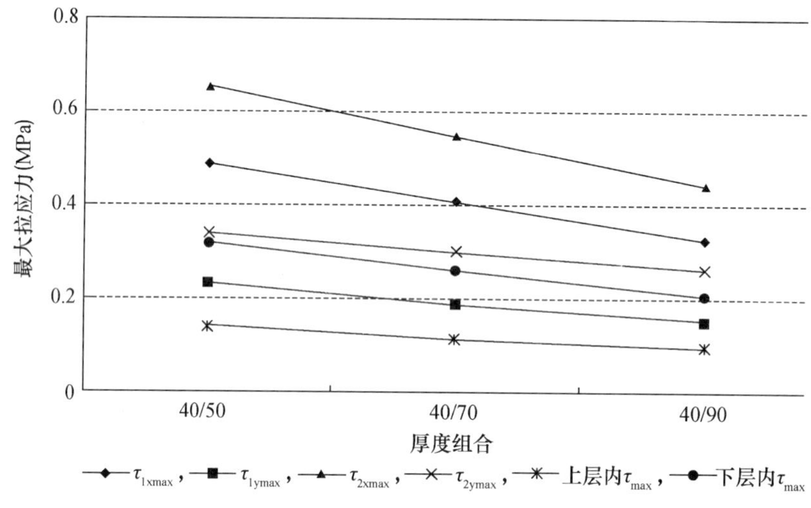


图7-23 $H_上$ 不变 $H_下$ 变化条件下铺装层最大剪应力分布变化图

②$H_下$ 不变 $H_上$ 变化条件下铺装体系的最大剪应力

假定铺装下层的厚度 $H_下$ = 70mm 不变，铺装上层的厚度 $H_上$ 依次取20mm、40mm、60mm。分别计算铺装层之间横向剪应力$\tau_{1xmax}$、铺装层之间纵向剪应力$\tau_{1ymax}$、铺装层与桥面板之间防水黏结层横向剪应力$\tau_{2xmax}$、铺装层与桥面板之间防水黏结层纵向剪应力$\tau_{2ymax}$、铺装上层内剪应力$\tau_{3max}$和铺装下层内的剪应力$\tau_{4max}$，具体计算结果如表7-5所示。

**$H_下$ 不变 $H_上$ 变化条件下铺装层最大剪应力计算结果** 表7-5

| $H_上/H_下$ | $\tau_{1xmax}$ | $\tau_{1ymax}$ | $\tau_{2xmax}$ | $\tau_{2ymax}$ | 上层内$\tau_{max}$ | 下层内$\tau_{max}$ |
|---|---|---|---|---|---|---|
| 20/70 | 0.435 | 0.200 | 0.637 | 0.340 | 0.155 | 0.318 |
| 40/70 | 0.404 | 0.191 | 0.548 | 0.300 | 0.117 | 0.260 |
| 60/70 | 0.378 | 0.187 | 0.465 | 0.260 | 0.085 | 0.212 |

表7-5表明，铺装上层越厚，在铺装层体系内引起的剪切应力呈现单调减小。这主要是因为铺装上层越厚，整个铺装体系复合结构的整体作用就越明显，这大大地缓和了铺装层内剪切应力的作用，如图7-24所示。

从以上分析可以看出，在行车荷载作用下，铺装层的厚度越厚，铺装层所受的剪切应力作用越小，但不同部位和种类的剪切应力变化不同。

(3)沥青铺装层厚度的确定

由上述力学分析结果可知,铺装层厚度变化对桥面铺装层内部各项力学指标的影响比较复杂,纯粹的厚度增加或减小都不会对铺装层的受力有利。因此,就存在一个铺装层厚度综合优化的问题,即在多种约束条件下,寻求最佳的铺装层厚度。这里的约束条件不仅包括上述的一般力学控制性指标,如最大拉应力、最大剪切应力等,还包括一些铺装体系构造指标。

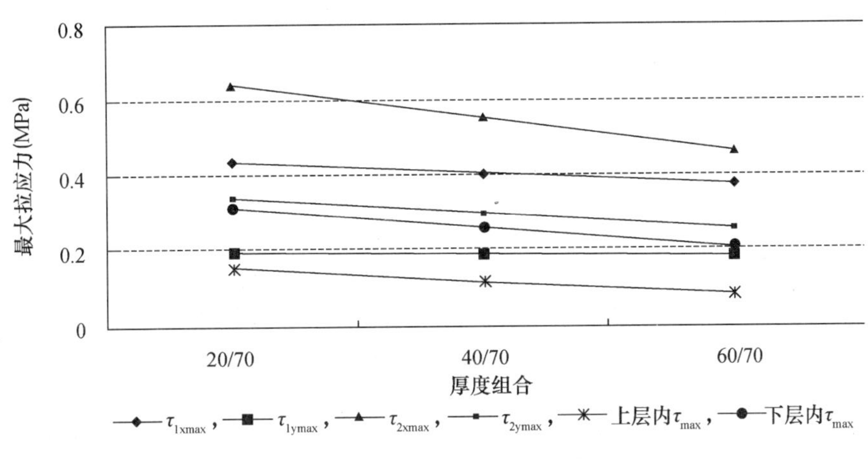


图 7-24 $H_{下}$ 不变 $H_{上}$ 变化条件下铺装层最大剪应力分布变化图

参考有关文献,通过优化原理,以桥面铺装层的厚度为目标,以强度、车辙、防水、施工工艺和平整度为决策变量,建立四个线性规划模型,经模型求解、比较、取舍,最后得出沥青混凝土桥面铺装层的合理厚度为 6 ~ 10cm。

综合以上分析,兼顾各铺装层的受力特性、应力分布规律以及与其相邻桥头引线的行车道施工连续性,减少接缝可避免造成桥头跳车等路面病害且能获得较好的结构性能。总结已有理论成果和实践经验,初步确定铺装层上层的厚度为 40mm,铺装层下层的厚度为 60mm。

## 7.3 高墩大跨度桥梁沥青路面铺装防水黏结层与施工控制

美国 NCHRP 在 1995 年发出的一份桥面防水报告指出:美国最早在 20 世纪 60 年代认识到桥面腐蚀的严重性。研究认为,水分和防冻盐是桥面混凝土冻融破坏和钢筋腐蚀的主要原因,由此促进了混凝土质量的提高和改进,采取增厚钢筋混凝土中钢筋保护层的措施,甚至对桥面板采取其他专门的保护措施。于是,防水膜(柔性防水材料敷设于桥面板形成不透水层统称为防水膜)开始广泛应用于桥面铺装。

1972 年 7 月，经合组织十四个国家就“混凝土桥面防水”联合发表了一份研究报告，报告中总结了各个国家桥面防水的状况和采取的桥面防水方式，主要就成员国大多采用的桥面防水膜进行了系统的研究，提出了一些检测防水材料的具体标准。

美国的 P. Martinelli 曾对桥面防水层破坏形式、气温和沥青混凝土施工温度、桥面准备状况对防水层与桥面黏结力的影响等进行研究，并认为当沥青混凝土层厚度大于 12cm 时，由行车荷载引起的剪应力将不会造成防水层的破坏。

美国的 C. CARR 和 B. VALLERGA 就水泥混凝土桥桥面防水系统的特性、使用要求和室内试验、野外检测等进行系统的研究后认为：防水层与面层和桥面之间的黏结力一般能满足行车的需要，但几乎所有防水层的不透水性能在面层施工后会下降或达不到防水目的。因此，防水层应设置合适的保护层，并在试验室内对防水材料用电阻法测试其不透水性和进行抗冲击试验。

英国的 TRRL 针对防水层施工后的渗漏、层间黏结力差及耐高温性能不足等病害，对英国所有通过质量认证的防水材料进行了系统的测试和研究，认为一般防水材料在沥青混合料的高温和压路机碾压作用下，极易产生损坏。因此，建议防水层应设置保护层。

总之，国外对水泥混凝土桥桥面沥青混凝土铺装防水黏结层的研究较多关注于防水黏结材料的筛选和大规模现场试验。

我国最早在 20 世纪 80 年代初，开始认识到钢筋腐蚀的严重性和桥面防水黏结层的重要性，之后陆续在北京、天津等地铺设柔性防水黏结层。但当时并未对此作系统研究，只是参照《屋面工程技术规范》(GB 50345—2004）和防水黏结材料厂商推荐产品的简单说明材料执行，因此使用效果不佳。

1994 年，北京市政研究总院针对北京市城市立交桥的桥面渗漏问题作了初步研究，主要对比了以下四种防水黏结材料：阳离子氯丁胶乳沥青涂料、盘锦禹王防水卷材、北京奥克兰防水卷材和 HJ 型聚氨酯防水涂料。使用结果表明：

①卷材类防水黏结材料具有铺装速度快、施工工艺要求简单等特点，被广泛应用于屋面、地下、水库等防水工程。但在桥面铺装中，要求防水黏结层与桥面找平层之间、防水黏结层与防水黏结层搭接部位黏结紧密，以防行车作用使路面产生移动造成破坏，加之桥面边角部位较多，给现场施工及质量控制带来一定困难。因此，该类材料只在有限范围内使用，大面积推广应用有待进一步研究。

②膜类材料与桥面找平层黏结紧密，桥面边角等特殊部位涂刷比卷材类效果好，但铺装工艺比卷材类复杂。而且，采用涂膜类材料时，其上应铺筑厚度为 1 ~ 1.5cm 的保护层（细粒式沥青混凝土），防止粗粒径矿料及料车、压路机等对防水黏结层造成破坏。

2000 年 3 月,在进行 107 国道郑州市跨机场高速公路高架桥施工时,长安大学公路学院课题组对北京禹王专用黏结剂等四种国内外防水材料进行了桥面防水试验,为水泥混凝土桥面防水黏结系统工程设计、施工提供了一定的依据。

2002 年东南大学与山东省公路管理局在滨博高速公路上对北京禹王等专用黏结剂进行了桥面防水试验研究,并对防水黏结层的施工工艺进行了研究,为质量控制提供依据。

2004 年 12 月,原交通部(现为交通运输部)颁布实施行业标准《路桥用水性沥青基防水涂料》(JT/T 535—2004),但标准中没有有关防水黏结层的设计、施工的内容,试验方法和防水材料的性能评价指标还不完善。

总之,目前国内已明确沥青铺装必须由防水黏结层和面层组成,但对桥面防水黏结材料的研究和试验起步时间尚不长。桥面防水黏结材料和施工工艺主要参照房屋建筑防水工程。随着我国高等级公路建设的日益发展,由以上国内外研究对比中可以看出我国进行此项研究的必要性和紧迫性。

### 7.3.1 防水黏结层材料性能研究

目前我国还没有统一的桥面防水黏结层的设计、施工方面的标准,在选择、使用防水黏结材料时,虽然在个别工程中做了一些试验,但对桥面防水黏结材料的质量控制还有很多不完善之处。为此,还需对桥面防水黏结材料性能检验和路用性能进行模拟试验研究,并提出能够反映桥面防水黏结层的实际力学评价指标和路用性能的试验方法,选择合适的防水黏结层材料。

1)防水黏结层材料选择与性能检验

(1)防水黏结层材料选择

防水层的作用是防止由面层渗入的水进入桥面而破坏桥面板和腐蚀主梁钢筋,保证和延长桥梁的使用寿命。同时,防水层作为桥面铺装的一个结构层,又必须满足层间抗剪的要求。所以,作为桥面铺装防水层材料,必须满足以下七个方面的要求:

①良好的不透水性能;

②与混凝土桥面板和沥青面层有足够的黏结力;

③面层碾压后的无破损性;

④不低于面层设计寿命的耐久性;

⑤良好的耐高温和低温性能;

⑥对桥面准备状况有良好的适应性;

⑦抵御桥面裂缝的良好延伸性能。

然而目前各厂家提供的防水材料性能测试结果,主要是针对建筑防水,因而不能切实反映路用性能要求。防水层性能指标测试应能模拟防水层在桥面铺装施工和使用的实际情况。因此,选择防水层材料时应至少进行不透水性、层间抗剪强度、碾压无破损性、疲劳性能、耐高温和低温性能、延伸率等性能测试。

目前国内能满足桥面铺装要求的防水材料主要有氯丁橡胶和APP卷材。

根据国内外防水黏结层材料的应用情况和发展方向,选择高剂量SBS改性沥青、环氧沥青和专用黏结剂三种材料作为防水黏结层备选材料,进行有关性能试验。

①高剂量SBS改性沥青。通常意义上的改性沥青是指以聚合物为改性剂的沥青,聚合物的种类不同,则其对沥青性能的影响差异较大。多年的研究与应用表明,SBS改性沥青被认为能较全面地改善沥青的路用性能,因而得到了广泛的认可和最普遍的应用。SBS(苯乙烯—丁二烯—苯乙烯)系三元嵌段聚合物,是一种热塑性弹性体,在常温下呈强韧高弹性,在高温下呈接近线性聚合物的流体状态。SBS改性沥青的优越性能得益于其在沥青中形成的三维网状结构,其高劲度的聚苯乙烯"节点"及超韧性的聚丁二烯"链"克服了沥青自身缺陷,大大增强了沥青的低温变形能力及耐高温性能,使得SBS改性沥青具有"刚柔并济"的力学特性。所以,采用以5%以上SBS为主要改性剂的改性沥青作为防水黏结材料。

②环氧沥青。环氧沥青属热固性材料,它将环氧树脂加入沥青中,经与固化剂发生固化反应,形成不可逆的固化物。这种材料从根本上改变了沥青的热塑性质,赋予沥青全新优良的物理力学性质,在黏结性能、热稳定性方面具有优势。环氧沥青一般分为A、B两组分,组分A是一种由石油沥青和固化剂等组成的匀质合成物,组分B为环氧树脂。

本次研究选用了国产环氧沥青材料,热固性环氧沥青同溶剂型材料、热熔型材料相比,它无论在黏结能力、变形能力,还是在热稳定性方面,都具有明显的优势,但存在轻微离析、固化程度不稳定等问题。

③专用黏结剂桥面两涂防水黏结层。专用黏结剂桥面两涂防水黏结层的主要化学成分为阳离子氯丁胶乳化沥青,其应用较广。它分1号料和2号料两种。施工时,用1号底层料喷涂第一层,用量为1.45~1.52kg/m$^2$。实干后,用2号面料,按0.1~0.15kg/m$^2$用量喷涂第二层。实干后整体平均厚度0.5~0.6mm。喷涂结束,养护24h以上,经检查实干后方可进行沥青混凝土铺装层施工。

(2)防水黏结层材料性能检验

①低温韧性。在寒冷地区,防水材料低温性能的好坏直接关系到其耐久性,冬天天气的骤降可能会使防水黏结材料的抗拉伸性能降低,收缩变形过大发生脆裂。为此,防水黏结材料须满足一定的耐低温性能。

a. 试验方法:

· 仪器及材料:10mm 圆铁棒、牛皮纸、低温环境箱(-30 ~ 20℃,精度为0.5℃)。

· 试件准备:在牛皮纸上分别涂刷防水黏结层,其总厚为0.5 ~ 0.6mm,在室温下放置7d,剪成25mm × 120mm 的柔度试件,每组三条。

· 操作步骤:将试件和金属棒同时放在已达规定试验温度的环境箱中冰冻2h,于该温度下,将试件绕金属棒在2 ~ 3s 内均衡弯曲180°,肉眼观察试件有无裂纹。

b. 试验结果。试验结果见表7-6。

低温韧性试验结果　　表7-6

| 温度(℃) | -20 | -10 | -5 |
|---|---|---|---|
| 环氧沥青 | 有相应柔度,弯曲时脆裂 | 有一定柔度,弯曲时有裂纹 | 保持完好 |
| 5% SBS 改性沥青 | 有相应柔度,弯曲时脆裂 | 有一定柔度,弯曲时有裂纹 | 保持完好 |
| 专用黏结剂—1 号 | 无变化 | 无变化 | 无变化 |
| 专用黏结剂—2 号 | 无变化 | 无变化 | 无变化 |
| 专用黏结剂—1 号 +2 号 | 无变化 | 无变化 | 无变化 |

注:专用黏结剂—1 号表示仅涂刷专用黏结剂—1 号材料;专用黏结剂—2 号表示仅涂刷专用黏结剂—2 号材料;专用黏结剂—1 号 +2 号表示按施工步骤先涂刷材料专用黏结剂—1 号,实干后再涂刷材料专用黏结剂—2 号。如无特别说明,以下各试验中试件标示含义相同。

寒冷天气中,铺装层的防水黏结层温度会高于铺装层的上层。据有关文献可知,当气温降到 -20℃时,路面表层50mm、100mm、150mm 沥青面层下的薄膜温度分别为 -18℃、-14℃、-10℃、-10℃。此外,在汽车荷载作用下,桥面防水黏结层不可能发生180°弯曲情况。因此,三种不同防水黏结材料性能均符合低温要求。但在耐低温性能方面,专用黏结剂优于环氧沥青及SBS 改性沥青材料。

②耐热性。桥面柔性防水黏结材料多为聚合有机物,进行加热时,一般会发生物理化学变化。其中,物理变化包括材料的变形、软化、流动、熔融等,化学变化包括分子链切断、交联、氧化等。在铺设沥青混合料时,防水黏结层会受到高温集料的冲击,如果防水黏结材料耐热性差,会导致流淌。从实用性方面考虑,要求防水黏结材料在一定温度下、一定时间内不流淌,以此来评价其抵抗沥青混凝土高温破坏的能力。

a. 试验方法:

· 仪器及材料:水泥砂浆板50mm × 120mm × 10mm、鼓风恒温烘箱。

· 试件准备:将干燥的水泥砂浆板表面用砂纸打磨,除去浮砂、擦净。单面涂刷,在室温下平放7d(水泥砂浆板配方,灰砂比为1:2,水灰比为0.4 左右,用强度等级 32.5 级以上硅酸盐水泥）。

·操作步骤：将试件呈 45°角放置于 165℃烘箱内，试件位置离烘箱壁不小于 50mm，15min 后观察试件表面有无起泡、皱皮、下垂、流淌等现象。

b. 试验结果。试验结果见表 7-7。

不同防水黏结材料的耐热性试验　　表 7-7

| 材　　料 | 试件加热后的结果描述 |
|---|---|
| 环氧沥青 | 无流淌，有少许气泡在基层砂浆表面孔洞处 |
| SBS 改性沥青 | 无流淌、起泡等现象 |
| 专用黏结剂—1 号 | 无起泡、流淌等现象 |
| 专用黏结剂—2 号 | 无起泡、流淌等现象 |
| 专用黏结剂—1 号 +2 号 | 无流淌，但起泡，且气泡较大 |

由表 7-7 可见，三种材料中，SBS 改性沥青耐热性最好。环氧沥青与专用黏结剂—1 号、专用黏结剂—2 号材料耐热性相差不多。但专用黏结剂—1 号、专用黏结剂—2 号表面有较大气泡。

试验中发现，对于专用黏结剂—1 号、专用黏结剂—2 号试件，戳开表面气泡，发现气泡起于 1 号料之上，或者基层砂浆表面有较大空洞处，从这一点可以看出，防水黏结层基层的处理很重要。而且，对于专用黏结剂材料，一定要等 1 号料完全实干后再喷涂 2 号料。

③黏结强度。黏结强度试验可以测试各防水黏结层的黏结性能。

a. 试验方法

·仪器及材料：水泥抗张仪，水泥拉伸试验“∞”字模。

·试件准备：在“∞”字模中部开一个小槽，然后插入厚 0.5mm 的小铁片，成型制成半个“∞”字模块，在两个半“∞”字型试块的黏结面上，涂刷涂料 0.5 ~ 0.6mm，并将其黏结，在室温下放置 7d。

·操作步骤：取已黏结并静置 7d 的试件每组 6 块，在 20℃ ±2℃时放在水泥抗张仪上，以 50mm/min 速度加力，测得其抗拉强度。取 6 个试件中 4 块相近数值的算术平均值为该组的抗拉强度值，并观察其端面状况。

b. 结果计算。试验结果如表 7-8 及图 7-25 所示。

不同种材料黏结强度　　表 7-8

| 材料种类 | 专用黏结剂—1 号 | 专用黏结剂—2 号 | 专用黏结剂—1 号、2 号 | SBS 改性沥青 | 环氧沥青 |
|---|---|---|---|---|---|
| 黏结力(N) | 70 | 300 | 180 | 270 | 280 |
| 黏结强度(MPa) | 0.14 | 0.69 | 0.36 | 0.74 | 0.76 |

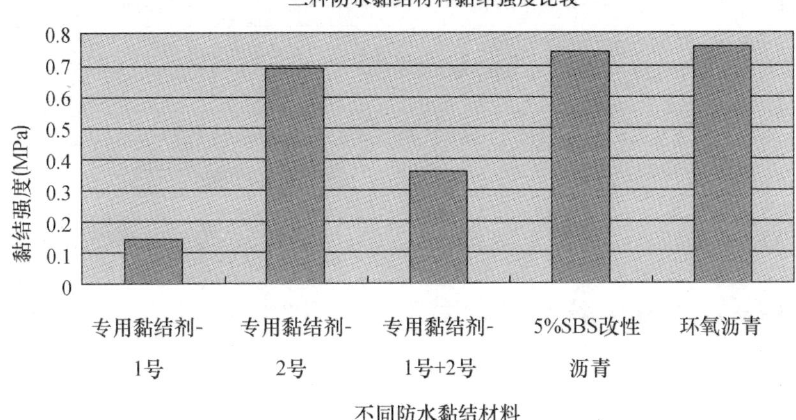


图7-25　不同防水黏结材料的黏结强度比较

从试验结果可以看出，对三种不同材料的黏结强度进行比较，环氧沥青与SBS改性沥青接近，都好于专用黏结剂。试验显示，专用黏结剂—2号的黏结强度较高，达到了防水黏结层剪切强度控制指标0.683MPa，但专用黏结剂—1号与专用黏结剂—2号组合后，黏结强度大为下降。而实际施工中，两种材料是联合使用的。专用黏结剂—1号主要起防水作用，专用黏结剂—2号主要起防刺破作用。试验结果也正体现了专用黏结剂—1号材料和专用黏结剂—2号材料不同的功能和作用。防水黏结材料不仅要求黏结性好，还应具有良好的防水性能。

④耐酸、耐碱性。在一些特殊环境下，防水黏结层会遭遇酸性、碱性介质，而柔性防水黏结材料多为有机材料或高分子改性沥青，其化学成分复杂，有可能会与酸、碱发生反应，破坏其原有的性能。因此，有必要检验防水黏结材料的耐酸和耐碱性能。

a. 试验方法：

· 仪器及材料：硫酸溶液、氢氧化钠溶液，不与酸碱等发生反应的容器。

· 试件准备：在40mm×40mm×160mm的试块上面涂刷防水黏结层，在室温下放置7d。

· 操作步骤：配制好的2%硫酸溶液以及2%氢氧化钠溶液，将准备好的试件浸泡其中15d（因为水泥砂浆为碱性，遇酸溶液中会发生反应，要求未涂刷防水黏结材料的一面露出溶液表面），观察防水黏结层有无剥落、起泡、分层、起皱等现象。

b. 试验结果。试验结果见表7-9。

不同防水黏结材料的耐酸、碱性试验　表 7-9

| 不同材料 | 1% $H_2SO_4$ 溶液 | 1% NaOH 溶液 |
|---|---|---|
| 专用黏结剂 | 表面完好,无剥落,无坑洞,无起泡 | 表面基本完好,无剥落,无坑洞,轻微起泡,直径 $\phi$2 ~ 6mm |
| 环氧沥青 | 表面基本完好,无剥落,不起泡,少许坑洞,直径 $\phi$1 ~ 1.5mm | 表面基本完好,无剥落,不起泡,较多坑洞,直径 $\phi$1 ~ 3mm |
| SBS 改性沥青 | 表面完好,无剥落,无坑洞,不起泡 | 表面完好,无剥落,无坑洞,不起泡 |

防水黏结材料遇酸、碱毕竟属于特殊情况,极少发生。但从试验结果可知,各防水黏结材料基本完好。

⑤不透水性。防水黏结材料主要功能之一是防水性,要求其在原始状态下具备不透水性能。

a. 试验方法:

·仪器及材料:路面渗水仪、牛皮纸。

·试件准备:在规定面积的牛皮纸一面,均匀涂刷 0.5 ~ 0.6mm 厚度的防水黏结材料,在室温条件下放至实干。

·操作步骤:将准备好的试件置于平整板面上,使用路面渗水仪检测 57cm 水柱下 30min 后牛皮纸的另一面是否潮湿,注意水的渗透情况。

b. 试验结果。由检测结果可知,三种防水黏结材料全部不透水。因为防水黏结层上还要进行面层沥青混合料的摊铺碾压,在这过程中有可能造成防水黏结层的刺破损伤。为进一步检验三种不同材料的防水特性,改善了试验条件,利用车辙板碾压成型“水泥混凝土 + 沥青混凝土”的复合试件,在两层间使用不同的防水黏结材料。结果表明,维持路面渗水仪 57cm 水柱下 30min,试件下方仍无渗水。

2)室内模拟性能试验

为了使室内试验更好地反映防水黏结材料的实际路用性能,并能在各材料间进行优选,进一步模拟了防水黏结材料在整个桥面铺装体系中的作用。

(1)剪切试验

桥面的防水黏结层,包括整个铺装层,是在垂直荷载和水平荷载的综合作用下工作的,所以,防水黏结层的抗剪切能力是其一项重要的技术指标。本试验即为了确定各种柔性防水黏结层的抗剪切能力,建立相应的剪切指标,以供正确选择防水黏结层,指导设计与施工,以及评价防水黏结层与沥青混凝土及混凝土桥面之间的黏结力,评价桥面准备状况对防水黏结层与桥面之间黏结力的影响。

为真实地模拟、反映混凝土桥面沥青铺装的实际情况,利用车辙板试模成型试件。首先,在特制试模(30cm × 30cm × 3.5cm)内,浇筑水泥混凝土(配合比为 C:S:

G:W =430:605:1210:184,减水剂采用1.5%)。

水泥混凝土试件制备时,将拌和好的混合料倒入试模,分层插捣均匀,然后通过机械振动台振密成型。表面刷毛后,试件养生7d后拆模,28d后用于剪切试验。试验时,在水泥混凝土块完全干燥的情况下,将表面打磨去浮浆,涂刷防水黏结层,然后碾压沥青混凝土(3.5cm厚)。冷却后脱模,切割成50mm×50mm×70mm试件进行剪切试验,每组4个平行试件。

在我国,夏季高温时沥青混凝土桥面最高温度可达60℃以上。测试资料表明,高温环境水平剪切力作用下,防水黏结层为最不利情况。考虑到材料对温度的敏感性,拟进行不同温度下的抗剪强度测定。此外,在常温(25℃)下,就防水黏结材料用量(涂膜)、加载速度、桥面准备状况等因素对于层间抗剪强度的影响规律进行探讨。

根据已有经验,取试件受力面与加载方向呈40°夹角,试验加载速率取50mm/min,如图7-26所示,当对试件施加荷载$P$时,试件受剪面的剪切强度计算如下:

$$\tau = \frac{P \times \sin\alpha}{S} \tag{7-1}$$

式中:$P$——作用荷载,N;

$S$——试件受剪截面积,$cm^2$;

$\alpha$——试件受力面与荷载作用方向的夹角,rad。

①有无防水黏结层对比

表7-10列出了水泥混凝土与沥青混凝土层间不加防水黏结层、加5% SBS改性沥青、加环氧改性沥青、加专用黏结剂防水黏结材料四种不同层间状况在25℃下的剪切试验结果。

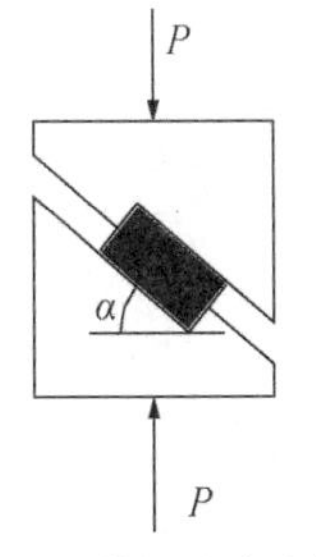


图7-26 剪切试验示意图

使用防水黏结层前后效果对比　　表7-10

| 不同试件试验性能 | 抗剪性能(MPa) |
|---|---|
| | 25℃ |
| 不加黏结层 | 0.48 |
| 5% SBS改性沥青 | 0.87 |
| 环氧沥青 | 0.85 |
| 专用黏结剂 | 0.49 |

由表7-10可以看出,在常温25℃下,两混凝土层间不加防水黏结层时,其抗剪强度较低。但因为水泥混凝土表面经过拉毛处理而完全光滑,两层间存在相应的摩擦阻力,在正压力情况下,剪切强度仍然存在。

在三种防水黏结材料中,SBS改性沥青与环氧沥青的抗剪切能力相当,但都优于专用黏结剂材料。专用黏结剂材料的抗剪切能力仅略优于水泥混凝土上直接加铺沥青混合料。这也与前面原材料试验结果一致。

②防水黏结层厚度

因为不同的基面处理情况或者拉毛的程度不同等,都会影响剪切结果。本试验改水泥混凝土块为水泥砂浆试块,试块表面不作特殊处理,自然成型。待试块养生至规定时间,在完全干燥情况下,打磨去表面浮浆,涂刷一定厚度用量的防水黏结层。然后,碾压沥青混凝土。根据不同防水黏结材料的密度,控制防水黏结材料厚度分别为0.5mm、1.0mm、1.5mm、2mm。结果汇总如表7-11及图7-27所示。

**不同防水黏结材料在不同用量下剪切强度值(MPa)** 表7-11

| 温度 | 不同厚度5% SBS改性沥青 | | | | 不同厚度环氧改性沥青 | | | | 专用黏结剂 |
|---|---|---|---|---|---|---|---|---|---|
| | 0.5mm | 1.0mm | 1.5mm | 2.0mm | 0.5mm | 1.0mm | 1.5mm | 2.0mm | |
| 0℃ | 3.35 | 3.67 | 3.69 | 2.81 | 3.58 | 3.24 | 3.08 | 4.01 | 0.83 |
| 25℃ | 0.63 | 0.68 | 0.75 | 0.71 | 0.68 | 0.77 | 0.67 | 0.5 | 0.31 |
| 60℃ | 0.13 | 0.13 | 0.16 | 0.2 | 0.14 | 0.17 | 0.12 | 0.09 | 0.09 |

由表7-11可见,SBS改性沥青、环氧沥青不论在何种环境温度下,其抗剪切强度都大于专用黏结剂材料抗剪切强度。不同温度下,所有材料均表现为低温时抗剪切强度远远大于高温时情况。SBS改性沥青与环氧沥青都存在最佳厚度。经回归综合分析,认为环氧沥青防水黏结材料的较佳厚度为1.0mm,SBS改性沥青为1.3mm。

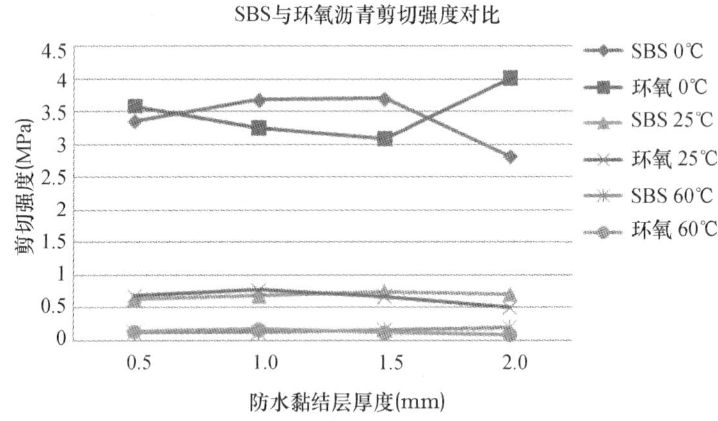


图7-27 不同厚度防水黏结层抗剪强度对比

③固化时间

因为环氧沥青材料为两相固化体系,存在一个固化时间的问题,这关系到施工中涂刷防水黏结层必须在多长时间内完成、在多长时间内必须摊铺下面层的问题。为此,选取0h、0.5h、1h、2h、4h五个不同时间,在涂刷完环氧沥青防水黏结层、不同时间间隔后进行沥青混凝土的碾压试验，观测其剪切强度的变化情况，试验结果见表7-12。

**涂刷环氧沥青防水黏结层后不同时间碾压沥青混凝土剪切强度值** 表7-12

| 碾压间隔时间 $h$ | 0 | 0.5 | 1.0 | 2.0 | 4.0 |
|---|---|---|---|---|---|
| 剪切强度(MPa) | 0.71 | 0.70 | 0.75 | 0.52 | 0.54 |

表7-12结果显示，在0~1h内完成涂刷防水黏结层、碾压沥青混凝土，则剪切强度结果相差不大，2h以后剪切强度即显著下降。可以看出，环氧沥青材料的固化时间对层间的剪切强度有较大影响，施工中必须严格控制好各工序完成时间。

④界面影响

水泥混凝土的表面特性不同，必然导致防水黏结层的应用效果。以5% SBS改性沥青为例，对不同混凝土表面处理对剪切强度的影响进行试验，结果如表7-13及图7-28所示。

**不同界面处剪切强度对比(MPa)** 表7-13

| 不同温度 | 光　滑 | 拉　毛 | 嵌　石 |
|---|---|---|---|
| 55℃ | 0.08 | 0.37 | 0.64 |
| 25℃ | 0.97 | 1.12 | 1.31 |

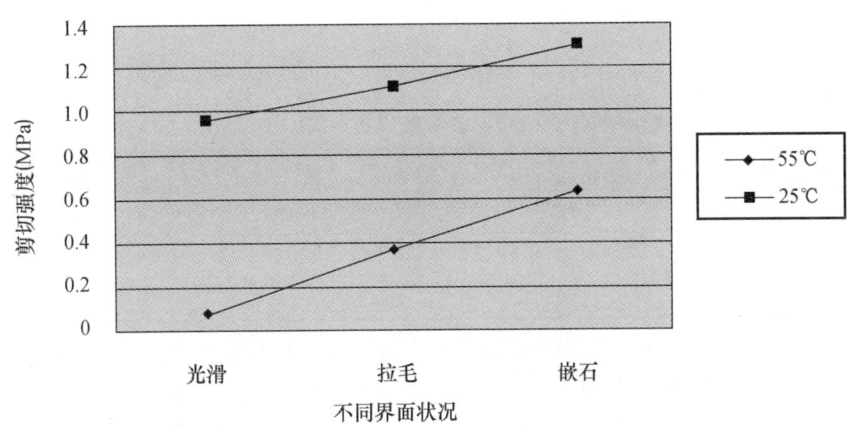


图7-28 不同界面特性对剪切强度的影响

由表7-13和图7-28可见，随着界面粗糙程度的增加，剪切强度成线性增大；在高温情况下，剪切强度的增长尤其明显，增长速度快。嵌石处理是在水泥混凝土未凝固前，在其表面镶嵌单一的9mm石灰岩大粒径石子。碾压沥青混凝土时，露出水泥混凝土表面的石子与沥青混凝土一体，其抗剪强度最大。

因此，铺防水黏结层前应对水泥混凝土铺装进行处理。扫尽浮尘，保持清洁；同时，应清除水泥混凝土表面浮浆。可以采用拉毛，但最好能使用专用机械，以获得均匀粗糙的表面。

在混凝土表面进行拉毛处理时，要求拉毛程度均匀一致，拉毛方向与行车方向垂直，不应该顺着行车方向拉毛。否则，其抗剪强度相对较低，车辆行驶易造成桥面剪切破坏。

⑤透层

在试验过程中发现，水泥混凝土板表面涂刷防水黏结材料，置于60℃环境温度下一段时间后，板表面会出现一层密集的小气泡。该现象可能是混凝土表面孔隙中的空气所致。因为水泥混凝土板中不可避免地存在孔隙，孔隙中的气体遇热膨胀，导致防水黏结层表面出现气泡。

为了进一步验证该推论，在水泥混凝土板表面和玻璃板表面同样涂刷防水黏结材料，置于同样温度、同样时间下，结果玻璃板表面没有气泡产生。

若首先在混凝土表面喷涂一底透层，再涂刷防水黏结材料，则透层材料渗透到桥面混凝土中，除可提供可靠的黏结力外，还可以赶走空气，封闭混凝土内的孔隙，加强防水黏结的作用。

选择以下三种材料作为透层进行试验：

a. 3% SBR 改性 90 号普通沥青；

b. 煤油稀释 90 号普通沥青；

c. 普通乳化沥青。

剪切强度试验结果如表 7-14 所示。

不同温度下不同透层的剪切强度(MPa)　　表 7-14

| 材　　料 | 0℃ | 25℃ | 60℃ |
|---|---|---|---|
| 3% SBR 改性沥青 | 3.64 | 0.40 | 0.15 |
| 稀释沥青 | 4.48 | 0.74 | 0.15 |
| 普通乳化沥青 | 5.03 | 0.78 | 0.13 |

由表 7-14 可知，普通乳化沥青略优于其他两种透层材料，这主要取决于材料的渗透能力。同时，普通乳化沥青材料比较普遍，施工技术比较成熟，因而建议在防水黏结层施工前先喷洒少量的透层乳化沥青。

(2)拉拔试验

一般认为在桥面铺装中，梁板与沥青混凝土的黏结强度对铺装体的抗疲劳特性有很大影响，可以采用拉拔试验来确定防水黏结层与梁板和沥青混凝土的黏结状况，同时，它也能反映两层混合料分层施工时层间的黏结力。

与剪切试验相同，利用车辙板预制厚 5cm 的水泥混凝土试件，然后按“表面处理→涂刷防水黏结层→碾压沥青混凝土铺装”的顺序制作试件。待试件完全冷却固化后，用钻芯机钻孔，孔径为 $\phi$50mm，钻孔到混凝土梁板位置取出钻头，用快凝环氧树脂将拉头黏在沥青混凝土表面，养护12h后，将芯样放于拉力试验仪中，以100～200N/s的固定速度对拉杆加力，直至芯样破坏，如图7-29所示。

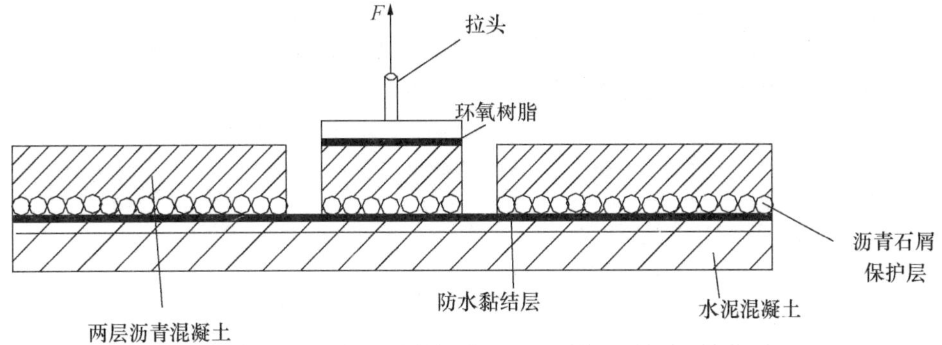


图7-29 拉拔试验示意图

①不同防水黏结材料对比

表7-15列出了水泥混凝土板与沥青混凝土层间不加防水黏结层、加5% SBS改性沥青、加环氧改性沥青、加专用黏结剂防水黏结材料四种不同层间状况在25℃下的拉拔试验结果。可以看出，在常温下，两混凝土层间不加防水黏结层时，其拉拔强度较低。在三种防水黏结材料中，加5% SBS改性沥青与环氧沥青的效果较近，都优于专用黏结剂材料。

**使用防水黏结层前后效果对比** 表7-15

| 试验性能 | 拉拔强度(MPa) |
|---|---|
| 不加黏结层 | 0.21 |
| 5% SBS改性沥青 | 0.81 |
| 环氧沥青 | 0.80 |
| 专用黏结剂 | 0.25 |

②温度影响

根据前述剪切试验结果，选取不同防水黏结材料的最佳用量，在不同温度情况下测试其拉拔强度，结果如表7-16所示。

**不同环境温度下各种防水黏结材料剪切强度对比(MPa)** 表7-16

| 不同材料 | 0℃ | 25℃ | 60℃ |
|---|---|---|---|
| 5% SBS改性沥青 | 2.09 | 0.81 | 0.08 |
| 环氧沥青 | 1.59 | 0.80 | 0.05 |
| 专用黏结剂 | 1.15 | 0.25 | 0.05 |

由表7-16可以看出：各材料的拉拔强度随温度变化有较大差异。60℃高温情况下拉拔强度值仅有常温的10%。因此，在夏季高温时节，进行桥面交通及重车

通行控制尤为重要。

### 7.3.2 桥面铺装层结构组合研究

桥面铺装力学机理与路用性能分析表明，高速公路对桥面铺装具有多功能的要求，而且不同功能的要求反映到铺装层材料的性能指标上，往往是相互矛盾的，难以全部通过材料设计来满足。在材料性能研究结果的基础上，选择不同的铺装结构组合形式，进行模拟实桥的复合梁疲劳试验，检验铺装层混合料的整体抗疲劳破坏能力，最终选出合理结构组合方案。

1）铺装层结构组合方案选择

采用双层铺装体系。由力学分析可知，铺装层大都处于受压状态，而铺装上层，特别是在桥面系加劲部件的顶部，大都处于受拉状态，这就要求铺装下层的沥青混合料具有良好的骨架嵌挤结构，能抵抗高温车辙。铺装上层的沥青混合料除须满足高温耐久性外，更应重视其抗疲劳开裂能力。

首先初步选择两层铺装结构为 SMA—13、纤维加强 AK—13 和纤维加强 AC—20，防水黏结层为 SBS 改性沥青和环氧沥青；然后对选择不同的铺装组合进行复合梁疲劳试验，具体的组合方案见表 7-17。

铺装层复合梁疲劳试验结构组合方案　　表 7-17

| 组号 | 铺装上层 | 铺装下层 | 黏结层 | 试件个数(组)(厚度) |
|---|---|---|---|---|
| 1 | AK—13 + 纤维 | AC—20 + 纤维 | 无 | 3(4cm +6cm) |
| 2 | AK—13 + 纤维 | AC—20 + 纤维 | 环氧沥青 | 3(4cm +6cm) |
| 3 | AK—13 + 纤维 | AC—20 + 纤维 | SBS 改性沥青 | 3(4cm +6cm) |
| 4 | AK—13 | AC—20 | SBS 改性沥青 | 3(4cm +6cm) |
| 5 | AK—13 | AC—20 + 纤维 | SBS 改性沥青 | 3(4cm +6cm) |
| 6 | AK—13 + 纤维 | AC—20 + 纤维 | SBS 改性沥青 | 3(4cm +6cm) |
| 7 | SMA—13 | AC—20 + 纤维 | SBS 改性沥青 | 3(4cm +6cm) |

桥面沥青铺装层主要指混凝土桥梁和钢桥表面采用沥青混合料铺筑的结构组合层。它们直接承受行车荷载的垂直和水平作用，同时又受到环境温度、湿度变化以及降水和日照等因素的综合影响，因此是桥梁整体组成中最先、最易产生衰变和损坏的部位。其铺装质量直接影响桥面铺装层的服务品质和使用寿命。

(1)桥面沥青铺装层的工作特点

桥面沥青铺装层应当具备以下主要使用功能：

①良好的承受荷载功能。由于沥青铺装层直接承受行车荷载和环境温度、湿度变化的综合重复作用，它应当具有足够的结构强度、高温稳定性和低温抗裂性能。

②与桥梁主体的整体受力功能。桥梁所发生的胀缩变形、振动、挠曲等复杂应力、应变行为都将在桥面沥青铺装层内发生。这些行为都远超过一般道路工程的路面结构层。

③保护功能。桥面沥青铺装层应能保护其下部的主梁及行车道板不受行车轮胎的直接作用而发生磨损和冲击,并防止表面水的侵蚀。针对桥面铺装层的使用功能及其耐用性要求,在设计桥面沥青铺装层时,这类沥青铺装层不但应具有一般道路沥青面层的强度和稳定性,还应具有与桥面黏结牢固、结构致密坚实、防水渗入等使用品质。

(2)桥面沥青铺装层的结构组成

桥面铺装层一般由防水层、防锈层、黏结层、铺装下层(承重层)和铺装上层(表面层)等层次组合而成,如图7-30所示。

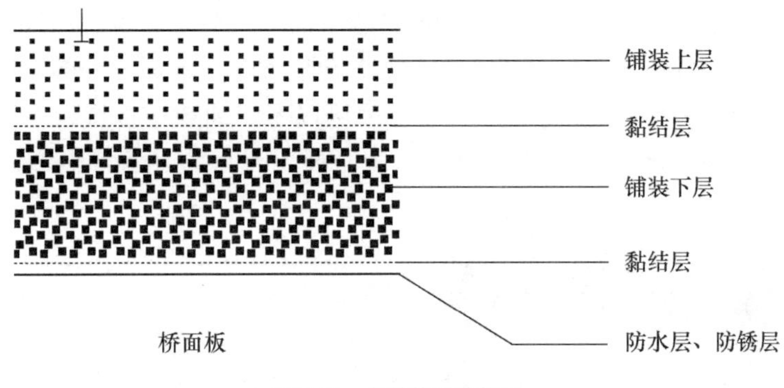


图7-30　各结构层功能图

①铺装层

桥面铺装组合中,以沥青铺装层为主体。对于厚度较薄的沥青铺装,采用单一沥青混合料层,其他大多数桥梁采用双层沥青混合料复合结构。铺装下层又称承重层,要求其所用的沥青混凝土强度高,抗变形能力大,稳定性好,空隙率低,尽可能少渗水,与桥面板带结牢固,协同受力不脱开。铺装上层又称表面层,其注重行车安全,要求足够的构造深度以达到耐磨、防滑的目的。

②保护层

对于混凝土桥,保护层主要是指防水层;对于钢桥,保护层包括防水层和防锈层两部分。防水层的作用是防止上部各结构层渗下的水进入桥面混凝土中,或滞留在桥面板上,引起混凝土的水损坏或桥面钢板的锈蚀。防锈层则使钢板与外界阻隔,达到长期防锈、防腐的作用。

③黏结层

黏结层的作用是使铺装层、保护层之间形成良好的黏结力,以构成整体的结构层,承担各种外荷载作用。

(3)桥面铺装层厚度

桥面沥青铺装层结构厚度一般与其所在道路路面表层结构层相一致。其沥青铺装总厚度变化范围是35~140mm,大多数桥梁采用50~80mm的沥青铺装层。法国桥梁沥青铺装的使用实践表明,混合料配合比相同的沥青铺装层,65mm厚的铺装层比40mm的使用寿命长5~6倍,可见一定的层厚对于桥面铺装的耐用性是必要的。但对于桥梁结构的承载能力而言,过厚的铺装层增加了恒载和成本,应当进行性能价格比的设计比较。高速公路、一级公路的桥面铺装,厚度应为60~80mm,特殊情况可增至100mm,应为双层式;二级及二级以下公路的桥面沥青铺装厚度宜为50~80mm,可做成单层式或双层式,双层式的表面层厚度不宜小于25mm。

2)复合梁疲劳试验模型及方法

目前,研究桥面铺装体系整体性能的试验方法主要有试验桥、桥面铺装直道试验模型、桥面铺装环道试验模型以及复合梁试验模型等。前面三种的试验周期长,费用高,缺乏实际操作性,而复合梁试验模型可以考察铺装结构层的多方面性能,试验精度高,试验条件可控制性好,适合室内开展。因而采用复合梁试验研究不同铺装组合的疲劳性能。

图7-31 复合梁加载及支承方式

(1)复合梁试件

复合梁试件是跨径为380mm、宽为100mm的梁体。将该梁体上下倒置作为疲劳试验试件,通过试件中心处的肋板施加荷载,模拟由于实桥模型上直腹板的加劲作用而在铺装层表面产生的拉应力集中现象。加载和支承方式见图7-31。

(2)试件成型

为了更好地模拟桥面铺装层在成型和使用阶段的实际状况,采用同施工现场相同的施工顺序成型复合梁试件。主要步骤如下:

①先浇筑混凝土小梁,待小梁混凝土达到龄期后,在已经充分清洗干净的混凝土小梁上按照各种防水黏结层的施工工艺涂刷防水黏结层。

②将拌和好并达到温度要求的沥青混合料按计算的用量倒入试模内,先用静压的方法使混合料表面平整,再用与空气压缩机相连的方形击实头击实,然后放置于压力机上压平。要求成型试件的空隙率与马歇尔试件的空隙率相差不超过1%。

③等压实后的沥青混合料冷却到常温,按0.45L/$m^2$的乳液用量在铺装下层表面上涂刷一层乳化沥青,作为黏结层,然后按和下层相同的方法铺设上层沥青混合

料。试件成型48h后脱模。成型后的复合梁试件(带有夹具和应变片)如图7-32所示。

(3)复合梁疲劳试验参数

①试验温度

沥青混合料在夏季高温时,疲劳损耗有很大的恢复。根据SHRP的研究结果,常温以上的疲劳破坏主要是变形累积破坏,没有明显的疲劳意义。哈尔滨建筑大学的研究成果认为,对于沥青混合料,其疲劳破坏主要集中在13~15℃,我国公路沥青路面的设计规范中容许拉应力指标采用的是15℃的参考值。大量复合梁疲劳试验的结果表明,常温是导致桥面体系疲劳破坏的最不利的温度,本研究采用的试验温度为15℃。

②试验加载频率和波形

在参考国内外类似试验及路面材料弯曲疲劳试验相关资料的基础上,认为加载频率取10Hz能较好地反映荷载对桥面铺装层的作用时间,也具有较好的可对比性。所以,加载频率采用10Hz。

材料的疲劳寿命与荷载波形有一定的关系,通常认为正弦波比较接近于实际路面所承受的荷载波形,如图7-33所示。为了避免长时间试验可能出现的试件脱空现象及对试件产生的冲击作用,本试验设置的正弦波荷载的最小荷载为最大荷载的2%。在试验前,以最小荷载对试件进行预加压10s,以使各部件接触良好。

图7-32　成型后的复合梁试件

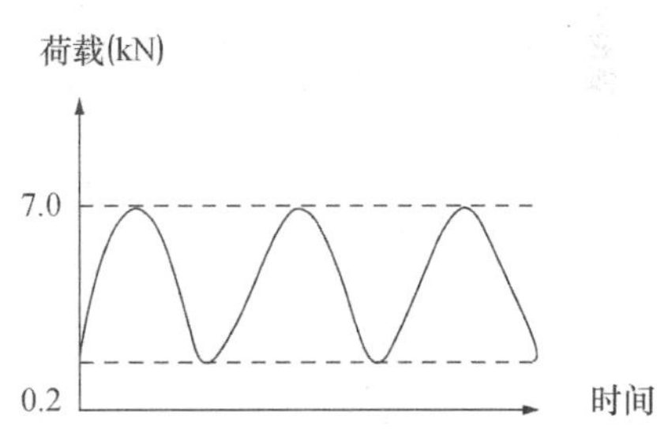


图7-33　复合梁弯曲疲劳试验波形

③疲劳试验荷载控制模式的确定

选用何种荷载模式进行复合梁的疲劳试验,主要考虑以下两个因素:

a.在桥面铺装结构中,试验中铺装层的应力、应变状态更接近于哪类荷载模式疲劳试验的工作状态,该模式能否较好地模拟现场材料实际的应力、应变随荷载重复次数增加而变化的状况。

b.何种荷载控制模式的疲劳试验的结果更便于应用,更能直接衡量各铺装组合的优劣。

从试验过程来看,本试验采用中间加载模式,在试验中对复合梁等荷载加载是合理的。试验中,复合梁的水泥混凝土小梁带缝疲劳试验如图 7-34 所示。

图 7-34　水泥混凝土小梁带缝疲劳试验

④荷载应力水平

复合梁疲劳试验在 MTS810 材料试验系统上进行,系统自动采集应力、应变等各项试验数据。试件平放于特制夹具的四个滚轴支座上,铺装层朝下,荷载作用在混凝土板试件的肋板翼片上。极限加载试验结果如表 7-18。

**复合梁极限加载试验结果**　　表 7-18

| 试件编号 | 铺装层的结构组合形式 | 黏结层 | 极限荷载(kN) |
|---|---|---|---|
| 1 | 4cmAK—13 +6cm 纤维加强 AC—20 | 改性 SBS 沥青 | 11.32 |
| 2 | 4cmAK—13 +6cmAC—20 | 改性 SBS 沥青 | 11.20 |

试验中,当荷载增加到 8kN 时,水泥混凝土小梁开始在跨中出现裂纹并逐渐缓慢地发展。当荷载增加到 10kN 左右时,1 号梁在水泥混凝土小梁的裂缝处的沥青混凝土和铺装层表面开始出现裂缝并逐渐发展,当荷载增加到 11.32kN 时,系统采集的荷载数据开始减小,但挠度还在增加,直至试件完全断裂;2 号梁首先在沥青混凝土铺装层的表面出现裂缝并逐渐发展,当荷载增加到 11.20kN 时,系统采集的荷载数据开始减小,但挠度还在增加,直至试件完全断裂。但两根复合梁的沥青混凝土铺装层和水泥混凝土小梁的黏结基本完好。

将复合梁疲劳试验的加载力定为 7.0kN,根据试算,大约相当于实桥轴载 270kN。各种铺装结构组合形式的复合梁在此等荷载下进行疲劳试验,通过疲劳寿命来横向比较各种组合的优劣。

3)复合梁疲劳试验结果及分析

根据试验条件,做好复合梁疲劳试件,试件铺装上层和铺装下层均采用 SBS 改性沥青,加筋纤维采用聚丙烯腈纤维,试验结果见表 7-19,试验过程组图如图 7-35 所示。

**复合梁疲劳试验结果** 表7-19

| 组号 | 铺装上层 | 铺装下层 | 黏结层 | 试件数(组)(厚度) | 寿命(次) |
|---|---|---|---|---|---|
| 1 | AK—13+纤维 | AC—20+纤维 | 无 | 3(4cm+6cm) | 53 068 |
| 2 | AK—13+纤维 | AC—20+纤维 | 环氧沥青 | 3(4cm+6cm) | 73 031 |
| 3 | AK—13+纤维 | AC—20+纤维 | SBS沥青 | 3(4cm+6cm) | 454 460 |
| 4 | AK—13 | AC—20 | SBS沥青 | 3(4cm+6cm) | 328 950 |
| 5 | AK—13 | AC—20+纤维 | SBS沥青 | 3(4cm+6cm) | 416 258 |
| 6 | AK—13+纤维 | AC—20+纤维 | SBS沥青 | 3(4cm+6cm) | 475 060 |
| 7 | SMA—13 | AC—20+纤维 | SBS沥青 | 3(4cm+6cm) | 504 268 |

a)铺装上层表面开始出现裂缝

b)铺装上层的裂缝逐渐发展

c)铺装层的裂缝贯通

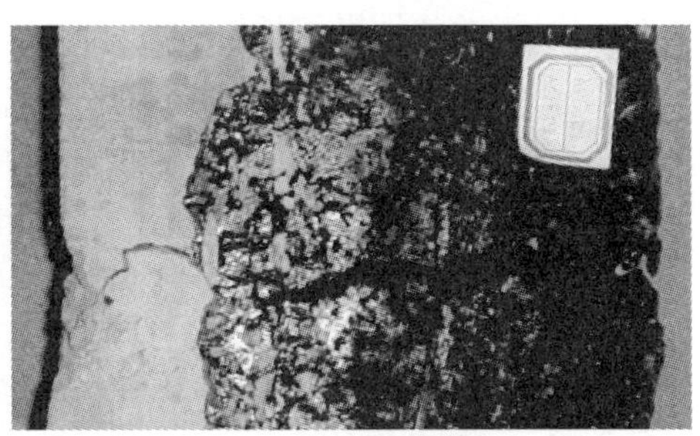

d)复合梁完全断裂

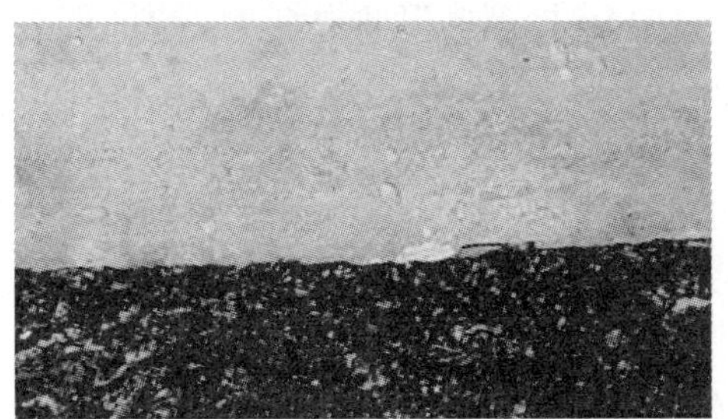

e)第一种结构组合试验中铺装下层脱落的情况

图7-35 疲劳试验过程组图

试验结果如下：

(1)从复合梁疲劳试验过程来看，正常情况下，荷载作用不久，水泥混凝土小梁上开始出现裂纹，由于小梁内布置了钢筋，裂纹发展比较缓慢，试验进行到一定次数，铺装层的表面开始出现裂缝并逐渐发展，直到复合梁完全断开，如图7-35所示。这一方面形象地模拟了桥面出现裂缝以后铺装层的工作状态，反映了铺装层内反射裂缝的形成过程；另一方面又验证了各铺装层结构组合形式的整体疲劳性能。

没有设置黏结层的第一种结构组合复合梁，在荷载作用10 000次左右时，铺装下层就脱离水泥混凝土小梁，使得整个复合梁的疲劳寿命明显减小，图7-35示出铺装下层和水泥混凝土小梁表面的缝隙(铁片可以插在缝隙中)，这和桥面铺装调查中发现的没有设置黏结层的铺装层较易脱落的现实相吻合。而第二种组合，在荷载作用20 000次左右时，也出现了类似第一种组合那样的铺装层脱落的现象，这和通常的预测不一致。这可能与环氧沥青本身较脆有关。

(2)从复合梁的疲劳试验结果来看，在相同厚度比和同一种SBS改性沥青黏结层情况下，第五种和第三种铺装结构组合形式比第四种铺装结构组合形式的疲劳寿命分别增加了26.5%和38.2%。这主要是由于沥青混凝土中加入纤维后，纤维三维随机各向分布于沥青胶浆中，跨越沥青混凝土中的孔隙和裂纹，形成“桥架纤维”，使得裂纹扩展的能量释放率减小，即裂纹的扩展受到了纤维的约束，增加了沥青混凝土的弹性恢复性能，减缓了亚临界扩展，延长了材料失稳扩展、断裂出现的时间，因而材料抗疲劳性能得到明显改善。

(3)从试验结果还可以看出，相同的铺装材料，当铺装上层的厚度变化时，疲劳寿命也发生了变化，第六种结构组合比第三种结构组合的疲劳寿命延长了4.5%。这是因为铺装上层的厚度增加，在相同荷载作用下，铺装上层表面的最大拉应力(应变)相应地减小了，从而延长了复合梁的疲劳寿命。

(4)从表7-19可以看出，相同的厚度比条件下，第七种组合的疲劳寿命比第六种组合的疲劳寿命要稍长。这可能是因为SMA混合料中沥青含量较高的缘故。

图7-36 SBS改性沥青作为黏结层

(5)从试验结果还可见，相同的厚度比、铺装材料及相同荷载作用下，没有设置黏结层和设置环氧沥青黏结层的复合梁的疲劳寿命明显减小。这是因为疲劳试验开始不久铺装层脱落，铺装层不再参加共同受力，水泥混凝土小梁的跨中出现裂缝，并快速发展，直到完全断裂破坏。复合梁完全破坏后，三种黏结层的状况如图7-36～图7-38所示。

图 7-37 环氧沥青作为黏结层

图 7-38 无黏结层试验结果

### 7.3.3 桥面铺装层施工工艺

1)防水黏结层施工

混凝土基层表面状况直接影响防水黏结层的施工质量,粗糙程度不同,防水黏结层与之接触面积就不同。此外,混凝土桥面板表面不可避免会有浮浆,存在薄弱层,涂刷防水黏结层前要求基层表面平整、干净、干燥,施工前需用扫帚将细石、杂物扫除,用除尘机或高压吸尘机将灰吹干净。必要时可用高压水枪清洗路面表面,晒干后方能喷涂施工。

防水层种类不同,相应的施工工艺也不相同,这里就氯丁涂膜、APP 卷材防水层和 SBS 防水黏结层的施工工艺加以论述。

(1)氯丁涂膜防水层施工工艺

①施工准备

桥面应平整、粗糙、干燥、整洁,不得有尘土、杂物或油污,桥面有规定的横坡,当不符合上述要求时应予处理,对尖锐凸出物及凹坑应予打磨或修补。

a. 桥面横坡:桥面横坡过于平缓则容易积水,面层渗入水难以排出,成为渗漏的原因之一。桥面防水是一个完整的概念,它必须与排水相结合,只有在无积水的情况下,桥面防水层才具有可靠性和耐久性。一般桥面横坡不应小于 2%。

b. 桥面平整:桥面平整是保证防水质量的主要条件,桥面平整应包括两方面内容:一是要求桥面做得平坦,不允许出现高低不平或局部有隆起现象。用 3m 直尺检查不允许有大于 3mm 的间隙。二是应根据排水坡度做好泄水口等构造物的坡度,使之符合设计要求。因为泄水口周围的桥面状态,都会原样地反映到防水层表面,如果处理不好,就会造成局部积水并影响排水。

如果桥面凹凸不平或出现局部隆起,在做涂膜防水层时会出现涂层深浅不均,涂膜厚处会起皱纹,涂膜薄处则防水性能与耐久性无法保证,且在行车作用下最易引起破坏。

c. 桥面强度:桥面强度指桥面混凝土具有一定的强度,且不得有起砂、脱皮、空鼓或积有灰浆、泥土等现象。涂膜防水主要是靠涂料渗入到桥面内部，并在表面形成足够厚度的涂膜，这就要求防水层与桥面有足够的黏结力，它是检验防水层成败的关键，也是保证防水层在行车过程中不被剪切破坏的关键。而桥面强度不足，表面疏松和不清洁等，都容易使涂料与桥面黏结不牢。

d. 干燥程度：如前所述，涂膜防水层与桥面的结合十分重要，如果桥面不充分干燥，涂料渗不进去，施工后的水汽在压力下就会使防水层与基层剥离、起鼓、产生气泡。

根据经验，如将桥面含水率控制在8%以下，对防水涂膜基本上是安全的。含水率的测定可用高频水分测定仪。在工地上如无测试含水率的手段，可在桥面放一块防水卷材，3~5h后如卷材下面无水珠（潮湿），即认为基本干燥。

e. 细部构造：桥面与桥梁护栏结合处应做成三角形或弧形，这是因为在涂膜施工中，在阴阳角邻近有可能形成空隙。

②施工对气候的要求

a. 施工时的天气：防水涂料在形成涂膜以前如果遇到雨雪，薄膜表面就会形成麻面或空隙，因此在初期结膜前（一般指实干时间，并以不少于一天为宜），如预计会遇到雨、雪时就不宜施工。

有人认为，水乳型防水涂料本身含有相当的水分，因此对基层的干燥程度可不作严格要求，这种理解有一定片面性。因为水乳型涂料的水分是均匀分散和溶解在防水材料中，如果基层表面有多余水分（或水珠），这就局部改变了防水涂料的配合成分，在成膜过程中，必然会影响涂膜的均匀性和整体性。

尤应指出，防水涂料在成膜过程中如遇到雨、雪，不仅会造成麻面和空隙，而且还有被水溶解或被雨水冲掉的可能，这对水乳型防水涂料危害性更大。因此在夏天施工时，必须考虑阵雨的影响，并采取相应的遮盖措施，如铺塑料布等。如涂膜因雨水冲刷产生麻面或大片脱落，必须重新涂刷进行补救。

b. 施工时的温度：一般情况下，温度高，涂抹容易，干燥时间短，一次成膜较薄；温度低，涂刷困难，干燥时间长，一次成膜较厚。

实践证明，防水涂料在5℃以下时溶剂挥发得很慢，成膜时间拖得很长。水乳型防水涂料在10℃以下时，水分就不易蒸发干燥。特别是有些厚质涂料或材料一次涂得过厚，在低温时仅在表面形成一层皮膜，当气温降到0℃左右时，涂层就有冻坏的危险，对此必须注意。

当然，如气温过高（超过30℃），涂料本身容易变稠，时间一长，黏度增大，防水涂膜就变厚。在这种情况下操作，也很难获得质量均匀的防水层。

综上所述，涂膜防水施工的最佳温度为10~30℃，以不低于5℃为限；当气温超过30℃时，应避开中午炎热的时间。

③工艺流程

氯丁涂膜防水层施工时应注意以下三个问题：

a. 根据涂层结构的不同，涂膜防水层一般可分为底涂层、中涂层和封面（罩面）层三个层次，每个层次又由若干道工序组成，这些层次都有不同的功能和作用。另外，各涂层之间必须有一定的干燥时间，才能使涂料有充分的结膜条件。每道涂层具体干燥时间，应根据当时的天气和温度、湿度的不同而定。一般实干时间为4～12h，贴布这一道工序的干燥时间应适当延长。

这里有必要指出，涂刷间隔时间过长，涂层表面容易积存灰尘和其他杂物，影响上下涂层之间的黏结；时间过短，则防水涂料尚未干燥，容易黏脚，破坏胶膜的形成，从而影响其防水效果。总之，各道涂层的施工间隔时间应以不黏脚（实干）为准。

b. 整个防水层施工后，应有一个自然养护时间，一般不少于7d。这是因为防水涂料随着时间的增长，其耐水性、黏结、抗裂等性能都有一定程度的提高。

c. 在“二布六涂”完成后，应即时洒布石屑或铺1cm左右的沥青石屑作为保护层，保护层的作用是防止防水层在沥青面层摊铺和碾压过程中产生破损。

（2）APP卷材防水层的施工

①施工设备

APP卷材施工时，需要热熔法施工专用喷灯车或汽油喷灯、液化气喷枪等专用设备。

②施工要求

a. 清理桥面和涂刷基层处理剂

清理桥面与涂膜施工相同，APP卷材施工前，应先涂刷厂家提供的专用基底处理剂，并且必须在基底处理剂干燥以后进行施工。

b. 用喷灯加热油毡时，加热要均匀，手持喷灯使热量均匀地分布在被黏结的表面，保持不动直到沥青开始流淌。

c. 把卷材的熔化部分和要粘贴的部分紧紧地黏结在一起，可用抹子来回抹压，让部分沥青流到外面。

③卷材铺贴注意事项

a. 卷材铺贴时，应将其顺长方向沿路线走向，并沿路线两侧由低向高铺贴。

b. 卷材的展开与铺贴：在卷成圆筒的卷材中心插入一根$\phi30 \times 1\ 500$mm的铁管，由两人分别手持铁管两端，并将卷材的一端粘贴固定在预定的部位，沿着标准线铺展卷材。铺展时，对卷材不要拉得过紧，而应在松弛的状态下进行。在热熔法施工中，一般需要两人做专门的对线工作，以此顺序边对线边铺贴卷材，铺贴卷材时不允许拉伸卷材，也不得有皱褶存在。

平面与立面相连的卷材，应由下开始向上铺贴，并使卷材紧贴拐角，不得出现空鼓现象。

c. 排除空气：边铺卷材边用干净而松软的长把滚刷，从卷材后端开始朝卷材的横向顺序用力地滚压一遍，以彻底排除卷材黏结时产生的空气，在排除空气之前尽量不要踩踏卷材。

d. 滚压：在排除空气后，平面部位可用组装式滚筒或外包橡胶的长 30cm、重 30kg 的铁辊滚压，使其黏结牢固。垂直部位可在排除空气后用手持压辊滚压贴牢。

（3）SBS 防水黏结层

SBS 防水黏结层施工包括防水黏结材料洒布和预拌碎石撒布两道工序，是桥面铺装施工的关键工序。

①SBS 改性沥青的涂刷或洒布

防水黏结层洒布前，保证清扫清洁。SBS 改性沥青在 185℃ 温度储存，由于防水黏结材料在高温时，其黏度与普通沥青没有太大差别，可采用人工涂刷或智能沥青洒布车施工。

采用人工涂刷：用量为 1.50 ~ 1.74kg/m$^2$（考虑了因为路面刻槽而损耗的部分）。一般需补涂 3 ~4 遍，每次人工刷涂的厚度应尽可能薄，一般不大于0.4mm，在前一次补涂的防水黏结材料完全固化后，方才进行下一次补涂，补涂的厚度才能达到 1.1 ~1.5mm 的最低厚度要求。

采用智能沥青洒布车进行洒布：沥青洒布工作参数控制的好坏和熟练程度是影响洒布均匀与否的关键，宜采用智能沥青洒布车；正式施工前，须先进行试洒，确定洒布量与沥青洒布车工作参数之间的关系，如车速、泵速、喷管高度、洒布宽度等。洒布量的控制由洒布车的喷管洒布宽度、喷管高度、车速、泵量和五轮仪等工作参数来实现。

②预拌碎石撒布

预拌碎石撒布施工质量控制的关键包括三个方面：一是来料温度；二是及时碾压；三是撒布量。

采用料场较为洁净的 1.0 ~1.5cm 粒径的玄武岩，预拌沥青与下面层相同，采用 SBS 改性沥青，沥青用量以能裹覆集料、撒布后不黏轮为标准，确定为 0.4%，如图7-39所示。

来料温度的控制是预拌碎石撒布施工质量的关键因素之一。高温时，均匀撒布预拌碎石，才能保证其与防水黏结层黏结的牢固程度。而预拌碎石为单一粒径材料，孔隙率大，散热速度非常快，这给温度的控制带来困难。运输中应加盖苫布来保温，到场后预拌石料温度应在 170℃ 以上。碎石撒布面积为 60% ~80%，不超过 8kg/m$^2$。

③施工后的防水层质量检测

防水层材料选择时的室内试验和检测，主要是防水材料的质量检验，为了防止施工人员违反操作规程现象的发生，还必须对施工后的防水层进行检测。

图7-39　预拌碎石

a. 外观质量检测：主要检查防水层施工后是否有因气泡而产生的鼓起及阴阳角、接头和搭接处的施工是否按要求施工。

b. 涂膜类防水层的厚度检测：桥面防水层施工完成后，由检测人员用沥青针入度仪器量测防水层的厚度，各个测点厚度必须满足技术标准规定，否则不得进行下道工序的施工，检测频率可为每 1 000$m^2$1 处（4 点取平均值），不足 1 000$m^2$ 按 1 000$m^2$ 检测。

c. 防水层不透水性检测：防水层不透水性检测采用第 7.3.1 条中第（6）款所述的相关方法进行。即按工地实际防水材料用量（涂膜）和工艺要求，在室内制作试件并检测。检测频率为对每座桥按 2 000$m^2$ 以下为 1 组，2 000 ~ 4 000$m^2$ 为 2 组，大于 10 000$m^2$ 扩为 3 组，每组 3 个试件。

2）沥青混凝土铺装层施工要点

（1）铺装下面层施工

碾压设备组合：两台带振动 13t 钢轮、两台 26t 胶轮压路机。摊铺速度：1.2 ~ 2m/min。初压时紧跟摊铺机先用钢轮压路机静压 1 遍，采用“高频低幅”振动碾压 2 遍，胶轮压路机复压 4 ~ 5 遍，钢轮压路机终压 1 ~ 2 遍，并无轮迹。

（2）铺装上面层施工

碾压设备组合：一台 12t 钢轮压路机，两台 DD—130 双钢轮振动压路机。只能用钢轮压路机，不允许胶轮压路机碾压，防止 SMA 混合料中的玛蹄脂上浮，造成泛油。

碾压过程中 SMA 成功的标志，一是在高温状态下，用振动压路机碾压时不产生拥挤；二是碾压成型后表面有足够的构造深度而又基本上不透水。

## 7.4 高墩大跨度桥梁沥青路面铺装施工控制

除特大桥外,一般桥梁的桥面铺装施工与路面相同,因此,仅从保证桥面铺装质量的角度对高墩大跨度桥梁路面铺装施工控制措施进行论述。

1)沥青混合料摊铺技术

(1)配合人工是保证摊铺质量的必要措施

在摊铺机前要有人工清扫底层,清除运料车撒落下来的混合料和其他污物。特别是摊铺机履带板行走的底层上,一定要清除干净,以免自动调平装置产生误调动作,破坏摊铺层的平整度。

摊铺机熨平板两侧距路缘石有 10 ~ 20cm 的距离,要用人工往两侧分料,并予整平。另外,摊铺过后的铺装层,难免会有个别大料,要由人工捡出,再补上混合料。

(2)接茬处理

①纵向接茬

两条摊铺带相接处,必须有一部分搭接,才能保证该处与其他部分具有相同的厚度。搭接的宽度应前后一致,搭接施工有冷接茬与热接茬两种。

冷接茬施工是指新铺层与经过压实后的已铺层进行搭接。搭接(重叠)宽度约为 3 ~ 5cm,过宽了会使接茬处压实不足,产生热裂;过窄会在接茬处形成斜坡。新摊铺带必须与前一条摊铺带的松铺厚度相同。在摊铺新铺层时,对已铺的摊铺带接茬处边缘应铲修垂直。碾压新摊铺带时,也要先将其接茬边缘铲齐。

热接茬施工一般是在使用两台以上摊铺机梯队作业时采用,此时两条毗邻摊铺带的混合料都还处于压实前的热状态,所以纵向接茬易于处理,且连接强度较好。毗邻摊铺带的搭接宽度约 2 ~ 5cm。不管采用冷接法或热接法,摊铺带的边缘都必须齐整,这就要求机械在直线上和弯道上行驶始终保持正确位置。为此,可沿摊铺带一侧敷设一根导向线,并在机械上安置一根带链条的悬杆,驾驶员只要注视所悬链条对准导向线行驶即可。

②横向接茬

前后两条摊铺带横向接茬质量的好坏对路面的平整度影响很大,它比纵向接茬对汽车行驶速度和舒适性的影响更大。桥面铺装一般不允许出现横向接茬,在特殊情况下,如需设置横向接茬,则处理好横接茬的一个基本原则是,要将第一条摊铺带的尽头边缘锯成垂直面,并与纵向边缘成直角。

(3)自动找平装置基准面的选择

由于桥面沥青混凝土铺装层设计上多为单层或双层,厚度为 4 ~ 10cm,且其下层水泥混凝土桥面的平整度往往较差,对平整度的调整和掌握比较困难,在早期的桥面沥青混凝土桥面施工中,只靠摊铺机浮式熨平板的自动调平功能来掌握平整度,结果是平整度较差,行车有明显的颠簸感觉。因此,桥面沥青混凝土铺装层的施工,无疑应使用摊铺机的自动调平装置,所以也有三种基准面可供选择。

与其他路段选择基准面的方法相同,当两侧的护轮带平整度较好,用3m直尺量测的最大间隙不大于3mm时,可用滑橇作接触件;当桥面水泥混凝土层用3m直尺量测的最大间隙不大于5mm时,可选择浮动梁作接触件;当桥面水泥混凝土层用3m直尺量测的最大间隙大于5mm时,只能以钢丝绳线作基准。由于桥面是一次全宽铺筑,所以钢丝绳线只能设在护轮带上,立杆可由两部分组成,下面部分是带一根立杆的钢筋三角架,上面部分是垂直焊上一根圆钢筋的钢筒。用钢筒的上下滑动来确定高程,靠两侧螺栓将其固定下来。

2)沥青混合料压实技术

(1)纵向接茬碾压

①热料层与冷料层相接

对这种接茬可采用两种方法碾压。第一种方法是压路机位于热沥青混合料上,进行碾压。这种碾压方法,是把混合料从热边压入相对的冷结合边,从而产生较高的结合密实度。第二种方法是在碾压开始时,只允许轮宽的10~20cm在热料层上,压路机的其余部分位于冷料层上,碾压时,过量的混合料从未压实的料中挤出,这样就减少了结合边缘的料量,这种方法产生的结合密度较低。在这两种碾压过程中,压路机的碾压速度都应很低。

②热料层相接(梯度作业时)

这种接茬的压实方法是:先压实离中心热接茬两边大约为20cm以外的地方,最后压实中间剩下来的一窄条混合料。这样,混合料就不可能从旁边挤出,并形成良好的结合。

(2)碾压温度

碾压时温度过高,会引起压路机两旁混合料隆起、碾压后的摊铺层出现裂纹、碾轮上黏起沥青混合料(尽管用水喷洒)及前轮推料等问题。而碾压温度过低时(50~70℃),由于混合料的黏性增大,导致压实无效,或起副作用。研究表明:当沥青混合料的摊铺初始温度每提高10℃,则碾压时间就可缩短近16%,压实度可提高1~2个百分点;而最低碾压温度每降低10℃,碾压时间需延长近30%,达到相同的压实度会需要更多的碾压功。可见沥青混合料温度较高时,有利于缩短碾压时间,提高压实度,加快施工速度。而初压温度的确定,对具体的混合料,应采用赛波特黏度计进行黏度试验,求出黏度—温度关系图,以此确定合适的初压温度。

压实质量与压实温度有直接关系,而摊铺混合料温度是在不断变化的,特别是在摊铺后 4 ~ 15min 以内温度损失最大(1 ~ 50℃/min)。对 5cm 厚的中粒式沥青混凝土,在微风情况下,对应不同气温的摊铺后温度下降为 80℃的时间见表 7-20。

**降至 80℃的时间** 表 7-20

| 气温(℃) | 摊铺后温度(℃) | 到达 80℃的时间(min) |
|---|---|---|
| 32 | 132 | 51 |
| 20 | 132 | 38 |
| 15 | 140 | 34 |
| 10 | 145 | 25 |
| 5 | 145 | 17 |

(3)压实速度

合理的压实速度,对减少碾压时间、提高作业效率有十分重要的意义。在施工过程中,保持适当的恒定碾压速度是非常必要的。一般速度控制在 2 ~ 4km/h,轮胎压路机可适当提高,但不超过 5km/h。速度过低,会使摊铺与压实工序间断,影响压实质量,从而可能需要增加压实遍数来提高压实度。碾压速度过快,会产生推移、横向裂纹等。

选择碾压速度的基本原则是:在保证沥青混合料碾压质量的前提下,最大限度地提高碾压速度,从而减少碾压遍数,提高工作效率。

(4)应注意的其他问题

振动压路机应关闭振动装置,采用静压方式碾压,以免造成桥梁结构的损坏。在碾压过程中,为了保持正常的碾压温度范围,每完成一遍重叠碾压,压路机就要向摊铺机靠近一些。这样可避免在整个摊铺层宽度上,在相同横断面换向所造成的压痕。变更碾压道时,要在碾压区内较冷的一端进行。

压路机作业中,驱动轮应靠近摊铺机,以减少波纹或热裂缝(单轮驱动压路机)的产生。碾压中,要确保压路机滚轮湿润,以免黏附沥青混合料。有时可采用间歇喷水,但应防止用水量过大,以免使混合料表面冷却。

压路机每碾压一遍的末尾,若能稍微转向,就可将摊铺机后面的压痕减至最小。压路机不得在新铺混合料上转向、掉头、左右移动位置或突然制动和从碾压完毕的路段进出。碾压后的路面在冷却前,任何机械不得在路面上停放,并防止矿料、杂物、油料等落在新铺路面上。路面冷却后才能开放交通。

# 8 隧道路面阻燃温拌技术

目前沥青路面已经成为我国高等级公路铺装的主流,但是由于沥青具有可燃性,在隧道工程,特别是大型公路隧道、跨江海隧道中使用存在一定的火灾安全隐患,我国《公路隧道设计规范》(JTJ 026—1990)中也曾要求隧道路面采用水泥路面,而新修订的《公路隧道设计规范》(JTG D70—2004)中规定:各级公路隧道路面可采用水泥混凝土路面;有条件时,可采用沥青混合料上面层与水泥混凝土下面层组成的复合式路面;必要时,可采用阻燃性良好的沥青路面类型。

国内外调查表明,沥青路面不仅会参与火灾的产生和发展,同时在火焰的炙烤下也会发生剧烈的性能变化。例如,1999 年 3 月 24 日,法国与意大利相连的 11km 的"勃朗峰公路隧道"发生火灾事故,大火燃烧所产生的高温使隧道混凝土穹顶全部沙化,而路面沥青则全部被烧成了泡沫翻卷的黏稠浆体,给人员疏散和消防救援带来巨大的困难,致使交通中断一年半。虽然水泥混凝土路面的耐火性能要高于沥青混凝土路面,但由于沥青路面具有优良的综合路用性能,是高等级公路的首选路面结构形式。我国 90% 以上的高等级公路选择了沥青路面结构形式,2000 年以后修建的高速公路隧道工程中,大多数也都选择了沥青路面。因此,沥青路面的耐火性是武吉高速公路公路隧道防火安全的重要组成部分,必须进行系统的研究。

温拌技术是近年来起源于欧洲,并逐步在全球发展的一种沥青混合料施工技术。其主要发展目标是"节能减排",通过加入特殊的添加剂或水,或采用特殊的材料加工工艺,降低沥青的黏性,使其可以在较低的(相对于 HMA)温度条件下压实成型,并具有与其他条件相同的 HMA 基本一样的路用性能。部分添加剂甚至能在不改变混合料主要性能的前提下,提升部分性能指标,从而使其具有更好的综合性能,当然,这只是温拌技术应用的次要目标。温拌技术在隧道路面应用具有更适宜的环境条件,隧道内因通风条件较差,沥青混合料施工中挥发的气体难以消散,连续施工中,这些气体的积累会大大危害施工人员的人身健康,因此,在隧道、特别是长大隧道应用温拌技术具有广阔的应用前景。在我国日益关注环境问题的今天,该技术也可以在城市道路等领域发挥重要作用。2008 年 7 月 11 日武吉高速公路九岭山隧道路段进行的温拌沥青技术应用试验段摊铺取得圆满成功,标志着温拌沥青技术在江西省道路施工中首次成功应用。

## 8.1 隧道路面的特点

随着我国高速公路建设速度的不断加快及建设里程的不断增长，公路隧道正以其可提高线路标准、缩短运营里程、保护环境等优点而越来越受到青睐。

与洞外普通路段比较，隧道内路面处于相对封闭的环境内，受阳光、雨水等因素直接影响较少，隧道内温度场变化较小、湿度较大、路基强度高；隧道路面的使用条件相对比较苛刻，隧道内严禁超车，渠化交通严重，加减速频繁等。因此，隧道路面的使用性能以及在行车荷载作用下的力学响应有其自身的特点。

到目前为止，国内关于隧道工程的研究主要集中在隧道洞体的结构设计和施工技术以及隧道通风、照明等方面，隧道路面研究较少，隧道内路面结构和材料设计也没有专门的规范和指南，《公路隧道设计规范》(JTG D70—2004)中虽对隧道路面的形式做了规定，但仍较粗略，隧道路面的结构和材料仍套用公路或城市道路设计规范。套用公路或城市道路的设计规范，目前隧道路面与隧道外路面结构形式基本相同，主要包括刚性路面、柔性路面及复合式路面。

刚性路面主要指水泥混凝土路面，早期隧道路面，特别是长大隧道，考虑到火灾安全，通常采用水泥混凝土路面。水泥混凝土路面具有较高的强度、较好的整体性和稳定性，良好的抗冲刷、抗裂性，适宜于铺设在重载交通、地下水丰富的隧道内，是一种理想的隧道路面内部排水结构层。但是，由于水泥混凝土路面存在纵、横向接缝，该处是水泥混凝土基层的薄弱点，使路面结构存在诸如接缝处传荷能力低，易产生渗水、唧泥、错台、脱空等弊端，成为混凝土板断裂、破碎等严重病害的隐患，且水泥混凝土路面抗滑性能衰减快、舒适性差、难维修，严重影响隧道路面行车舒适性、耐久性；地下水或裂隙水上渗至路面，威胁行车安全。这种路面出现的损坏类型大多是结构性的破坏，维修难度大，养护费用高。

柔性路面主要指沥青混凝土路面。沥青混凝土路面具有施工期短，维修、养护简便，可降低隧道噪声，提高行车舒适性等优点。随着人们对沥青路面认识的深入、对行车舒适性要求的提高以及阻燃沥青技术的进步，沥青路面在隧道工程中得到越来越广泛的应用。通过对国内具有代表性的浙江、贵州、重庆、广东、江苏等地区的近100座隧道的路面进行的全面调查，结果表明，目前还在使用的水泥混凝土隧道路面长17.9km，占调查隧道路面总长的28%；为了提高原路面抗滑性能，在原水泥混凝土路面上加铺沥青混凝土面层或进行微表处的隧道路面长18.3km，占调查隧道路面总长的28.6%；沥青混凝土隧道路面27.7km，占调查隧道路面总长的43.4%。同时，调查结果表明，2001年以前修建的水泥混凝土隧道路面总长34.8km，占调查隧道路面总长的54.5%；2001年及以后修建的水泥混凝土路面总长1.4km，仅占调查隧道路面总长的2.3%,沥青混凝土隧道路面占97.7%。可见,沥青混凝土路面被越来越多的隧道路面所采用,已经成为隧道路面的主要结构类型。

复合式路面主要指沥青混凝土路面+水泥混凝土基层(包括普通混凝土、连续配筋混凝土、贫混凝土等)。复合式路面兼有柔性路面和刚性路面的优点,水泥混凝土层为其上的沥青面层提供了高强、平整、耐水的支撑,而沥青面层则形成了下层板的保护层,减少外界不利因素对混凝土板的影响,克服了水泥混凝土路面抗滑性能衰减快、舒适性差、难维修、噪声大等缺点。但是,由于普通水泥混凝土或贫混凝土基层存在纵、横向接缝或裂缝,在车辆荷载和温度荷载的作用下,接缝正上方的沥青路面会产生应力集中,当其受力大于其极限强度时容易引起面层反射裂缝,影响隧道路面的使用品质和耐久性。另一方面,由于复合式路面各层之间材料属性差异太大,在荷载作用下,易导致层间剪切应力集中,从而导致层间失稳,出现推挤、雍包、起皮等破坏形式。所以,合理解决复合式隧道路面的反射裂缝和层间黏结问题,有利于广泛推广这种路面结构类型在隧道路面中的使用。

## 8.2 阻燃材料技术特点

APFR隧道路面专用复合阻燃改性剂(以下简称APFR)是重庆交通科研设计院与智翔公司在吸取国外先进经验后自主研发出来的沥青路面专用阻燃材料,其具有既不影响沥青混合料的其他性能,又可高效阻燃、抑烟,还具有环保无污染等特点,适用于隧道沥青路面工程。

1)APFR阻燃机理

APFR通过硅系阻燃剂、铝系阻燃剂及抑烟剂协同作用,达到了对沥青阻燃改性的目的。硅系阻燃剂主要是通过游离基机理来起到阻燃作用。在燃烧初期,发生分解,生成一层黏稠状的半固态物质和游离基SiO。这种黏稠状的半固态物质覆盖于沥青表面,有效地隔离了氧气和热,起到阻燃的作用;而游离基SiO能捕捉到H和OH游离基,使火焰中的H和OH游离基浓度大大下降,从而起到中止燃烧链式反应的目的。在燃烧中期和后期,烟雾量增大,温度进一步升高,此时抑烟剂也开始分解,抑制烟雾生成。同时铝系阻燃剂发生分解,并生成水。这个反应本身是吸热反应,反应产物中的水也能吸收大量的热,减慢了凝聚相内温度的上升,延缓了沥青的分解速度,降低了体系温度,达到阻燃的目的。

2)APFR产品特点

根据厂商提供的相关试验和产品资料,APFR产品具有以下特点:

(1)阻燃效果好。OI(OI氧指数:一定条件下,试样在氧氮混合气流中维持燃烧所需要的最低氧浓度)一般可达30以上,而普通产品OI一般为20左右,试验方法采用《塑料燃烧性能试验方法氧指数法》(GB/T 2406—1993),与沥青的相容性好。产品微粒表面通过偶联剂的活化处理,提高了表面能,大大增强了阻燃改性沥青的稳定性。

(2)掺入后不影响沥青的其他路用性能。在达到阻燃性能的同时不改变沥青的技术性能。

(3)与沥青相容性好。产品微粒表面通过活化处理,提高了表面能,可与沥青稳定相容制成阻燃沥青。

(4)环保。抑烟、无毒、无腐蚀气体产生,少粉尘,不造成两次火灾,不会对操作人员造成伤害,对环境无污染。

3)阻燃剂技术指标

隧道路面专用复合阻燃改性剂(APFR)的技术指标见表8-1。

**隧道路面专用复合阻燃改性剂(APFR)的技术指标** 表8-1

| 指标 | 标准 | 指标 | 标准 |
|---|---|---|---|
| $P_2O_5$(%) | >2.0 | 分解温度(℃) | >270 |
| N(%) | >8.0 | 吸热温度(℃) | >250 |
| MgO(%) | 35~50 | pH | 5.5~7.0 |
| $Al_2O_3$(%) | >18 | 粒径 | <10um |
| 密度($g/cm^3$) | >2.0 | 表面颜色 | 白色 |

4)阻燃效果

加入阻燃剂前后的沥青性能比较见表8-2。

**加入阻燃剂前后的沥青性能比较** 表8-2

| 技术指标 | 普通改性沥青 | 复合阻燃改性沥青 |
|---|---|---|
| 针入度15℃,100g,5s(0.1mm) | 21.6 | 18.5 |
| 针入度25℃,100g,5s(0.1mm) | 47.5 | 37.4 |
| 针入度30℃,100g,5s(0.1mm) | 64.1 | 51.1 |
| 延度5℃(mm) | 36 | 25.1 |
| 软化点$T_{R\&B(℃)}$ | 92.0 | 90.2 |
| 针入度指数PI | 1.7 | 2.1 |
| 氧指数 | 19 | 31 |
| 弹性恢复25℃(%) | 90.2 | 91.0 |
| 闪点(℃) | 298 | 300 |
| RTFOT后残留物 | | |
| 质量损失(%) | 0.12 | 0.08 |
| 针入度比(%) | 75.0 | 74.5 |
| 延度(5℃)(mm) | 22 | 21 |

注:普通改性沥青为5% SBS改性沥青;阻燃改性沥青为5% SBS、5% APFR改性沥青。

从表 8-2 测试结果可以看出，除衡量阻燃性优劣指标的氧指数比普通改性沥青材料有明显增大以外，阻燃改性沥青材料的其他指标与普通改性沥青材料均基本接近。

以 SMA—13 为例，同样通过对比试验的方法，分别测试了普通改性沥青 SMA—13 混合料和阻燃改性沥青 SMA—13 混合料的综合性能，对比结果见表 8-3。

截至目前，APFR 阻燃剂已在国内十多座隧道中应用，总里程（双向）超过 100km，技术已较为成熟。

**普通改性沥青混合料和阻燃改性沥青混合料的综合性能对比** 表 8-3

| 技术指标 | 阻燃改性沥青 SMA—13 混合料 | 普通改性沥青 SMA—13 混合料 |
|---|---|---|
| 稳定度(kN) | 8.0 | 7.7 |
| 流值(0.1mm) | 20 | 26 |
| 动稳定度(次/mm) | 6737 | 6470 |
| 劈裂强度比(%) | 91.5 | 91 |
| 极限弯曲应变($-10^{-3}$) | 5.6 | 5.2 |

## 8.3 隧道路面阻燃材料与温拌技术

以武吉高速 5.4km 九岭山隧道路面为应用对象，以阻燃和温拌为技术手段，在不降低隧道沥青路面使用性能的基础上，通过隧道路面应用，研究阻燃温拌沥青路面的技术方法与标准，为江西省乃至全国的后续同类工程提供技术支持。

结合目前阻燃添加剂、DAT—F6 温拌添加剂进行研究，在生产厂家提供的技术指标、标准与测试方法基础上，根据江西省及武吉高速隧道沥青路面基本情况，沥青面层主要采用 AC—20 下层和 AC—13 上层。从减少有害气体排放的原则出发，温拌技术在这两层均应采用，而阻燃技术则主要针对 AC—13 上面层。针对隧道阻燃、温拌沥青混合料的添加剂——APFR 在工程中的应用，提出阻燃、温拌材料的控制标准，从而为施工提供更关键、简便的阻燃、温拌原材料控制方法。

### 8.3.1 温拌、阻燃添加剂相容性试验

选择的 APFR 复合阻燃剂及 DAT—F6（以下简称 F6）温拌剂的化学成分复杂，无机物和有机物均有，有必要进行相容性研究，确定两者混合情况下是否会发生性质变化，对其使用效果产生影响。

考虑到试验方法应简单易行，且能对应沥青混合料中阻燃添加剂和 F6 添加剂的实际使用状态，主要从混合前后的 pH 值及加热烘烤后的质量损失角度来间接考察两者之间是否相容。

以室内试验为主要手段，通过 pH 值等指标检验，分析阻燃剂、温拌剂组合方式下，是否会发生相互作用，从而影响阻燃、温拌效果。对比 F6 水溶液在加入 APFR 阻燃剂后，其性能指标的变化情况。然后，对浸入 F6 水溶液的 APFR，在高温情况下促使其有机成分分解，对比不浸入的情况，确定 APFR 中无机物成分（主要是 $Al(OH)_3$ 和 $Mg(OH)_2$）是否发生变化，从而判断 APFR 阻燃剂性能是否受到影响。

通过 pH 值和燃烧试验可以知道：沥青混合料中温拌溶液 F6 和阻燃剂在溶解于水的情况下都呈弱碱性，两者不存在发生反应的可能，且在试验过程中没有出现两者发生反应而在烘烤后产生质量损失。

可间接判断：温拌剂和阻燃剂在拌和楼中生产以及沥青混合料在运输、摊铺、碾压过程中将不会产生反应，即没有相容性问题。

### 8.3.2 阻燃温拌混合料性能室内试验

采用武吉高速沥青路面原材料，通过室内试验，界定了配比试验的击实温度标准，并对配合比进行了优化，在此级配基础上，检测相同原材料、级配、油石比等情况下，F6 温拌沥青混合料与热拌沥青混合料及 Sasobit 温拌混合料的性能指标。

通过分析，确定温拌对混合料性能产生影响的主要因素和程度。确定温拌混合料是否能满足路面结构层性能要求，通过与其他类型沥青混合料的对比，确定 F6 温拌沥青混合料的性能特点。

综合以上 F6 温拌、Sasobit 温拌和普通热拌混合料高、低温性能，可以发现：

（1）高温性能。在 AC—20、AC—13 试验中，加入 F6 温拌液后，混合料的高温性能既可能高于也可能低于普通热拌沥青混合料，且增大（AC—13，30.8%）的幅度大于减小（AC—20，9.0%）的幅度，因此可以判断，F6 温拌液的加入对混合料的高温性能的影响以正面作用为主，但最后的影响还取决于混合料类型、级配等多种因素。因此，在混合料设计时，结合国外研究成果，将温拌混合料的高温性能与对应的非温拌普通热拌混合料同等看待。

（2）低温性能。在 AC—20、AC—13 中加入 F6 温拌液后，其冻融劈裂强度比总是大于等于对应的普通热拌混合料，因此，温拌液的加入对混合料的抗冻性有正面影响。

（3）与 Sasobit 比较。在 AC—20、AC—13 中加入 Sasobit 后，混合料的高温性能都得到了提升，这与 Sasobit 改善高温性能的已有研究结论相吻合。但从本次试验结果来看，提高幅度不大（AC—20 增加 5.6%，AC—13 增加 10.7%），这方面与 F6 相比优势不大；低温性能方面，因级配差异，冻融劈裂强度比有增大有减小，表明其对低温性能的影响不如 F6。

### 8.3.3 阻燃温拌沥青混合料试验段

以武吉高速隧道施工为依托，在室内试验研究的基础上，全面验证阻燃、温拌混合料施工工艺和实际效果,并通过试验段现场采集的试件检测,检验其性能与室内试验的相关性。

根据已有的阻燃、温拌技术资料,结合武吉高速隧道路面材料,帮助确定生产配合比,提出施工技术方案,现场辅助施工。进行施工中检测,检验阻燃、温拌现场施工的效果。

(1)试验段概况

武吉高速九岭山隧道(图8-1)位于江西北部铜鼓县,地处九岭山脉主峰地段,隧道全长约5 400m,最高海拔1 275m,最大埋深800m,是目前江西境内高速公路建设的第一长大隧道,也是武吉高速公路全线关键控制性工程。

图8-1 九岭山隧道

因隧道长度大,洞内通风效果较差,在采用普通热拌沥青混合料时,易产生大量烟雾,给施工人员健康带来极大危害,也会严重影响洞内隧道沥青路面的铺设进度,特别是隧道中部,这种情况更加显著;同时,因隧道长度较大,隧道内沥青路面的阻燃问题也更加突出,采用阻燃温拌沥青混合料对于特殊条件下发生火灾时的安全有利。为此,考虑在隧道路面采用温拌、阻燃技术。

隧道采用的路面结构如图8-2所示。

其中,6cm AC—20采用温拌技术施工,4cm AC—13采用阻燃温拌技术。

(2)试验段安排

为保证隧道内施工的顺利进行,在隧道口以外进行了洞外施工工艺验证工作,进行施工配合比检验、试拌试铺等工作,确定具体施工技术方案是否可行,然后在总结经验的基础上,进行隧道内阻燃、温拌沥青路面施工。

隧道内试验段在隧道中部,左、右幅各一段,长度为2km。作为对比,靠近两个洞口的1.7km左右仍采用普通热拌混合料。

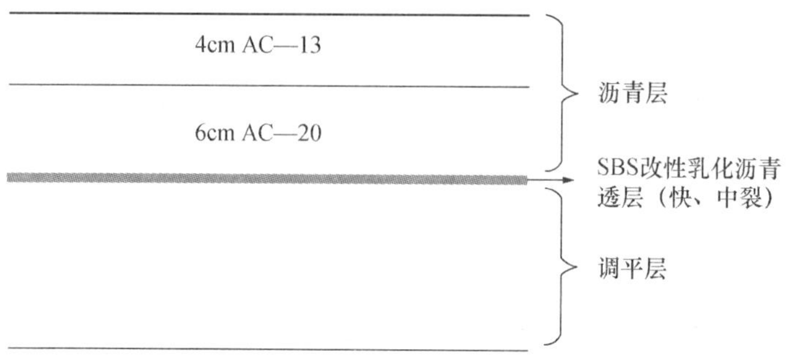


图8-2　隧道路面采用的路面结构形式

(3)施工中的情况

沥青混合料的热拌和温拌施工过程中,拌和出料、摊铺和碾压时的情况见图8-3～图8-5。

a)热拌

b)温拌

图8-3　拌和出料时的情况

a)热拌

b)温拌

图8-4　摊铺时的情况

根据AC—13阻燃温拌混合料施工中常规检测数据分析,结论如下。

①沥青混合料的试验检测表明:抽提级配满足要求、油石比偏高。从现场取芯的芯样来看,芯样钻取表面密实,但压实度达不到要求。

②从现场试验检测结果来看，芯样高度满足要求；从渗水试验来看，路面局部地段有轻微离析，离析处渗水难以保证，全部不满足施工指导意见的要求。

③从理论密度看，总共6个点的压实度检测中，2个合格，4个不合格，而从马歇尔试件密度看，6个点全部不合格，且各位置的偏差较大，最大值与最小值相差4%。说明本试验段压实存在较大问题，从现场情况来看，两台胶轮压路机在复压过程中存在问题，其中一台碾压速度明显过快，且距离摊铺机最大距离在100m左右，两台摊铺机搭接位置处置不合理，碾压后有明显局部凹陷。

④渗水系数不满足要求的主要原因是压实不足，同时因级配本身偏粗，在现场施工时各档料的粒径范围波动情况下，渗水较严重。

a)热拌

b)温拌

图8-5 碾压时的情况

从上述试验及检测结果来看，温拌沥青混合料级配、油石比及马歇尔试验指标基本满足要求，沥青路面的压实度不合格，根据试铺段试验及施工情况，提出如下建议：

①温拌混合料散热比普通热拌混合料快，为保证在相同的终压温度前停止碾压，需要减少摊铺完成到碾压终了的时间，提示加强碾压环节的衔接和时间控制。

②施工时胶轮压实设备必须配备3台以上，紧跟碾压，作业长度不宜大于50m，最好能在30m范围内进行。

根据施工进度安排，先期安排施工辅助工作。在施工阶段，现场把握施工技术各关键环节，总结施工工艺和质量控制方法。施工过程中，安排进行环境检测试验，安排隧道内摊铺时的温拌混合料温度衰减试验，为温拌混合料在隧道特殊环境应用时的碾压时间控制提供依据。

通过上述研究，可得出以下结论：

(1)试验段的AC—20层各工序正常，且碾压及时的情况下能满足规范的质量控制要求。

(2)试验段的AC—13层应碾压工作区过长，压实不及时，存在压实不充分的现象。

(3)通过施工中温拌、热拌混合料摊铺后温度降低过程的测试发现，温拌混合料的降温明显要快于普通热拌，特别是隧道内调平层上 AC—20 层，其适宜碾压的时间较普通热拌短，因此，及时碾压是满足质量要求的关键因素。

（4）通过施工过程中拌和场和摊铺机上的空气质量检测可以发现，拌和场通过温拌可以减少有害气体排放 50% 以上，减少可吸入颗粒物 35% 以上，而摊铺机位置除 CO 外，有害气体与可吸入颗粒物的降低幅度总体上与拌和场持平，可显著改善施工环境。

# 9 大跨径桥梁移动模架施工控制技术

## 9.1 笔架山高架桥工程概况

### 9.1.1 地理位置

(1)地理情况

武吉高速公路 A2 标段位于江西省武宁县礼溪镇与湖北省交界处,起点桩号为 K5 +230,终点桩号为 K8 +300,全长 3.07km。采用分离式路基设计,左幅为笔架山大桥接笔架山隧道左幅、周家坪 1 号大桥左幅;右幅为水口隧道接笔架山隧道右幅、周家坪 1 号大桥右幅;笔架山大桥桩号为 K5 +240 ~ K6 +048,桥梁总长 808m,见图9-1。

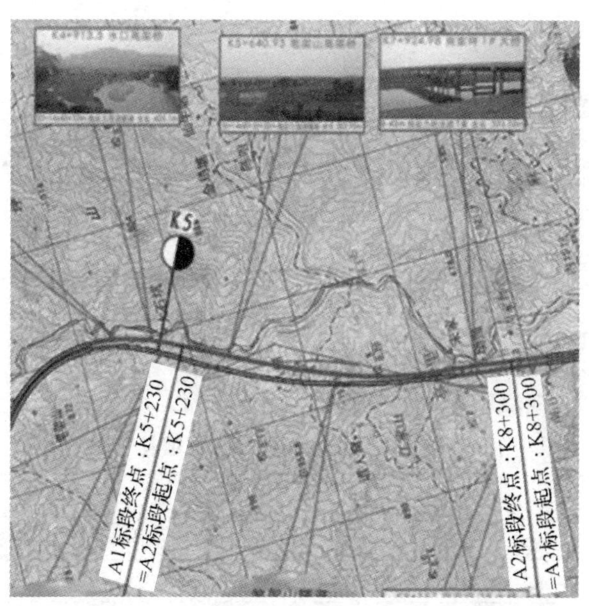


图 9-1 笔架山大桥地理位置

(2)地形地貌

本标段沿线为构造沟谷、河谷地貌,地形起伏剧烈。大港河蜿蜒曲折流经本标段，两侧山势陡，沟谷深切。大港河为季节性河流，受雨季影响大。

### 9.1.2 桥型布置

笔架山大桥沿大港河布设，起点桩号为K5 +240，终点桩号为K6 +048.55。下部构造为：原设计为空心桥墩、薄壁式桥墩和柱式桥墩，最大墩高位于8号桥墩，墩宽6.5m，墩厚2.5m，墩高47.7m。经变更后，原空心桥墩均改为薄壁式桥墩，最大墩高位于2号桥墩，墩宽6.5m，墩厚2.35m，墩高39.5m。

上部构造为2联17孔预应力混凝土连续刚构（箱梁），第一联0号台至8号墩桥跨布置为35m +7×50m；第二联8号墩至17号台桥跨布置为7×50m +35m +32m，经设计变更后，第16孔、第17孔分别由原35m、32m变为36.5m。全桥位于2.85%的纵坡上，桥梁设计为移动模架逐孔现浇施工，施工方向为从0号台向17号台下坡施工。根据施工进度的需要，第二联的9孔计划采用支架法现浇，第一联的8孔采用移动模架逐孔现浇。施工缝设在距墩身10m处。

箱梁为直腹、等截面、单箱单室构造，双向预应力体系。箱梁顶宽为12.64m，桥面横坡为2%，底宽为6.5m，高为2.7m。梁端5m范围内箱室内部为渐变构造，顶板厚度由25cm渐变为45cm。底板厚度由28cm渐变为48cm，腹板厚度由50cm渐变为80cm，如图9-2所示。

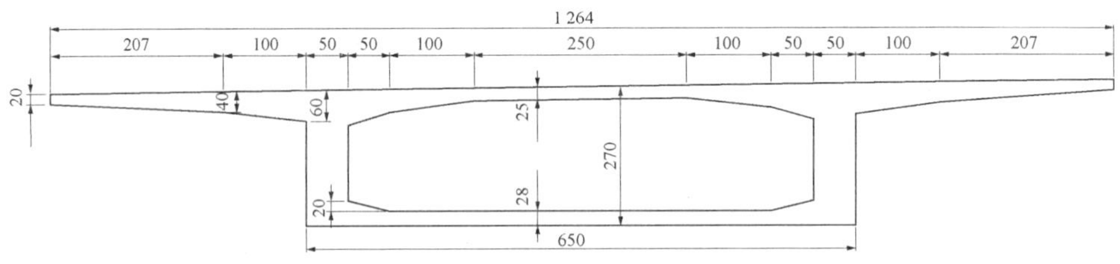


图9-2 箱梁标准断面图（尺寸单位：cm）

### 9.1.3 首联主要工程数量

首联移动模架现浇箱梁主要工程数量见表9-1。

**移动模架现浇箱梁主要工程数量表** 表9-1

| 联号 | 梁段类型 | $L_1$(m) | $L_2$(m) | 现浇C50混凝土 | | 预应力及普通钢筋(t) |
|---|---|---|---|---|---|---|
| | | | | 体积($m^3$) | 质量(t) | |
| 第一联 | 第1施工段(45m) | 34.84 | 10 | 435.33 | 1 132 | 86.9 |
| | 第2、3、7施工段(50m) | 40 | 10 | 458.24 | 1 191 | 88 |
| | 第4~6施工段(50m) | 40 | 10 | 463.90 | 1 206 | 82.7 |
| | 第8施工段(40m) | 39.85 | | 358.97 | 933 | 65.6 |

## 9.2 移动模架施工技术的发展及应用

移动模架施工技术适用于滩涂、峡谷高墩身、城市高架桥等场地的连续梁或简支梁的现浇混凝土桥梁的施工。在国外,已广泛地被用在公路桥、铁路桥的连续梁施工中,是较为先进的施工方法。国内也已开始在高速公路、铁路客运专线上使用。

(1)移动模架施工技术在国外的发展

移动模架施工技术是由德国的 Dywidag、Strabag 以及奥地利的 Winda 等公司首先开发。1959 年前,西德斯特拉巴克公司开发始用于 Andemach 附近联邦 9 号高速公路的 Kettiger Hang Bridg——克钦卡汉大桥(该桥为 13 × 39.2m)的预应力混凝土连续箱梁,周期达到两周一孔。1963 年,西德斯特拉巴格公司采用穿巷导梁(两次走行型)现浇 31m 跨简支桥梁。1969 年德国 PZ 公司首先使用桥面下支撑双梁一次走行的现浇方案,用于德国 Amsinck 立交桥,于 1973 年定型。该工法亦称 PZ 法,其最大适用跨度为 55m。1973 年,挪威工程师在原来的 MSS 造桥机的基础上演化开发出了双跨 MSS 造桥机(Double Movable Seaffoding System),简称 DMSS。1973 年开始使用之后,世界各地均成功地采用过,对于平面曲率半径较大的高架桥梁极为适用(总桥长在 800m 以上的桥梁)。DMSS 则在台湾高铁 C295 标首先被引进使用。经过多年反复优化,MSS 造桥机已在超过 100 多个桥梁工程中实践,MSS 造桥机已发展成为质量小、安装简易、操作高效、以具有国际著名的液压和起重系统而享誉世界的桥梁施工设备。随即这项施工技术在日本、美国、法国、葡萄牙、挪威、德国、韩国等国家也得到了较广泛的应用,MSS 质量亦由 400t 增加到 1 620t,跨度由 31m 增加到 60m,施工周期平均每孔 8 ~ 12d。

之后在国外各国的移动模架施工技术发展中,主要以建造公路桥为主,且已成为最主要的建桥方法之一。用来建造铁路桥的有日本、法国、德国、意大利等国。目前在国外,该项技术已比较成熟,近年来,不少对施工技术要求很高的桥梁均采用了 NRS 公司提供的拼装系统。

(2)模架施工技术在国内的发展

①移动模架架桥机制造技术的发展

国内施工中除引进挪威 NRS 公司设计的移动模架外,中铁大桥局集团有限公司、山东博瑞路桥技术有限公司、开封市宏达路桥设备厂、郑州大方实业有限公司、北戴河通联路桥机械有限公司都具有移动模架的研发能力。产品跨径为 30m、45m、50m、62.5m 不等,产品涵盖上承式、下承式、自行牛腿和非自行牛腿等形式。山东博瑞路桥技术有限公司设计制造了上承式和下承式的 MSS30、下承式 MSS50、下承式 MSS2—30、下承式 MSS2/25 等 10 余种 MSS 滑移模架系统,并已成功应用于工程实际中,创造了良好的经济效益。

图 9-3 为 DZ36/1200 下承式移动模架造桥机,图 9-4 为 DZ36/1200 上承式移动模架造桥机。

图 9-3 DZ36/1200 下承式移动模架造桥机

图 9-4 DZ36/1200 上承式移动模架造桥机

②移动模架施工技术的应用

自 20 世纪 90 年代在国内开始推广移动模架施工技术以来,移动模架施工技术已在我国铁路、公路桥梁以及渡槽结构施工中得到了迅速发展和广泛应用。

我国使用移动模架造桥机建造的连续桥梁,首先由中国路桥公司于 1983 年在伊拉克建造的摩苏尔四号桥上使用了原联邦德国 PZ 公司研制并由瑞士 LOSINGER 公司提供的移动式模架。之后,我国交通部第一公路工程总公司又用这套设备修建了国内首座使用移动模架施工技术的福建厦门高集海峡大桥(全长 2 070m,上部结构为 45m 等跨度、等截面预应力混凝土箱形连续梁)。1992 年,铁道建筑研究设计院研制了 ZQJ32/56 型移动支架造桥机,为我国使用移动支架造桥机建造铁路预应力混凝土箱梁开创了先例,用八七型抢修钢梁作移动支架先后建造了灵武支线铁路杨家滩 10 孔 48m 单线简支箱梁和 15 孔 32m 单线简支箱梁黄河特大桥。1997 年中铁大桥局用移动支架在石长铁路湘江大桥完成了 7 跨 96m 连续箱梁的施工。1998 年,厦门海沧大桥东引桥采用 1 000t/42m 单箱 PC 梁移动造桥机,该机成为国内第一台拥有自主知识产权、自行研制成功投入使用的移动模架造桥机设备。1999 年京珠高速公路武汉打靶堤立交桥施工采用 2 套 1 000t/2 ×30m 型移动造桥机。在高速铁路上,中铁大桥局于 2000 年在秦沈客运专线小凌河大桥上采用 MZ32 型移动模架造桥机建造了 49 孔 32m 双线单箱预应力混凝土梁,2000 年至 2001 年,深圳通香港之东深供水改造工程施工应用 3 套 500t/24m U 形渡槽移动模架造桥机,2002 年丹拉高速公路蹬口黄河桥施工采用简 1 200t/50m 型移动模架造桥机,2002 年 12 月江西省 GZ20 高速公路桃木岭高架桥施工采用 2 套MZ850t/40m 上行式造桥机,沙塘隘高架桥施工采用 MZ850t/40m 下行式造桥机,2003 年 1 月洛阳吉利黄河特大桥 50m 箱梁施工采用 MZ1300t/50m 下行式移动模架造桥机,2004 年浙江省瑞安市飞云江三桥 50m 箱梁施工采用 MZ800t/50m 下行式移动模架造桥机;2004 年宜万铁路万州长江大桥施工采用 MZ800T 上行式移动模架造桥机,2004 年南昌市外环路生米大桥(跨越赣江)施工采用 MZ800/30m 下行式移动模架造桥机,2005 年宜万铁路宜昌长江大桥 50m 箱梁施工采用 MZI400T/50m 型移动模架双向造桥机近年来,移动模架施工法更是得到了蓬勃发展,在湛江海湾大桥、南京长江三桥、上海长江隧桥等众多桥梁中得到了应用。

移动模架(MSS 工法)适用范围广,能一次性现浇完成一孔桥跨从立模、浇筑混凝土到预应力张拉全套工艺,并能逐孔向前移动,效率高、速度快,MSS 造桥机适用于各种断面(双箱梁、单箱梁、双 T 梁等)及跨度的桥梁。与混凝土桥梁的其他施工方法如就地浇筑法、预制安装法、悬臂施工法、顶推施工法等比较,移动模架法施工具有以下明显的优点:

a. 施工周期短,机械化程度高。

b. 移动模架工厂化施工,标准化作业,梁体整体性好,有利于工程质量和安全控制。

c. 施工设备可重复利用,经济合理,适用范围广,特别适合于高架桥梁工程和地面为软弱土层、脚手架或支架基础处理困难以及在桥梁跨数超过10孔的桥梁或跨越深谷、河滩、海滩、跨铁路、公路或河流等各种施工环境的桥梁施工。

d. 施工时受力与运营时受力一致,不需要增加施工受力钢筋,减少了建材消耗。

e. 施工不受河流、道路、桥下净空等条件影响,安全性高。

f. 施工占地少,对环境的影响和污染少,有利于文明施工。因施工是从桥的一端向另一端逐孔推进,施工完毕的箱梁桥面可用作半成品加工和堆放场地,对于施工场地狭窄的工程具有独特的优势。

g. 采用MSS技术施工有利于各种地下管线及桥梁上部结构交叉施工,节省工期,且可设置防雨、防寒、防晒的顶棚围护设施,可保证施工期间不受天气的影响,也有利于控制工期。

h. 移动模架工法适用于跨径为25~65m的简支或者连续梁,桥长可达到一定规模(一般大于800m)。

i. 移动模架主梁箱形结构承载能力强,抗弯刚度大,主梁工作时弹性变形为$L/700$($L$为桥跨),箱梁混凝土浇筑前的预拱度便于控制。

## 9.3 移动模架比选

(1)上承式移动模架系统

MZ32型造桥机、挪威NRS公司的MSS造桥机等均属于上承式移动模架系统。该系统由主梁、导梁、横梁、推进台车、支承托架、内模、外模、挂梁等组成,利用承台或桥墩作为支承托架的支承点,模架及施工荷载由主梁承担。该设备的特点是PC梁宽度不受限制,但需要占用桥下净空。

(2)中承式移动模架系统

支承主梁为中承式桁架,以铁道建筑研究院研制的ZQJ32/56型造桥机为代表。PC梁在预制场分段预制,由运梁台车、起吊天车将梁运至模架梁腹内拼装。该类型造桥机要求PC梁及桥墩不能太宽,因此其应用局限性较大,较少采用。

(3)下承式移动模架系统

该类型造桥机以郑州大方桥械公司的DZ42/1000为代表,主要由主梁、模架、吊车、支承结构、走行结构等组成。该类型造桥机的主要优点是工作面在桥墩以上,主梁支承在墩顶及已成梁段上,因此不需要占用桥下净空,特别适用于立交桥、城市高架桥、深谷高桥的施工,是比较理想的桥梁上部结构现浇设备。该类型造桥机结构简单、安装方便。

上承式移动模架和下承式移动模架施工性能比较见表9-2。

上、下承式移动模架施工性能比较 表9-2

| 比较项目 | 上承式 | 下承式 |
|---|---|---|
| 制梁时主承重梁支承方式 | 通过支腿,一端支承在已成梁上,一端支承在前方桥墩上 | 通过墩旁托架,两端均支承在桥墩上 |
| 制梁时模板支承方式 | 通过吊件吊挂在主梁上 | 通过千斤顶直接和间接支承在主梁上 |
| 外模开合方式 | 旋转张开或横向滑移 | 横向滑移 |
| 过孔方式 | 借助下导梁滚移或立柱迈步 | 借助墩旁托架滚移 |
| 施工安全性 | 制梁和过孔时,主梁的支承均安全可靠,但整机重心较高 | 制梁和过孔时,主梁支承的可靠性受摩擦力及锚固力的影响大,但整机的重心较低 |
| 施工方便性 | 主梁下可设置起重设备、雨棚,作业空间相对封闭,过孔速度快 | 主梁上不易设置起重设备、雨棚,墩旁托架倒装麻烦,过孔速度慢 |
| 适应性 | 使用不受墩高限制,并可方便地完成首末跨箱梁施工,但不易在整座桥中部拼装 | 使用受墩的高度限制,墩的高度低于4m时不宜采用;首末跨箱梁施工需设临时支墩 |
| 制梁周期 | 终张拉前不能过孔,制梁周期长 | 初张拉后即可过孔,制梁周期短 |
| 用钢量 | 用钢量大,自重大 | 用钢量少,自重小 |

此外,在施工适用性方面,移动模架的使用条件如下。

(1)运输条件

由于移动模架系统组成构件具有尺寸和质量大的特点,必须由大型起重、运输设备配合进行,满足其运输、安装和拆卸的施工条件。因此,路域上对运输和装卸道路条件要求较高,要求道路能够满足大型拖车、起重设备如65t履带吊通行;水域则要求航道和作业区域水深在2.5m以上,以满足航运船舶和起重船舶通航和作业的需要。

(2)安拆条件

最矮墩墩身高度在9.2m以上,路域场地面积要求在110m×50m以上,地面平整,场地压实度在200kPa以上,水域作业区域面积在150m×150m以上。

(3)移动模架施工适用参数

移动模架系统适用于桥梁最大纵坡≤4%、施工桥宽≤17m、单孔施工跨径≤50m+8m(悬臂)、桥墩高度≥9.2m、系统最小曲率半径≥700m的桥梁。

综上所述,一般桥梁施工方法的选择,需要充分考虑桥位的地形、环境,桥梁的类型、跨径,桥梁安装方法的安全性、经济性、施工速度,施工的技术水平、机具设备条件等因素。因此在桥梁设计时,就要对桥位条件进行详细的调查,掌握现场的地理环境、地质条件及气象条件。施工场地处在市区内、平原、山区、跨河道、跨海湾等,其各方面的条件差别很大,运输条件和环境约束也不相同。这些条件除作为选择施工方法的依据外,同时也涉及设计方案的考虑、桥跨及结构形式的选定。

笔架山大桥位于大港河河床上,其河床平均宽度20m,两侧山体蜿蜒起伏,采用下承式移动模架,所需下部净空增加,需要对净空不足的箱梁下的山体进行开挖爆破施工,工程量巨大,且不易施工。采用上承式移动模架对梁下净空要求小,不需破坏原山体即可进行施工。

综上所述,采用MSS1800型50m上承式移动模架施工箱梁,既减少了工程造价,又方便施工。

## 9.4 MSS1800型50m上承式移动模架主要结构

(1)主要技术参数

施工梁跨:50m、36.5m连续梁或连续刚构;

额定现浇混凝土梁质量:1 800t;

整机质量:约570t(不含预埋件及端模);

整机走行速度:0.3m/min(液压油缸推进);

整机功率:约60kW(不含混凝土箱梁施工用电);

混凝土浇筑状态挠跨比:≤1/500;

适应平曲线半径:+∞;

适应纵坡/横坡:2.85%/2%;

平均作业工效:15d/孔;

工作时支点最大反力:11 050kN(墩身预埋件顶面);

过孔时最大托辊反力:4 670kN。

(2)主要结构和功能

MSS1800型移动模架在结构上可以分为承重主梁及其导梁、支承机构(前、中支腿)、后支腿(含纵移机构)、挑梁及吊臂、模架及模板、液压和电气系统及安全走道等几部分,构成一个完整的承载结构体系,如图9-5所示。

①主梁及导梁

承重主梁总长73.5m,由6节钢箱梁、5组(两种)接头构成。钢箱梁构成为12.1m+3×12.6m+12.1m+11.5m,各节间以精制螺栓连接。为满足主梁强度及刚度设计要求及运输要求,后5节承重钢箱梁均分为上下两层制造,在组装时以精制螺栓将上下两层连接,单层单节最大质量约22t。箱梁全宽2 400mm,全高5 580mm,其中上层梁高2 530mm,下层梁高3 050mm,下翼缘设2根50mm高轨道方钢,供整机纵移使用;腹板根部设有吊挂角钢及加劲,作为支腿吊挂的轨道,同时起到保证腹板根部在轮压作用下不发生挠曲。箱梁内设有纵向和横向加劲梁,上、

下层设有 δ12 的加劲板，盖梁纵向连接设补强板。

钢箱梁在支腿部位设有支承牛腿，在移动模架工作时，移动模架主梁及其模架、模板、箱梁钢筋及混凝土等荷载均通过牛腿传递至移动模架支腿，并通过支腿传递至墩身或混凝土箱梁顶面。

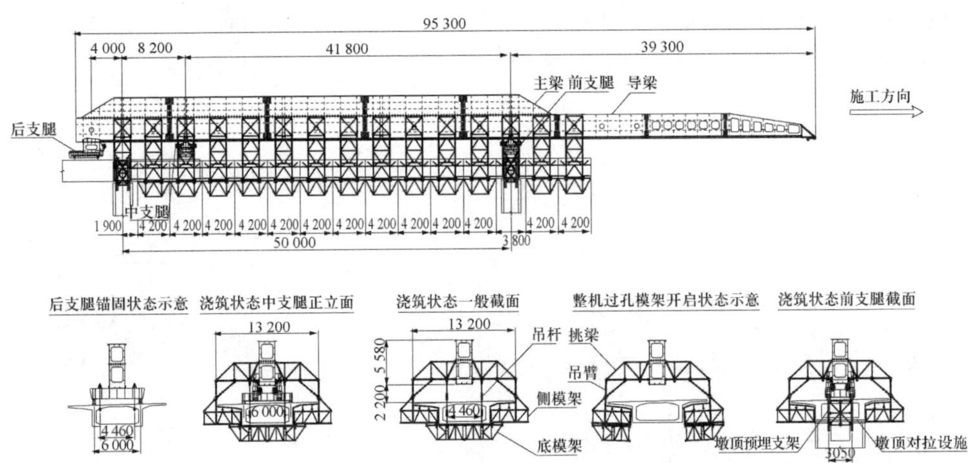


图 9-5　模架总图(尺寸单位:mm)

导梁由两节空腹箱形梁组成，为辅助整机过孔的结构。导梁总长 $2 \times 10\text{m} = 20\text{m}$，箱梁分段采用变截面过渡，每节之间均以精制螺栓及节点板连接。导梁下弦焊有两根 50mm 高走道方钢，供整机纵移使用，腹板下部两侧与主梁一样焊有吊挂角钢及加劲板，为支腿吊挂转移的轨道，同时保证腹板根部在轮压作用下不发生挠曲。

导梁前端设置鼻架，用于安装卷扬机钢丝绳转向及张紧装置。

主梁及导梁构造见图 9-6。

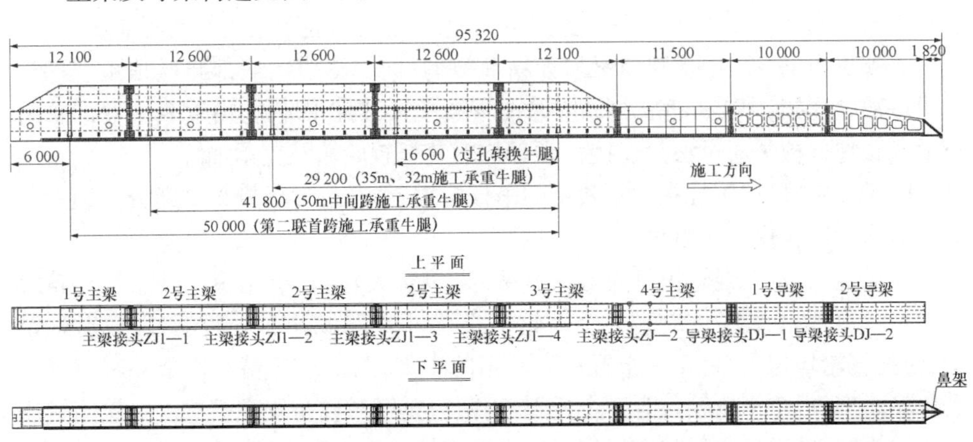


图 9-6　模架主梁及导梁(尺寸单位:mm)

②移动模架支承机构

移动模架支承机构是移动模架主梁荷载的直接支承体系，根据移动模架工作状态所处位置的不同，分为前支点支承机构和后支点支承机构。

前支点支承机构支承在前方墩顶预埋件顶端，由支腿横梁、托辊轮箱、吊挂轮、销轴、液压系统等构成，如图9-7所示。移动模架工作时，竖向荷载通过箱梁牛腿依次传递至支承油缸、支腿横梁、墩顶预埋件、墩顶。

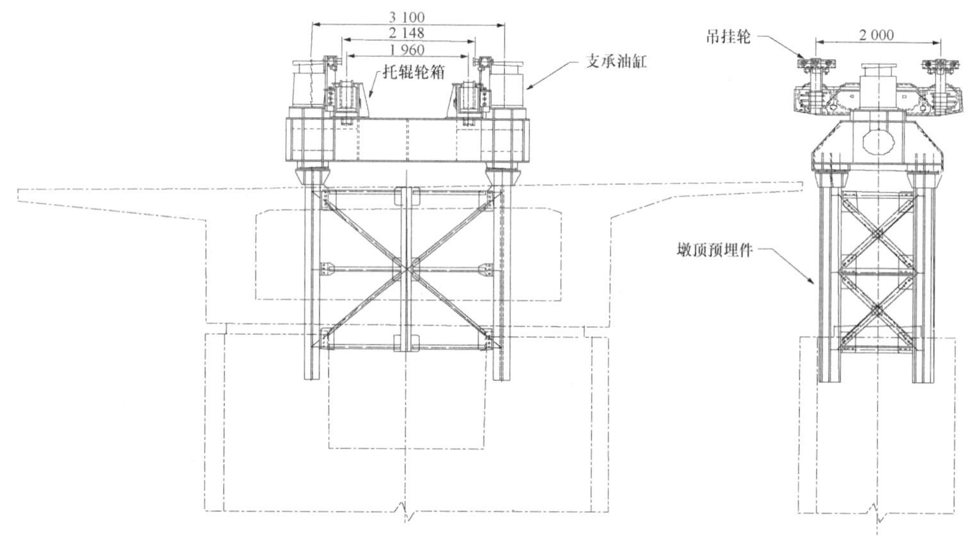


图9-7　前支腿(尺寸单位:mm)

移动模架的中支腿(图9-8)即后支点支承机构，其构造与前支点支承机构基本相同。不同的是，后支点通过中支腿锁定垫块支承在混凝土箱梁顶面，只有每一联的首跨支承在墩顶预埋件顶面，垫块尺寸能满足箱梁混凝土局部承压要求。

a. 支腿横梁：前、中支腿横梁均为箱形结构，前支腿横梁底部与墩顶预埋件柱头通过法兰连接，中支腿底部通过垫块与混凝土梁顶部预埋件连接(每一联的首跨与墩顶预埋件柱头通过法兰连接)，顶部均安装托辊轮箱及支承油缸。

b. 吊挂轮：吊挂轮挂在主梁两侧的吊挂走道上，通过卷扬机无级绳分别锁定牵引支腿横梁以实现支腿纵移。

c. 托辊轮箱：托辊轮箱每支腿共有两组，包含大轮箱、小轮箱、支座、托辊轮等结构。每组轮箱有1个支座、1个大轮箱、2个小轮箱和4个托辊轮，形成对称结构，使托辊轮均匀受力；支座布置在大轮箱的中部，两个小轮箱对称于支座布置在大轮箱内部，每个小轮箱包含2个托辊轮，两组轮箱对称布置在横梁上。轮箱铰座与横梁为圆管铰接，这样整个轮箱可以水平旋转一定角度，适应性更好。

轮箱是主梁纵移的滚动支承。主梁走行前，梁体下降，梁底的走道方钢落在轮箱的托辊轮上。

③后支腿及纵移机构

MSS1800 型上承式移动模架纵移机构包含在后支腿内，它由纵移油缸、移动滑道和定位销轴等组成。纵移油缸一端通过销轴连接在滑道耳座上，另一端通过销轴连接在后支腿横梁上。其推移步距为 1 000mm，推移合力约 2×340kN。

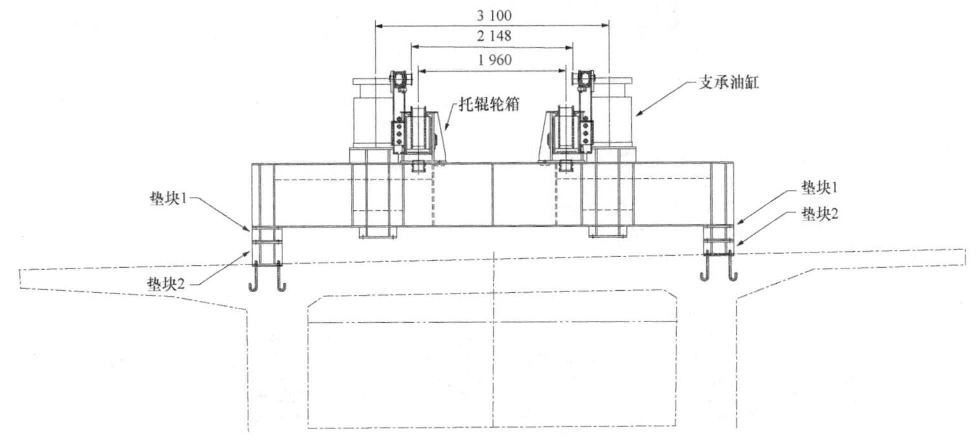


图 9-8　中支腿（尺寸单位：mm）

后辅助支腿及纵移机构见图 9-9。纵移使用的卷扬机采用 15t 级的卷扬机，根据卷扬机底座的具体尺寸制作卷扬机安装支架，支架螺栓连接于后支腿横梁上。卷扬机的钢丝绳一端与支腿横梁的绳头 1、2 使用卡环连接，另一端与支腿横梁的绳头 3、4 使用卡环连接，形成一个闭合的绕绳结构。钢丝绳缠绕时要注意，绳头 1、2、3、4 的长度要尽量相等（约 2.5m），钢丝绳要尽量绷紧，增大钢丝绳与卷扬机滚筒间的摩擦力，这样才能使支腿吊挂前移时不发生较剧烈的摆动。如果钢丝绳没有完全达到张紧状态，可以使用导梁前端的张紧倒链进行收紧，张紧倒链未进行收紧时，转向滑轮中心距离槽钢滑道约 1m。

纵移机构工作过程：整机需要过孔移位时，先将纵移油缸收至最小行程，同步顶推 1m 后，将后支腿支承油缸顶起脱空移动滑道，回收纵移油缸 1m，收起后支腿油缸，滑道下落至混凝土梁面，继续纵移油缸顶推 1m，实现步进式纵移。顶推时要严格遵守“同步顶推、单边换位”的操作要求，一侧油缸换位时，另一侧滑梁的锁定销轴一定要与混凝土梁顶面预留孔锁定好，防止移动模架下滑。

④挑梁及吊臂

挑梁为桁架结构，位于主梁的两侧，负责吊挂模架，将模架的荷载传递给主梁。挑梁每两根为一组，每组中间用联结系连接；整个移动模架含挑梁系统 30 组。

吊臂是将模架及模板等结构吊挂在挑梁上的结构，为两片一组的桁架结构，每片吊臂结构与挑梁及侧模架间均设有调节撑杆，以便整体调节模架及范本线形。整机吊臂桁架共计 30 组(图 9-5)。

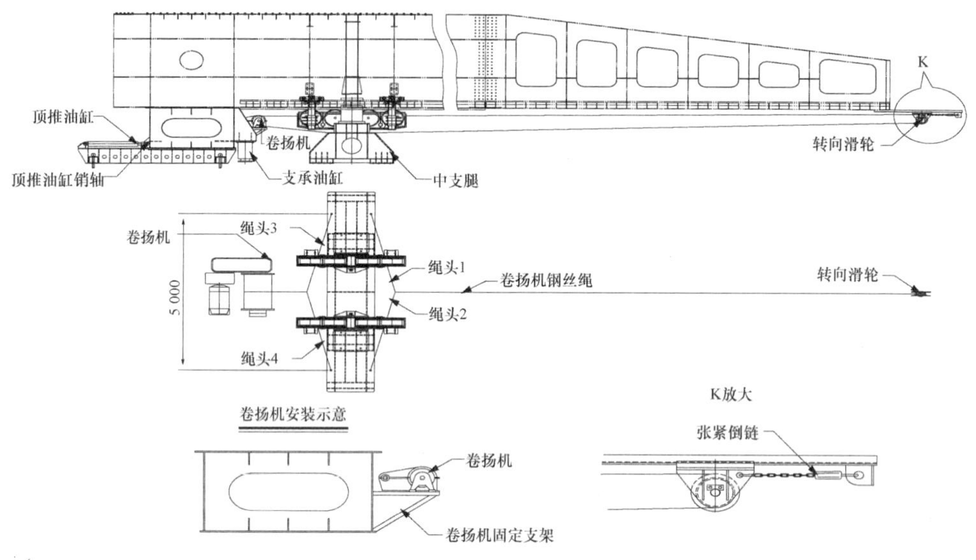


图 9-9　后支腿及纵移机构(尺寸单位:mm)

⑤模架及模板

a. 侧模架及底模架:侧模架和底模架均采用桁架式结构，是模板的直接支承体系。为运输及制作方便，横桥向每组模架分为左右两个标准节段，其中底模架中间采用螺栓对接，侧模架端部与侧模螺栓连接。侧模架通过两个外侧的单铰吊挂在挑梁上，底模架通过吊挂轮吊挂在侧模架的下弦杆上。底模架和侧模架均设有可调撑杆，以支承外模的悬出部分。

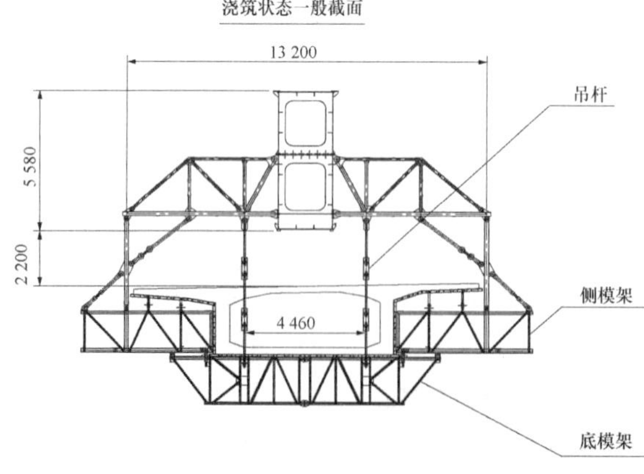


图 9-10　挑梁及吊臂、侧模架、底模架及吊杆(尺寸单位:mm)

本机采用侧模架及底模架携带模板整体旋转开启过墩工艺，模架旋转开启通过支撑在挑梁下弦节点上的可调撑杆伸缩实现。旋转开启前，要将底模架横桥向对接螺栓及与侧模架锁定销轴解除，然后使用倒链牵引，底模架相对于侧模架分别向左右横移开启 3. 3m，再用锁定销轴将底模架和侧模架再次临时锁定，具体结构见图 9-10。

b. 外模板：外模是箱梁混凝土的支承及成型体系，包括底模、侧模、翼模及端模。除端模外，外模均是由钢板和型钢组焊而成的新制模板，为适应施工需要及满足运输要求，纵横向与模架对应分块制造；为脱模及移动模架施工方便考虑，在顺桥向两相邻范本间留 30mm 的缝隙；模板与模架间使用螺栓连接固定，以利于脱模及过孔。外模的平面展开布置见图 9-11。

造桥机前进方向 ⇨

| 外侧翼模3 | 外侧翼模1 | 外侧翼模1 | 外侧翼模1 | 外侧翼模1 | 外侧翼模1 | 外侧翼模1 | 外侧翼模1 | 外侧翼模1 | 外侧翼模1 | 外侧翼模1 | 外侧翼模1 | 外侧翼模2 | 外侧翼模1 | 外侧翼模1 |
|---|---|---|---|---|---|---|---|---|---|---|---|---|---|---|
| 外侧侧模3 | 外侧侧模1 | 外侧侧模1 | 外侧侧模1 | 外侧侧模1 | 外侧侧模1 | 外侧侧模1 | 外侧侧模1 | 外侧侧模1 | 外侧侧模1 | 外侧侧模1 | 外侧侧模1 | 外侧侧模2 | 外侧侧模1 | 外侧侧模1 |
| | 底模 | 底模 | 底模 | 底模 | 底模 | 底模 | 底模 | 底模 | 底模 | 底模 | 底模 | | 底模 | 底模 |
| | 底模 | 底模 | 底模 | 底模 | 底模 | 底模 | 底模 | 底模 | 底模 | 底模 | 底模 | | 底模 | 底模 |
| 内侧侧模3 | 内侧侧模1 | 内侧侧模1 | 内侧侧模1 | 内侧侧模1 | 内侧侧模1 | 内侧侧模1 | 内侧侧模1 | 内侧侧模1 | 内侧侧模1 | 内侧侧模1 | 内侧侧模1 | 内侧侧模2 | 内侧侧模1 | 内侧侧模1 |
| 内侧翼模3 | 内侧翼模1 | 内侧翼模1 | 内侧翼模1 | 内侧翼模1 | 内侧翼模1 | 内侧翼模1 | 内侧翼模1 | 内侧翼模1 | 内侧翼模1 | 内侧翼模1 | 内侧翼模1 | 内侧翼模2 | 内侧翼模1 | 内侧翼模1 |

图 9-11　外模平面展开布置图

⑥预埋件

为满足移动模架工作的要求，需在墩顶及已浇筑混凝土桥面设置预埋件和预留孔，根据预埋件安装位置的不同分为墩顶预埋件和桥面（梁顶）预埋件。

a. 墩顶预埋件：墩顶预埋件应在墩顶混凝土浇筑前安装，并可靠固定，防止混凝土浇筑过程中发生变位。墩顶预埋件为栓接桁架结构，其作用是有效传递混凝土施工前后的竖向力及可能产生的水平力。墩顶预埋件图见 9-12。

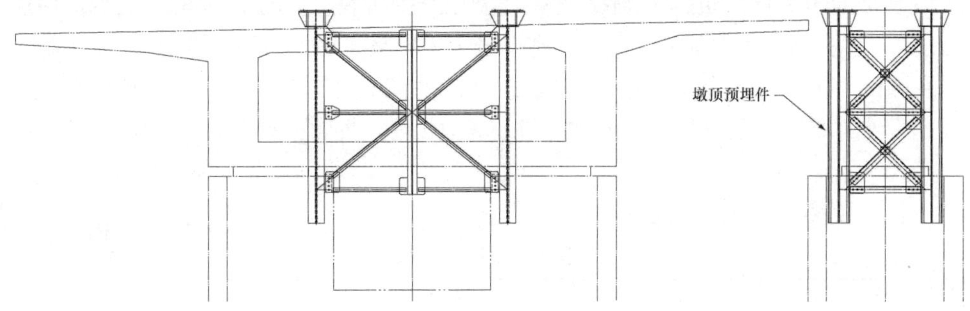


图 9-12　墩顶预埋件

b. 梁顶预埋件和预埋孔：梁顶预埋件为锚固中支点支承机构之用，预埋件通过锚栓与中支腿横梁下垫块相连，垫块顶面通过螺栓与中支腿横梁连接。预留孔在移动模架纵移过程中作制动之用，通过销轴把后支腿滑梁与梁面锁定，预留孔直径为 80mm，横向每排 4 个，纵向间距 1m，图 9-13。

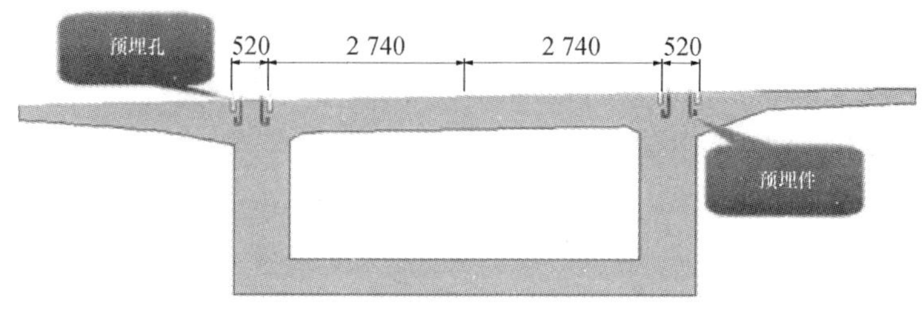


图 9-13 梁顶预埋件和预埋孔(尺寸单位:mm)

## 9.5 移动模架拼装

(1)拼装总体方案

笔架山大桥0号台位于山顶,1号墩位于半山腰,0号台与水口大桥(相邻标段)16号台相距仅为16m,两侧山坡坡面陡峭,山顶距谷底高差达33m,山顶开挖后最大宽度不超过30m,施工场地非常狭小。地势起伏剧烈,现有场地无法进行模架拼装。需在首跨箱梁支架现浇完成后在首跨箱梁上拼装,移动模架主梁自生产厂家运到施工现场0号台山下,用自制炮车运至0号台处拼装场地,采用50t汽车吊配合两台25t龙门吊进行行走主梁的组装。行走主梁安装完成后,50t汽车吊撤出。25t吊汽车配合龙门吊进行移动模架配件的组装。主梁走行过孔后,模架及模板在箱梁底整体组装后采用卷扬机提升至移动模架主梁后安装。

(2)拼装场地布置

施工便道自2号墩前辅道向1号墩左侧山体至A1标施工便道,再开挖山体至原施工便道处,向0号墩修筑。1号墩左侧山体利用开挖拼装平台的土石料进行抬高,便道宽度8m,纵向坡度不大于20%。同时在1号至2号墩间平整临时存梁场地。在靠近0号左侧,开挖山体至桩基顶高程,顺桥向长24m,垂直桥向长33m,作为移动模架移走主梁和配件的堆放场地。背墙回填,增加拼装场地长度。具体布置详见图9-14。

(3)拼装机

移动模架拼装机具见表9-3。

移动模架拼装机具　　表9-3

| 序　号 | 名　称 | 规格型号 | 数　量 | 备　注 |
|---|---|---|---|---|
| 1 | 龙门吊机 | 25t | 2 | |
| 2 | 汽车吊机 | 50t | 1 | |
| 3 | 汽车吊机 | 25t | 1 | |
| 4 | 挖掘机 | $1m^3$ | 1 | |
| 5 | 装载机 | 30型 | 1 | |
| 6 | 电动葫芦 | 5t | 2 | |

(4)拼装工艺

移动模架在已完成的0-1号墩箱梁上拼装。由于已完成箱梁长仅45m,而造桥机有95.3m,加之1号墩前端距地面高度大,故在拼装过程中需要进行若干次的纵移,方可在箱梁顶面完成模架主体的拼装。由于0-1号墩山坡陡峭,1号墩与地面高差达36m之多,汽车吊无法作业,主梁完成过孔后利用安装在移动模架上的两台电动葫芦对预先拼接好的模架、模板拼装就位。

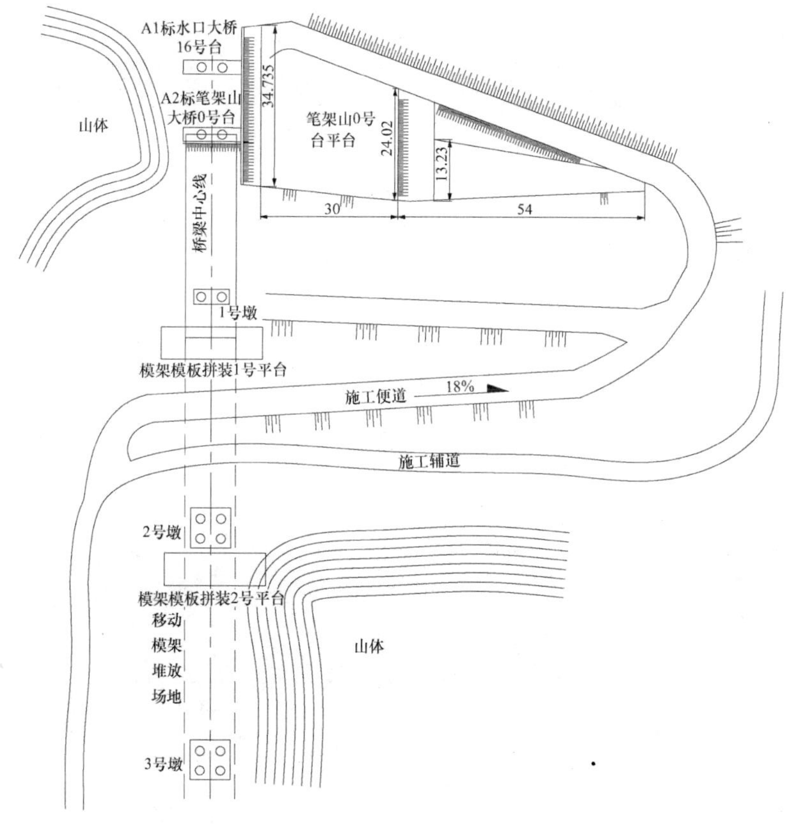


图9-14 笔架山大桥移动模架拼装场地布置图

①拼装前的准备工作

拼装前事先于梁面安装两台净高在10m以上的25t龙门吊机,并抄垫找平。桥台、背墙一侧回填到与梁面相同高度,保证回填强度。放出桥梁中心线。在1号、2号墩前平整场地,作为模架模板拼装平台。

在靠近1号墩的梁端,龙门吊机最大走行的位置距梁端2m,放置前支腿,纵桥向并排放置中支腿,支腿轴线与梁面轴线在同一竖直平面上(图9-15)。对支腿进行抄垫找平,高度为2.05m(托辊轮顶面到梁面中心线的距离),并保证托辊轮圆面在同一平面上(误差在1cm以内)。

②拼装步骤

a. 主梁的拼装:第一步,将1号、2号导梁吊至临时支承上(临时支承为4根$\phi$400mm的钢管焊接而成的马凳),临时支承放在离桥梁轴线2.7m的位置,以方便钢管临时支承的安装和1号、2号导梁整体的吊装。钢箱梁底安放手摇千斤顶。利用龙门吊机预对接,并用手摇千斤顶微调,调整两片导梁于同一水平面,连接螺栓。根据设计要求,鼻架焊置于张紧装置和转向滑轮上,完成导梁的拼装。接头拼装时先拼底盖板,再拼上盖板,最后再拼腹板,见图9-16。

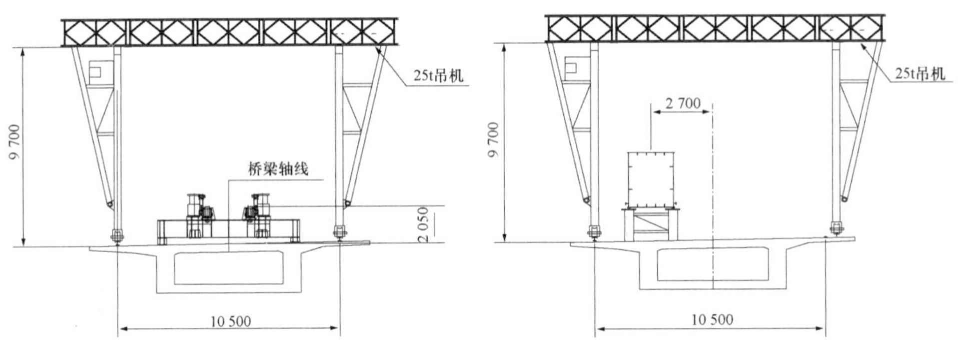


图9-15 龙门吊布置图(尺寸单位:mm)

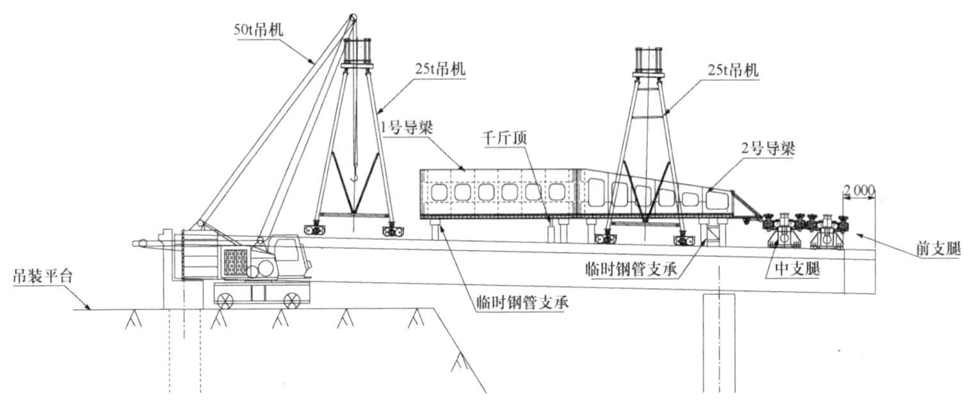


图9-16 主梁拼装第一步

第二步,1号、2号导梁拼装完成后整体吊放到调整好的支腿上,使走道方钢刚好接触支腿轮箱的托辊轮上,梁后端抄垫临时支承并调平,保证导梁在同一平面上。

将4号主梁吊放于临时支承上,利用龙门吊机和手摇千斤顶调平,完成对4号主梁的拼装。同时完成后支腿的安装,并吊放于靠0号墩箱梁一端。后支腿的轴心与前、中支腿轴心在同一直线,高度通过拉线或仪器测量确定,保证其顶面高度与中支腿托辊轮顶高度一致,见图 9-17。

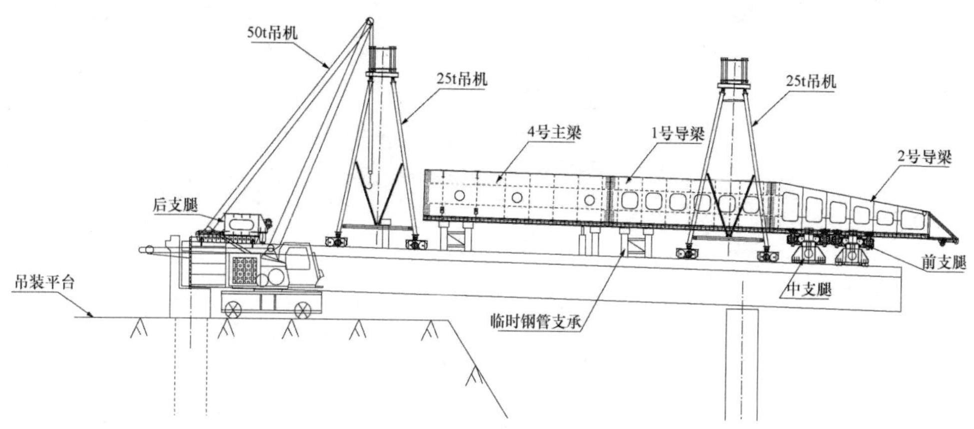


图 9-17 主梁拼装第二步

第三步,在 3 号主梁后端支立后支腿,继续在梁面上拼装钢管支架并调平,完成 3 号主梁下部拼装后再对上部进行拼装,见图 9-18。

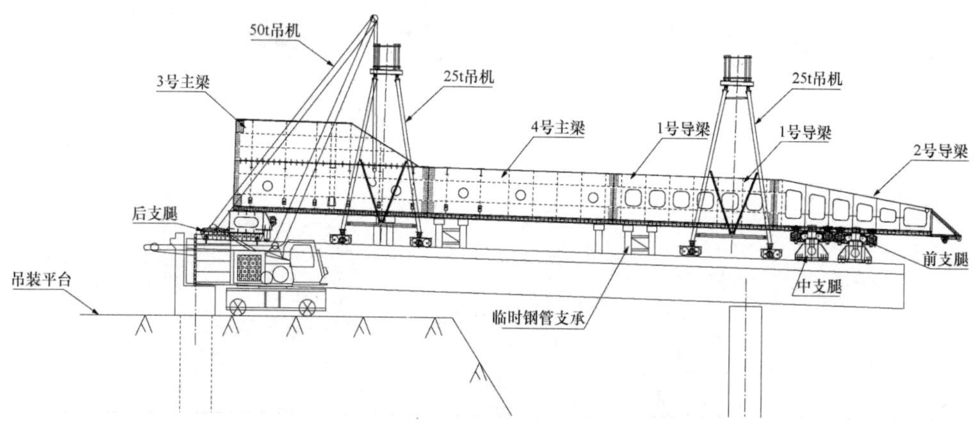


图 9-18 主梁拼装第三步

第四步,将后支腿用千斤顶顶起,抬高主梁高度,撤除临时支承,利用销轴或螺栓将后支腿临时固定于 3 号主梁上,启动后支腿纵移装置,前移 12.1m(即 3 号主梁的长度),向前缓慢、稳步地进行,见图 9-19。

第五步,将后支腿用千斤顶顶起,在 3 号主梁后端图中位置抄垫钢管临时支承,为防止钢箱梁下滑,加挡块进行防护。后支腿后移,垫于 2-3 号主梁后端,前端抄垫临时支承并调平,完成 2-3 号主梁的拼装。为方便拼装,先将 2-3 号主梁上下两部分连接好再对接主梁,见图 9-20。

第六步,将后支腿用千斤顶顶起,将临时支承撤除,后支腿与 2-3 号主梁临时连接,拼好的模架整体前移 7m,见图 9-21。

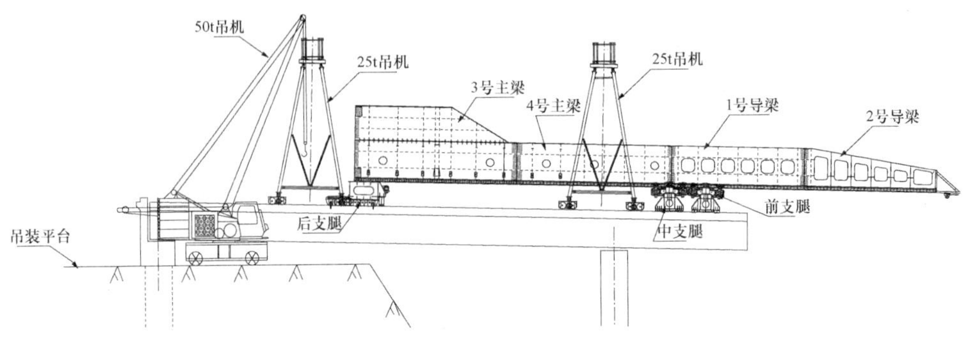


图 9-19　主梁拼装第四步

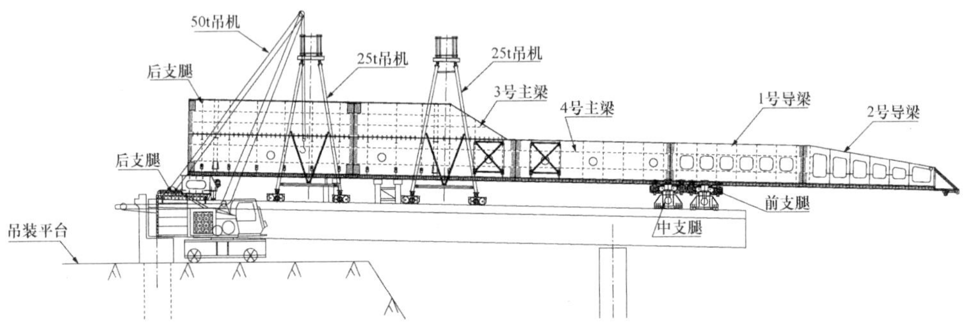


图 9-20　主梁拼装第五步

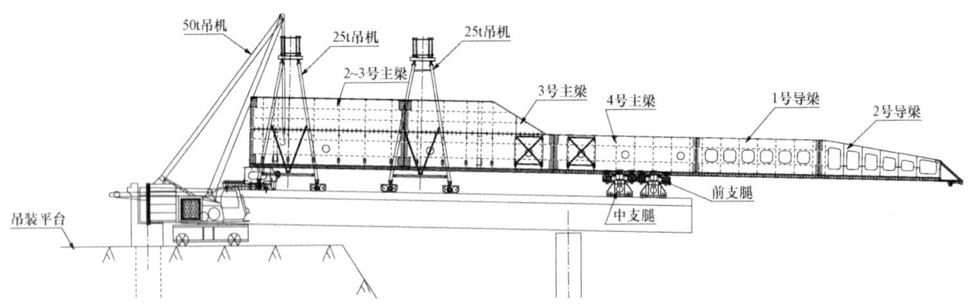


图 9-21　主梁拼装第六步

第七步，将后支腿用竖向千斤顶顶起，在 2-3 号主梁底图中位置抄垫钢管临时支承并固定、调平，后移后支腿垫于 2-2 号主梁底，继续在 2-2 号主梁底抄垫临时支承，调平后对其进行拼装，见图 9-22。

第八步，将后支腿用千斤顶顶起，将临时支承撤除。后支腿与 2-2 号主梁临时连接，将拼好的模架整体前移 8m，见图 9-23。

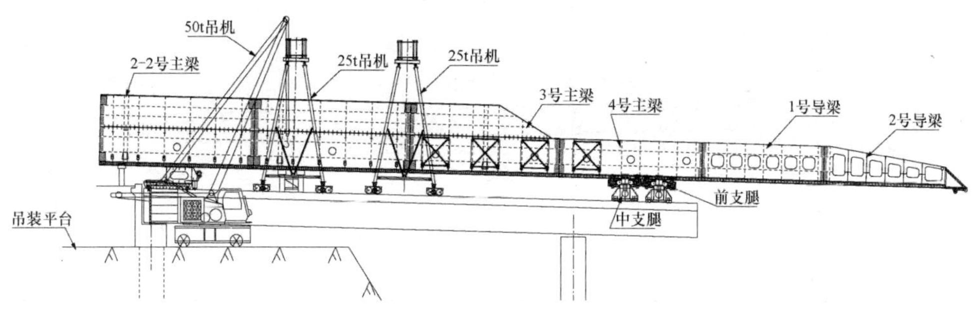


图 9-22 主梁拼装第七步

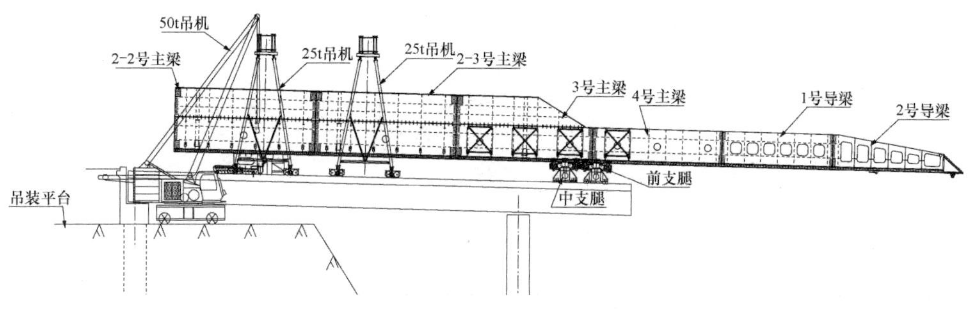


图 9-23 主梁拼装第八步

第九步，将后支腿用千斤顶顶起，在2-2号主梁后端(图中位置)抄垫钢管临时支撑，固定调平，后支腿后移垫至2-1号主梁底处，梁底继续抄垫钢管临时支承，梁面长度不够时，可在桥台后端回填位置拼装钢管支承。调平后完成对2-1号主梁的拼装，见图9-24。

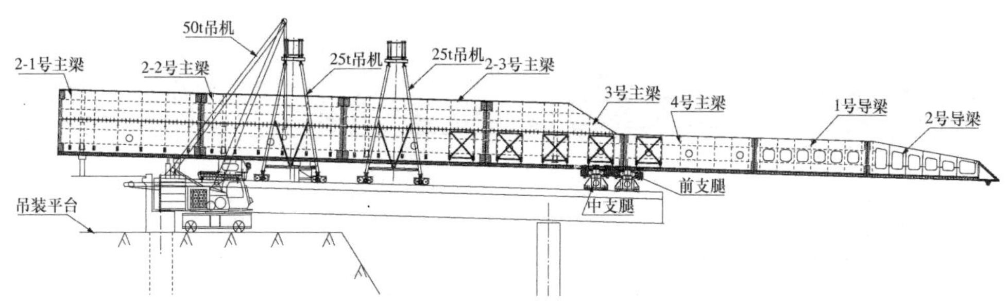


图 9-24 主梁拼装第九步

第十步，将后支腿用千斤顶顶起，将临时支承拆除。2-1号主梁与后支腿临时连接，拼好的模架整体前移至钢箱梁后端距离混凝土梁端5m的位置，见图9-25。

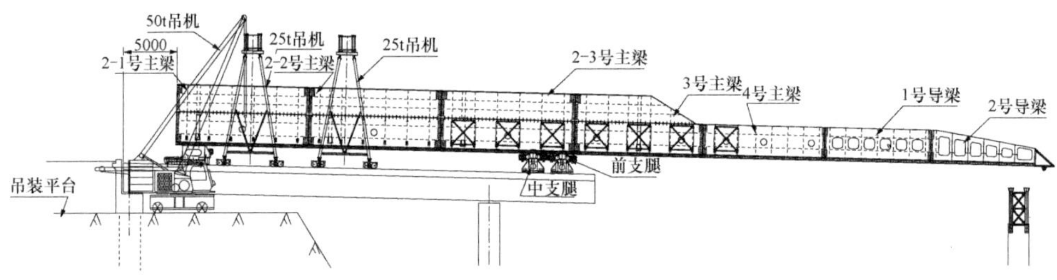


图 9-25 主梁拼装第十步

第十一步，继续在梁面和桥台后侧拼装钢管临时支承并调平，完成对 1 号主梁的拼装。将前支腿吊至 2 号墩顶，与预埋件连接好，见图 9-26。

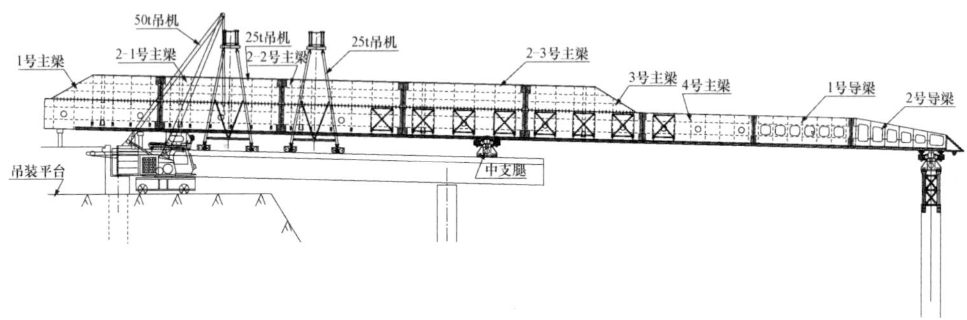


图 9-26 主梁拼装第十一步

第十二步，拼装完成的移动模架整体前移，并将后支腿吊至正确位置安装好。完成的移动模架前移走行到位，将后支腿千斤顶顶起，把中支腿吊挂到位后和预埋件锚固，完成过孔作业，见图 9-27。

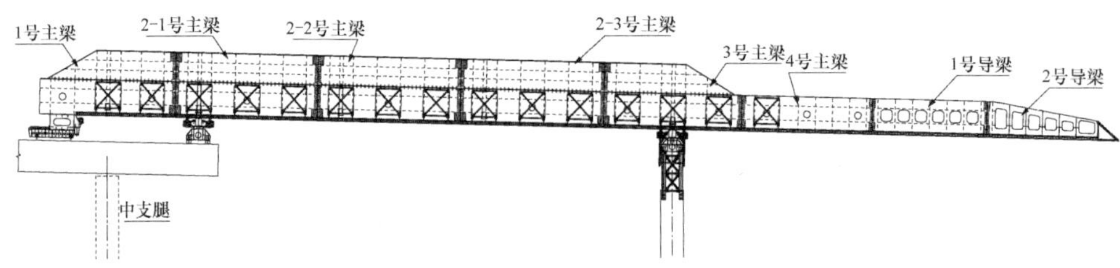


图 9-27 主梁拼装第十二步

b. 挑梁及吊臂的拼装：挑梁和吊臂随着主梁推进，利用 50t 汽车吊机进行拼装。

a）在完成对 3 号主梁的拼装后，先对挑梁试拼。用汽车吊机吊起挑梁，在钢箱梁顶用绳拉住，将挑梁上端销轴插好。挑梁拼装好后，完成对吊臂及长短撑杆的拼装。首次拼装根据吊车吊臂情况选择合适位置，并做好记录，以方便后面挑臂的拼装。

b)在完成2-3号主梁的拼装后，用50t汽车吊机按照上述方法拼装后面两组挑臂。

c)同b)，当每节段主梁拼装完成，顶推前移之前完成相应阶段挑臂的拼装。

c. 模架、模板的拼装：将1-2号梁底的施工便道找平，拼好模架、模板。拼装顺序为底模架、侧模架、底模板、侧模板、翼模板，并列排放在钢箱梁底，摆放整齐。整体拼装好后，在移动模架挑梁上安设两台5t电动葫芦，按照摆放顺序依次平稳起吊。将模架、模板吊装到位，与吊杆和短撑杆连接穿好销轴。吊杆上销板通过销轴与上侧挑梁节点板连接，下侧通过左螺旋母与底模架连接，见图9-28。

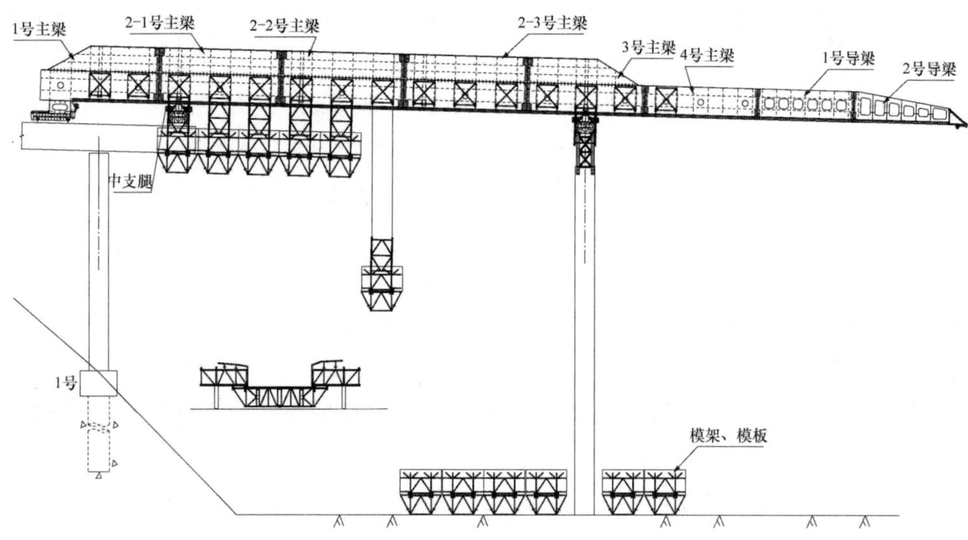


图9-28　模架及模板拼装

d. 附属系统的拼装：主体部分拼装完成后，连接好液压系统和各电器系统装置(各支腿在拼装前预先安装平台，用来放置液压系统)，并将安全走道部分按照设计图纸拼接到位。

e. 后续工作：移动模架全部拼装完毕后，为消除施工挠度对混凝土梁线形的影响，移动模架应设有预拱度。底模与底模架之间通过拼装前预先抄垫钢板和调整吊杆，整体带动底模架模板实现预拱度。侧模架与侧模的连接处设有长圆孔，二者可以相对滑动实现预拱度。翼模的预拱度通过可调撑杆实现。经有关部门的检验许可后，做移动模架预压工作。

③注意事项

a. 未经设计人员签字认可,不得对结构进行任何改动。

b. 严格按以下述顺序进行主梁连接板的安装:先安装主梁上盖板,后安装下盖板,最后安装腹板连接板。

c. 连接螺栓应按设计要求的规格和数量,上满拧紧。拼装过程中,严禁切割扩孔或栓接改焊接,除设计要求外,可采用冲钉冲孔(上下盖板不得进行冲孔和割孔,更不能破坏节点板结构)。

d. 因错孔等原因使得连接螺栓的数量不得不缺少时,每个连接面的螺栓缺失数量不超过总数的5%,且每块连接板的螺栓缺少数不可多于1颗。

e. 拼装作业均在同一水平面上进行,保证拼装的精确度。

f. 不得随意在移动模架造桥机主梁上焊接。所有在造桥机上增加的部分必须经过项目总工程师和设计人员的同意。

g. 用作销轴的螺栓不宜拧紧,必须采取防螺帽脱落的措施,最好采用可穿开口销的螺栓,所有销轴均应插开口销以防脱落。

h. 移动模架造桥机拼装过程中,对已拼装好的部件及时检查签证,确认无误后方可进行下步作业。检查要求严格按照国家有关规定和设计要求进行。

i. 对参与造桥机拼装和施工的人员进行技术交底和安全培训。让参加作业人员熟悉图纸,熟悉造桥机施工流程和各个环节。

j. 拼装过程中,各种吊装设备(包括钢丝绳、卡环等)及吊装过程应符合吊装起重操作规程,并对起重设备经常检查,明确信号,对所吊装的构件质量做到心中有数。

k. 重型结构拼装时,要做到安全第一(人身安全和结构安全)。高空作业安全带、安全帽等防护设备齐全,施工用电规范有序。

l. 造桥机拼装地域周围设置警示标志,严防高空坠物。

m. 严格按照拼装步骤进行主梁的纵向移动,各步骤间主梁移动距离不得超过规定距离,以免发生倾覆。

n. 在移动模架纵移过程中,后支腿支承千斤顶下要加垫一层5mm橡胶垫,使其受力均匀,保证千斤顶使用寿命。

(5)悬臂端新旧混凝土接缝处模板处理

本桥上部构造为连续箱梁形式,按设计要求,前跨箱梁末端在距离墩顶10m位置(标准跨段),先浇混凝土箱梁张拉后引起的挠度和新浇混凝土对移动模架的影响很可能在新旧混凝土接缝处出现错台现象。为避免错台现象发生,在先浇混凝土梁悬臂端底板、翼缘板分别预留孔洞,通过螺纹钢使先浇混凝土与模架模板密贴,见图9-29。

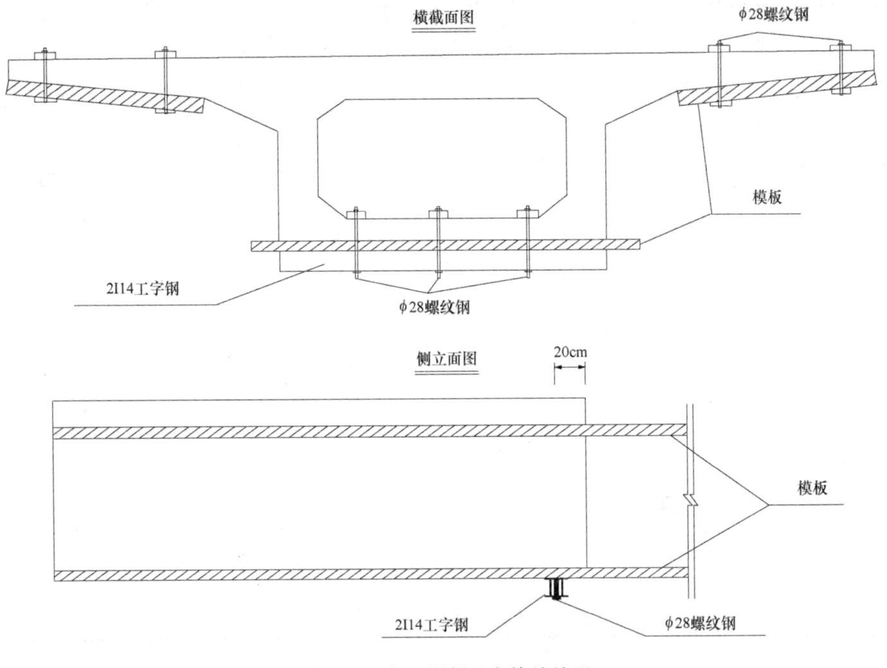


图 9-29 新旧混凝土交接处处理

## 9.6 移动模架预压

(1)移动模架预压总体方案

移动模架施工跨段分三种形式：第 2、3、7 跨现浇箱梁 50m，箱梁混凝土 463.9m$^3$；第 5、6 跨现浇箱梁 50m，箱梁混凝土 458.24m$^3$；第 8 跨现浇箱梁 40m，箱梁混凝土 358.97m$^3$。4、5、6 号墩为刚构墩，墩顶箱梁形式与其他墩顶箱梁形式不同，第 4、5、6 跨设计荷载区别于第 2、3、7 跨设计荷载。第 2、3、7 跨和第 4、5、6 跨施工工况荷载形式非常接近，只是在墩顶位置上稍有差别，两种工况荷载下的挠度曲线无明显区别。为更好地调整混凝土箱梁线形使其与设计一致，预压荷载模拟第 8 跨和第 4、5、6 跨两种工况下的荷载形式进行加载，加载系数取 1.05。为方便加载，荷载试验首先模拟第 4、5、6 跨荷载形式分级加载：首级加载到 75% 设计荷载，第二级加载到 105% 设计荷载。然后模拟第 8 跨荷载形式，卸除悬臂端荷载。

(2)预压加载

移动模架荷载试验采用 50kg 规格的砂袋，利用电动葫芦、汽车吊机和人工进行加载。在 1 号墩前和 2 号墩前设置 1、2 两个加载平台，人工就近装砂袋后，1 平台处利用 50t 汽车吊机直接吊至模架板内，2 平台处利用安装在移动模架上的两台电动葫芦垂直起吊，然后水平运输至模架板内。人工在模板内布载，布载形式采用模拟施工荷载的布载形式。加载顺序同混凝土浇筑顺序：按照先底板、顶板、腹板再翼缘板的顺序，从悬臂端向 0 号台逆桥向的方向加载。

首次加载，模拟第 4、5、6 跨施工工况：现浇箱梁混凝土 463.9$m^3$，箱梁自重 1 206.14t。采用分级加载的形式，首先加载到设计荷载的 75%，即 1 206.14 × 75% = 904.6t（砂 623.87$m^3$）。沉降观测后加载到设计荷载的 105%，即1 206.14 × 1.05 = 1 266.45t（砂 873.41$m^3$），加载纵向平面布置图如图 9-30 所示。

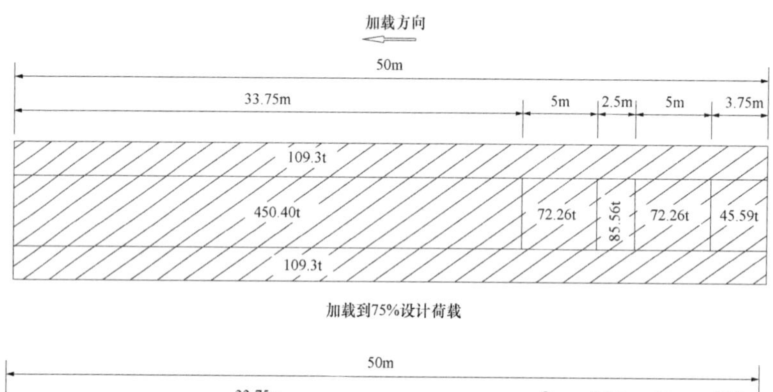


加载到75%设计荷载

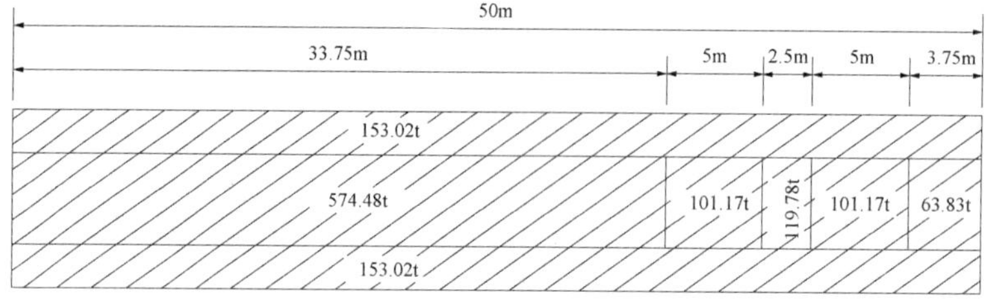


加载到105%设计荷载

图 9-30　第 4、5、6 跨施工工况加载布置图

第二次加载，模拟第 8 跨施工工况：现浇箱梁混凝土 358.97$m^3$，箱梁自重 933.32t，加载质量为 933.32 × 1.05 = 979.986t（砂 675.85$m^3$）。首次加载完毕，沉降稳定监测结束后，根据第 8 跨荷载布置图卸除悬臂端和墩顶处荷载。加载纵向布置如图 9-31 所示。

加载横向布置（按每延米计，砂袋 50kg/袋）如图 9-32 所示。

（3）沉降观测

①观测目的

为了能够准确地了解移动模架在施工中的变形情况及移动模架安全稳定情况，需进行施工前的预压观测，观测内容包括：箱梁底板与吊杆连接处的沉降量；中支腿加载到 220t 后已浇筑完成的混凝土箱梁悬臂端沉降量；主梁螺栓是否松动；牛腿是否有裂痕；挑梁及杆件有无变形、局部（钢板等）变形等。将观测数据做详细记录并进行整理分析，为预拱度调整提供有力的依据。

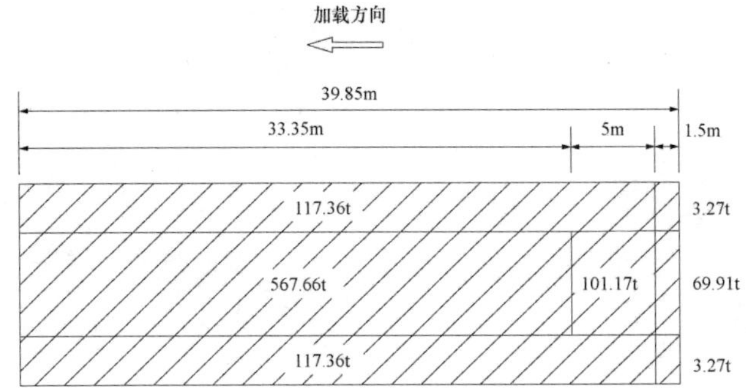


图 9-31　第 8 跨施工工况加载布置图

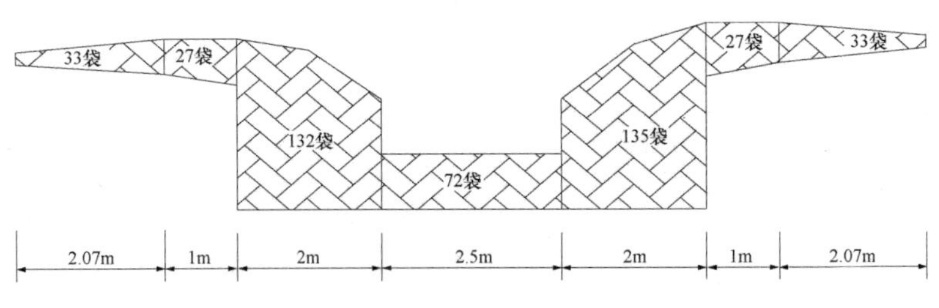


图 9-32　加载横截面图(跨中部分)

②观测点布置

观测点设置在吊杆上,用水准仪测设一条水平直线,在吊杆上标记清楚,贴好标签。共布设 52 个 A 类测点,随时检查是否清晰、完整;在挑梁边 20cm 与梁的中间部位布设 1 个 B 类沉降观测点;C 类观测点设在底模、侧模、桁架、吊杆等组合构件上;D 类布设在主梁上。各观测点布设如图 9-33 所示。

③观测方法

选用不低于 S3 型自动安平水准仪 1 台, 测量员 3 人。水准点 BM 设置在水口隧道支洞洞口处,测站设置于小里程梁端处(避开混凝土箱梁),并标记清楚,每次观测,测站大致为同一点;扶尺人员固定;对 A 类、B 类测点进行观测,按照三、四等水准测量技术进行观测;观测顺序:左、右或右、左,选择顺序后固定;对 C 类、D 类进行目测、尺量、敲打。

④观测频率

移动模架预压前对模架底模各测点进行预压前观测,首次加载达到设计荷载 75% 之后进行第一次预压观测,间隔 6h 后进行第二次观测。当沉降速率小于 3mm/12h,认为沉降趋于稳定,并结束观测,进行 105% 设计荷载加载。观测频率为 2 次/d,观测 3d,当沉降趋于稳定后结束观测。悬臂端荷载卸载达到第 8 跨施工工况荷载形式后进行沉降观测,频率为 2 次/d,沉降趋于稳定后卸载。对于 C 类、D 类监测点应进行全程检查监测,监测过程中如发现异常应立即停止加载,及时与设

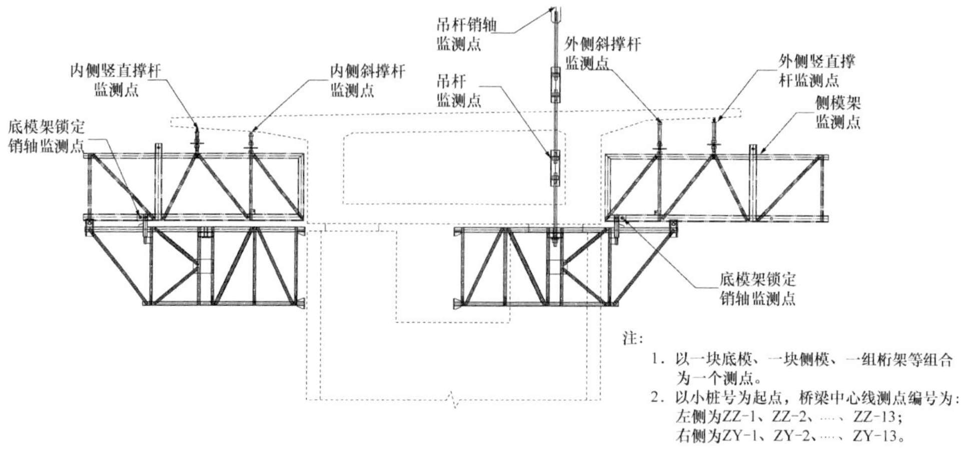


a)预压监测点横向布置图

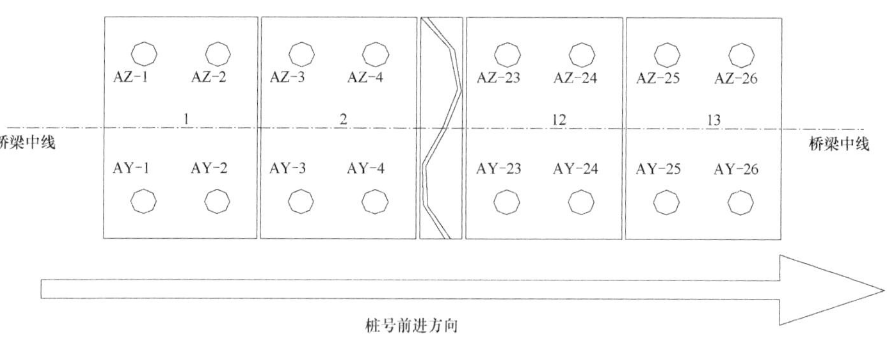


b)A类观测点纵向布置图

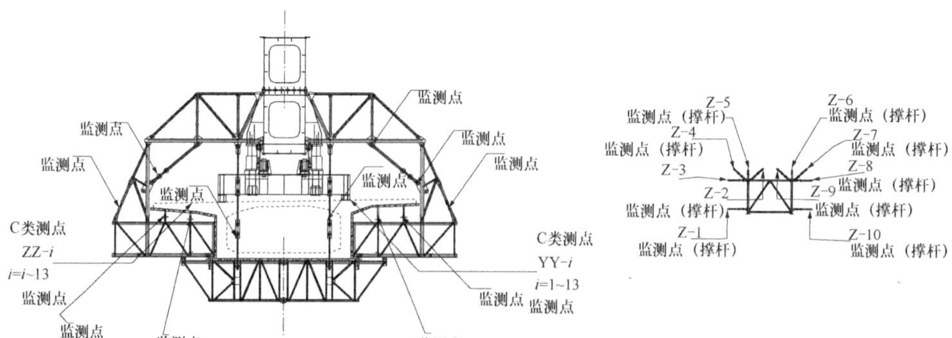


c)C类监测点布置图

图 9-33　观测点布设图

计人员沟通并分析发生异常的原因。

⑤数据整理及分析

预压分析一种为同一时间各测点组成的抛物线形，作为施工放样及预拱度调整的依据；另一种为不同时间同一点沉降数据图形，作为分析移动模架是否稳定的依据。

将监测各数据以表格形式归纳整理，并计算出沉降量、弹性变形、非弹性变形，最终得出模板调整高程。

高程调整计算如下：

调整高程 = 设计高程 + 设计预拱度 + 弹性变形

其中： 弹性变形 = 沉降量 - 塑性变形

沉降量 = 预压前地面高程 - 卸载后地面高程

塑性变形 = 预压前底模高程 - 卸载后底模高程

(4)模板高程调整

参照监测成果对预拱度大的设置进行修正，为保证浇筑完成后的梁体线形美观，在后续箱梁施工中对箱梁外模作相应调整。底模与底模架之间通过调整吊杆，整体带动底模架模板实现预拱度。侧模架与侧模的连接处设有长圆孔，两者可以相对滑动实现预拱度，翼模的预拱度通过可调撑杆实现。具体调整方法如下：

①模板成型前现场技术人员和测量人员应对模板底面高程与支座高程、变截面线形坐标与预应力孔道坐标进行校核，并对模板成型的特征点和控制点绘编成册，以备查用。

②对模板结合部位要有连接措施，板厚以达到设计要求的刚度标准为依据。

③锚座模板安装时要特别注意锚垫板方向能否满足张拉要求，并检查箱内锚区前施加张拉必备的空间，如预留空间不能保证张拉机具的需要时，必须调整相应位置，确保张拉工序的顺利实施。

## 9.7 箱梁施工

(1)施工流程

施工顺序：配合比准备→修整底模、侧模→底板及腹板钢筋制作安装→底板、腹板预应力孔道安装、钢绞线安装→内模安装→顶板钢筋制安装→顶板预应力孔道安装、钢绞线安装→浇筑混凝土→养护→压混凝土试件→孔道清理→穿预应力钢绞线→压浆。

(2)施工工艺

①支座安装

采用 GPZII 型盆式支座，左侧为双向活动支座，右侧为单向活动支座。盆式支座直接作用于墩顶。

支座安装前，应将墩顶面用高强度等级水泥砂浆找平，保证墩顶面与下支座结合面四角高差不大于2mm。放线测定出支座中线，使支座就位。待支座就位对中并调整水平后，用C52.5水泥浆灌注锚固螺栓预留孔，要求灌注密实，不得留有空洞。

支座安装后，支座中心线应与主梁中心线平行；活动支座上、下支座板方向的中心线应重合，其交叉角不得大于5°。因箱梁为下坡施工，纵坡为2.85%，支座安装就位后，应将上、下支座之间设置临时连接定位，以防止施工过程中发生错位，待下一孔箱梁浇筑完成后，钢绞线张拉前，撤除临时连接设施。

②钢筋安装

箱梁钢筋采用25t汽车吊或安装在移动模架上的两台5t电动葫芦吊至梁面，在已浇筑箱梁顶面设置的加工棚统一下料加工，然后用电动葫芦水平运输。钢筋运至移动模架后端，利用移动模架上的电动葫芦进行就位。

桥台及墩顶部位设有横梁。《两阶段施工图设计》第三册设计图纸所给的钢筋位置尺寸与移动模架墩顶预埋件连接杆冲突，为方便施工及保证混凝土箱梁受力和移动模架施工安全，同设计单位商议，进行横梁钢筋的调整，见图9-34～图9-36。

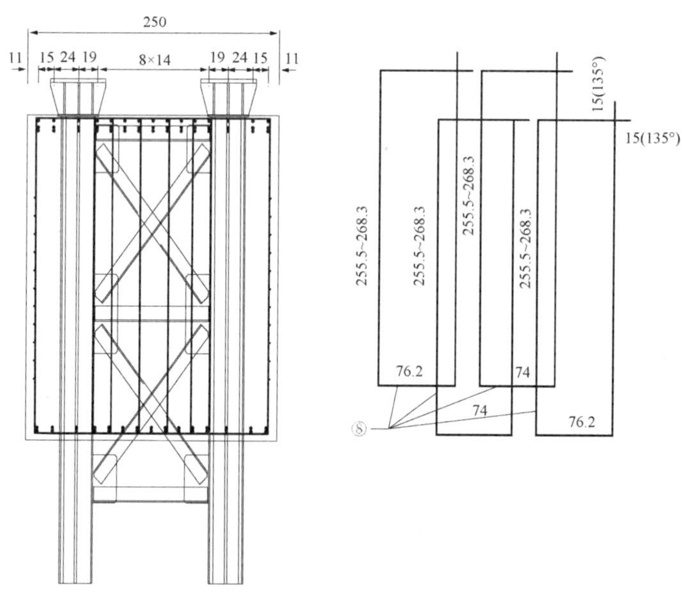


注：1.本图尺寸单位为cm。
2.钢筋骨架在预埋件立柱处断开，断开处钢筋与立柱焊接。
3.9号、10号箍钢筋宽度由78.9cm变为76.2cm、74cm。

图9-34　2.5m中横梁钢筋骨架调整图

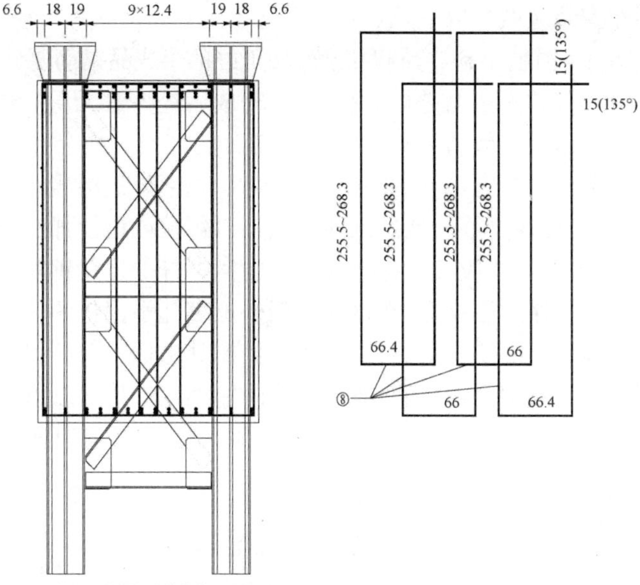


注：1.本图尺寸单位为cm。
2.钢筋骨架在预埋件立柱处断开，断开处钢筋与立柱焊接。
3.9号、10号箍钢筋宽度由66.9cm变为66.4cm、66cm。

图 9-35　2.0m 中横梁钢筋骨架调整图

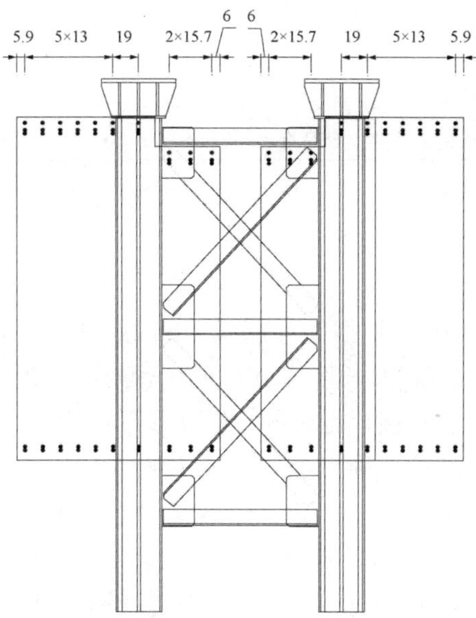


注：1.本图尺寸单位为cm。
2.钢筋骨架在预埋件立柱处断开，断开处钢筋与立柱焊接。
3.箍筋同原设计

图 9-36　8 号墩顶端横梁钢筋骨架调整图

钢筋的制作安装应做好以下几点：

①钢筋要调直、除锈，下料、弯制要准确，加工好的半成品钢筋要分类挂牌存放。

②钢筋直接在移动模架上进行绑扎，绑扎完成后经核对无误后进行点焊，点焊节点数应大于骨架总节点数的2/3，在翼缘板部分的节点必须全部点焊。

③钢筋的骨架必须具有足够的刚度和稳定性，以便浇筑混凝土时不松散、不发生移位变形，必要时可在钢筋骨架的某些节点加以焊接或增设加强钢筋。

④在绑扎钢筋骨架时，应按设计要求预埋防撞栏杆的连接钢筋及其他埋件。

⑤为保证混凝土保护层厚度，在钢筋骨架外侧绑扎水泥垫块。

⑥波纹管布设采用短筋固定的方法，严格控制其坐标。具体做法：将每处先用三根短定位钢筋点焊成U形状，并与腹板钢筋焊接牢固，其间放置波纹管，然后在波纹管上面另外焊接一段钢筋，使其形成#字结构。这样既可以防波纹管下落，也可防其上浮。

钢筋安装允许偏差见表9-4。

**钢筋安装允许偏差** 表9-4

| 序号 | 名　称 | 允许偏差 |
|---|---|---|
| 1 | 钢筋总截面面积偏差（指更换钢筋规格时） | -2% |
| 2 | 双排钢筋，其排与排间距的局部偏差 | ±5mm |
| 3 | 同一排中受力钢筋间距的局部偏差 | ±10mm |
| 4 | 分布钢筋间距偏差 | ±20mm |
| 5 | 箍筋间距偏差 | ±10mm |
| 6 | 弯起点的偏差（加工偏差20mm包括在内） | ±30mm |
| 7 | 最外层钢筋的位置偏差 $d \geqslant 35$mm | +10，-5mm |

注：$d$ 为钢筋的混凝土保护层厚度。

(3)预应力孔道布置与钢绞线安装

①预应力孔道布置

波纹管制作在现场进行，根据需要制成10m或12m一节，节间连接采用内径75mm、外径85mm的波纹管，其长度为30mm，用密封胶带缠封2～3层，以防漏浆，波纹管与锚垫板的喇叭管段接口也用胶带纸缠封严密。

预应力束的位置和形状准确与否，将直接影响梁体内应力分布，甚至会产生较大的二次应力。因此，预应力束定位时，根据设计的直线和曲线形状，准确求出各预应力孔道每1m的高程和水平投影位置（或按设计图纸给出的坐标点进行定位），各转折点坐标尤其重要，并设置#形定位钢筋和梁体骨架钢筋牢固连接，以保证预应力孔道位置与设计相符。孔道布置应遵循以下要点：

a.仔细检查图纸结构钢筋，特别是横梁、锚区等钢筋较密集部位是否与孔道位置有所矛盾，调整时应以孔道位置为主。

b. 在具体施工布置时,预应力管道如与墩顶预埋件杆件冲突,应及时与模架厂家和设计方沟通,以协商解决。

c. 严格控制各转折点坐标,以符合设计图纸的要求。

d. 保证孔道线形平滑柔顺,避免预应力束在孔道内弯折,影响受力。

e. 孔道布置前和波纹管布置好后要进行严格检查,严防漏浆,影响以后的张拉工作。

②钢绞线安装

预应力钢绞线在运抵现场后,经过了严格的外观检查和拉伸试验,在确认完全合格后方可使用。钢绞线下料在已浇筑完成的箱梁顶面完成。下料长度经过准确计算并做标记,在切割点两侧各 2cm 处用铁丝绑扎牢固,然后用砂轮锯切割,以免下料后接头散乱给穿束带来困难。

为避免因波纹管漏浆引起预应力孔道堵塞,影响张拉,采取在混凝土施工前预穿束。其方法是:将预先下好的钢绞线按照设计数量,将钢绞线端头使用铁丝绑扎牢固,人工穿束,另一侧安装卷扬机作为备用。

(4)内模安装

①内模的选择

为保证箱梁几何尺寸的准确,内模必须有足够的刚度。为了保证质量,又能周转使用,同时有利于抑制上浮,经研究决定采用木模。先制作方木骨架,组合拼装,内模侧面及顶面采用在骨架上钉木板,然后在木板外包一层油毛毡或五彩布,以便脱模。完成底板、腹板及横隔梁钢筋后,再用吊车吊入,进行安装、加固。在浇筑顶板混凝土前,事先在顺桥向每箱室零弯矩附近顶板上安装 60cm × 200cm 进人孔天窗,以便浇筑混凝土后拆除和取出内模。内模安装要加固牢靠。

箱梁内模设计图见图 9-37。

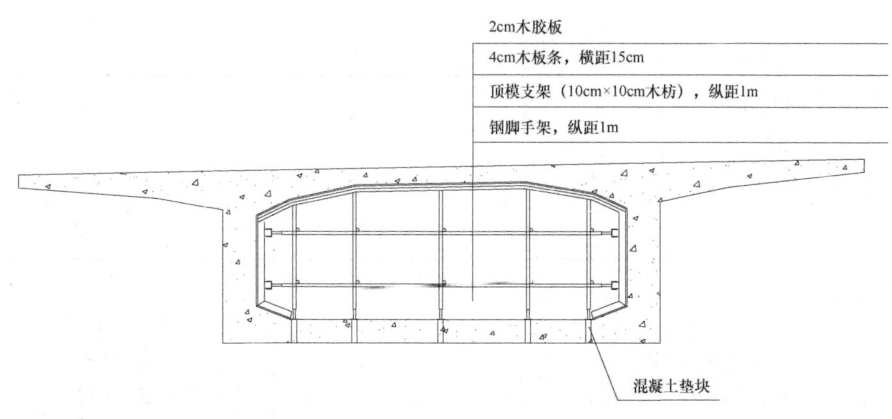


图 9-37 箱梁内模设计图

②防止内模上浮的措施

内模上浮是箱梁施工中常遇到的问题,它严重影响构件的截面尺寸,因此,采用在芯模顶部施加一组垂直压力的方法,防止芯模上浮。即:在横向槽钢上绑接钢管,钢管顶在芯模顶板上,槽钢两端用紧固螺栓连接在两侧外模钢支撑上,两侧外模钢支撑与底模固定。

③防止内模左右移动的措施

为固定内模使其不偏移轴线位置,采用高强混凝土块和木楔将内模与外侧模顶牢,在浇筑混凝土时将木楔逐步拿走。

④内模的处理

模板安装完毕后,清除底模污物,采用地板革不需脱模剂,清除污物时直接用高压水枪自高向低处冲洗,冲洗不到的污物用抹布擦净。在每内箱室最低角处预留排水孔,接管将污水污物导流排出,最后密封该排水孔。并应对其平面位置、截面尺寸及其稳定性进行检查,自检合格并经监理工程师抽检合格后方可浇筑混凝土。浇筑时如发现模板有超过允许偏差变形时,及时纠正处理后,方可继续施工。

模板安装允许偏差和检验方法见表9-5。

**模板安装允许偏差和检验方法** 表9-5

| 序　号 | 项　目 | 允许偏差(mm) | 检验方法 |
|---|---|---|---|
| 1 | 轴线位置 | 5 | 尺量每边不少于2处 |
| 2 | 表面平整度 | 5 | 2m靠尺和塞尺不少于3处 |
| 3 | 高程 | ±5 | 测量 |
| 4 | 模板的侧向弯曲 | $L$/1 500 | 拉线尺量 |
| 5 | 两模板内侧宽度 | +10,-5 | 尺量不少于3处 |
| 6 | 梁底模拱度 | +5,-2 | 拉线尺量 |
| 7 | 相邻两板表面高低差 | 2 | 尺量 |

(5)箱梁混凝土施工

①施工机械

箱梁施工机械设备见表9-6。

**箱梁施工机械设备表** 表9-6

| 序　号 | 机械名称 | 数量(台) | 备　注 |
|---|---|---|---|
| 1 | 吊车(25t) | 2 | 钢筋及模板起吊 |
| 2 | 输送泵(HBT80SR) | 2 | 混凝土工程 |
| 3 | 混凝土运输车(三菱6m$^3$) | 2 | 混凝土工程 |
| 4 | 150kW发电机 | 2 | 备用 |

续上表

| 序 号 | 机械名称 | 数量(台) | 备 注 |
|---|---|---|---|
| 5 | 钢筋切断机 | 1 | 钢筋加工 |
| 6 | 钢筋弯曲机 | 1 | 钢筋加工 |
| 7 | 电焊机(22kW) | 4 | 钢筋加工 |

②施工人员

箱梁施工人员计划表见表9-7。

**施工人员计划表** 表9-7

| 序 号 | 工 种 | 数 量 |
|---|---|---|
| 1 | 焊工 | 8 |
| 2 | 普工 | 10 |
| 3 | 模板工 | 16 |
| 4 | 混凝土工 | 16 |
| 5 | 钢筋工 | 20 |

③施工配合比

本桥后张预应力箱梁混凝土强度等级为C50,为保证混凝土强度和质量,水泥采用亚东洋房P.ⅡR52.5水泥。混凝土用砂采用武宁礼溪砂场的砂,碎石采用武宁清江石料场5~10mm、10~20mm两档规格碎石,按25∶75的比例掺配为5~20mm连续级配碎石,外加剂采用南昌产晶磊牌缓凝高效减水剂,其配合比设计见表9-8。

**C50混凝土配合比** 表9-8

| 设计强度(MPa) | 水泥(kg) | 水(kg) | 细集料(kg) | 粗集料(kg) | 外加剂(kg) |
|---|---|---|---|---|---|
| 50 | 497 | 179 | 696 | 1 024 | 97 |

a. 箱梁混凝土坍落度不宜大,但由于钢筋密,并有波纹管等,也不宜过小。太大则很难消除外表面的气泡、水斑、砂线等缺陷;太小则混凝土密实度很难得到保证,一般以14~18cm为宜。

b. 搅拌要均匀,可适当加长搅拌时间,这样就可以消除由于外加剂拌和不均匀等原因引起的色斑。

c. 混凝土弹性模量一定要满足设计要求,如果偏小,容易使张拉后的拱度超过设计。

d. 控制混凝土初凝时间不低于12h。

④混凝土的浇筑顺序

考虑到混凝土浇筑对模架受力的影响,如果混凝土自后向前浇筑,模架主梁中间部分荷载先增至最大,主梁下挠度值相应达到最大,随着悬挂段混凝土的浇筑,模架主梁中间部分所受荷载会有所减小，主箱梁挠度相应出现回弹，此时箱梁中间部分混凝土已达到终凝，对混凝土会产生不利影响。次之，自后向前浇筑混凝土，在面层混凝土收面过程中，会产生交叉作业，不利于施工。因此，浇筑顺序为自悬挑端向后端浇筑，如图9-38所示。

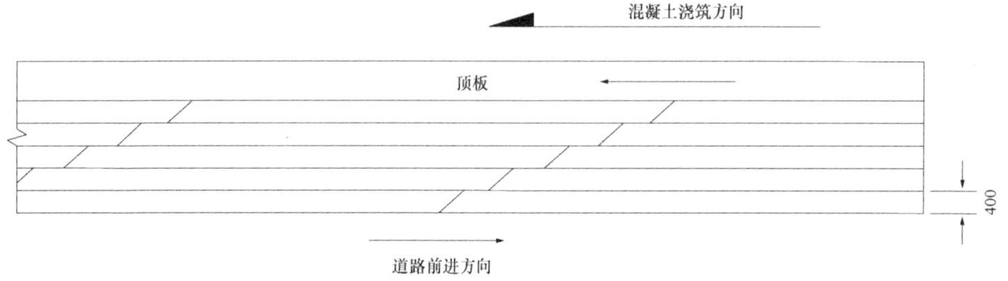


图9-38　混凝土纵向浇筑顺序图(尺寸单位:mm)

混凝土浇筑先浇筑底板、腹板，浇筑至顶板底部，再浇筑顶板。底腹板浇筑采取水平分层、斜向分段、两侧腹板对称浇筑，顶板在底腹浇筑完成后一次浇筑完成。如图9-39所示。

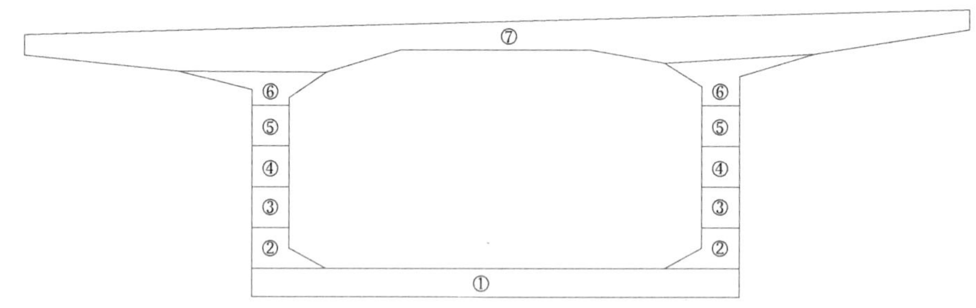


图9-39　混凝土分层浇筑断面图

⑤混凝土浇筑

梁体混凝土数量较大，标准跨段为458.24$m^3$，施工组织应满足设计要求。混凝土在拌和站集中拌和，每小时生产量为30$m^3$，混凝土的搅拌时间不小于1.5min。根据运输距离确定混凝土运输车的数量，原则是保证混凝土浇筑连续进行。

混凝土运输车运送已搅拌好的混凝土时，运输过程中宜以2～4r/min的转速搅动。当搅拌运输车到达浇筑现场时，应高速旋转20～30s后再将混凝土拌和物喂入泵车受料斗中。

箱梁浇筑采用两台混凝土泵车同时作业，泵送混凝土前，应先用水泥浆或与配合比相同但集料减少50%的混凝土通过管道，应保持连续泵送混凝土，必要时可降低泵送速度以维持泵送的连续性。

在炎热气候条件下，混凝土入模时的温度不宜超过30℃，避免模板和新浇混凝土受阳光直射，控制混凝土入模前模板和钢筋的温度以及附近的局部气温不超过40℃。尽可能安排在傍晚浇筑而避开炎热的白天，也不宜在早上浇筑，以免气温升到最高时加剧混凝土内部温升。为有效控制混凝土入模温度，采取对粗集料洒水降温，用部分冰块代替施工用水等措施。

当昼夜平均气温低于5℃或最低气温低于－3℃时，按冬期施工处理，混凝土的入模温度不应低于5℃。

施工期间，每个工作班至少测温3次，并填写测温记录。

梁体混凝土应采用快速、稳定、连续、可靠的浇筑方式在全梁范围内水平分层连续浇筑成型，每层混凝土厚度不超过30cm。

考虑到箱梁内模上浮及底板混凝土的密实度，不宜进行内模封底。但为防止灌注腹板时混凝土拌和物的大量挤出，又要给腹板混凝土下陷予以阻力以保证腹板的密实，因此在内模侧面拐角处加放压浆板。

混凝土浇筑时采用插入式振捣器进行混凝土振捣，在振捣过程中，应避免重复振捣，防止过振。在箱梁混凝土施工前，对振捣工进行岗前培训，施工中定人、定岗、定位，每个振捣工负责相应的振捣区域。采用插入式振捣器振捣混凝土，插入式振捣棒的移动间距不大于振捣器作用半径的1.5倍，且插入下层混凝土内的深度为50～100mm，与侧模保持50～100mm的距离。对于箱梁腹板与底板及顶板连接处的承托、预应力筋锚固区等钢筋密集部位，应特别注意振捣密实。

混凝土工程施工必须注意的事项如下：

a.灌注混凝土前，必须先检查模板支架的牢固性以及钢筋和预埋件位置的准确性；

b.灌注混凝土前，必须将模板内的杂物、油污清除干净；

c.灌注过程中，避免混凝土产生离析现象；

d.灌注过程中，必须经常检查模板和支架的坚固性和稳定性，不能随意拆除。

⑥抹面

混凝土浇筑、振捣要随时注意模板及波纹管位置。顶面混凝土应平整，并按规范要求拉毛或刷毛。混凝土浇筑完成后，立即用$\phi$10钢筋检查波纹管有无堵塞现象，发现问题及时处理。

⑦养护

混凝土浇筑完毕，达到初凝状态后，采用土工布覆盖与人工洒水养护、箱内洒水养护的措施。

箱梁混凝土在除去表面覆盖物或拆模后，对梁体混凝土采用浇水或覆盖洒水等措施进行潮湿养护，条件允许也可采用在混凝土表面处于潮湿状态时，迅速采用麻布、土工布等材料将暴露面混凝土覆盖，再用塑料布将麻布、土工布等保温材料包覆。混凝土保湿养护时间不小于14d。

在养护时间内，淋注于混凝土表面的养护水温度与混凝土表面温度的温差不大于15℃。梁体混凝土养护期间注意采取保温措施，防止混凝土表面温度受环境因素影响（如暴晒、气温骤降）而发生剧烈变化。养护期间混凝土的芯部与表层、表层与环境之间的温差不超过15℃。主要是通过测温，采取可靠的保温措施。

梁体混凝土在冬季和炎热季节拆模后，若天气产生骤然变化，应采取适当的保温（寒季）隔热（夏季）措施，防止混凝土产生过大的温差应力。当环境温度低于5℃时，禁止对混凝土表面进行洒水养护，可在混凝土表面喷涂养护液，采取适当保温措施。

梁体混凝土养护期间，对有代表性的结构进行温度监控，定时测定混凝土芯部温度、表层温度以及环境的气温、相对湿度、风速等参数，并根据混凝土温度和环境参数的变化情况及时调整养护温度，严格控制混凝土的内外温差。

⑧新旧混凝土接缝处防裂措施

在新旧混凝土接缝处浇筑新混凝土时，浇筑加钢纤维的微膨胀混凝土，以防止接缝处混凝土开裂。

(6)预应力筋张拉

根据设计要求，混凝土强度达到设计强度的90%，养护龄期不少于5d方可进行预应力的张拉。

①张拉机具

a. 千斤顶：根据本桥纵向束设计，张拉应力采用500t型号、200t型号千斤顶各2台，30t型号千斤顶1个，并由监理指定检验部门进行检测。

b. 限位板：用于钢绞线锚固时，确保位置正确，使得夹片跟进自锚，三片夹片受力均匀，不致发生滑丝与断丝。

c. 高压油泵。

d. 压力表：用具有不小于150mm直径的读盘，精度不低于105级，表面最大读数为60kbf/m以上，一个千斤顶配两块压力表作为大小油缸表。

e. 高压油管应用高压橡胶管，其压力不小于400kg/cm$^2$，同油泵、千斤顶相匹配。

f. 30t型千斤顶用于单根钢绞线滑线处理及横向单根张拉。

②张拉顺序

总体先对纵向预应力钢束进行张拉，再对横向预应力钢束进行张拉。

纵向预应力钢束张拉顺序为：N1、N5→N2、N6→N3、N7→N4、N8，两端（单端）对称张拉N9束，两端（单端）对称张拉N10。N9、N10交替张拉，见图9-40。

每孔箱梁钢绞线张拉顺序见表9-9。

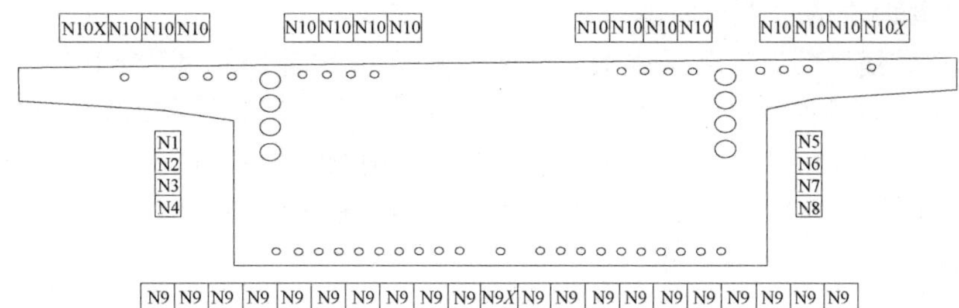


图 9-40 钢束布置横截面图

**钢绞线张拉顺序表** 表 9-9

| 箱梁编号 | | 张拉顺序 |
|---|---|---|
| 第一联 | 首施工段 | 混凝土强度达到设计强度的 90% 以上时，依次两端对称张拉 N1 ~ N10 束，张拉顺序：N1、N5→N2、N6→N3、N7→N4、N8；2N9…2N9；2N10…2N10；2N9、2N10 交替张拉 |
| | 中施工段 | 连接器接长 N1 ~ N10 束，混凝土强度达到设计强度的 90% 以上时，依次单端张拉 N1 ~ N10 束，张拉顺序：N1、N5→N2、N6→N3、N7→N4、N8；2N9…2N9；2N10…2N10；2N9、2N10 交替张拉 |
| | 尾施工段 | 连接器接长 N1 ~ N9，混凝土强度达到设计强度的 90% 以上时，依次单端张拉 N1 ~ N9，张拉顺序：N1、N5→N2、N6→N3、N7→N4、N8；2N9…2N9 |
| 第二联 | 首施工段 | 第一施工阶段：混凝土强度达到设计强度的 90% 以上时，依次单端张拉 N1 ~ N10束，张拉顺序：N1、N5→N2、N6→N3、N7→N4、N8；2N9…2N9；2N10…2N10；2N9、2N10 交替张拉 |
| | 第二到第七施工段 | 连接器接长 N1 ~ N9，混凝土强度达到设计强度的 90% 以上时，依次单端张拉 N1 ~ N10，张拉顺序：N1、N5→N2、N6→N3、N7→N4、N8；2N9…2N9；2N10…2N10；2N9、2N10 交替张拉 |
| | 第八、九施工段 | 连接器接长 N1 ~ N10 束，混凝土强度达到设计强度的 90% 以上时，依次单端张拉 N1 ~ N10，张拉顺序：N1、N5→N2、N6→N3、N7→N4、N8；2N9…2N9；2N10…2N10；2N9、2N10 交替张拉 |

③张拉工艺

a. 张拉工艺流程：穿束——安装锚垫板、夹片、限位板——安装千斤顶、工具锚垫板、夹片——施加纵向预应力——施加横向预应力——清孔——孔道压浆。

b. 张拉工艺及注意事项。

· 穿束：预应力孔道狭小，穿束困难。穿束工作在浇筑前进行，将钢绞线端头位置打磨成尖状，并用胶带纸缠紧，以利于穿束通过，通过后检查钢绞线是否有交叉现象，并理顺，防止张拉时因钢绞线交叉造成应力集中。

· 安装锚垫板及夹片：当混凝土强度达到90%后(养护龄期不少于5d)开始准备张拉工作，安装锚垫板及夹片，将工作锚垫板自钢绞线端部套在钢绞线上并推至喇叭管处，对中后固定，安装完锚垫板后应保证钢绞线外露80cm，非张拉端预留20cm工作长度；夹片安装，先用胶圈把每副夹片箍在一起，然后沿钢绞线将其推入锚板的锚孔中，手推不动再用钢管捣实。

· 安装限位板、千斤顶、工具锚垫板、夹片。

c. 施加预应力。首施工阶段两端对称张拉，中、尾施工阶段采用单端张拉(尾施工阶段无顶板钢束)。

· 横向钢绞线采用单股张拉，预应力施加顺序为：0→10% $F_K$→20% $F_K$→100% $F_K$(持荷2min)→回油锚固。

张拉值计算：

控制张拉力 $F_K = 1\ 395 \times 140/1\ 000 = 195.3$(kN)

初始应力对应的张拉力 $10\% F_K = 10\% \times 195.3 = 19.5$(kN)

20%张拉力 $20\% F_K = 20\% \times 195.3 = 39.1$(kN)

压力表值计算：

钢绞线张拉用千斤顶和压力表已标定。

300kN，1号配2003.11.710压力表，$P = 0.227\ 689 F_K + 0.70$；300kN，2号配714压力表，$P = 0.198\ 903 F_K + 0.81$。

横向钢绞线张拉数据统计表见表9-10。

**横向钢绞线张拉数据统计表** 表9-10

| 序号 | 千斤顶型号及编号 | 压力表编号 | 行　程 | 张拉力(kN) | 压力表读数 |
|---|---|---|---|---|---|
| 1 | 300kN，1号 | 2003.11.710 | 10% $F_K$ | 19.5 | 5.14 |
| | | | 20% $F_K$ | 39.1 | 9.6 |
| | | | 100% $F_K$ | 195.3 | 45.17 |
| 2 | 300kN，2号 | 714 | 10% $F_K$ | 19.5 | 4.69 |
| | | | 20% $F_K$ | 39.1 | 8.59 |
| | | | 30% $F_K$ | 195.3 | 39.66 |

· 顶板钢绞线采用9股对称张拉，张拉顺序为：0→10% $F_K$→20% $F_K$→100% $F_K$(持荷2min)→回油锚固。

张拉值计算：

控制张拉力 $F_K = 1\ 395 \times 140 \times 9/1\ 000 = 1\ 757.7$(kN)

初始应力对应的张拉力 $10\% F_K = 10\% \times 1\ 757.7 = 175.8$(kN)

20%张拉力 $20\% F_K = 20\% \times 1\ 757.7 = 351.5$(kN)

压力表值计算：

钢绞线张拉用千斤顶和压力表已标定。

2MN,21号配05.5.230 4压力表,$P=0.016\ 974F_K+0.54$;2MN,23号配04.1.235 7压力表,$P=0.017\ 191F_K-0.17$。

顶板钢绞线张拉数据统计表见表9-11。

**顶板钢绞线张拉数据统计表** 表9-11

| 序号 | 千斤顶型号及编号 | 压力表编号 | 行 程 | 张拉力(kN) | 压力表读数 |
|---|---|---|---|---|---|
| 1 | 2MN,21号 | 05.5.2304 | 10% $F_K$ | 175.8 | 3.52 |
| | | | 20% $F_K$ | 351.5 | 6.51 |
| | | | 100% $F_K$ | 1 757.7 | 30.38 |
| 2 | 2MN,23号 | 04.1.2357 | 10% $F_K$ | 175.8 | 2.85 |
| | | | 20% $F_K$ | 351.5 | 5.87 |
| | | | 30% $F_K$ | 1 757.7 | 30.05 |

·底板钢绞线采用7股对称张拉,张拉顺序为:0→10% $F_K$→20% $F_K$→100% $F_K$(持荷2min)→回油锚固。

张拉值计算：

控制张拉力 $F_K=1\ 395\times140\times7/1\ 000=1\ 367.1$(kN)

初始应力对应的张拉力 10% $F_K$=10%×1 367.1=136.7(kN)

20%张拉力 20% $F_K$=20%×1 367.1=273.4(kN)

压力表值计算：

钢绞线张拉用千斤顶和压力表已标定。

2MN,21号配05.5.230 4压力表,$P=0.016\ 974F_K+0.54$;2MN,23号配04.1.235 7压力表,$P=0.017\ 191F_K-0.17$。

底板钢绞线张拉数据统计表见表9-12。

**底板钢绞线张拉数据统计表** 表9-12

| 序号 | 千斤顶型号及编号 | 压力表编号 | 行 程 | 张拉力(kN) | 压力表读数 |
|---|---|---|---|---|---|
| 1 | 2MN,21号 | 05.5.2304 | 10% $F_K$ | 136.7 | 2.86 |
| | | | 20% $F_K$ | 273.4 | 5.18 |
| | | | 100% $F_K$ | 1 367.1 | 23.75 |
| 2 | 2MN,23号 | 04.1.2357 | 10% $F_K$ | 136.7 | 2.18 |
| | | | 20% $F_K$ | 273.4 | 4.53 |
| | | | 30% $F_K$ | 1 367.1 | 23.33 |

·腹板钢绞线采用22股对称张拉,张拉顺序为:0→10% $F_K$→20% $F_K$→100% $F_K$(持荷2min)→回油锚固。

张拉值计算:

控制张拉力 $F_K = 1\,395 \times 140 \times 22/1\,000 = 4\,296.6$(kN)

初始应力对应的张拉力 $10\% F_K = 10\% \times 4\,296.6 = 429.7$(kN)

20%张拉力 $20\% F_K = 20\% \times 4\,296.6 = 859.3$(kN)

压力表值计算:

钢绞线张拉用千斤顶和压力表已标定。

5MN,31号配06.2.503压力表,$P = 0.010\,268F_K - 0.51$;5MN,33号配06.2.523压力表,$P = 0.0101\,83F_K + 1.06$。

腹板钢绞线张拉数据统计表见表9-13。

腹板钢绞线张拉数据统计表 表9-13

| 序号 | 千斤顶型号及编号 | 压力表编号 | 行 程 | 张拉力(kN) | 压力表读数 |
|---|---|---|---|---|---|
| 1 | 5MN,31号 | 06.2.503 | $10\% F_K$ | 429.7 | 3.90 |
| | | | $20\% F_K$ | 859.3 | 8.31 |
| | | | $100\% F_K$ | 4 296.6 | 43.61 |
| 2 | 5MN,33号 | 06.2.523 | $10\% F_K$ | 429.7 | 5.44 |
| | | | $20\% F_K$ | 859.3 | 9.81 |
| | | | $30\% F_K$ | 4 296.6 | 44.81 |

d. 预应力钢绞线伸长量计算。钢绞线公称面积 $A_P = 140\text{mm}^2$,弹性模量 $E_P = 1.95 \times 10^5$,预应力钢绞线伸长量计算公式为:

$$\Delta L = (P_P L)/(A_P E_P)$$

式中:$P_P$——预应力钢绞线的平均张拉力,N;直线筋取张拉端的张拉力,曲线筋取平均张拉力计算;

$L$——预应力筋的长度,mm;

$A_P$——预应力筋的截面积,$\text{mm}^2$;

$E_P$——预应力筋的弹性模量,MPa。

当钢绞线是曲线筋时:

$$P_P = P[1 - e - (Kx + \mu\theta)](Kx + \mu\theta)$$

式中:$P$——预应力筋张拉端的张拉力,N;

$x$——从张拉端至计算截面的孔道长度,m;

$\theta$——从张拉端计算截面曲线的孔道长度,m;

$K$——孔道每米局部偏差对摩擦的影响系数,见表9-14;

$\mu$——预应力钢绞线与孔道壁摩擦系数,见表9-14。

**系数 $K$ 及 $\mu$ 值表** 表 9-14

| 孔道成型方式 | $K$ 值 | $\mu$ 值 |
|---|---|---|
| 预埋金属螺旋管道 | 0.001 5 | 0.25 |
| 预埋塑料管道 | 0.001 5 | 0.17 |

(7)孔道压浆

①水泥浆配合比

压浆采用 UB—3 型压浆泵,250 型灰浆搅拌机,孔道压浆所用的水泥浆,使用 52.5 级水泥拌制。水泥浆应有足够的流动性,稠度控制在 14 ~ 18s。泌水率宜控制在 2%,最大不得超过 4%,每次拌量以不超过 40min 的使用为宜,水泥浆在使用和压注过程中应经常搅动。

水泥浆配合比设计见表 9-15。

**水泥浆配合比设计** 表 9-15

| 水泥(洋房牌 P. O. 52.5) | 水 | 灌浆剂(科力牌) |
|---|---|---|
| 1 | 0.37 | 0.12 |

②普通压浆

顶底板金属波纹管孔道压浆采用普通压浆。孔道压浆是为了保护预应力钢筋不锈蚀,并使预应力筋与构件混凝土有效地黏结,从而既能减轻梁端锚具的负荷,又能提高梁的承载能力、抗裂性能和耐久性。

①用水泥砂浆或水泥浆堵塞锚具周围的钢丝间隙,在压浆前先用高压水冲洗孔道,然后用空气压缩机吹干孔道内积水。

②预应力张拉后,应在 24h 内完成孔道压浆,经过铁丝筛的水泥浆用压浆机从一端压浆,当另一端冒出浓浆,稠度达到注浆端水泥浆稠度后,关闭出口阀门继续加压,压力控制在 0.5 ~0.740MPa,压力持续至少 10s,然后关闭阀门。压浆工作要在一次作业中连续完成。

③真空压浆

腹板塑料波纹管真空压浆:压浆前,先用真空泵抽吸预应力孔道中的空气,使孔道中的真空度达到负压 0.1MPa 左右,然后在孔道另一端用压浆泵以一定的压力将搅拌好的水泥浆体压入预应力孔道。由于孔道内只有少量空气,浆体很难形成气泡;同时,由于孔道内和压浆泵之间存在正负压力差,大大提高孔道内浆体的饱满度和密实度。不仅是“压”,而且是增加了“吸”的功能。真空辅助压浆的关键是要保证管道及锚固体系的密封性,能保证管道内形成一定压力的负压。

真空辅助压浆施工步骤如下:

a. 准备工作。

·在施工前,确认浆体配合比;

·检查材料、设备、辅件的型号或规格、数量等是否符合要求;

·切割钢绞线,安装锚垫板盖帽,按设备布置示意图进行各单元体的密封连接。由于锚垫板盖帽一般不深,钢绞线预留长度为3~5cm,所以钢绞线切割必须采用砂轮切割机。安装密封盖帽,应按要求安装密封圈及密封胶,保证密封盖与锚垫板密封。

b. 试抽真空,如图9-41所示。

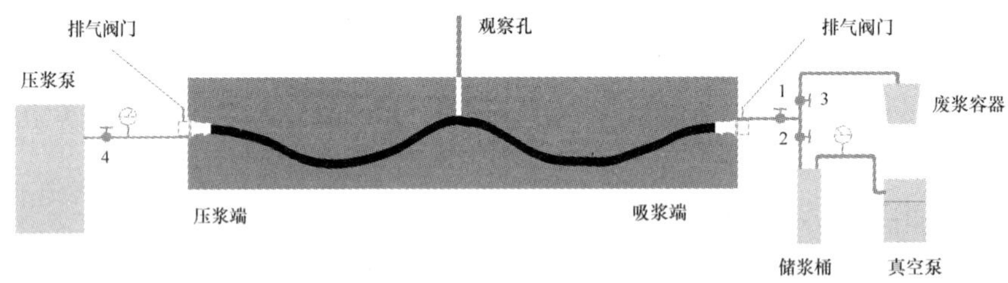


图9-41 真空压浆原理图

采用SZ—2J真空泵机,操作程序为:关闭阀门3、4和排气孔,打开阀门1和2,启动真空泵,观察真空压力表的读数,应能达到负压力0.07~0.1MPa。当孔道内的真空度保持稳定时(真空度越高越好),停泵1min,若压力保持不变,即可认为孔道能达到并维持真空。如未能满足此数据,则表示波纹管未能完全密封,需在压浆前进行检查及更正工作。

c. 拌浆。

·拌浆前先加水空转数分钟,使搅拌机内壁充分湿润,将积水清理干净;

·将称量好的水倒入搅拌机(可利用搅拌机自身计量容器),之后边搅拌边倒入水泥,再搅拌3~5min直至均匀;

·将溶于水的外加剂倒入搅拌机,再搅拌3~5min,然后倒入浆桶。

d. 压浆。

·启动真空泵,当真空度达到并维持0.1MPa左右时,打开阀门4,启动压浆泵,开始压浆;

·当浆体经过透明高压管并准备到达三通接头时,关闭阀门2,并打开阀门3,关闭真空泵;

·观察废浆桶处的出浆情况,当出浆流畅、稳定且稠度与盛浆桶浆体基本一致时,关闭阀门3,并关闭压浆泵;

·马上打开排气孔,启动压浆泵,观察排气孔处的出浆情况,当出浆流畅、稳定且稠度与盛浆桶浆体基本一致时,关闭排气孔,以0.4~0.6MPa的压力继续压浆2~3min,最后关掉压浆泵,关闭阀门1;

·拆除阀门1、2外的设备,并清洗,即完成压浆工作。

e.真空辅助压浆注意事项。

·整个连通管路如果不能承受1MPa的正压力和0.1MPa的负压力,说明管路气密性不好,必须及时检查更正,合格后方能进入下一道工序;

·浆体搅拌时,水、水泥和外加剂的用量必须严格控制;

·必须严格控制用水量,对未及时使用而降低了流动性的水泥浆,严禁采用增加水的办法来增加流动性;

·搅拌好的浆体每次应全部卸尽,在浆体全部卸出之前,不得往里倒入水泥另行搅拌浆体。

## 9.8 移动模架过孔

(1)过孔前的准备工作

①拆除墩顶散模及墩顶侧模对拉设施。

②拆除吊杆,拆除底模及侧模纵横向连接螺栓,拆除模架横向对接螺栓。

③后支腿油缸伸出,与桥面顶紧,中支腿油缸收回脱空并吊挂前移至指定位置,并与桥面预埋件锁定,调整其高度使托辊轮顶面与前支腿托辊轮顶面高程一致。

④后支腿及前支腿支承油缸回收脱空,整机下降0.2m。

(2)脱模

将底模架横桥向对接螺栓及与侧模架锁定销轴解除,然后使用倒链牵引,底模架相对于侧模架分别向左右横移开启3.3m,再用锁定销轴将底模架和侧模架再次临时锁定,完成脱模。调节支撑在挑梁下弦节点上的可调撑杆,完成模架、模板的整体开启,见图9-42。

(3)过孔工艺

步骤一:

①启动移动模架纵移机构,整机前移13.8m后停止。

②移动模架中支腿油缸伸出,与主梁转换支点牛腿顶紧,解除前支与墩顶间锁定。

③中支腿油缸伸出,顶升0.1m,前支腿脱空,准备吊挂前移。

步骤二(图9-43):

①后支腿与桥面预留吊杆孔锁定。

②前支腿脱空后吊挂前移至前墩顶指定位置安装,并与墩顶立柱锁定。

③经检查确认后,后支腿油缸收回,准备第二次前移过孔。

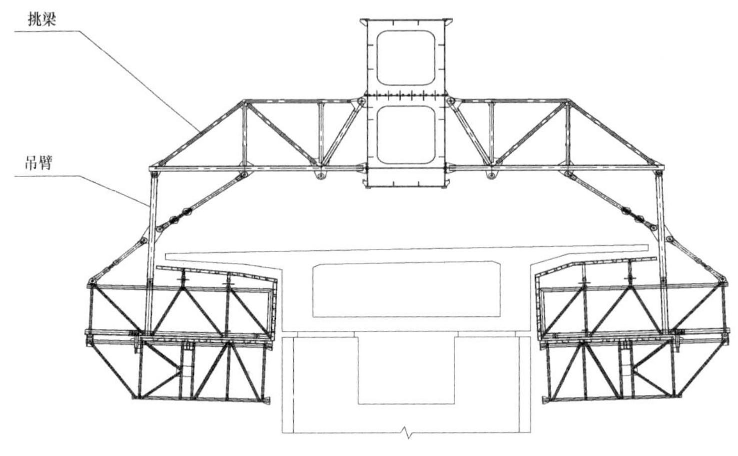


图 9-42　模架开启图

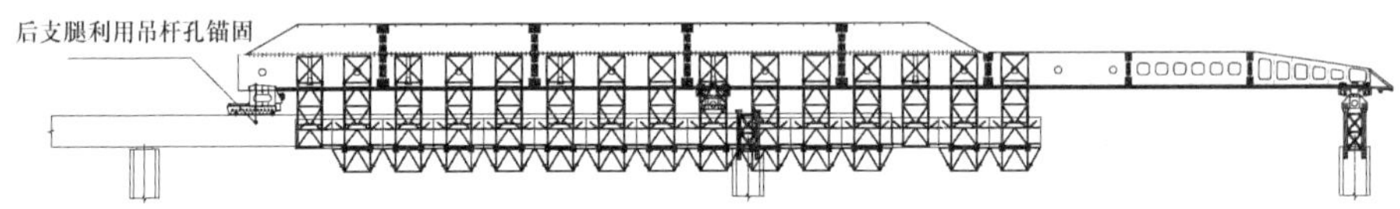


图 9-43　模架过孔步骤二

步骤三(图 9-44)：

①启动移动模架纵移机构,整机纵移 32m 后停止。

②中支腿吊挂前移至指定位置,与桥面预埋件锁定安装。

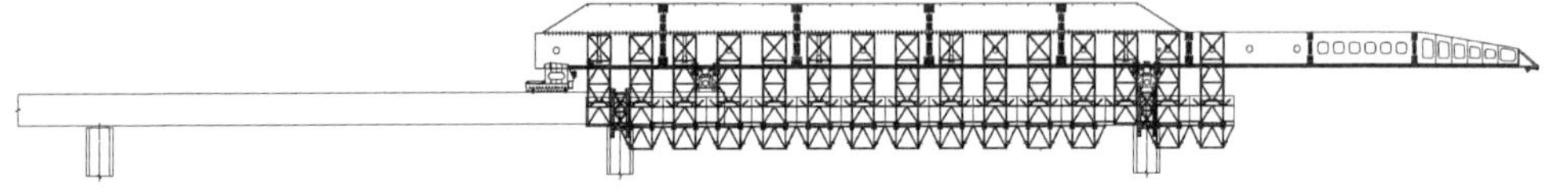

图 9-44　模架过孔步骤三

步骤四(图 9-45)：

①启动纵移机构,整机纵移 2m 到位。

②横移关闭底模架,连接左右模架间连接螺栓。

③前后支腿油缸顶升 0.2m 至工作状态并锁定。

④安装并调整吊杆,测量并调整模板。

⑤绑扎底板、腹板钢筋及预应力筋。

⑥安装拆装式内模完毕。

⑦绑扎顶板钢筋及预应力筋。

⑧按照由前向后的顺序浇筑箱梁混凝土并养生。

⑨混凝土养生至张拉强度，进行预应力张拉作业。

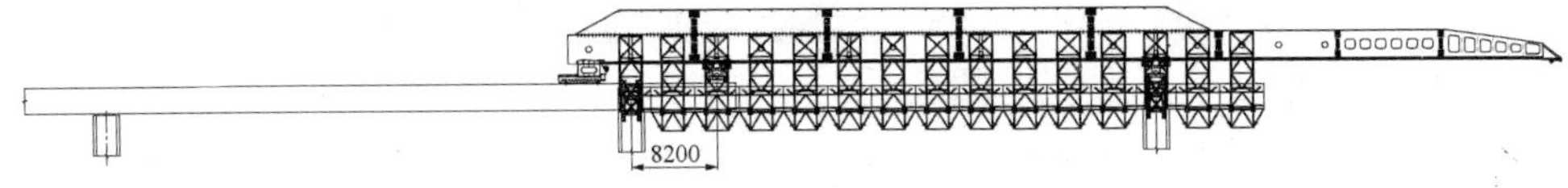


图 9-45 模架过孔步骤四

(4)最不利工况抗倾覆措施

整机过孔最不利工况出现在整机前移 13.8m，中支腿油缸与主梁转换牛腿顶紧，前支腿吊挂至前面墩顶，但未与前支腿墩顶预埋件连接时，见图 9-46。

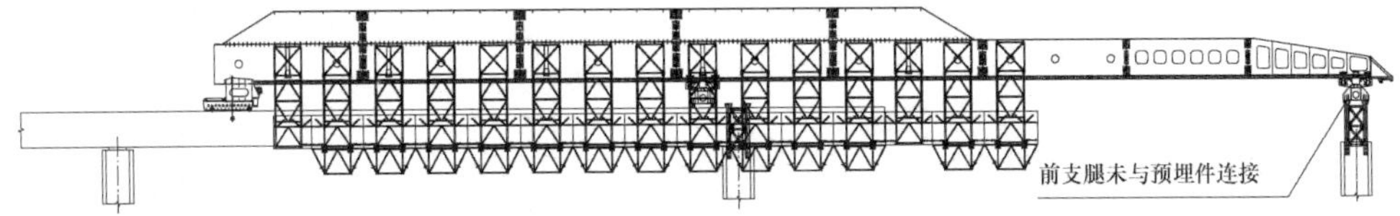


图 9-46 整机过孔最不利工况图

此时的抗倾覆安全系数仅有 1.12。在前支腿吊挂前移之前，后支腿设两根 $\phi$32 精轧螺纹钢筋，利用桥面吊杆孔进行张紧锚固（图 9-47），采取此种措施使移动模架抗倾覆系数大于 1.5。第一跨现浇箱梁浇筑时未预留 $\phi$32 精轧螺纹钢孔洞，临时钻开孔很可能影响预应力钢绞线，为不影响混凝土箱梁结构受力，采用 1 号主梁内添加 50t 砂袋作为配重。经过计算，添加 50t 配重和采用 $\phi$32 精轧螺纹钢锚固，其工况相同。

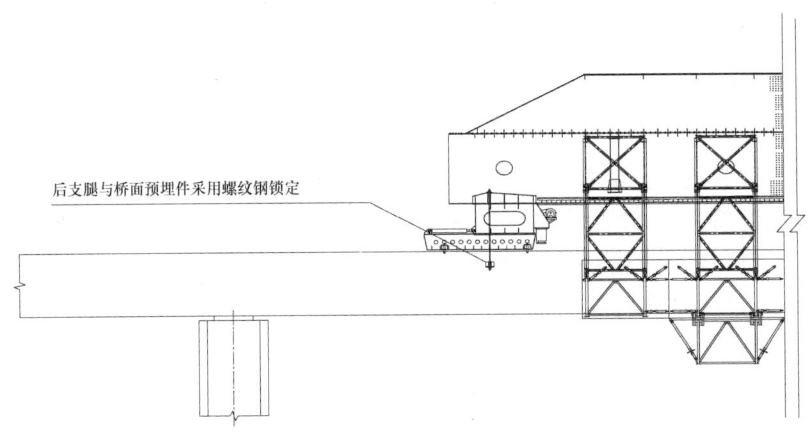


图 9-47 后支腿锚固图

(5)最不利工况荷载控制措施

笔架山大桥桥型设计为现浇连续箱梁，施工缝设在距墩 10m 处，悬挑部分混凝土箱梁受力薄弱，而移动模架现浇箱梁施工中支腿正好处在这个位置。为监测施工过程中中支腿处混凝土箱梁悬挑部分所受支点反力不超出设计要求的数值(250t),保证施工安全,在中支腿两台液压千斤顶处设两台300t压力传感器,对施工过程中中支腿所受压力全程观测。

笔架山大桥桥墩设计允许最大水平施工荷载为125kN,移动模架过孔走形工况图见图9-48。

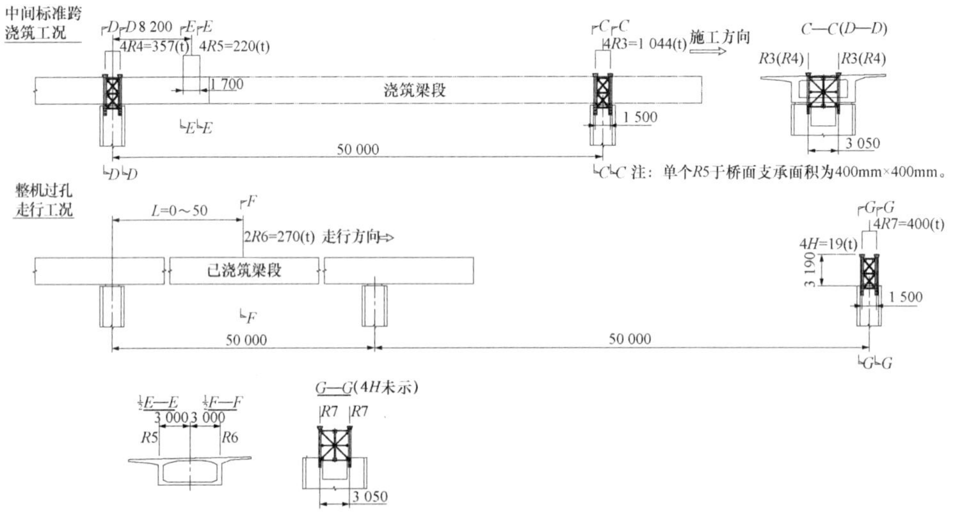


注：4H为过孔走行滚动摩阻力，作用点同4R7。单个R6于桥面支承面积为360mm×360mm。

图9-48 各主要施工工况图(尺寸单位:mm)

(6)过孔注意事项

①风力大于6级时,移动模架不得过孔施工,各构件应处于锁定牢固状态。

②移动模架主机纵移时,两侧的纵移油缸操作要同步进行,并溜绳保险。

③支腿纵移时,在启动卷扬机前,必须指派专人检查并确认钢丝绳处于张紧状态,当前支腿到达前方墩顶后,应指派专人检查前支腿横梁与墩顶预埋件的连接状态,确认无误后主梁方可继续纵移,并有专人检查吊挂滚轮与主梁接头处是否有别卡现象等,以免造成吊挂滚轮变形。

④整机过孔时前支腿、中支腿、后支腿应有专人指挥,明确信号。

⑤建立、健全完善的机长检查机制,做到每一跨施工前、施工中、施工后均对移动模架进行检查,及时发现问题、查出隐患并及时处理,确保做到安全生产。

⑥严格按照拼装步骤进行主梁的纵向移动,各步骤间主梁移动距离不得超过规定距离。

⑦在移动模架纵移过程中,后支腿支承千斤顶下要加垫一层5mm橡胶垫,使其受力均匀,保证千斤顶使用寿命。

⑧禁止双层作业。

⑨高层作业必须系好安全带。

⑩对参与造桥机过孔施工的人员进行技术交底和安全培训。让参加作业人员熟悉图纸,熟悉造桥机施工流程和过孔的各个环节。

## 9.9 移动模架拆除

移动模架在箱梁施工完成后进行拆除,拆除工作在桥面上利用1台龙门吊机完成。拆除步骤为:拆除挑梁、吊臂(利用1台龙门吊机),拆除模架、模板(模架及模板利用卷扬机整体下落至桥下场地后进行拆解);采用1台25t龙门吊拆除导梁、主梁。模架构件拆除后采用9m运输车运输出场,未及时运输的构件转运至模架存放场地。转运路线及模架存放场地布置见图9-49。

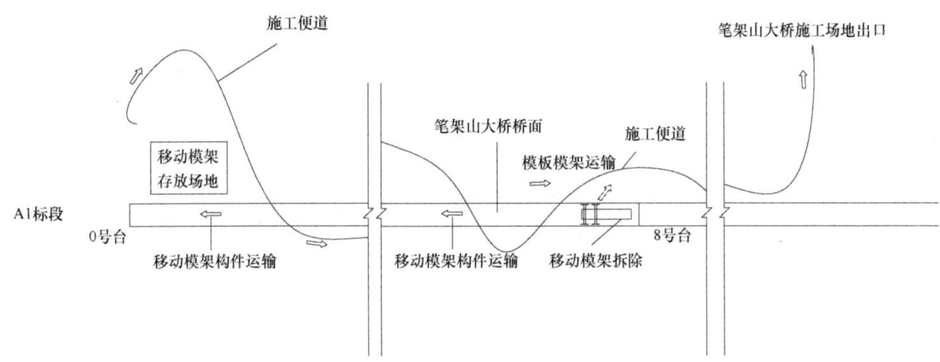


图9-49 移动模架运输布置图

# 参考文献

[1] 中华人民共和国行业标准 JTJ 042—94　公路隧道施工技术规范[S]. 北京:人民交通出版社,1994.

[2] 中华人民共和国行业标准 JTG D70—2004　公路隧道设计规范 [S]. 北京:人民交通出版社,2004.

[3] 中华人民共和国行业标准 JTJ 026—1990　公路隧道设计规范 [S]. 北京:人民交通出版社,1990.

[4] 中华人民共和国行业标准 JTJ 026. 1—1999　公路隧道通风照明设计规范[S]. 北京:人民交通出版社,2000.

[5] 中华人民共和国行业标准 JTG F801—2004　公路工程质量检验评定标准[S]. 北京:人民交通出版社,2004.

[6] 中华人民共和国行业标准 JTJ 064—1998　公路工程地质勘察规范[S]. 北京:人民交通出版社,1999.

[7] 中华人民共和国行业标准 JTJ 052—2000　公路工程沥青及沥青混合料试验规程 [S]. 北京:人民交通出版社,2000.

[8] 中华人民共和国行业标准 JTG D50—2006　公路沥青路面设计规范[S]. 北京:人民交通出版社,2006.

[9] 中华人民共和国行业标准 JTG F40—2004　公路沥青路面施工技术规范[S]. 北京:人民交通出版社,2004.

[10] 中华人民共和国行业标准 JTG E42—2005　公路工程集料试验规程[S] . 北京:人民交通出版社,2005.

[11] 中华人民共和国行业标准 JTJ 052—2000　公路工程沥青及沥青混合料试验规程[S] . 北京:人民交通出版社,2000.

[12] 霍明. 山区高速公路勘察设计指南[M]. 北京:人民交通出版社,2003.

[13] 江西省交通厅科技项目. 高填路堤稳定性及非均匀沉降控制技术研究[R]. 长沙理工大学,2010,7.

[14] 江西省交通厅科技项目. 连拱隧道衬砌结构受力体系转换研究报告[R]. 同济大学,2009,10.

[15] 江西省交通厅科技项目. 隧道塌方预警预测体系及治理措施研究报告[R].

同济大学,2009,10.

[16] 江西省交通厅科技项目.特长隧道的通风防灾关键技术研究报告[R].招商局重庆交通科研设计院有限公司,2009,12.

[17] 江西省交通厅科技项目.山区高速公路沥青路面结构及材料组成设计研究报告[R].东南大学,2009,12.

[18] 贾明辉. 隧道洞口边坡稳定性与控制技术研究[D].上海:同济大学, 2007.

[19] 李志刚. 隧道监测远程数据库系统开发[D].上海:同济大学, 2007.

[20] 黄俊,王晓彤,等. 边坡影响下连拱隧道施工方案优化分析[J].地下空间与工程学报,2007,3(2):272-276.

[21] 王胜辉,杜小平,等.不同开挖工序对连拱隧道中墙的影响[J].岩土力学,2004,25(7):1102-1106.

[22] 李宏德,金文星.复合式中墙连拱隧道设计施工分析[J].现代隧道技术,2007,44(6):55-61.

[23] 赵东平,王明年.高速公路连拱隧道中墙治理方案研究[J]. 岩土力学,2008,29(3):828-832.

[24] 夏永旭,王文正,胡庆安.公路双连拱隧道施工过程中中隔墙的变形及稳定性[J].中国公路学报,2007,20(5):83-88.

[25] 安永林, 彭立敏,等.基于不同地表倾角的连拱隧道施工优化分析[J]. 郑州大学学报( 工学版),2007,28(2):39-42.

[26] 彭定超,袁勇,章勇武.开挖施工方式对连拱隧道中墙影响的空间分析[J].现代隧道技术,2002,39(1):47-53.

[27] 陈大利,张亚萍,奚振华. 连拱隧道Ⅴ级围岩导洞施工实践[J].内蒙古公路与运输,2007,97:19-21.

[28] 许人平,叶勇,等.连拱隧道中墙施工要点[J].西部探矿工程,2006,12(128):171-172.

[29] 赵丹,朱向前,彭丽敏.偏压连拱隧道施工顺序分析[J].西部探矿工程,2006,1(3):141-144.

[30] 张志强,何川.偏压连拱隧道优化施工的研究[J].岩土力学,2007,28(4):723-732.

[31] 林刚.连拱公路隧道的合理施工方法研究[D].成都:西南交通大学,2002.

[32] 周玉宏,赵燕明,程崇国.偏压连拱隧道施工过程的优化研究[J].岩石力学与工程学报,2002,21(5):679-683.

[33] 孙钧,侯学渊.地下结构[M].北京:科学出版社,1987.

[34] 彭定超,袁勇,章勇武.开挖施工方式对连拱隧道中墙影响的空间分析[J].现

代隧道技术,2002,(1):47-53.
[35] 陈建平,吴立.地下建筑工程设计与施工[M].武汉:中国地质大学出版社,2000.
[36] 王军,夏才初,朱合华,等.不对称连拱隧道现场检测与分析研究[J].岩石力学工程学报,2004,23,(2):267-271.
[37] 陈贵红,李玉文,赵玉光.连拱隧道中墙受力研究[J].中国铁道科学,2005,26(1):20-24.
[38] 余晓琳,黄小华,彭立敏.软弱围岩条件下连拱隧道施工阶段的受力分析[J].西部探矿工程,2002,77(4):66-68.
[39] 孙钧.地下工程设计理论与实践[M].上海:上海科技出版社,1996.
[40] 杨宏波,曾恕辉.浅谈公路双跨连拱隧道中隔墙施工技术[J].现代隧道技术,2001,(6):44-47.
[41] 刘洪州,黄伦海.连拱隧道设计施工技术现状研究[J].西部探矿工程,2001,(1)54-55.
[42] 刘小兵.双跨连拱隧道中墙结构合理形式的研究[J].施工技术,2004(10):15-17.
[43] 王建秀.连拱隧道建设中几个关键问题研究[R].上海:同济大学博士后出站报告,2004.
[44] 李国锋.连拱隧道技术.2001 年全国公路隧道学术会议论文集[C].北京:人民交通出版社,2001.
[45] 王军,李永盛.公路大跨连拱隧道中墙受力分析[J].地质与勘查,2003,39(增):150-153.
[46] 张志强,何川.连拱隧道中隔墙设计与施工力学行为研究[J].岩石力学与工程学报,2005,25(8):1632-1638.
[47] 曹云钦,王小林.偏压连拱隧道衬砌优化设计[J].中外公路,2006,26(2):156-160.
[48] 夏永旭,王永东.隧道结构力学计算[M].北京:人民交通出版社,2004.
[49] 重庆交通科研设计院.公路隧道设计规范[M].北京:人民交通出版社,2004.
[50] 连拱隧道建设关键技术的研究报告[R].上海:同济大学地下建筑工程系,2005.
[51] 徐伟.大跨径混凝土桥梁沥青桥面铺装技术试验研究[D].哈尔滨:哈尔滨工业大学,2003.
[52] 顾兴宇.悬索桥桥面沥青铺装层力学分析及结构设计研究[D].南京:东南大学,2002.

[53] 季节,等.用有效活载挠度确定桥面铺装层厚度[J].北京建筑工程学院报,2001,17(3):61-64.

[54] 罗立峰,钟鸣,黄成造.桥面铺装设计方法探讨[J].中南公路工程,1999,24(2):20-22.

[55] 张占军,胡长顺,王秉纲.水泥混凝土桥面沥青混凝土铺装结构设计方法研究[J].中国公路学报,2001,14(1):56-59.

[56] 张占军,曹东伟,胡长顺.水泥混凝土桥面沥青铺装层厚度的研究[J].西安公路交通大学学报,2000,20(2):16-19.

[57] 石玉华.混凝土桥桥面沥青混凝土铺装体系试验研究与受力分析[D].武汉:武汉理工大学,2004.

[58] 肖秋明,查旭东.沥青混凝土钢桥面铺装的剪切分析[J].中南公路工程,2000,25(1):53-54.

[59] 李昶.大跨径钢箱梁桥面铺装深入研究[D].南京:东南大学,2001.

[60] 范立础.预应力混凝土连续梁桥[M].北京:人民交通出版社,1998.

[61] 庄军生.移动支架及其在混凝土桥梁施工中的应用[J].世界桥梁,1987(1):52-62.

[62] 陈开利.日本的大型挂模式移动脚手架简介[J].世界桥梁,1998(3):84-88.

[63] 王龙奉.大型造桥机挠度曲线与主梁剖分式结构研究[D].西安,长安大学,2006.

[64] 刘家锋.我国移动支架造桥机的发展综述[J].铁道标准设计,2002(2):11-16.

[65] 郝俊明.适用于中小跨度长联连续梁桥的移动模架造桥机施工技术[J].预应力技术,2005(1):9-13,38.

[66] 帅长斌,俞文生.高墩桥梁移动模架法整孔无支架现浇造桥机设计[J].桥梁建设,2002(4):65-68.

[67] 徐浚.南昌生米大桥大跨径移动模架施工技术[J].桥梁,2006(6):32-3.

[68] 减华,胡安祥,刘钊.移动模架施工多跨连续梁桥的梁体线形控制[J].特种结构,2006,23(1):71-73.

[69] 史聪慧.下行式移动模架制40m铁路箱梁施工关键技术[J].铁道建筑技术,2006(5):8-10.

[70] 侯文恒,谢尉鸿,徐恭义.移动模架造桥机在预应力混凝土连续梁施工中的应用[J].铁道建筑,2005(10):1-2.

[71] 范万祥,杨朝峰.50m跨连续箱梁移动模架造桥机施工技术[J].建筑施工,2005,27(2):38-41.

[72] 项贻强,张少锦,程晔等.移动模架施工技术的应用与研究创新[J].中外公路,2008,2(28):52-56.

[73] 黄经纬,黄文超.移动模架施工技术的发展及应用[J].建筑机械化,2007(1):51-53.

[74] 刘祚波,孙莉,姚莉.移动模架施工适应性研究[J].水运工程,2008(3):122-129.

[75] Skempton, A. W and Mac Donald, D. H. Allowable settlement of buildings. Proc [J]. Institution of civil engineers 13(6). 1956.

[76] Arne Grpnhaug. Optimization of Linnings in Road Tunnels[M]. 1996.

[77] E. Goodman. Method of Geological Engineering in Discontinuous Rocks [M]. West Publishing Company, 1976.

[78] Ashok,K. Chugh. Parmetric Study on the Plasticity Parameters in Elastic-Plastic Analasis of Underground Openings[J]. Canadian Geotechnical Journal, Vol. 17, No. 1, February 1980.

[79] D. R. J. Owen, E. Hinton. Finite Elements in Plasticity[M]. Theory and Practice, Pineridge Press, Swansea, U. K., 1980.

[80] D. J. Naylor, G. N. Pande. Finite Elements in Geotechnical Engineering[M]. Pineridge Press, Swansea, U. K., 1981.

[81] Handin J,Heard H C and Magouirk J N. Effects of the Intermediate Principal Stress on the Failure of Limestone, Dolomite, and Glass at Different Tem-peratures and strain Rates[J]. Geophysical Researeh, 1967,71(2):611-639.

[82] Moji K. Effect of the Intermadiate principal stress on Rock Failure[j]. Geophysical Research,1967,72(20):5117-5131.

[83] Sakurai S,Takeuchi K. Back analysis of measured displacement of tunnel[J]. Rock Mech and Rock Eng, 1983,16(3):173-180.

[84] T. Y. Chang. A Constitutive Model For Structural Analysis of Fusion Magnets[J]. Nuclear Engineering and Design, 58, (1980), 237-245.

[85] W. Q. Ding, Z. Q. Yue, L. G., Tham, H. H. Zhu, C. F. Lee and T. Hashimoto. Analysis of Shield Tunnel[J], International Journal for Numerical & Analytical Methods in Geomechanics,2004;28:57-91.